Die Staatlichkeit von Beihilfen

# Kölner Schriften zu Recht und Staat

Herausgegeben von
Prof. Dr. Hartmut Schiedermair und
Prof. Dr. Bernhard Kempen

Band 22

PETER LANG
Frankfurt am Main · Berlin · Bern · Bruxelles · New York · Oxford · Wien

Rüdiger Schmid-Kühnhöfer

# Die Staatlichkeit von Beihilfen

## Mittel- und Transferzurechnung nach Art. 87 Abs. 1 EG-Vertrag

PETER LANG
Europäischer Verlag der Wissenschaften

**Bibliografische Information Der Deutschen Bibliothek**
Die Deutsche Bibliothek verzeichnet diese Publikation in der Deutschen Nationalbibliografie; detaillierte bibliografische Daten sind im Internet über <http://dnb.ddb.de> abrufbar.

Zugl.: Köln, Univ., Diss., 2004

D 38
ISSN 1433-0253
US-ISBN 0-8204-7371-5
ISBN 3-631-53099-4



www.peterlang.de

*Meinen Eltern*

## Vorwort

Die vorliegende Arbeit wurde im Sommersemester 2004 von der Juristischen Fakultät der Universität zu Köln als Dissertation angenommen. Rechtsprechung und Literatur konnten bis Juli 2004 berücksichtigt werden.

An dieser Stelle möchte ich meinem Doktorvater, Herrn Prof. Dr. Bernhard Kempen, besonderen Dank aussprechen. Er stand mir mit wertvollen akademischen Ratschlägen stets zur Seite und hat dadurch die zügige Fertigstellung der Arbeit gefördert. Darüber hinaus hat er mir fachlich wie persönlich eine äußerst lehrreiche Zeit als Mitarbeiter an seinem Institut ermöglicht. Ferner bin ich ihm und Prof. Dr. Hartmut Schiedermair für die Aufnahme meiner Arbeit in die Reihe „Kölner Schriften zu Recht und Staat" verbunden. Des Weiteren gebührt Herrn Prof. Dr. Burkhard Schöbener Dank für die rasche Erstellung des Zweitgutachtens.

Gleichermaßen bedanke ich mich bei Dr. Jochen Herbst, der die Entstehung der Arbeit durch seine kreativen Anregungen von Anfang an mit großem Engagement unterstützt hat. Besonders erwähnen möchte ich auch Michèle Klefehn, Dr. Thomas Wunsch sowie Alfred Kempers, die sich trotz ihrer eigenen Belastungen die Zeit für die Schlussredaktion nahmen. Dank schulde ich gleichermaßen meinen anderen Freunden, die mich neben regem Gedankenaustausch in mitunter anstrengenden Phasen immer wieder aufgemuntert haben.

Schließlich bin ich meinen Eltern dankbar, dass sie mich in dieser wie auch in jeder anderen Lebensphase liebevoll beraten und unterstützt haben. Ihnen widme ich diese Arbeit.

New York City, August 2004

# Inhaltsverzeichnis

# Abkürzungsverzeichnis

| | |
|---|---|
| a. A., A. A. | andere Ansicht |
| a. E. | am Ende |
| ABlEG | Amtsblatt der Europäischen Gemeinschaften |
| Abs. | Absatz |
| AG | Aktiengesellschaft |
| AktG | Aktiengesetz |
| Alt. | Alternative |
| Art. | Artikel |
| AWD | Außenwirtschaftsdienst des Betriebsberaters/ Recht der Internationalen Wirtschaft |
| BayVBl. | Bayerische Verwaltungsblätter |
| BB | Der Betriebsberater |
| Bd. | Band |
| BetrVG | Betriebsverfassungsgesetz |
| BGB | Bürgerliches Gesetzbuch |
| BGBl. | Bundesgesetzblatt |
| BGH | Bundesgerichtshof |
| BGHZ | Entscheidungen des Bundesgerichtshofs in Zivilsachen |
| BHO | Bundeshaushaltsordnung |
| BRD | Bundesrepublik Deutschland |
| BT-Drs. | Bundestagsdrucksache |
| BVerfG | Bundesverfassungsgericht |
| BVerwG | Bundesverwaltungsgericht |
| BW | Baden-Württemberg |
| bzw. | beziehungsweise |
| ca. | circa |
| CMLR | Common Market Law Review |
| ders. | derselbe |
| dies. | dieselbe; dieselben |
| d. h. | das heißt |
| DÖV | Die Öffentliche Verwaltung |
| DStR | Deutsches Steuerrecht |
| DVBl | Deutsches Verwaltungsblatt |
| ECLR | European Competition Law Review |
| ecolex | exolex – Fachzeitschrift für Wirtschaftsrecht |
| EG | Europäische Gemeinschaft |
| EGKS | Europäische Gemeinschaft für Kohle und Stahl |

| | |
|---|---|
| EGV | Vertrag zur Gründung der Europäischen Gemeinschaft |
| ELR | European Law Review |
| EStAL | European State Aid Law Quarterly |
| EStG | Einkommensteuergesetz |
| etc. | et cetera |
| EU | Europäische Union |
| EuG, EuGeI | Gericht erster Instanz der Europäischen Gemeinschaften |
| EuGH | Gerichtshof der Europäischen Gemeinschaften |
| EuR | Europarecht |
| EUV | Vertrag über die Europäische Union |
| EuZW | Europäische Zeitschrift für Wirtschaftsrecht |
| EWG | Europäische Wirtschaftsgemeinschaft |
| EWGV | Vertrag über die Gründung der Europäischen Wirtschaftsgemeinschaft |
| EWS | Europäisches Wirtschafts- und Steuerrecht |
| EWiR | Entscheidungen zum Wirtschaftsrecht |
| f. | folgend |
| ff. | fortfolgend |
| FF | Französische Francs |
| FS | Festschrift |
| GA | Generalanwalt |
| gem. | gemäß |
| GG | Grundgesetz für die Bundesrepublik Deutschland |
| GmbH | Gesellschaft mit beschränkter Haftung |
| GmbHG | Gesetz betreffend die GmbH |
| GO | Gemeindeordnung |
| GWB | Gesetz gegen Wettbewerbsbeschränkungen |
| h. M., H. M. | herrschende Meinung |
| i. d. S. | in diesem Sinne |
| ILJ | Industrial Law Journal |
| i. V. m. | in Verbindung mit |
| Jura | Juristische Ausbildung |
| JuS | Juristische Schulung |
| JZ | Juristenzeitung |
| Kommission | Kommission der Europäischen Gemeinschaften |
| KSchG | Kündigungsschutzgesetz |
| KSE | Kölner Schriften zum Europarecht |
| LG | Landgericht |
| LIT | Italienische Lire |
| lit. | Buchstabe |
| LKV | Landes- und Kommunalverwaltung |

| | |
|---|---|
| Mio. | Million, Millionen |
| MitbestG | Mitbestimmungsgesetz |
| Mrd. | Milliarden |
| m.w.N. | mit weiteren Nachweisen |
| NJW | Neue juristische Wochenschrift |
| NRW | Nordrhein-Westfalen |
| NVwZ | Neue Zeitschrift für Verwaltungsrecht |
| NZG | Neue Zeitschrift für Gesellschaftsrecht |
| OLG | Oberlandesgericht |
| RdE | Recht der Energiewirtschaft |
| RIW | Recht der Internationalen Wirtschaft |
| Rn. | Randnummer |
| Rs | Rechtssache |
| Rspr. | Rechtsprechung |
| S. | Seite |
| Slg. | Sammlung der Rechtsprechung des Gerichtshofs der Europäischen Gemeinschaften |
| u. | und |
| u. a. | unter anderem |
| v. | von |
| verb. Rs | verbundene Rechtssache |
| VGH | Verwaltungsgerichtshof |
| vgl. | vergleiche |
| v. H. | von Hundert |
| Vorbem. | Vorbemerkung |
| VwVfG | Verwaltungsverfahrensgesetz |
| West LB | Westdeutsche Landesbank |
| WiVerw | Wirtschaft und Verwaltung |
| WM | Zeitschrift für Wirtschafts- und Bankrecht, Wertpapier-Mitteilungen |
| WpÜG | Wertpapiererwerbs- und Übernahmegesetz |
| WRP | Wettbewerb in Recht und Praxis |
| WuW | Wirtschaft und Wettbewerb |
| z.B. | zum Beispiel |
| ZGR | Zeitschrift für Unternehmens- und Gesellschaftsrecht |
| ZHR | Zeitschrift für das gesamte Handelsrecht und Wirtschaftsrecht |
| ZIP | Zeitschrift für Wirtschaftsrecht |
| zit. | zitiert als |
| ZNER | Zeitschrift für neues Energierecht |
| ZögU | Zeitschrift für öffentliche und gemeinwirtschaftliche Unternehmen |

| | |
|---|---|
| ZRP | Zeitschrift für Rechtspolitik |
| ZUM | Zeitschrift für Urheber- und Medienrecht |

# Teil 1 - Einleitung

## § 1 Allgemeines

Wesentliche Funktion des Beihilfeaufsichtsrechts ist die Lenkung und Beschränkung wettbewerbsgefährdenden staatlichen Verhaltens. Wenn in Art. 87 Abs. 1 EGV von „staatliche[n] oder aus staatlichen Mitteln gewährte[n] Beihilfen“ die Rede ist, so ist damit insbesondere die Frage der staatlichen Zurechenbarkeit aufgeworfen, die gerade für die Eindämmung wettbewerbsschädigender Maßnahmen seitens der Mitgliedstaaten der EU von erheblicher Bedeutung ist. Zur generellen Klärung des Problems der staatlichen Zurechenbarkeit hat in jüngerer Zeit zunächst die Entscheidung *PreussenElektra*[1] aus dem Jahr 2001 beigetragen. In diesem Urteil stellt der EuGH anlässlich der beihilferechtlichen Überprüfung des deutschen Stromeinspeisungsgesetzes grundlegend fest, dass eine Zurechnung nach Art. 87 Abs. 1 EGV nur gegeben sein kann, sofern eine (Förderungs-) Maßnahme aus staatlichen Mitteln herrührt und folglich auch mit einer Belastung öffentlicher Haushalte verbunden ist. Die am 16. Mai 2002 verkündete, ebenso viel beachtete *Stardust Marine*-Entscheidung[2] hat das Problem der staatlichen Zurechnung von Beihilfen erneut virulent werden lassen. In dieser Rechtssache hatte der EuGH darüber zu befinden, ob die Investition der öffentlichen Hand in Form einer Kapitalerhöhung bei einem öffentlichen Unternehmen eine Beihilfe im Sinne des Art. 87 Abs. 1 EGV darstellt. Bedeutsamer Hintergrund dieser Konstellation für die Frage einer unzulässigen Beihilfe ist, dass es in praxi als Vorstufe zur Veräußerung eines öffentlichen Unternehmens nicht selten zu Verlustübernahmen in Form kapitalintensiver Sanierungs- bzw. Umstrukturierungsmaßnahmen auf Kosten der öffentlichen Hand kommt.[3] Im Ergebnis verneint der EuGH in der Entscheidung *Stardust Marine* das Vorliegen einer unzulässigen Beihilfe unter anderem auch wegen der fehlenden hoheitlichen Zurechenbarkeit der Gewährung staatlicher Mittel. Gerade zum Zurechnungstatbestand des Art. 87 Abs. 1 EGV trifft der EuGH im Rahmen dieser Ent-

---

[1] EuGH, Rs C-379/98, PreussenElektra AG ./. Schleswag, Slg. 2001, I-2099 ff. = EuZW 2001, 242 ff. = JZ 2001, 757 ff.; zur Besprechung des Urteils vgl. RUGE, EuZW 2001, 247 f.; KOENIG/KÜHLING, NVwZ 2001, 768 ff.; TRAFKOWSKI, CR 2001, 776 f.; KÜHNE, JZ 2001, 759 ff.; TREMMEL, ecolex 2001, 573 ff.; SPIEGEL, ELR 2001, 123 ff.

[2] EuGH, Rs C-482/99, Frankreich ./. Kommission, Slg. 2002, I-4397 ff. = EuZW 2002, 468 ff. = EWS 2002, 370 ff.

[3] Vgl. hierzu nur DREHER, Gedächtnisschrift Knobbe-Keuk, S. 596 f.

scheidung jedoch einige in ihrer Klarheit bis dato nicht gekannte generelle Aussagen. So führt der EuGH, seine Entscheidung im Verfahren *PreussenElektra* bestätigend, aus, dass Begünstigungen nur dann als dem Staat zurechenbare Beihilfen eingestuft werden können, wenn sie zum einen aus staatlichen Mitteln gewährt werden. Dies richte sich danach, ob dem Staat die Kontrolle über diese Ressourcen im Sinne einer stetigen Verfügbarkeit zukomme.[4] Zum anderen sei ebenso eine staatliche Zurechnung der Vergabe der Mittel erforderlich, welche dann bejaht werden könne, wenn darüber hinaus eine positive Einflussnahme seitens des Staates ausgeübt werde.[5] Mit Rücksicht auf etwaige Beweisschwierigkeiten lässt der EuGH zu, dass der Nachweis einer staatlichen Einflussnahme anhand von Indizien geführt wird; hierzu zählt der EuGH erstmals in abstrakter Weise diejenigen Indizien auf, die für den Nachweis staatlicher Einflussnahmen herangezogen werden können.[6] Insbesondere für die Forderung nach einem indiziellen Zurechenbarkeitsnachweis einer jeden Vergabeentscheidung sowie für die Aufstellung des detaillierten Indizienkataloges ist das *Stardust Marine*-Urteil des EuGH vom Schrifttum scharf kritisiert worden.[7]

Vor allem mit Blick auf die *Stardust Marine*-Entscheidung wird klar, dass es bemerkenswerterweise auch beinahe fünfzig Jahre nach Inkrafttreten der Römischen Verträge noch keine dogmatisch gefestigten Strukturen zur Handhabung des Tatbestandes des Art. 87 Abs. 1 EGV, insbesondere in der Frage der staatlichen Zurechnung, gibt. Zuzugeben ist dabei, dass eine allzu dogmatische und statische Einfassung des Art. 87 EGV den Bedürfnissen der Praxis, vor allem einer effektiven sowie flexiblen Handhabung der Zurechnungsfrage durch die Europäische Kommission, wohl auch nicht gerecht würde. Die Kommission kann, wie einer ihrer Vertreter einmal zu der stets schwierigen Gratwanderung bei der Ausübung der Beihilfeaufsicht ausgeführt hat, ihre „Schiedsrichterrolle nur dann zur Zufriedenheit aller ausfüllen [...], wenn sie einerseits wirklich alle Beihilfen kontrolliert, andererseits aber auch nur die Beihilfen".[8] Eben diese Balance spiegeln auch die Aussagen des EuGH im Rahmen der *Stardust Mari-*

---

[4] EuGH, Rs C-482/99, Frankreich ./. Kommission, Slg. 2002, I-4440 f., Rn. 37 ff.

[5] EuGH, Rs C-482/99, Frankreich ./. Kommission, Slg. 2002, I-4440 f., Rn. 52.

[6] EuGH, Rs C-482/99, Frankreich ./. Kommission, Slg. 2002, I-4444 ff., Rn. 53 ff.

[7] Zu Besprechungen des Urteils vgl. insbesondere BAUER, EWS 2002, 374 f.; GAHLEITHNER, ELR 2002, 271 ff.; REICH/HELIOS, EuZW 2002, 474 ff.; LÜBBIG, WM 2002, 1828 ff.; KOENIG/KÜHLING, EStAL 2002, 7 ff.; ALEXIS, EStAL 2002, 149 ff.; SCHOHE/ARHOLD, EStAL 2002, 33 ff.

[8] PETERSEN, in: BDI, EG-Beihilfenpolitik, S. 20.

*ne*-Entscheidung wider. Einerseits versucht der EuGH die mitgliedstaatlichen Aktivitäten - hier in Form einer staatlichen Mehrheitsbeteiligung an privaten Unternehmen - nicht per se erheblichen europarechtlichen Zweifeln hinsichtlich der Einschlägigkeit von Art. 87 Abs. 1 EGV auszusetzen. Andererseits demonstriert die Entscheidung deutlich das Bestreben des EuGH, der europäischen Kommission keine probatio diabolica hinsichtlich des konkreten Vorliegens einer staatlichen Einflussnahme auf die Zuwendungsentscheidung aufzubürden. Vielmehr sollen offenbar mit Hilfe der Nachweiserleichterung mittels Indizienbeweises ebenso die Interessen der Europäischen Kommission in ausgewogener Form berücksichtigt werden.

## § 2 Gang der Untersuchung und Eingrenzung der Thematik

Mit der vorliegenden Untersuchung soll der Versuch unternommen werden, dem Tatbestand der staatlichen Zurechenbarkeit von Beihilfen dogmatisch schärfere Konturen zu verleihen, ohne dabei die Vielgestaltigkeit der Rechtswirklichkeit und die Bedürfnisse der Praxis zu vernachlässigen. Zielführend wird nach einem knappen Überblick über Funktion und Systematik des Art. 87 EGV, in welchem eine Grundlage für die sich anschließende Untersuchung geschaffen werden soll (Teil 2), in Teil 3 eine Übersicht über die bisherige Bestimmung des Tatbestandsmerkmals der staatlichen Zurechnung in Entscheidungen des EuGH, des EuG und der Europäischen Kommission gegeben. In Teil 4 der Arbeit erfolgt eine Systematisierung des Zurechnungstatbestandes unter vorwiegend dogmatischen Gesichtspunkten nebst einhergehender Auswertung der in Teil 3 dargestellten Rechtsprechungs- und Kommissionspraxis. Insbesondere sollen dabei Kriterien herausgearbeitet werden, die als Orientierungshilfe zur Handhabung der Zurechnungsproblematik im Einzelfall dienen können. In den Teilen 5 und 6 schließlich wird unter Anwendung der gefundenen Kriterien eine flexible Lösung entwickelt, die auch in der Praxis eine einzelfallgerechte Einordnung beihilfeverdächtiger Maßnahmen erlaubt. Zum besseren Verständnis wird der vorgeschlagene Lösungsansatz mittels eines differenzierten Schemas von Beispielen aus der Praxis illustriert sowie auf ausgesuchte Fallvarianten angewandt. Eine Zusammenfassung der Ergebnisse in Teil 7 beschließt die Untersuchung.

Zur Klarstellung sei an dieser Stelle erwähnt, dass diese Arbeit ausschließlich dem Tatbestandsmerkmal der staatlichen Zurechnung gewidmet ist. Andere Tatbestandsvoraussetzungen von Art. 87 Abs. 1 EGV sowie die Absätze 2 und 3 werden nur insoweit behandelt, als dies für das Gesamtverständnis erforderlich erscheint. Ebenso wenig findet in dieser Untersuchung eine eingehende Auseinandersetzung mit der komplexen Vorschrift des Art. 295 EGV statt, obgleich der Vorschrift eine gewisse Bedeutung für die Thematik der staatlichen Zurechenbarkeit nicht abgesprochen werden kann. Schließlich sei angemerkt, dass sich die im Rahmen der Untersuchung erforderliche gesellschaftsrechtliche Darstellung exemplarisch auf deutsche Rechtsformen und dabei auf die in Deutschland häufigen Arten staatlichen Handelns in Form von GmbH, AG sowie Unternehmen öffentlich-rechtlicher Rechtsform beschränkt.[9]

[9] Unter dem Begriff Unternehmen öffentlich-rechtlicher Rechtsform sollen im Rahmen dieser Untersuchung alle denkbaren Möglichkeiten staatlichen Handelns in öffentlich-rechtlicher Rechtsform, insbesondere Regiebetriebe, Eigenbetriebe, rechtsfähige Anstalten sowie Stiftungen des öffentlichen Rechts und Zweckverbände zusammengefasst werden; zu weiteren Formen öffentlich-rechtlichen Handelns vgl. MÜHLENKAMP, Öffentiche Unternehmen, S. 18 ff.; EICHHORN, FS Münch, S. 37.

# Teil 2 - Überblick über Funktion und Systematik des Art. 87 EGV

Nachfolgend wird neben der Funktion des Beihilferechts innerhalb der europäischen Gemeinschaft der Normcharakter von Art. 87 Abs. 1 EGV als der zentralen Vorschrift des EG-Vertrages zur Regelung staatlicher Beihilfen behandelt. Anschließend sollen die übrigen Tatbestandsvoraussetzungen des Art. 87 Abs. 1 EGV kurz vorgestellt werden, bevor das Merkmal der staatlichen Zurechnung einführend dargestellt wird.

## § 1 Aufgabe der Beihilfenkontrolle und ihre Einschränkung durch Art. 86 und Art. 295 EGV

Die Problematik der staatlichen Zurechenbarkeit ist stets im Lichte der hinter der Ausgestaltung des im EG-Vertrag geregelten europäischen Beihilferechts stehenden Funktionen und Zielsetzungen zu betrachten. Überdies gilt es auch den aus dem Grundsatz der Gleichbehandlung von öffentlichen und privaten Unternehmen resultierenden Einschränkungen Beachtung zu schenken; denn die Verletzung dieses Prinzips dient häufig dazu, die Kritik an Entscheidungen von Europäischer Kommission und EuGH zu untermauern.

### A. Sinn und Zweck des Beihilferechts

Die regelmäßigen Berichte der Europäischen Kommission über Beihilfen in der Gemeinschaft belegen das erhebliche Volumen der finanziellen Interventionen der Mitgliedstaaten in das Wirtschaftsgeschehen.[1] Von entsprechendem Gewicht ist auch die der Europäischen Kommission übertragene Kontrollaufgabe. Hinter dem Beihilferecht steht allerdings nicht der Gedanke, den Mitgliedstaaten grundsätzlich das Recht zu verwehren, Beihilfen überhaupt zu gewähren.[2] Beihilfen sind auch in marktwirtschaftlich orientierten Staaten ein häufig angewandtes Instrument der allgemeinen Wirtschaftspolitik, die nach wie vor

---

[1] Vgl. Kommission, 8. Bericht über staatliche Beihilfen, Rn. 77 ff.; Kommission, 9. Bericht über staatliche Beihilfen, Rn. 56 ff.; Kommission, 30. Bericht über die Wettbewerbspolitik, Rn. 290 ff.; Kommission, 31. Bericht über die Wettbewerbspolitik, Rn. 329; Kommission, 32. Bericht über die Wettbewerbspolitik, Rn. 329.

[2] Vgl. auch SPAAK, Bericht, S. 19, 62 f.

eine Angelegenheit ist, die sich gemäß Artt. 98 ff. EGV im Kompetenzbereich der Mitgliedstaaten befindet.[3] Die wirtschaftliche, gegebenenfalls interventionistische Betätigung des Staates und damit auch die Vergabe von Beihilfen ist von der Rahmenverantwortung des Staates für das wirtschaftliche Geschehen insofern grundsätzlich gedeckt.[4] Aufgrund der Tatsache, dass die Beihilfepolitik ein integrierter Bestandteil der allgemeinen Wirtschaftspolitik der Mitgliedstaaten ist, muss die Kontrolle der Gemeinschaft in diesem Bereich auf den Aspekt des Wettbewerbsschutzes im Binnenmarkt konzentriert bleiben.[5] Voraussetzung für die Funktionsfähigkeit einer jeden Wettbewerbsordnung ist allerdings auch die Sicherung der individuellen Handlungs- und Entscheidungsfreiheit der Marktteilnehmer. Die Notwendigkeit eines freien Wettbewerbs erfordert daher, dass nicht nur wettbewerbswidriges privates Verhalten, sondern auch staatliche Interventionen in den Wettbewerb, wie z.B. in Form von Beihilfen, einer entsprechenden Kontrolle unterworfen werden. Eine zentrale Komponente der Wettbewerbspolitik der EU ist daher die gemeinschaftliche Beihilfenkontrolle.[6]

## I. Schutz vor Wettbewerbsverfälschungen

Ebenso wie die Wettbewerbsvorschriften für Unternehmen (vgl. Artt. 81-86 EGV) stellen die Vorschriften über staatliche Beihilfen einen Teil der Wettbewerbsregeln dar, die in Art. 3 Abs. 1 lit. g (früher f) EGV angesprochen sind.[7] Primäres Ziel der Artt. 87 ff. EGV ist es, den Auftrag des Art. 3 Abs. 1 lit. g EGV zu erfüllen und damit ein „System, das den Wettbewerb innerhalb des Binnenmarkts vor Verfälschungen schützt“ zu schaffen und zu erhalten.[8] Aus Art. 3 Abs. 1 lit. g EGV resultiert die Verpflichtung, ein Kontrollsystem zu er-

---

[3] Vgl. dazu CASPARI, FS v. d. Groeben, S. 69, 73; BONKAMP, Beihilfeverbot, S. 25.

[4] Diese erlaubt es ihm insofern auch dann Lenkungs- und Steuerungsfunktionen wahrzunehmen und mittels Beihilfen korrigierend und regulierend in den Markt einzugreifen, wenn der Staat sich für den Markt als zentrales volkswirtschaftliches Steuerungselement entschieden hat, vgl. SPAAK, Bericht, S. 19; siehe dazu auch EHRICKE, WM Sonderbeilage 3/2001, 4; STEINDORFF, ZHR 164 (2000), 253 f.

[5] EuGH, Rs 304/85, Acciaierie e Ferriere Lombarde Falck ./. Kommission, Slg. 1987, 871, 895 f. Rn. 25; OPPERMANN, Europarecht, Rn. 973.

[6] RYDELSKI, EU Beihilferecht, S. 19; BONKAMP, Beihilfeverbot, S. 22; RESS, Binnenmarkt, S. 123 f.

[7] LENZ-RAWLINSON, EGV, Art. 87 Rn. 2; STREINZ-KOENIG/KÜHLING, EUV/EGV, Art. 87 Rn. 1; STREINZ-STREINZ, EUV/EGV, Art. 3 Rn. 25; CALLIESS/RUFFERT-UKROW, EUV/EGV, Art. 3 Rn. 11.

[8] EuGH, Rs 171/83, Kommission ./. Frankreich, Slg. 1983, 2621, 2627 Rn. 9; RESS, Binnenmarkt, S. 123 f.

richten, auf dessen Grundlage der Wettbewerb vor Eingriffen der Mitgliedstaaten oder Unternehmen geschützt werden soll.[9] Die Artt. 87 ff. EGV sind Teil dieses Konzepts und regeln die Freiheit des Wettbewerbs vor Eingriffen von Seiten der Mitgliedstaaten.[10] Diese Aufgabe ergänzt und konkretisiert die allgemeine in Art. 2 EGV verankerte Zielbestimmung der Gemeinschaft, einen Gemeinsamen Markt zu errichten.[11] Jene Schaffung eines Gemeinsamen Marktes soll Hindernisse für grenzüberschreitende Bewegungen von Waren, Personen, Dienstleistungen und Kapital überwinden.[12]

Um die Beschränkung des freien Warenverkehrs innerhalb der EU und dadurch entstehende Wettbewerbsverzerrungen zu verhindern, wurden in Art. 25 EGV ein Verbot der Erhebung von Zöllen und zollgleichen Abgaben und in Art. 28 EGV ein Verbotstatbestand gegen mengenmäßige Einfuhrbeschränkungen und Maßnahmen gleicher Wirkung normiert. Im Zuge eines umfassenden Schutzes des freien Warenflusses gegen interventionistische Maßnahmen ist dieses Instrumentarium jedoch nicht ausreichend. Darüber hinaus bedarf es eines weitreichenden Verbots der Subventionierung durch die Mitgliedstaaten.[13] Sonst könnten diese parallel zum Abbau von mengenmäßigen Beschränkungen und Zollkontingenten durch Beihilfegewährung an bestimmte Unternehmen oder Produktionszweige Marktabschottungen verursachen, die durch die Vorschriften der Artt. 25 und 29 EGV gerade verhindert werden sollen.[14] Zwischen den Grundfreiheiten des EG-Vertrages und Art. 87 EGV besteht also ein enger Zusammenhang.[15] Ebenso wie mengenmäßige Beschränkungen, Maßnahmen gleicher Wirkung und Zölle sind auch staatliche Beihilfen geeignet, den Wettbewerb zu verfälschen. Die Bedeutung der Beihilfenkontrolle ist jedoch mit der Vollendung des Binnenmarktes und der zunehmenden Liberalisierung öffentlicher Dienstleistungen sogar noch gestiegen, da steuerliche und administrative sowie sonstige Hindernisse für den freien Verkehr von Waren,

---

9 GS-ZULEEG, EU/EG, Art. 3 Rn. 8; STREINZ-STREINZ, EUV/EGV, Art. 3 Rn. 22 f.

10 SCHWARZE-HATJE, EU, Art. 3 Rn. 14; RESS, Binnenmarkt, S. 123 f.; CALLIESS/RUFFERT-UKROW, EUV/EGV, Art. 3 Rn. 11.

11 Dazu CALLIESS/RUFFERT-UKROW, EUV/EGV, Art. 2 Rn. 26; STREINZ-STREINZ, EUV/EGV, Art. 2 Rn. 30 ff.; SCHWARZE-HATJE, EU, Art. 2 Rn. 27 ff.

12 FABER, Europarechtliche Grenzen, S. 86; Vgl. SEIDEL, KSE 32 (1984), S. 57.

13 Vgl. OPPERMANN, Europarecht, Rn. 970, 973; GEIGER, EUV/EGV, Art. 92 Rn. 1 f.; SEIDEL, KSE 32 (1984), S. 58; SEIDEL, Beihilferecht, S. 10.

14 Vgl. SCHERNTHANNER, Beihilfeaufsichtsrecht, S. 2, 22; FABER, Europarechtliche Grenzen, S. 86; SEIDEL, KSE 32 (1984), S. 58.

15 RODI, Subventionsrechtsordnung, S. 145; SEIDEL, KSE 32 (1984), S. 58; FABER, Europarechtliche Grenzen, S. 86.

Personen, Dienstleistungen und Kapital fortschreitend wegfallen und damit die wettbewerbsverzerrenden Auswirkungen von Beihilfen stärker spürbar sind.[16]

## II. Optimale Allokation der Produktionsfaktoren

Die Antwort auf die Frage, warum der EGV das Ziel der Erhaltung eines unverfälschten Wettbewerbs verfolgt, lässt sich etwa aus dem ersten Weißbuch zur Beschäftigungspolitik[17] ersehen, in welchem die Europäische Kommission feststellt: „Eine aktive Wettbewerbspolitik fördert die ständige Anpassung der Angebots- und Nachfragestrukturen und die technische Entwicklung; das freie Spiel dezentraler Entscheidungsmechanismen führt zu einer ständig verbesserten Leistungsfähigkeit der Unternehmen und bildet so die Grundlage für eine stetige Besserung der Lebens- und Beschäftigungsbedingungen der Völker der Gemeinschaft."

Das wirtschaftsliberale Konzept, von dem die Europäische Kommission ausgeht, basiert auf dem Grundgedanken, dass durch das freie Spiel der Kräfte am Markt der Produzent im Wettstreit mit den Konkurrenten innovativ sein muss, wodurch sich das Produkt, das Unternehmen und die Beschäftigungsbedingungen verbessern würden.[18] Zum anderen geht man in einer Marktwirtschaft davon aus, dass das Konkurrenzsystem dazu führt, dass die Produktionsfaktoren immer da eingesetzt werden, wo sie den relativ größten Nutzen bringen und damit zu einer optimalen Allokation der Produktionsfaktoren führen.[19] Die Ursache für den umfassenden Schutz des Wettbewerbs vor Verfälschungen im Vertrag über die Gründung der Europäischen Union ist also in dem diesem zugrunde liegenden wirtschaftsliberalen Basiskonzept zu sehen.

Beihilfen führen nicht nur zu einer Wettbewerbsverfälschung, sondern laufen darüber hinaus ebenfalls einer optimalen Nutzung der Produktionsfaktoren entgegen und führen bei exzessiver Vergabe zu einer Fehlallokation der Produktionsfaktoren.[20] Fehlallokationen machen sich unter anderem in einer Verzögerung der Anpassung von begünstigten Unternehmen an die Wettbewerbslage

---

[16] BEUTLER/BIEBER/PIPKORN/STREIL, EU, Rn. 892.

[17] Kommission, 1. Weißbuch 1971, Einleitung, S. 11.

[18] Siehe BLECKMANN, WiVerw 1989, 78; EHLERMANN, RIW 1993, 793; VOGT, Rechtsprobleme, S. 29 f.

[19] Vgl. BLECKMANN, WiVerw 1989, 79; EHLERMANN, RIW 1993, 793.

[20] CASPARI, FS v.d. Groeben, S. 74; dazu auch NOLTE, Quersubventionen, S. 140.

sowie in der Aufrechterhaltung überholter Wirtschafstrukturen negativ bemerkbar.[21]

## B. Beihilferechtliche Auswirkungen des Grundsatzes der Gleichbehandlung von öffentlichen und privaten Unternehmen

Aus dem Grundsatz der Gleichbehandlung öffentlicher und privater Unternehmen ergibt sich, dass öffentliche Unternehmen bei der Anwendung des Wettbewerbsrechts weder bevorzugt werden, noch ihnen Nachteile im Vergleich zu privaten Gesellschaften entstehen dürfen.[22] In Abgrenzung zu einem privaten ist ein öffentliches Unternehmen in diesem Sinne ein Unternehmen, auf welches der Staat aufgrund Eigentums, finanzieller Beteiligung, Satzung oder sonstiger Bestimmungen unmittelbar oder mittelbar beherrschenden Einfluss ausüben kann.[23] Unabhängig von der Rechtsform des Unternehmens ist ein derartiger Einfluss in der Regel gegeben, wenn die öffentliche Hand die Mehrheit des gezeichneten Kapitals des Unternehmens besitzt, über die Mehrheit der Stimmrechte verfügt oder mehr als die Hälfte der Mitglieder des Verwaltungs-, Leitungs- oder Aufsichtsorgans bestellen kann.[24]

Der Gleichbehandlungsgrundsatz öffentlicher und privater Unternehmen ergibt sich nach h.M. aus einer Zusammenschau der Grundgedanken der Art. 86 Abs. 1 und Art. 295 EGV,[25] in welchen auch die allgemeine Stellung öffentli-

---

[21] RENGELING, JZ 1984, 797; VOGT, Rechtsprobleme, S. 29 f.

[22] Vgl. EuGH, Rs C-303/88, Italien ./. Kommission, Slg. 1991, I-1433, 1475 f. Rn. 19 ff.; BONKAMP, Beihilfeverbot, S. 30; GLESKE, Wettbewerb, S. 330; SCHROEDER, ZHR 161 (1997), 815 f.; BADURA, ZGR 1997, 298; MONTAG/LEIBENATH, EWS 2003, 403; STREINZ-KOENIG/KÜHLING, EUV/EGV, Art. 295 Rn. 16.

[23] Ausführlicher zum Begriff des öffentlichen Unternehmens vgl. unten Teil 5, § 2 A.

[24] Vgl. Richtlinie 80/723/EWG der Kommission vom 25.06.1980 über die Transparenz der finanziellen Beziehungen zwischen den Mitgliedstaaten und den öffentlichen Unternehmen (ABlEG 1980 L 195, S. 35); zuletzt geändert durch Richtlinie 2000/52/EG der Kommission vom 26.07.2000 (ABlEG 2000 L 193, S. 75); SCHWARZE, EuZW 2000, 623; diese Bestimmungskriterien sind auch im Schrifttum allgemein anerkannt, vgl. SJM-HOCHBAUM, Wettbewerbsrecht, Art. 86 Rn. 7 f.; DAUSES-EMMERICH, EU, H. II. Rn. 99; GRABITZ/HILF-PERNICE, EU, Art. 90 Rn. 16; STREINZ-KOENIG/KÜHLING, EUV/EGV, Art. 86 Rn. 15.

[25] So auch SCHROEDER, ZHR 161 (1997), 815 f.; BONKAMP, Beihilfeverbot, S. 30; GLESKE, Wettbewerb, S. 330. Teilweise wird dieser Grundsatz auch nur aus Art. 86 EGV abgeleitet, vgl. BADURA, ZGR 1997, 298; EuGH, Rs C-303/88, Italien ./. Kommission, Slg. 1991, I-1433, 1475 Rn. 16 und MONTAG/LEIBENATH, EWS 2003, 403; andere wiederum sehen das Gleichbehandlungsgebot ausschließlich in Art. 295 EGV verankert, vgl. STREINZ-

cher Unternehmen im Gefüge des EG-Vertrages bestimmt wird. Art. 86 Abs. 1 EGV stellt insoweit unmittelbar klar, dass die Beihilfebestimmungen auch für öffentliche und mit besonderen oder ausschließlichen Rechten ausgestattete Unternehmen gelten und damit die Wettbewerbsregeln in gleichem Maße auf öffentliche wie auf private Unternehmen Anwendung finden.[26] Dadurch soll sichergestellt werden, dass die Mitgliedstaaten ihre Stellung gegenüber den genannten Unternehmen nicht ausnutzen und diese zu vertragswidrigen Verhaltensweisen instrumentalisieren.[27] Gemäß Art. 295 EGV bleibt die Gestaltung der Eigentumsordnung als wesentlicher Bestandteil der nationalen Wirtschaftsverfassung allein Sache der Mitgliedstaaten, der EG-Vertrag ist insofern wertneutral.[28] Diese durch Art. 295 EGV vorgeschriebene eigentumspolitische Neutralität der Gemeinschaft gegenüber den Mitgliedstaaten - auch im Hinblick auf die öffentlich-rechtliche oder privatrechtliche Organisationsform von Unternehmen[29] - hat zur Folge, dass ein öffentlicher Eigentümer nicht schlechter behandelt werden darf als ein privater.[30]

Insbesondere der Europäischen Kommission wird bei der Ausübung der Beihilfekontrolle immer wieder vorgeworfen, den aus der Zusammenschau dieser Normen hervorgehenden Grundsatz der Gleichbehandlung zu verletzen,[31] da es nach ihrer Praxis dem öffentlichen Eigentümer anders als dem privaten wegen Artt. 87 ff. EGV faktisch untersagt sei, seinem Unternehmen jederzeit finanzielle Mittel zur Verfügung zu stellen.[32] Ein dahingehender Vorwurf wurde auch im Rahmen der Rechtssache *Stardust Marine* seitens der französischen Regierung insbesondere hinsichtlich des Zurechnungsmodus der Europäischen Kommission erhoben und damit eine rechtswidrige Schlechterstellung der die konkrete

---

KOENIG/KÜHLING, EUV/EGV, Art. 295 Rn. 16.

[26] Vgl. MONTAG/LEIBENATH, EWS 2003, 403; STREINZ-KOENIG/KÜHLING, EUV/EGV, Art. 86 Rn. 2.

[27] SJM-HOCHBAUM, Wettbewerbsrecht, Art. 86 Rn. 4; GRABITZ/HILF-PERNICE, EU, Art. 90 Rn. 19.

[28] NICOLAYSEN, KSE 32 (1984), S. 113 f.; SCHWARZE-MÜLLER-HUSCHKE, EU, Art. 295 Rn. 1.

[29] Zu diesem ebenfalls aus Art. 295 EGV abgeleiteten Grundsatz der Formenwahlfreiheit des Staates siehe ausführlicher unter Teil 4, § 2 E II 1 e) bb).

[30] HKMM-KLEIN, EUV/EGV, Art. 222 Rn. 7.

[31] Vgl. dazu auch MONTAG/LEIBENATH, EWS 2003, 403; SCHROEDER, ZHR 161 (1997), 833 f.; GA JACOBS, Schlussanträge, in: EuGH, Rs C-482/99, Frankreich ./. Kommission, Slg. 2002, I-4400, 4415 Rn. 49.

[32] Vgl. SCHROEDER, ZHR 161 (1997), 833.

Förderung vornehmenden öffentlichen Unternehmen behauptet.[33]

Bei der Beurteilung der sehr umfangreichen Kommissionspraxis ist zu beachten, dass die Erfassung des öffentlichen Sektors durch die Beihilfeaufsicht nicht per se zu einem Verstoß gegen den Gleichbehandlungsgrundsatz führt.[34] Vor dem Hintergrund des Gleichbehandlungsgebots ist es zwar problematisch, wenn beispielsweise hinsichtlich des Tatbestandsmerkmals der staatlichen Herkunft der Mittel pauschal danach differenziert wird, ob das die Förderung gewährende Unternehmen ein öffentliches oder privates ist. Eine Ungleichbehandlung ist jedoch grundsätzlich dann gerechtfertigt, wenn dafür ein sachlicher Grund besteht.[35] Dieser ist häufig in der unterschiedlichen Situation zu sehen, in welcher sich private und öffentliche Investoren befinden. Während das Handeln privater Investoren in der Regel ausschließlich durch Gewinnerzielungsabsicht geleitet wird, befindet sich die öffentliche Hand in einer Doppelrolle: Zusätzlich zu der Eigenschaft als Eigentümerin eines öffentlichen Unternehmens hat sie auch die Belange des Gemeinwohls zu wahren und zu fördern.[36] Aufgrund dessen ergeben sich zwischen den betroffenen Unternehmen und der öffentlichen Hand finanzielle Beziehungen eigener Art, die sich von dem Verhältnis zwischen Staat und privaten Unternehmen wesentlich unterscheiden.[37] Bei einem öffentlichen Unternehmen besteht also typischerweise viel eher die Gefahr als bei privaten Unternehmen, dass es eine ausbleibende Rendite der zur Verfügung gestellten Mittel und damit Wettbewerbsverfälschungen in Kauf nimmt, um beispielsweise Arbeitsplätze zu sichern.

---

33 Vgl. dazu insbesondere die Problematisierung im Schrifttum zum *Stardust Marine*-Urteil: GAHLEITHNER, ELR 2002, 276; BAUER, EWS 2002, 375; GA JACOBS, Schlussanträge, in: EuGH, Rs C-482/99, Frankreich ./. Kommission, Slg. 2002, I-4400, 4411 Rn. 35, 4414 Rn. 47.

34 Vgl. GA JACOBS, Schlussanträge, in EuGH, Rs C-482/99, Frankreich ./. Kommission, Slg. 2002, I-4400, 4415 Rn. 49.

35 EuGH, Rs 215/85, BALM/Raiffeisen, Slg. 1987, 1279, 1300 Rn. 23; GRABITZ/HILF-PERNICE/MAYER, EU, Art. 6 EUV Rn. 163; CALLIESS/RUFFERT-KINGREEN, EUV/EGV, Art. 6 EUV Rn. 181.

36 Vgl. GA JACOBS, Schlussanträge, in: EuGH, Rs C-482/99, Frankreich ./. Kommission, Slg. 2002, I-4400, 4414 Rn. 47; WILMS, Öffentliche Unternehmen, S. 27; HÄRING, Vereinbarkeit, S. 4 ff.

37 Vgl. dazu EuGH, verb. Rs 188 bis 190/80, Transparenzrichtlinie, Slg. 1982, 2545, 2577 Rn. 21; BONKAMP, Beihilfeverbot, S. 30.

## C. Zusammenfassung

Artt. 87 ff. EGV sind elementarer Bestandteil des wirtschaftsliberalen Grundgedankens, auf dem der EG-Vertrag fußt. Das Beihilferecht schützt die optimale Allokation der Produktionsfaktoren und wirkt damit einhergehend auch auf den in Art. 3 Abs. 1 lit. g EGV normierten Auftrag hin, Verfälschungen des Wettbewerbs im Binnenmarkt zu verhindern. Das Ziel der gemeinschaftlichen Beihilfenkontrolle ist aber nicht die globale Reduzierung der Subventionsausgaben in den Mitgliedstaaten, sondern die Verhinderung und Beseitigung von Wettbewerbsverzerrungen im Binnenmarkt, die von Seiten der Mitgliedstaaten ausgehen. Neben den hinter dem Beihilferecht stehenden Grundprinzipien ist bei der Anwendung der Beihilfevorschriften auch der in Art. 86 Abs. 1 und Art. 295 EGV verankerte Grundsatz der Gleichbehandlung öffentlicher und privater Unternehmen im Einzelfall zu beachten, dessen Nichtbeachtung jedoch gegebenenfalls durch einen sachlichen Grund gerechtfertigt sein kann.

# § 2 Das Verbot staatlicher Beihilfen in Art. 87 Abs. 1 EGV

Neben dem Normcharakter des Art. 87 Abs. 1 EGV sind für das Verständnis der Zurechnungsproblematik auch eine grundsätzliche Einordnung des Beihilfebegriffs sowie die übrigen eine verbotene staatliche Beihilfe konstituierenden Tatbestandsvoraussetzungen und ihr Zusammenspiel mit dem Zurechnungstatbestand bedeutsam. Deshalb soll nachfolgend ein kurzer Überblick über die einzelnen Tatbestandsmerkmale des Art. 87 Abs. 1 EGV gegeben werden.

## A. Einordnung von Art. 87 Abs. 1 EGV in die Systematik des Europäischen Beihilferechts und unmittelbare Geltung

Art. 87 EGV enthält drei Absätze: Absatz 1 untersagt grundsätzlich die Gewährung mitgliedstaatlicher Beihilfen, entfaltet aber keine unmittelbare Wirkung in den nationalen Rechtsordnungen. Vor nationalen Gerichten können sich Dritte auf die Unvereinbarkeit einer Beihilfe mit dem Gemeinsamen Markt daher erst berufen, wenn diese von der Europäischen Kommission im Verfahren gemäß Art. 88 Abs. 2 EGV festgestellt worden ist. Dementsprechend kann nur die Europäische Kommission und nicht etwa nationale Behörden oder Gerichte über die Anwendbarkeit der Ausnahmen gemäß Abs. 2 und 3 befinden.[38]

---

[38] Vgl. EuGH, Rs 78/76, Firma Steinike und Weinlig ./. Deutschland, Slg. 1977, 595, 610

Art. 87 Abs. 2 EGV stellt bestimmte von vornherein als gemeinschaftsunschädlich geltende Ausnahmetatbestände auf, in denen Beihilfen ausnahmsweise qua Primärrecht erlaubt sind; schließlich bestimmt Art. 87 Abs. 3 lit. a bis d EGV materiellrechtliche Kriterien, nach denen die Europäische Kommission in Ausübung pflichtgemäßen Ermessens eine Ausnahme vom Beihilfeverbot gestatten kann. Weitere generelle Ausnahmen vermag der Rat unter den Voraussetzungen des Art. 87 Abs. 3 lit. e EGV, spezielle Ausnahmen (betreffend bestimmter Unternehmen oder Produktionszweige) unter den Voraussetzungen des Art. 88 Abs. 2 Unterabsatz 3 EGV zu genehmigen. In Art. 88 EGV ist darüber hinaus die Ausgestaltung des beihilferechtlichen Verfahrens in seinen Grundzügen geregelt.[39] Art. 88 Abs. 3 S. 3 EGV verbietet als einzige unmittelbare Geltung[40] entfaltende Beihilfevorschrift die Vergabe von Beihilfen ohne Genehmigung durch die Europäische Kommission.[41]

## B. Normcharakter des Art. 87 Abs. 1 EGV

Die Bestimmungen zur gemeinschaftsrechtlichen Kartellaufsicht normieren in Artt. 81-86 EGV ein absolutes Verbot wettbewerbsbeschränkender abgestimmter Verhaltensweisen bzw. missbräuchlicher Ausnutzungen einer marktbeherrschenden Stellung. Ein solch absoluter Verbotstatbestand befand sich auch in Art. 4 lit. c EGKS-Vertrag[42] für Subventionen oder Beihilfen im Montanbereich. Im Gegensatz dazu ist ein ausdrückliches Verbot der Gewährung von Beihilfen in Art. 87 EGV nicht zu finden. Die vorsichtige Formulierung[43] des Art. 87 Abs. 1 EGV „[...] Beihilfen [...] sind [...] unvereinbar [...]" überließ es der Rechtsprechung und dem Schrifttum sowie der Entscheidungspraxis der Europäischen Kommission, neben dem Begriff der Beihilfe auch den Normcharakter zu präzisieren.

---

Rn. 10; EuGH, Rs 74/76, Iannelli und Volpi ./. Firma Palo Meroni, Slg. 1977, 557, 575 Rn. 10/12.

[39] Die genauere Ausgestaltung dieser Vorschrift blieb bis zum Erlass der Verordnung (EG) Nr. 659/1999 des Rates vom 23. März 1999 über besondere Vorschriften für die Anwendung von Art. 88 des EG-Vertrages (ABlEG 1999 L 83, S. 1) der Praxis der Kommission und der Rechtsprechung der Europäischen Gerichte überlassen.

[40] Allgemein zur unmittelbaren Anwendbarkeit des Art. 87 EGV vgl. VOGT, Rechtsprobleme, S. 24.

[41] GEIGER, EUV/EGV, Art. 87 Rn. 6; LENZ-RAWLINSON, EGV, Vorbem. Art. 87-89 Rn. 21.

[42] Gem. Art. 97 EGKS-Vertrag endete die Geltungsdauer dieses Vertrages am 23. Juli 2002.

[43] So GBTE-THIESING, EWGV, Art. 92 Rn. 1.

Nach herrschender Meinung handelt es sich bei Art. 87 Abs. 1 EGV um einen Verbotstatbestand.[44] Um der Europäischen Kommission ein flexibleres Vorgehen bei der Ausübung der Beihilfeaufsicht zu ermöglichen, sind in Art. 87 Abs. 2 und 3 EGV jedoch Ausnahmebestimmungen normiert. Wegen der Existenz dieser Ausnahmebestimmungen besteht weitgehende Einigkeit dahingehend, dass es sich bei Art. 87 Abs. 1 EGV nicht um ein absolutes, sondern um ein (relatives) Verbot mit Erlaubnisvorbehalt handelt.[45] Dafür spricht auch die Formulierung des Tatbestandes des Art. 87 Abs. 1 EGV, bei dessen Lektüre auffällt, dass die Unvereinbarkeit nationaler Beihilfen mit dem Gemeinsamen Markt an eine Reihe von Bedingungen geknüpft ist. Zum einen sind dies die einzelnen, noch zu erläuternden Tatbestandsmerkmale, zum anderen der Vorbehalt „soweit in diesem Vertrag nicht etwas anderes bestimmt ist".[46]

## C. Der Beihilfebegriff

Nach Art. 87 Abs. 1 EGV sind, soweit in dem Vertrag nicht etwas anderes bestimmt ist, „staatliche oder aus staatlichen Mitteln gewährte Beihilfen gleich welcher Art, die durch die Begünstigung bestimmter Unternehmen oder Produktionszweige den Wettbewerb verfälschen oder zu verfälschen drohen, mit dem Gemeinsamen Markt unvereinbar, soweit sie den Handel zwischen Mitgliedstaaten beeinträchtigen". Wie aus dieser Formulierung ersichtlich ist und bereits ausgeführt wurde, schränkt Art. 87 EGV den wirtschaftspolitischen Handlungsspielraum der Mitgliedsstaaten deutlich ein, wobei die Bestimmung des Schlüsselbegriffs der „Beihilfe" augenscheinlich über den Umfang und das Ausmaß der Kontroll- und Eingriffshoheit der Europäischen Kommission entscheidet.[47]

---

[44] CALLIESS/RUFFERT-CREMER, EUV/EGV, Art. 87 Rn. 5; LENZ-RAWLINSON, EGV, Art. 87 Rn. 2; GRABITZ/HILF-V. WALLENBERG, EU, Art. 92 Rn. 2; MODLICH, Infrastrukturmaßnahmen, S. 7 ff.; den Verbotscharakter unter Hinweis auf den Genehmigungsvorbehalt in Abs. 3 relativierend: RENGELING, ZHR 152 (1988), 463; BACH, Schranken, S. 9; einen Verbotscharakter ablehnend: GÖTZ, Wirtschaftssubventionen, S. 101.

[45] So zutreffend die h.M.: OPPERMANN, Europarecht, Rn. 982; SCHWARZE-BÄR-BOUYSSIÈRE, EU, Art. 87 Rn. 2; DECKERT/SCHROEDER, EuR 1998, 292; LENZ-RAWLINSON, EGV, Art. 87 Rn. 1; GEIGER, EUV/EGV, Art. 92 Rn. 2; SJM-MEDERER, Wettbewerbsrecht, Art. 87 Rn. 25; GS-MEDERER/TRIANTAFYLLOU, EU/EG, Art. 87 Rn. 25; CASPARI, FS v. d. Groeben, S. 76; NOLTE, Quersubventionen, S. 141; EuGH, Rs 78/76, Steinike und Weinlig ./. Deutschland, Slg. 1977, 595, 609 f. Rn. 8; EuGH, Rs 730/79, Philip Morris ./. Kommission, Slg. 1980, 2671, 2691 Rn. 24, 26.

[46] GEISS, Rechtsstaatliche Grundsätze, S. 29.

[47] Statt vieler SCHWARZE-BÄR-BOUYSSIÈRE, EU, Art. 87 Rn. 26; SEIDEL, EuR 1985, 25; SINZ, Wirtschaftsförderung, S. 234.

Daher soll nachfolgend zunächst eine knappe Auseinandersetzung mit den bisherigen Bestimmungsversuchen des Beihilfebegriffs durch die Organe der EU und das Schrifttum vorgenommen werden. Anschließend wird in genereller Weise die für die Handhabung des Art. 87 Abs. 1 EGV grundlegende Frage geklärt, ob bei der Prüfung des Beihilfetatbestandes auf die Wirkung einer mitgliedstaatlichen Maßnahme oder auf die mit ihr verbundenen Intention abzuheben ist.

## I. Begriffsbestimmung

Als Folge der von der Auslegung des Beihilfebegriffs abhängigen Bewirkung von Verbotsfolgen kommt der Frage, unter welchen Voraussetzungen eine Beihilfe anzunehmen ist, eine herausragende Bedeutung zu. Die Bedeutung dieser Begriffsbestimmung für das Problem der staatlichen Zurechnung wird bereits anhand der Konnexität des Wortlauts von Art. 87 Abs. 1 EGV („staatliche oder aus staatlichen Mitteln gewährte Beihilfen") sichtbar.

Trotz seiner zentralen Bedeutung für die Reichweite der Beihilfenkontrolle insgesamt enthält der EG-Vertrag an keiner Stelle eine Definition des Begriffs der „Beihilfe". Auffällig ist ungeachtet der unterschiedlichen Bestimmungsversuche durch EuGH, Europäische Kommission und Literatur, dass im Ansatz weitgehend Einigkeit dahingehend besteht, es handele sich um einen entwicklungsoffenen, weit auszulegenden Begriff.[48] Nach ständiger Praxis von Kommission und Rechtsprechung muss er im weitesten Sinne des Wortes verstanden werden und umfasst danach jede einseitige staatliche Vergünstigung an ein Unternehmen gleich welcher Art.[49] Diese weite Auslegung wird zum einen mit dem Wortlaut von Art. 87 Abs. 1 EGV in Form des Zusatzes „[Beihilfen] gleich welcher Art" begründet.[50] Zum anderen wird angeführt, dass der Versuch einer näheren Bestimmung zwangsläufig zu einer Einengung des Anwendungsbereiches der Beihilfenkontrolle ab initio führe.[51] Um der Europäischen Kommission ein umfassendes und zugleich flexibles Instrumentarium zum Schutz des Wettbe-

---

[48] Vgl. CICHY, Wettbewerbsverfälschungen, S. 150; KOENIG/KÜHLING, NJW 2000, 1065; NIGGEMANN, Staatsbürgschaften, S. 19.

[49] EuGH, Rs C-61/79, Amministrazione delle Finanze dello Stato ./. Denkavit Italiana, Slg. 1980, 1205, 1228 Rn. 31; LÜBBIG/MARTIN-EHLERS, Beihilfenrecht, Rn. 68 ff.; CALLIESS/RUFFERT-CREMER, EUV/EGV, Art. 87 Rn. 7 m.w.N.

[50] Vgl. GS-MEDERER/VAN YSENDYCK, EU/EG, Art. 87 Rn. 5; GRABITZ/HILF-V. WALLENBERG, EU, Art. 92 Rn. 5.

[51] SCHÜMANN, Wirtschaftsförderung, S. 163; LEFÈVRE, Staatliche Ausfuhrförderung, S. 112 m.w.N.

werbs an die Hand zu geben, aber auch um der Gefahr einer Umgehung durch die Mitgliedstaaten vorzubeugen,[52] müsse eine gewisse Unbestimmtheit in Kauf genommen werden, die ein weiter Beihilfebegriff mit sich bringt. Durch eine extensive Auslegung des Beihilfebegriffs könne den Artt. 87 ff. EGV dann die Funktion einer Lückenschließung zukommen und so durch Kombination mehrerer, isoliert nicht zu beanstandender Maßnahmen, versuchte Umgehungspraktiken der Mitgliedsstaaten verhindert werden.[53] Außerdem müsse beachtet werden, dass lediglich diese weite Auslegung dem in Art. 3 Abs. 1 lit. g EGV niedergelegten und in Art. 87 EGV zum Ausdruck gebrachten Ziel der Gemeinschaft, ein System, das den Wettbewerb innerhalb des Binnenmarkts vor Verfälschungen schützt, zu schaffen, zu optimaler Geltung verhelfen könne.[54]

Überblicksartig sollen im Folgenden die unterschiedlichen Ansätze des EuGH, der Europäischen Kommission und der Literatur zur näheren Bestimmung und Konkretisierung des Begriffs der Beihilfe dargestellt werden.

## 1. Der Ansatz des EuGH

Der Gerichtshof hat sich grundlegend bereits 1961 zum Begriff der Beihilfe geäußert und in seinem Urteil vom 23. Februar 1961 zu Art. 4 lit. c EGKS-Vertrag Kriterien für die Unterscheidung zwischen den Begriffen Subvention und Beihilfe herausgearbeitet.[55] Danach sind Subventionen im Sinne des Art. 4 lit. c EGKS-Vertrag solche Geld- und Sachleistungen, die einem Unternehmen zu dessen Unterstützung gewährt werden und die außerhalb des Entgelts liegen, welches der Käufer oder Verbraucher für die von dem betroffenen Unternehmen produzierten Güter entrichtet. Im Begriff Beihilfe sieht der Gerichtshof zwar einen eng mit der Subvention verwandten Vorgang, der jedoch insoweit in stärkerem Maße zweckbetont ist, als Beihilfen speziell als Mittel zur Verfolgung bestimmter Ziele angesehen werden, die in der Regel nicht ohne fremde Hilfe erreicht werden können.[56] Nach der Rechtsprechung des EuGH ist der Begriff der Beihilfe (als Oberbegriff) daher weiter als der Begriff der Subvention[57];

---

[52] SCHWARZE, Gedächtnisschrift Martens, S. 833; HASSELMANN, Ausschlusstatbestände, S. 8.

[53] RENGELING, KSE 32 (1984), S. 26; SCHWARZE, Gedächtnisschrift Martens, S. 833.

[54] Vgl. auch KRUSE, ZHR 165 (2001), 580; SCHÜMANN, Wirtschaftsförderung, S. 163; Kommission, Wettbewerbsrecht in den Europäischen Gemeinschaften, 1997, Bd. II B, S. 7.

[55] EuGH, Rs 30/59, De Gezamenlijke Steenkolenmijnen in Limburg ./. Hohe Behörde, Slg. 1961, 1, 42 f.

[56] EuGH, Rs 30/59, De Gezamenlijke Steenkolenmijnen in Limburg ./. Hohe Behörde, Slg. 1961, 1, 42 f.

[57] Im Rahmen dieser Untersuchung werden die Begriffe Beihilfe und Subvention synonym

denn er umfasst nicht nur positive finanzielle Zuwendungen wie Subventionen selbst, sondern auch Maßnahmen, die in verschiedener Form die Belastungen vermindern, die ein Unternehmen normalerweise zu tragen hat und die somit zwar keine Subventionen im strengen Sinne des Wortes darstellen, diesen aber nach Art und Wirkung gleichstehen.

Obwohl sich die Ausführungen im Rahmen dieser Entscheidung auf den Montanbereich beziehen, sind die dort zu Beihilfen getroffenen Aussagen bis heute Teil der ständigen Rechtsprechung des EuGH auch zu Art. 87 Abs. 1 EGV.[58] Auch später ist der Beihilfebegriff durch den EuGH allerdings zu keiner Zeit umfassend oder abschließend abstrakt definiert worden, sondern wurde durch den Gerichtshof in den jeweiligen Streitfällen nach Bedarf ausgeweitet. Im Ergebnis hat diese Praxis bewirkt, dass sich der tatbestandliche Anwendungsbereich des Art. 87 Abs. 1 EGV konstant weiterentwickelt hat.[59] Das Grundverständnis des EuGH zusammenfassend kann jedoch festgehalten werden, dass er unter einer Beihilfe jede sich in Form einer Begünstigung auswirkende finanzielle Maßnahme zugunsten eines Unternehmens versteht.[60]

## 2. Bestimmungsversuch der Europäischen Kommission und Transparenzrichtlinie

Auf eine Anfrage des Abgeordneten *Burgbacher* aus dem Jahre 1963 im Europäischen Parlament zum Beihilfebegriff hat die Europäische Kommission in Form einer im Schrifttum vielfach zitierten Aufzählung geantwortet. Nach Auffassung der Europäischen Kommission fallen unter den Terminus „Beihilfe" demnach folgende Varianten: Zuschüsse, Befreiungen von Steuern und Abgaben, Zinszuschüsse, Übernahme von Bürgschaften zu besonders günstigen Bedingungen, unentgeltliche oder besonders preiswerte Überlassung von Gebäuden oder Grundstücken, Lieferungen von Gütern oder Dienstleistungen zu Vorzugsbedingungen, Übernahme von Verlusten oder jede andere Maßnahme glei-

---

verwendet. Denn die Differenzierung des EuGH hat in der praktischen Anwendung keine Bedeutung mehr, so dass die Begriffe der Subvention und der Beihilfe in der praktischen Anwendung die gleichen Tatbestände erfassen. Damit folgt der Verfasser einer breiten Ansicht in der Literatur, vgl. RYDELSKI, EU Beihilferecht, S. 79 m.w.N.

[58] EuGH, Rs C-387/92, Banco de Crédito, jetzt Banco Exterior de España ./. Ayuntamiento de Valencia, Slg. 1994, I-877, 907 Rn. 13; EuGH, Rs C-200/97, Ecotrade ./. Altiforni e Ferriere di Servola, Slg. 1998, I-7907, 7936 Rn. 34; EuGH, Rs C-6/97, Italien ./. Kommission, Slg. 1999, I-2981, 3004 Rn. 15.

[59] Vgl. SCHWARZE-BÄR-BOUYSSIÈRE, EU, Art. 87 Rn. 26; LÜBBIG, WuW 1999, 249 f.

[60] FABER, Europarechtliche Grenzen, S. 99; MODLICH, Infrastrukturmaßnahmen, S. 19.

cher Wirkung.[61]

Dieser kasuistische Bestimmungsansatz der Europäischen Kommission setzt sich auch in Art. 3 der Transparenzrichtlinie fort, die die Europäische Kommission aufgrund der Ermächtigung in Art. 86 Abs. 3 EGV erlassen hat.[62] Durch die Transparenzrichtlinie sollen die Beziehungen zwischen öffentlicher Hand und öffentlichen Unternehmen offen gelegt werden, da in diesem Bereich Beihilfen nur unter großen Schwierigkeiten von wettbewerbsneutralen Eigentümerzuwendungen abgegrenzt werden können. Ziel ist insofern, durch mitgliedstaatliche Mitwirkung die Erfassung und rechtliche Einordnung finanzieller Zuwendungen zu erleichtern.[63] In Art. 3 der Transparenzrichtlinie werden folgende Maßnahmen der Offenlegung unterstellt, bei denen ein Beihilfeverdacht nicht von der Hand zu weisen ist und die Meldepflicht der Mitgliedstaaten ausgelöst wird: der Ausgleich von Betriebsverlusten (lit. a), Kapitaleinlagen und Kapitalausstattungen (lit. b), nicht rückzahlbare Zuschüsse oder Darlehen zu Vorzugsbedingungen (lit. c), Gewährung von finanziellen Vergünstigungen durch Verzicht auf Gewinne oder Nichteinziehung von Schuldforderungen (lit. d), Verzicht auf eine normale Verzinsung der eingesetzten öffentlichen Mittel (lit. e) sowie der Ausgleich von durch die öffentliche Hand auferlegten Belastungen (lit. f).

Auch durch die zwischenzeitliche Beihilfepraxis der Europäischen Kommission hat sich dieser fallbezogene Ansatz noch erheblich ausgeweitet.[64] Die Kasuistik fasst die Europäische Kommission in ihrem Wettbewerbsbericht für das Jahr 2000 in der Weise zusammen, dass unter dem Begriff Beihilfe „ein Vorteil zu verstehen [ist], der einem Unternehmen durch staatliche Stellen unentgeltlich oder gegen Zahlung eines Betrages gewährt wird, der dem zahlenmäßigen Wert des Vorteils nur zu einem Bruchteil entspricht. Eine solche Definition umfasst die Ressourcenallokation und die Tatsache, dass dem betreffenden Unternehmen durch den Erlass von Kosten, die es andernfalls zu tragen hätte, Einsparungen

---

[61] Kommission zur schriftlichen Anfrage Nummer 48, ABlEG 1963 Nr. 125, S. 2235.

[62] Richtlinie 80/723/EWG der Kommission vom 25.06.1980 über die Transparenz der finanziellen Beziehungen zwischen den Mitgliedstaaten und den öffentlichen Unternehmen (ABlEG 1980 L 195, S. 35); geändert durch Richtlinie 85/413/EWG der Kommission vom 24.07.1985 (ABlEG 1985 L 229, S. 20); geändert durch Richtlinie 93/84/EWG der Kommission vom 30.09.1993 (ABlEG 1993 L 254, S. 16); geändert durch Richtlinie 2000/52/EG der Kommission vom 26.07.2000 (ABlEG 2000 L 193, S. 75).

[63] OPPERMANN, Europarecht, Rn. 988; BRITZ, DVBl 2000, 1645 ff.; ERHARDT, Beihilfen, S. 47.

[64] COMMUNIER, Le droit communautaire des aides d'Etat, S. 11.

ermöglicht werden".[65]

Die Europäische Kommission geht also ebenfalls davon aus, dass Beihilfen positive Leistungen des Staates oder auch nur Belastungsverminderungen sein können. Im Gegensatz zum Gerichtshof, der um eine abstrakte Begriffsbestimmung bemüht ist, fällt auf, dass sich die Europäische Kommission weitgehend der Enumerationstechnik bedient. Eine feste Definition des Beihilfebegriffs benutzt also auch die Europäische Kommission nicht. Dennoch zeigen sich in der Praxis bei der Beurteilung konkreter Fälle keine grundsätzlichen Unterschiede zwischen beiden Gemeinschaftsorganen.[66]

### 3. Definitionsversuche in der Literatur

Auch in der Literatur konnte bislang keine abschließende Definition von „Beihilfe" gefunden werden.[67] Im Schrifttum finden sich jedoch mehrere verschiedene Ansätze einer Begriffsbestimmung.[68] Weitgehende Einigkeit herrscht dabei insoweit, als es sich bei einer Beihilfe etwa um eine in beliebiger Form erfolgte Zuwendung des Staates an Unternehmen handelt, die dessen Belastung verringert und den Wettbewerb beeinträchtigen kann.[69]

Eine Vielzahl von Autoren spricht sich jedoch gegen eine abschließende Begriffsdefinition aus.[70] Stattdessen wird vorgeschlagen, sich dem Begriff der Beihilfe durch Herausarbeiten von charakteristischen Elementen zu nähern, wobei sowohl der Begriff der „Beihilfe" selbst als auch die Tatbestandsmerkmale „staatliche oder aus staatlichen Mitteln gewährt" sowie die „Begünstigung bestimmter Unternehmen und Produktionszweige" in die Bestimmung miteinbezogen werden.[71]

---

65 Kommission, 30. Bericht über die Wettbewerbspolitik, Rn. 314; vgl. auch Kommission, 31. Bericht über die Wettbewerbspolitik, Rn. 360; Kommission, 32. Bericht über die Wettbewerbspolitik, Rn. 360 ff.

66 NOLTE, Quersubventionen, S. 145.

67 Vgl. den Überblick zu Definitionsversuchen in der Literatur: MODLICH, Infrastrukturmaßnahmen, S. 21 ff.; HOISCHEN, Beihilferegelung, S. 6 ff.

68 Siehe dazu HOISCHEN, Beihilferegelung, S. 6 ff.; MODLICH, Infrastrukturmaßnahmen, S. 21 ff.

69 CALLIESS/RUFFERT-CREMER, EUV/EGV, Art. 87 Rn. 7; HOISCHEN, Beihilferegelung, S. 6 ff.; SJM-MEDERER, Wettbewerbsrecht, Art. 87 Rn. 5; BLECKMANN, Europarecht, Rn. 2052.

70 Vgl. GRABITZ/HILF-V. WALLENBERG, EU, Art. 92 Rn. 5; GS-MEDERER, EU/EG, Art. 87 Rn. 2; LEFÈVRE, Staatliche Ausfuhrförderung, S. 112 ff.; PÜTTNER/SPANNOWSKY, Regionalpolitik, S. 148; MODLICH, Infrastrukturmaßnahmen, S. 22 m.w.N.

71 Vgl. HOPT/MESTMÄCKER, WM 1996, 755 f.

## 4. Fazit

Der Versuch, den Begriff der Beihilfe abschließend zu definieren, würde zwangsläufig zu dessen Einschränkung führen. Nicht zuletzt aus diesem Grund wird von EuGH, Europäischer Kommission und einigen Stimmen in der Literatur[72] bewusst auf eine solche Definition verzichtet. Dieser offene Beihilfebegriff ist der Europäischen Kommission bei der effektiven Handhabung des Beihilfeverbotes in der Praxis äußerst dienlich; denn nur ein entwicklungsoffener Beihilfebegriff erlaubt der Europäischen Kommission als Hüterin des Beihilfeverbotes, flexibel auf jede denkbare Form einer mitgliedstaatlichen wettbewerbsverzerrenden Maßnahme zu reagieren.[73] Von Bedeutung ist indes, dass die Bestimmung der Konturen des Beihilfebegriffs allein anhand des Gemeinschaftsrechts ohne Rückgriff auf nationale Bestimmungen vorgenommen wird. Andernfalls wäre die erforderliche Einheitlichkeit innerhalb der Gemeinschaft nicht gewährleistet (so genannte Autonomie der gemeinschaftsrechtlichen Rechtsbegriffe).[74]

Durch einen flexiblen, nicht abschließend definierten Beihilfebegriff soll die Europäische Kommission in der Lage sein, auf nationalen Einfallsreichtum entsprechend zu reagieren und auch neue Formen staatlicher Unternehmensförderung auf ihre Vertragskonformität hin zu kontrollieren.[75] Die Mitgliedstaaten haben sich nämlich in den vergangenen Jahren sehr erfinderisch gezeigt, wenn es darum ging, ihre Unternehmen zu schützen bzw. zu unterstützen. Wegen der Mannigfaltigkeit möglicher beihilferechtlich relevanter Fallkonstellationen und der beschriebenen Tendenz der Mitgliedstaaten spricht vieles dafür, dass auch in Zukunft die Fähigkeit gefordert sein wird, auf einen nahezu permanenten Wandel der wirtschaftlichen Gepflogenheiten zu reagieren.

Es ist jedoch auch nicht zu übersehen, dass die aktuelle Rechtslage mit Blick auf die Prinzipien der Rechtssicherheit und Bestimmtheit nicht unbedenklich ist. So ist es für die Mitgliedstaaten und etwaige Beihilfebegünstigte letztlich nicht immer vorhersehbar, ob eine geplante Maßnahme eine Beihilfe darstellt oder nicht.[76] Teilweise wird daher eine explizite Begriffsdefinition, z.B. im We-

---

[72] Harings, Praxis, S. 7; Grabitz/Hilf-v. Wallenberg, EU, Art. 92 Rn. 5; Lefèvre, Staatliche Ausfuhrförderung, S. 114; Obernolte, EW 1961, 389.

[73] Vgl. Bleckmann, Europarecht, Rn. 2051.

[74] Seidel, EuR 1985, 25.

[75] Vgl. auch Callies/Ruffert-Cremer, EUV/EGV, Art. 87 Rn. 7; GS-Mederer, EU/EG, Art. 87 Rn. 5; Lefèvre, Staatliche Ausfuhrförderung, S. 112.

[76] Vgl. Schwarze, Europäisches Verwaltungsrecht I, S. 372.

ge einer Durchführungsverordnung gemäß Art. 89 EGV befürwortet.[77] Die Bedenklichkeit des offenen Beihilfebegriffs und die aus ihm resultierende extreme Weite seines potentiellen Anwendungsbereiches werden aber zumindest teilweise dadurch relativiert, dass eine durch die Europäische Kommission im Einzelfall diagnostizierte Beihilfe vom Gerichtshof vollumfänglich untersucht wird.[78] So werden im Zusammenhang mit dem lediglich konturenhaft bestimmten Rechtsbegriff der Beihilfe Rechtsschutzlücken ausgeglichen.[79] Zur Erlangung von Rechtssicherheit ist eine Notifizierung auf Verdacht außerdem immer möglich.

Ferner wird der Beihilfebegriff durch die weiteren Tatbestandsmerkmale des Art. 87 Abs. 1 EGV bestimmt.[80] Im Schrifttum herrscht insofern hauptsächlich aufgrund des Wortlauts von Art. 87 Abs. 1 EGV Einigkeit darüber, dass neben der Begünstigung allein die Spezifität und die staatliche Zurechenbarkeit als weitere konstitutive Merkmale anzusehen sind. Hingegen werden die in Art. 87 Abs. 1 EGV genannten Tatbestandsmerkmale der Wettbewerbsverfälschung und der Handelsbeeinträchtigung zwar als Voraussetzungen für die Unvereinbarkeit einer Beihilfe mit dem Gemeinsamen Markt, nicht jedoch als konstitutive Merkmale der Beihilfe selbst gesehen.[81] Demnach stellen sie eigenständige Tatbestandsmerkmale der Verbotsnorm dar.[82]

Eine gemäß Art. 87 Abs. 1 EGV mit dem gemeinsamen Markt unvereinbare Beihilfe ist jedenfalls ausschließlich dann gegeben, wenn eine *Begünstigung* für Unternehmen oder Produktionszweige vorliegt, die als solche *bestimmten* Un-

---

[77] Siehe hierzu MÜLLER-IBOLD, EuZW 1996, 680 und Art. 2 Abs. 1 des Vorschlags der Association Européenne des Avocats für eine Verordnung zur Kontrolle staatlicher Beihilfen (Beihilfenkontroll-Verordnung), EuZW 1996, 688; SINNAEVE, Rückforderung, S. 254.

[78] So SCHWARZE, Europäisches Verwaltungsrecht, I, S. 372, 374. Dies wurde nochmals ausdrücklich vom EuGH bestätigt in EuGH, Rs C-83/98, Frankreich ./. Kommission, Slg. 2000, I-3271, 3325 Rn. 25.

[79] GEISS, Rechtsstaatliche Grundsätze, S. 41.

[80] So auch RYDELSKI, EU Beihilferecht, S. 58; NIGGEMANN, Staatsbürgschaften, S. 61; GÖTZ, Wirtschaftssubventionen, S. 20.

[81] So NIGGEMANN, Staatsbürgschaften, S. 61; GÖTZ, Wirtschaftssubventionen, S. 20; RYDELSKI, EU Beihilferecht, S. 58; MODLICH, Infrastrukturmaßnahmen, S. 70 f.; RODI, Subventionsrechtsordnung, S. 154 f.; vgl. dazu auch EuGH, verb. Rs 296 und 318/82, Niederlande und Leeuwarder Papierfabriek ./. Kommission, Slg. 1985, 809, 824 Rn. 22, der die Wettbewerbsverfälschung und die Handelsbeeinträchtigung als andere Tatbestandsmerkmale klassifiziert; a. A. nur RENGELING, KSE 32 (1984), S. 42 f.

[82] Vgl. dazu eingehend GÖTZ, Wirtschaftssubventionen, S. 20; RYDELSKI, EU Beihilferecht, S. 58; NIGGEMANN, Staatsbürgschaften, S. 61; MODLICH, Infrastrukturmaßnahmen, S. 70 f.

ternehmen oder Produktionszweigen zugute kommt sowie *staatlich oder aus staatlichen Mitteln gewährt* ist. Voraussetzung ist darüber hinaus ebenfalls, dass der *Wettbewerb* verfälscht und der *Handel* zwischen den Mitgliedstaaten beeinträchtigt wird.[83] Die weiteren anerkannten Tatbestandsmerkmale in Art. 87 Abs. 1 EGV relativieren insofern als einschränkende Kriterien die Weite des Beihilfebegriffs. Dies wird darüber hinaus durch die Formulierung, „soweit in diesem Vertrag nicht etwas anderes bestimmt ist"[84] und in gewissem Maße ebenso durch die Ausnahmeregelungen von Absatz 2 sowie 3 gewährleistet. In diesem Sinne soll diese Untersuchung durch die vorzunehmende Dogmatisierung und Systematisierung des Zurechnungstatbestandes („staatlich oder aus staatlichen Mitteln gewährte") also mittelbar auch zur schärferen Konturierung des Beihilfebegriffs aus Art 87 Abs. 1 EGV beitragen.

## II. Das Wirkungsprinzip

An der bereits zitierten EuGH-Entscheidung *Steenkolemijnen*[85] vom 23. Februar 1961 fällt auf, dass der Gerichtshof bei der Prüfung der Beihilfen- bzw. Begünstigungseigenschaft auch den Zweck einer Maßnahme hervorhebt, indem er ausführt, dass Beihilfen speziell als Mittel zur Verfolgung bestimmter Ziele angesehen werden. In späteren Entscheidungen zu Art. 87 Abs. 1 EGV stellt der EuGH indes nur noch selten, beispielsweise in dem Verfahren *Amministrazione delle Finanze dello Stato ./. Denkavit Italiana* auf den Zweck einer Maßnahme der Wirtschaftsförderung ab, um deren Beihilfecharakter zu begründen.[86] Da der Gerichtshof in anderen Entscheidungen ganz überwiegend auf die Auswirkungen der fraglichen Maßnahme abhebt, und es zudem bereits in der Rechtssache *Italien ./. Kommission (1974)*[87] ausdrücklich ablehnt, zur Qualifikation einer finanziellen Intervention die damit verfolgten Ziele heranzuziehen, könnte es sich bei den Ausführungen des EuGH zu *Amministrazione delle Finanze dello*

---

[83] In diesem Sinne auch der EuGH in ständiger Rechtsprechung, Rs C-142/87, Belgien ./. Kommission, Slg. 1990, I-959, 1011 Rn. 25; EuGH, Rs C-278/92 bis C-280/92, Spanien ./. Kommission, Slg. 1994, I-4103, 4153 Rn. 20; EuGH, Rs C-482/99, Frankreich ./. Kommission, Slg. 2002, I-4397, 4449 Rn. 68; EuGH, Rs C-280/00, Altmark Trans GmbH und Regierungspräsidium Magdeburg ./. Nahverkehrsgesellschaft Altmark GmbH, Slg. 2003, I-7747, 7836 Rn. 74.

[84] Siehe dazu nur SJM-MEDERER, Wettbewerbsrecht, Art. 87 Rn. 122.

[85] EuGH, Rs 30/59, De Gezamenlijke Steenkolenmijnen in Limburg ./. Hohe Behörde, Slg. 1961, 1, 42. Siehe dazu eingehend unter Teil 2, § 2 C I 1.

[86] EuGH, Rs C-61/79, Amministrazione delle Finanze dello Stato ./. Denkavit Italiana, Slg. 1980, 1205, 1228 Rn. 31.

[87] EuGH, Rs 173/73, Italien ./. Kommission, Slg. 1974, 709, 718 Rn. 26/28.

*Stato ./. Denkavit Italiana* nach Meinung der Mehrzahl der Beobachter nur um ein „Versehen" handeln.[88] Jedenfalls ist davon auszugehen, dass der Gerichtshof dieses Merkmal letztlich aufgegeben hat.[89]

Bei der Beurteilung der Maßnahme kommt es daher nicht auf die Motive oder Ziele, sondern ausschließlich auf die Wirkung an.[90] Der Beihilfecharakter eines gewährten Vorteils ist somit grundsätzlich nicht aus der Geber- sondern aus der Empfänger-Perspektive zu beurteilen. Dies bedeutet, dass es entscheidend auf die Auswirkungen einer Maßnahme bei dem Empfänger einer Leistung ankommt und nicht auf die mitgliedstaatliche Intention, welche ursprünglich hinter der Maßnahme steckte.[91] Dies erscheint angesichts der durch Art. 3 Abs. 1 lit. g EGV gesetzten Vorgabe, einen unbeeinträchtigten Wettbewerb im Gemeinsamen Markt zu sichern, nur konsequent. So ist es für ein System unverfälschten Wettbewerbs grundsätzlich stringent, die Beihilfeeigenschaft aus einer folgeorientierten Sicht zu bestimmen und damit von der Wirkung der Maßnahme abhängig zu machen. Hingegen ist grundsätzlich nicht auf deren Gründe oder auf die mit ihr tatsächlich oder gar nur vorgeblich verfolgten Ziele abzuheben;[92] nicht entscheidend sein können somit insbesondere auch nicht die Rechtsform oder der Mechanismus bzw. der betriebliche Ansatz der Zuwendung.[93] Daher kann sich die öffentliche Hand auch nicht darauf berufen, allgemeine wirtschaftspolitische Ziele zu verfolgen, wenn faktisch einzelne Unternehmen begünstigt werden. Das Abstellen auf das Wirkungsprinzip und die daraus resultierende Unbeachtlichkeit der Form der Zuwendung, die sich auch bereits aus der Formulierung „gleich welcher Art" ergibt, bewirkt ferner, dass den Mitgliedstaaten die Möglichkeit genommen wird, durch die Wahl einer bestimmten Form die Verbotsbestimmung zu umgehen.[94] Insofern bietet die Beurteilung einer Mittelvergabe aus der Nehmerperspektive mittels des Wirkungsprinzips einen grundsätzlich weiten Rahmen zur Erfassung staatlicher Maßnahmen.

---

[88] Siehe HOCHBAUM, Subventionsverbot, S. 22; LASOK, ECLR 1986, 55; SCHERNTHANNER, Beihilfeaufsichtsrecht, S. 24 Fn. 112 m.w.N.; a. A. wohl RENGELING, KSE 32 (1984), S. 26.

[89] FABER, Europarechtliche Grenzen, S. 98.

[90] EuGH, Rs 310/85, Deufil ./. Kommission, Slg. 1987, S. 901, 923; CALLIESS/RUFFERT-CREMER, EUV/EGV, Art. 87 Rn. 7; KOENIG/HARATSCH, Europarecht, Rn. 848.

[91] Vgl. KRUSE, ZHR 165 (2001), 583; Nolte, Quersubventionen, S. 150.

[92] EuGH, Rs 173/73, Italienische Republik ./. Kommission, Slg. 1974, 709, 718 Rn. 26/28; GRABITZ/HILF-V. WALLENBERG, EU, Art. 92 Rn. 6; CALLIESS/RUFFERT-CREMER, EUV/EGV, Art. 87 Rn. 7. Zu Einschränkungen siehe unten Teil 4, § 2 E I 2.

[93] Vgl. MÜLLER-GRAFF, ZHR 152 (1988), 416; KRUSE, ZHR 165 (2001), 583.

[94] GS-MEDERER/VAN YSENDYCK, EU/EG, Art. 87 Rn. 7.

## D. Übrige Tatbestandsvoraussetzungen des Beihilfeverbots gemäß Art. 87 Abs. 1 EGV

Im Folgenden werden die für die Annahme einer unzulässigen Beihilfe gemäß Art. 87 Abs. 1 EGV notwendigen Voraussetzungen abgesehen vom Tatbestandsmerkmal der staatlichen Zurechnung behandelt; letzteres wird unter E. einführend erörtert.

### I. Begünstigung

Teilweise werden im Schrifttum das Tatbestandsmerkmal „Begünstigung" oder der alternativ gebrauchte gleichbedeutende Terminus „Vorteil"[95] letztlich mit dem Begriff der „Beihilfe" synonym verwendet.[96] Diese Vorgehensweise ist einer trennscharfen Definition der Tatbestandsmerkmale des Art. 87 Abs. 1 EGV jedoch nicht unbedingt förderlich, denn - wie bereits ausgeführt - ist auch im Schrifttum weitgehend anerkannt, dass der Terminus der Begünstigung zumindest formal Bestandteil des Beihilfebegriffs im Sinne des Art. 87 Abs. 1 EGV ist.[97] Da die Tatbestandsvoraussetzung der „Begünstigung" hiermit zur näheren Bestimmung des Beihilfebegriffs gerade beitragen soll, wäre eine strikte Trennung der Begrifflichkeiten insofern wünschenswert.

Eine Begünstigung ist per Definition für jeden Fall einer in beliebiger Form gewährten finanziellen Besserstellung eines Unternehmens gegenüber seinen Mitkonkurrenten gegeben, die keine marktgerechte Gegenleistung für eine von diesem Wirtschaftsteilnehmer erbrachte Leistung darstellt.[98] Erfasst werden in dieser Hinsicht Maßnahmen gleich welcher Art, die mittelbar oder unmittelbar Unternehmen begünstigen oder die als ein wirtschaftlicher Vorteil anzusehen sind, den das begünstigte Unternehmen unter normalen Marktbedingungen nicht erhalten hätte.[99] Die Besserstellung kann dabei unabhängig von der Form

---

[95] Siehe statt vieler RYDELSKI, EU Beihilferecht, S. 63; STREINZ-KOENIG/KÜHLING, EUV/EGV, Art. 87 Rn. 27; SCHWARZE-BÄR-BOUYSSIÈRE, EU, Art. 87 Rn. 37.

[96] Siehe nur GS-MEDERER/TRIANTAFYLLOU, EU/EG, Art. 87 Rn. 26; LENZ-RAWLINSON, EGV, Art. 87 Rn. 5 f.; CALLIESS/RUFFERT-CREMER, EUV/EGV, Art. 87 Rn. 10 f.; KOENIG/KÜHLING, NJW 2000, 1068; RYDELSKI, EU Beihilferecht, S. 63, 66.

[97] Siehe dazu eingehend oben Teil 2, § 2 C I 4.

[98] EuGH, Rs C-303/88, Italien ./. Kommission, Slg. 1991, I-1433, 1475 ff. Rn. 19 f.; EuGH, Rs C-301/87, Frankreich ./. Kommission, Slg. 1990, I-307, 361 f. Rn. 37 ff.; HKMM-MAGIERA, EU, Art. 92 Rn. 20; LEFÈVRE, Staatliche Ausfuhrförderung, S. 113 f.; HOISCHEN, Beihilferegelung, S. 38.

[99] EuGH, Rs 6/64, FlaminioCosta ./. E.N.E.L., Slg. 1964, 1253, 1272; EuGH, C-342/96, Spanien ./. Kommission, Slg. 1999, I-2459, 2486 Rn. 41; EuGH, Rs C-280/00, Altmark Trans

ihrer Gewährung (Tun oder Unterlassen) durch Zuführung von Mitteln oder Minderung von Belastungen erfolgen.[100] Da die Qualifizierung einer Maßnahme als wirtschaftlicher Vorteil ausschließlich nach ihren Wirkungen erfolgt,[101] sind an dieser Stelle auch keine Ausnahmen, etwa in den Bereichen soziale Sicherheit oder Kultur anzuerkennen.[102] Nach den Beihilfevorschriften ist allerdings kein wahrer „Nettovorteil" für den Empfänger erforderlich. Auch eine staatliche Unterstützung zur Kompensierung zusätzlicher oder außergewöhnlicher Kosten, z.B. wegen regionaler Nachteile, die einen fairen Wettbewerb erst herstellen will, ist daher *a priori* als Vorteil zu qualifizieren, sofern nicht besondere Umstände vorliegen.[103]

Ob eine Begünstigung (Vorteil) im Sinne des Art. 87 Abs. 1 EGV vorliegt, richtet sich also danach, ob die zu beurteilende Mittelvergabe zu vergleichbaren Konditionen auch auf dem freien Markt erhältlich ist.[104] Der Begünstigungscharakter kann nur bejaht werden, wenn der Vorteilsgewährung keine angemessene Gegenleistung gegenübersteht. Folglich ist nicht nur bei einer einseitigen Vorteilsgewährung vom Vorliegen einer Beihilfe auszugehen, sondern auch dann, wenn das begünstigte Unternehmen zwar eine Gegenleistung erbringt, diese aber der staatlichen Leistung im Wert nicht entspricht.[105] Für die Frage, ob eine staatliche Maßnahme einen Vorteil darstellt, ist daher allein ausschlaggebend, ob dem Empfänger eine wirtschaftliche Vergünstigung gewährt wird, die er unter „normalen Bedingungen" nicht erhalten hätte. Eine Unterscheidung zwischen den verschiedenen Beihilfeformen wird dabei grundsätzlich nicht vorgenommen.[106]

---

GmbH und Regierungspräsidium Magdeburg ./. Nahverkehrsgesellschaft Altmark GmbH, Slg. 2003, I-7747, 7838 Rn. 84; HARINGS, Praxis, S. 13.

[100] GÖTZ, Wirtschaftssubventionen, S. 23; STREINZ-KOENIG/KÜHLING, EUV/EGV, Art. 87 Rn. 27; STREINZ-KOENIG/KÜHLING, EUV/EGV, Art. 87 Rn. 28.

[101] Dazu oben Teil 2, § 2 C II.

[102] Vgl. etwa EuGH, Rs C-342, Spanien ./. Kommission, Slg. 1999, I-2459, 2481 Rn. 23; EuG, Rs T-14/96, BAI ./. Kommission, Slg. 1999, II-139, 166 Rn. 81.

[103] RYDELSKI, EU Beihilferecht, S. 63; SCHWARZE-BÄR-BOUYSSIÈRE, EU, Art. 87 Rn. 27.

[104] EuGH, Rs C-39/94, SFEI u.a. ./. La Poste u.a., Slg. 1996, I-3547, 3595 f. Rn. 57 ff.; EuGH, Rs C-301/87, Frankreich ./. Kommission, Slg. 1990, I-307, 361 f. Rn. 37 ff.

[105] EuG, Rs T-14/96, BAI ./. Kommission, Slg. 1999, II-139, 163 ff. Rn. 71 ff.; KOENIG/HARATSCH, Europarecht, Rn. 849; NIGGEMANN, Staatsbürgschaften, S. 40.

[106] Zu den zahllosen Gewährungsformen siehe DAUSES-GÖTZ, EU, H. III. Rn. 30 ff.; CALLIESS/RUFFERT-CREMER, EUV/EGV, Art. 87 Rn. 18 ff.

### 1. Prinzip des marktwirtschaftlich handelnden Kapitalgebers (private-investor-test)

Zur Bestimmung der Marktüblichkeit, also der Abgrenzung von marktgerechtem staatlichen Verhalten und Zuwendungen mit Begünstigungscharakter, bedienen sich Europäische Kommission, EuG sowie EuGH als Vergleichsmaßstab des Prinzips vom marktwirtschaftlich handelnden Kapitalgeber, dem so genannten *private-investor-test*.[107] Dieser Test vergleicht das staatliche Verhalten mit dem eines umsichtigen Privatanlegers unter den gegebenen Umständen.[108] Das wirtschaftliche Handeln der betreffenden staatlichen Stelle wird dabei mit dem hypothetischen Verhalten eines nach Rentabilitätsgesichtspunkten agierenden privaten Investors verglichen. Wenn ein hypothetischer privater Investor den konkreten wirtschaftlichen Vorteil dem betreffenden Unternehmen nicht oder allenfalls zu anderen, ungünstigeren Konditionen gewähren würde, liegt darin eine Begünstigung im Sinne von Art. 87 Abs. 1 EGV. Maßgeblicher Zeitpunkt für die Durchführung des *private-investor-test* ist der Moment der Investitionsentscheidung.[109] Dabei ist zu berücksichtigen, dass der Hoheitsträger nicht dem Börsenkurs oder kurzfristigen Renditen als Gradmesser unternehmerischen Handelns verpflichtet ist; er darf vielmehr längerfristige strategische Überlegungen und Rentabilitätsrechnungen zur Grundlage seiner Entscheidung machen („long-term-investor-test").[110] Da die Prüfung der Begünstigungseigenschaft nach Maßgabe des *private-investor-test* eine komplexe ökonomische Beurteilung erfordert, verfügt die Europäische Kommission nach der Rechtsprechung des EuG bei der Anwendung des Vergleichsprozesses allerdings über einen weiten Beurteilungsspielraum.[111]

Das Kriterium des marktwirtschaftlich handelnden Kapitalgebers hat die Kommission ursprünglich für Kapitalbeteiligungen des Staates an privaten und

---

[107] Zum Teil wird der Vergleichsmaßstab auch als „market economy investor" bezeichnet, vgl. KOENIG/KÜHLING/RITTER, EG-Beihilfenrecht, S. 45 m.w.N.

[108] Kommission, Entscheidung vom 17.10.2001, ABlEG 2002 L 126, S. 14, 21 ff. Rn. 68 ff.; Kommission, Entscheidung vom 25.04.2001, ABlEG 2002 L 126, S. 1, 6 Rn. 51; EuG, Rs T-358/94, Air France ./. Kommission, Slg. 1996, II-2109, 2134 Rn. 70; EuGH, Rs C-303/88, Italien ./. Kommission, Slg. 1991, I-1433, 1476 Rn. 21 f.

[109] MONTAG/LEIBENATH, EWS 2003, 404; STREINZ-KOENIG/KÜHLING, EUV/EGV, Art. 87 Rn. 32.

[110] Vgl. KOENIG/KÜHLING/RITTER, EG-Beihilfenrecht, S. 46; KOENIG, ZIP 2000, 56.

[111] EuG, Rs T-296/97, Alitalia ./. Kommission, Slg. 2000, 3871, 3907 Rn. 105; EuG, Rs T-126/96, T-127/96, BFM u. EFIM ./. Kommission, Slg. 1998, II-3437, 3467 Rn. 81; CALLIESS/RUFFERT-CREMER, EUV/EGV, Art. 87 Rn. 7.

öffentlichen Unternehmen entwickelt[112] und stellt hier eine Ausprägung des Grundsatzes der Gleichbehandlung von öffentlichen und privaten Unternehmen dar.[113] Auch der Gerichtshof hat den Vergleichsmaßstab mehrfach bestätigt.[114] Obwohl die Anwendung des *private-investor-test* bislang überwiegend zur Beurteilung von Kapitalzuführungen an Unternehmen in wirtschaftlichen Schwierigkeiten erfolgte, ist sein Anwendungsbereich darauf jedoch nicht beschränkt und wurde mittlerweile von Kommission und Gerichtshof auch auf andere Formen der öffentlichen Mittelbereitstellung erstreckt.[115] So wird das Kriterium des marktwirtschaftlich handelnden Kapitalgebers inzwischen regelmäßig auch zur Prüfung anderer Begünstigungsformen unabhängig von der etwaigen wirtschaftlichen Situation des begünstigen Unternehmens verwendet.[116] Beispielsweise unterliegen nach der Praxis von Europäischer Kommission und Gemeinschaftsgerichtsbarkeit auch die Beurteilung staatlicher Bürgschaften und Darlehen nunmehr dem *private-investor-test.*[117]

---

[112] Vgl. Mitteilung der Kommission zur Anwendung der Artt. 92 und 93 EWG-Vertrag und des Art. 5 der Kommissionsrichtlinie 80/723/EWG über öffentliche Unternehmen in der verarbeitenden Industrie, ABlEG 1993 C 307, S. 3, 6 Rn. 11; siehe auch z.B. Entscheidung der Kommission vom 25.07.1990, ABlEG 1992 L 183, S. 30 f.; dazu ferner DREHER, Gedächtnisschrift Knobbe-Keuk, S. 583 ff.; HARINGS, Praxis, S. 18 f.; KOENIG/KÜHLING/ RITTER, EG-Beihilfenrecht, S. 45 f.

[113] EuGH, Rs C-303/88, Italien ./. Kommission, Slg. 1991, I-1433, 1475 Rn. 19 f.; EuG, verb. Rs T-129/95, 2/96, 97/96, Neue Maxhütte Stahlwerke, Slg. 1999, II-17, 50 Rn. 105; EuGH, Rs C-482/99, Frankreich ./. Kommission, Slg. 2002, I-4397, 4449 Rn. 69; EuGH, verb. Rs C-328/99 und C-399/00, Italien und SIM 2 Multimedia SpA ./. Kommission, Slg. 2003, I-4035, 4082 Rn. 37 f; dazu auch STREINZ-KOENIG/KÜHLING, EUV/EGV, Art. 87 Rn. 32.

[114] EuGH, Rs 40/85, Belgien ./. Kommission, Slg. 1986, 2321, 2345 Rn. 13; EuGH, Rs C-303/88, Italien ./. Kommission, Slg. 1991, I-1433, 1475 Rn. 19 f.; Frankreich ./. Kommission, Slg. 2002, I-4397, 4449 Rn. 69.

[115] Siehe dazu beispielsweise Kommission, Entscheidung vom 08.07.1999, WestLB ./. WFA, ABlEG 2000 L 150, S. 1, 24 Rn. 165, 167; EuGH, Rs C-256/97, Déménagements-Manutention Transport SA (DMT), Slg. 1999, I-3913, 3932 ff. Rn. 17 ff.; vgl. dazu ferner SJM-MEDERER, Wettbewerbsrecht, Art. 87 Rn. 13 m.w.N.; NIGGEMANN, Staatsbürgschaften, S. 45.

[116] HARINGS, Praxis, S. 14 ff.

[117] Vgl. Kommission, Entscheidung vom 06.07.1994, ABlEG 1994 L 279, S. 29, 37; EuGH, verb. Rs C-329/93, C-62/95 und C-63/95, Bundesrepublik Deutschland u.a. ./. Kommission, Slg. 1996, I-5151, 5211 f. Rn. 23; EuGH, Rs T-16/96, Cityflyer Express ./. Kommission, Slg. 1998, II-757, 776 Rn. 51.

## 2. Das Prinzip des privaten Gläubigers

Eine interessante Weiterentwicklung des Prinzips des marktwirtschaftlich handelnden Kapitalgebers ist vom EuGH im Verfahren *Spanien ./. Kommission*[118] vorgenommen worden. Der Entscheidung liegt die Konstellation zugrunde, dass eine öffentliche Einrichtung gemäß ihrer Zielsetzung für ein in finanziellen Schwierigkeiten befindliches Unternehmen Löhne und Gehälter der Arbeitnehmer vorgeschossen hat, zu deren Rückzahlung dieses jedoch verpflichtet war. Die Rückzahlungsvereinbarungen enthielten dabei Zinssätze, welche deutlich unter den marktüblichen Zinsen lagen, woran die Europäische Kommission auf der Basis des Prinzips des marktwirtschaftlich handelnden Kapitalgebers eine unzulässige Beihilfe festmachte.[119]

Der EuGH weitet in diesem Verfahren das Prinzip des *private-investor-test* insofern aus, als er für die Frage nach dem Vorliegen einer Begünstigung das Verhalten der öffentlichen Hand mit dem eines privaten Gläubigers vergleicht; denn der Staat habe sich im konkreten Fall nicht wie ein öffentlicher Investor geriert, dessen Verhalten mit dem eines privaten Investors verglichen werden müsse.[120] Vielmehr sei die öffentliche Einrichtung bei der Festlegung der Modalitäten für die Rückzahlung der genannten Vorschüsse wie ein öffentlicher Geldgeber anzusehen; dieser suche ebenso wie ein privater Gläubiger die Bezahlung der ihm geschuldeten Beträge zu erlangen und schließe dazu mit dem Schuldner Vereinbarungen, um ihre Rückzahlung zu erleichtern.[121] Festzuhalten bleibt insoweit, dass im Einzelfall zur Ermittlung einer Begünstigung auch darauf abgestellt werden kann, ob ein privater Gläubiger unter den gleichen Umständen einer entsprechenden Transaktion zugestimmt hätte („Prinzip des privaten Gläubigers“).[122]

## 3. Sonderfall: Staatliche Zuschüsse zum Zwecke der Wahrnehmung öffentlicher Aufgaben

Der EuGH hat sich in der *Altmark Trans*-Entscheidung aus dem Jahre 2003 grundsätzlich zur Vereinbarkeit öffentlicher Zuschüsse im öffentlichen Personennahverkehr (ÖPNV) mit Artt. 87 ff. EGV geäußert. Dabei stellt der EuGH fest, dass solche öffentlichen Zuschüsse, die Unternehmen zum Ausgleich für

---

118 Ausführlicher zum hier stark verkürzten Sachverhalt siehe EuGH, Rs C-342/96, Spanien ./. Kommission, Slg. 1999, I-2459 ff.

119 EuGH, Rs C-342/96, Spanien ./. Kommission, Slg. 1999, I-2459, 2479 Rn. 15 f.

120 EuGH, Rs C-342/96, Spanien ./. Kommission, Slg. 1999, I-2459, 2487 Rn. 46.

121 EuGH, Rs C-342/96, Spanien ./. Kommission, Slg. 1999, I-2459, 2487 Rn. 46.

122 RYDELSKI, EU Beihilferecht, S. 67 f.

Kosten gewährt werden, die ihnen bei der Erfüllung von Verpflichtungen im Zuge der allgemeinen Daseinsfürsorge entstehen, unter bestimmten Bedingungen nicht als Beihilfen einzuordnen sind.[123] Diese zum Zwecke der Wahrnehmung öffentlicher Aufgaben tätigen Unternehmen erhielten in Wirklichkeit keinen finanziellen Vorteil und die genannte Maßnahme bewirke somit nicht, dass sie gegenüber den mit ihnen im Wettbewerb stehenden Unternehmen in eine günstigere Wettbewerbsstellung gelangen. Allerdings muss nach dem EuGH ein derartiger Ausgleich im konkreten Fall, sofern er nicht als Begünstigung im Sinne des Art. 87 Abs. 1 EGV angesehen werden soll, eine Reihe von Voraussetzungen erfüllen[124]: erstens ist erforderlich, dass das begünstigte Unternehmen tatsächlich mit der Erfüllung öffentlicher, klar definierter Verpflichtungen betraut worden ist;[125] zweitens müssen die Parameter, anhand deren der Ausgleich berechnet wird, zuvor objektiv und transparent aufgestellt worden sein;[126] drittens darf der Ausgleich nicht über das hinausgehen, was erforderlich ist, um die Kosten der Erfüllung der gemeinwirtschaftlichen Verpflichtungen unter Berücksichtigung der dabei erzielten Einnahmen und eines angemessenen Gewinns ganz oder teilweise zu decken;[127] viertens muss die Höhe des erforderlichen Ausgleichs auf der Grundlage einer Analyse der Kosten bestimmt worden sein, die ein durchschnittliches, gut geführtes Unternehmen, bei der Erfüllung der betreffenden Verpflichtungen hätte.[128]

## II. Merkmal der Selektivität

Weitere Tatbestandsvoraussetzung des Art. 87 Abs. 1 EGV ist, dass nur bestimmte Unternehmen oder Produktionszweige selektiv begünstigt werden. Die erforderliche Selektivität des Empfängerkreises - das Merkmal wird teilweise

---

[123] EuGH, Rs C-280/00, Altmark Trans GmbH und Regierungspräsidium Magdeburg ./. Nahverkehrsgesellschaft Altmark GmbH, Slg. 2003, I-7747 ff.; siehe dazu auch die Anmerkung WERNER/KÖSTER, EuZW 2003, 503 f.; BÖCK, EWS 2003, 409 ff.; KOENIG, BB 2003, 2185 ff.

[124] EuGH, Rs C-280/00, Altmark Trans GmbH und Regierungspräsidium Magdeburg ./. Nahverkehrsgesellschaft Altmark GmbH, Slg. 2003, I-7747, 7839 Rn. 88.

[125] EuGH, Rs C-280/00, Altmark Trans GmbH und Regierungspräsidium Magdeburg ./. Nahverkehrsgesellschaft Altmark GmbH, Slg. 2003, I-7747, 7839 Rn. 89.

[126] EuGH, Rs C-280/00, Altmark Trans GmbH und Regierungspräsidium Magdeburg ./. Nahverkehrsgesellschaft Altmark GmbH, Slg. 2003, I-7747, 7840 Rn. 90.

[127] EuGH, Rs C-280/00, Altmark Trans GmbH und Regierungspräsidium Magdeburg ./. Nahverkehrsgesellschaft Altmark GmbH, Slg. 2003, I-7747, 7840 Rn. 92.

[128] EuGH, Rs C-280/00, Altmark Trans GmbH und Regierungspräsidium Magdeburg ./. Nahverkehrsgesellschaft Altmark GmbH, Slg. 2003, I-7747, 7840 Rn. 93.

auch als Spezifität oder Bestimmtheitskriterium bezeichnet[129] - ist dann gegeben, wenn die Begünstigung spezifischen Charakter besitzt und dadurch das Gleichgewicht zwischen bestimmten Unternehmen und ihren Konkurrenten beeinflusst.[130] Eine Begünstigung bestimmter Unternehmen oder Produktionszweige liegt vor, wenn die staatlichen Maßnahmen nicht allen Unternehmen oder der gesamten Wirtschaft zugute kommen, sondern einzelnen Unternehmen, nach bestimmten Merkmalen ausgewählten Gruppen von Unternehmen oder abgegrenzten Produktionszweigen bzw. Branchen.[131] Insofern sind beispielsweise allgemeine nationale Unternehmenssteuern wegen ihrer gleichmäßigen Wirkung innerhalb eines Mitgliedstaates grundsätzlich nicht als Beihilfe erfassbar, auch wenn die Unterschiede in der Steuerbelastung für in verschiedenen Mitgliedsstaaten ansässige Unternehmen erhebliche Wettbewerbsverfälschungen erzeugen können.[132]

Das Merkmal der Selektivität in Form der Begünstigung bestimmter Unternehmen oder Produktionszweige dient dazu, die Beihilfe als unzulässige „Sonderunterstützung" von allgemeinen Maßnahmen der Wirtschaftspolitik abzugrenzen, die allen Marktteilnehmern in einem Mitgliedstaat zugute kommt. Lediglich spezifische Wirtschaftsförderungsmaßnahmen sollen verhindert werden. Der allgemeine mitgliedstaatliche „Systemwettbewerb" und damit die wettbewerbsrelevanten Unterschiede in Bezug auf nationale Steuersysteme, Sozialpolitik, infrastrukturpolitische Maßnahmen oder ähnliches soll das Beihilfeverbot hingegen nicht erfassen.[133] Demnach ist das Selektivitätskriterium als praktische Notwendigkeit zu bewerten, um so das Ausmaß der Beihilfegewährung auf die Fälle zu beschränken, die sich durch die Begünstigung gewisser Unternehmen oder Wirtschafts- bzw. Produktionszweige auf den Wettbewerb unmittelbar auswirken.[134]

Der Unternehmensbegriff ist im Rahmen des Art. 87 Abs. 1 EGV (ohne Be-

---

[129] Vgl. dazu auch RYDELSKI, EU Beihilferecht, S. 69; CALLIESS/RUFFER-CREMER, EUV/EGV, Art. 87 Rn. 9.

[130] Vgl. OLDIGES, NVwZ 2001, 282; LENZ-RAWLINSON, EGV, Art. 87 Rn. 8; GS-MEDERER, EU/EG, Art. 87 Rn. 36; EuGH, Rs 203/82, Kommission ./. Italien, Slg. 1983, 2525.

[131] GRABITZ/HILF-V. WALLENBERG, EU, Art. 92 Rn. 20-22; STREINZ-KOENIG/KÜHLING, EUV/EGV, Art. 87 Rn. 47-51.

[132] Dazu WASSERMEYER, EuZW 1992, 321.

[133] Solche Unterschiede zwischen den Mitgliedstaaten, die die Standortwahl eines Investors ganz wesentlich mit beeinflussen, können von der Gemeinschaft lediglich im Rahmen der Vorschriften über die Wirtschaftspolitik (Artt. 98 ff. EGV) auf dem Wege der Artt. 94 ff. EGV geregelt werden, vgl. GS-MEDERER, EU/EG, Art. 87 Rn. 30.

[134] RYDELSKI, EU Beihilferecht, S. 69; SJM-MEDERER, Wettbewerbsrecht, Art. 87 Rn. 36.

sonderheiten gegenüber den Artt. 81 und 82 EGV aufzuweisen) als eine einheitliche, einem selbständigen Rechtssubjekt zugeordnete Zusammenfassung personeller, materieller und immaterieller Faktoren zu verstehen, mit welcher auf Dauer ein bestimmter wirtschaftlicher Zweck verfolgt wird.[135] Unerheblich ist, ob es sich um ein privates oder öffentlich-rechtliches Unternehmen handelt.[136] Entscheidendes Kriterium ist die Tätigkeit auf einem Markt, d.h. eine auf Dauer angelegte wirtschaftliche Betätigung im Wettbewerb mit anderen Güter- oder Dienstleistungsanbietern.[137] Sinn und Zweck der zweiten Empfängeralternative des Art. 87 Abs. 1 EGV in Form von Produktionszweigen ist die Erfassung auch der Beihilfen, die einer ganzen Branche zugute kommen.[138] Der Begriff des Produktionszweiges ist nach allgemeiner Ansicht ebenfalls weit auszulegen, so dass darunter nicht nur die Güterherstellung, sondern auch der Dienstleistungs- und Handelssektor und sogar freie Berufe fallen. Letztlich soll jede wirtschaftliche Tätigkeit, die auf gewisse Dauer angelegt ist, von diesem Begriff erfasst sein.[139]

Ob eine Maßnahme nun selektiv oder allgemein wirkt, ist im Einzelfall nicht einfach zu bestimmen und bereitet in der Praxis immer wieder erhebliche Schwierigkeiten.[140] Als Leitlinie gilt, dass das Selektivitätskriterium grundsätzlich weit auszulegen ist.[141] Die Selektivität einer Maßnahme ist dann gegeben, wenn der Kreis der begünstigten Unternehmen aufgrund gemeinsamer Eigenschaften, wie z.B. Größe, Sektor, Tätigkeit oder Region begrenzt ist.[142] Als selektiv gilt somit beispielsweise auch eine Regelung, die nicht im gesamten Gebiet eines Mitgliedstaates anwendbar ist, wie z.B. alle regionalen und sektoralen

---

[135] Vgl. EuGH, Rs C-364/92, SAT Fluggesellschaft ./. Eurocontrol, Slg. 1994, I-43, 61 Rn. 18; MÜLLER-GRAFF, ZHR 152 (1988), 427.

[136] CALLIESS/RUFFERT-CREMER, EUV/EGV, Art. 87 Rn. 8; KOENIG/KÜHLING, NJW 2000, 1068.

[137] Vgl. SCHWARZE-BÄR-BOUYSSIÈRE, EU, Art. 87 Rn. 34; SJM-MEDERER, Wettbewerbsrecht, Art. 87 Rn. 31.

[138] HOISCHEN, Beihilferegelung, S. 57; STREINZ-KOENIG/KÜHLING, EUV/EGV, Art. 87 Rn. 50.

[139] GS-MEDERER, EU/EG, Art. 87 Rn. 35; GRABITZ/HILF-V. WALLENBERG, EU, Art. 92 Rn. 20.

[140] STREINZ-KOENIG/KÜHLING, EUV/EGV, Art. 87 Rn. 53; GS-MEDERER, EU/EG, Art. 87 Rn. 37.

[141] GS-MEDERER, EU/EG, Art. 87 Rn. 39; CALLIESS/RUFFERT-CREMER, EUV/EGV, Art. 87 Rn. 9.

[142] Vgl. LÜBBIG, WuW 1999, 251; HOISCHEN, Beihilferegelung, S. 35; PAPE, Staatliche Kapitalbeteiligungen, S. 119.

Beihilferegelungen.[143] Hingegen erfüllt eine Maßnahme das Bestimmtheitskriterium regelmäßig nicht, wenn sie allen Unternehmen eines Mitgliedstaates in gleiche Weise zugute kommt.

Das Abstellen auf den Kreis der potentiell Begünstigten löst aber nicht alle Fälle. Im Einzelfall muss regelmäßig ebenso auf die praktische Auswirkung und die tatsächliche Handhabung einer potentiell alle Unternehmen betreffenden Regelung geachtet werden. So können auf den ersten Blick allgemeine Regelungen wegen der durch Ermessen geprägten Anwendung und der dadurch bedingt unterschiedlichen Ergebnisse im jeweiligen Einzelfall als eine Beihilfe zu qualifizieren sein. Dies ist insbesondere der Fall, wenn die Ermessensbetätigung nicht anhand objektiver einheitlicher Kriterien erfolgt, wie dies beispielsweise bei Ermessensklauseln im Steuerrecht oder sozialen Bereich denkbar ist.[144] Hingegen kann auch bei allgemein zugänglichen Maßnahmen ohne Beurteilungs- bzw. Ermessensspielraum das Merkmal der Spezifität gegeben sein, wenn sie effektiv bestimmte Sektoren bevorzugen.[145] Dementsprechend hat der EuGH beispielsweise eine generelle, jedoch nach dem Geschlecht der Arbeitnehmer differenzierende Senkung der Arbeitgeberbeiträge zur Krankenversicherung als Beihilfe eingestuft, da diese Differenzierung Produktionszweige mit einem hohen Anteil an weiblichen Arbeitskräften begünstige.[146] Obgleich bei der Bestimmung des Kriteriums der Spezifität einer Maßnahme noch nicht alle Zweifel ausgeräumt sind, scheint es schlussendlich sinnvoll, das Merkmal - mit einem weiten Beihilfebegriff als Ausgangspunkt – als wie auch immer geartete „Ausnahme" vom üblichen System zu qualifizieren und weniger auf die Ermittlung spezieller Begünstigter abzuheben.[147]

---

[143] Beispielsweise zählen hierzu nationale Insolvenzregeln, die nur für bestimmte große Unternehmen gelten, vgl. EuGH, Rs C-200/97, Ecotrade ./. Altifornie e Ferriere di Servola (AFS), Slg. 1998, I-7907, 7937 f. Rn. 38 ff.

[144] Vgl. EuGH, Rs C-241/94, Frankreich ./. Kommission, Slg. 1996, I-4551, 4576 Rn. 23 f.; LÜBBIG/MARTIN-EHLERS, Beihilfenrecht, Rn. 124.

[145] Vgl. EuGH, Rs 203/82, Kommission ./. Italien, Slg. 1983, 2525, 2530 Rn. 4 f.; GEISS, Rechtsstaatliche Grundsätze, S. 44.

[146] Vgl. EuGH, Rs 203/82, Kommission ./. Italien, Slg. 1983, 2525.

[147] Vgl. GA DARMON, Schlussanträge, in: EuGH, Rs C-72/91 und C-73/91, Sloman Neptun Schifffahrts AG ./. Seebetriebsrat Bodo Ziesemer der Sloman Neptun Schifffahrts AG, Slg. 1993, I-887, 917 Rn. 62; KOENIG/KÜHLING/RITTER, EG-Beihilfenrecht, S. 80 f.; kritisch hinsichtlich der Bejahung des Selektivitätskriteriums bei Ermessensentscheidungen aus Gründen der Rechtssicherheit SCHWARZE-BÄR-BOUYSSIÈRE, EU, Art. 87 Rn. 43.

## III. Verfälschung des Wettbewerbs

Die in Art. 87 Abs. 1 EGV vorausgesetzte Wettbewerbsverfälschung ist gegeben, wenn die Beihilfe - tatsächlich oder potentiell - in ein bestehendes oder möglicherweise zur Entstehung kommendes Wettbewerbsverhältnis zwischen Unternehmen oder Produktionszweigen eingreift und damit den Ablauf des Wettbewerbs verändert.[148] Weder das Wettbewerbsverhältnis noch die Verfälschung müssen tatsächlich vorliegen. Diese Berücksichtigung auch lediglich möglicherweise zur Entstehung kommender Wettbewerbsverhältnisse ist erforderlich, da staatliche Maßnahmen im Einzelfall bereits die Entstehung eines Wettbewerbsverhältnisses und damit den Marktzutritt anderer Unternehmen behindern können.[149] Insofern sind also ebenso potentielle Wettbewerber vom Schutzbereich des Art. 87 Abs. 1 EGV umfasst.[150]

Entscheidendes Kriterium für eine tatsächliche oder potentielle Verfälschung des Wettbewerbs ist, ob die Maßnahme den Ablauf des Wettbewerbs verändert.[151] Dieses hypothetische Vergleichskriterium ist in aller Regel auch bei Beihilfen geringen Umfangs erfüllt; denn jede Zuwendung eines finanziellen Vorteils an ein Unternehmen verbessert dessen Situation im Wettbewerb.[152] Nach überwiegender Ansicht ist in der Regel nicht auf die Intensität der Beihilfe, die Spürbarkeit einer Mittelvergabe[153] oder den Marktanteil des begünstigten Unternehmens abzustellen.[154] Allerdings ist das Kriterium der Wettbewerbsver-

---

148 EuGH, Rs 730/79, Phillip Morris Holland BV ./. Kommission, Slg. 1980, 2671, 2688 f. Rn. 11 f.

149 Vgl. KOENIG/KÜHLING/RITTER, EG-Beihilfenrecht, S. 83; GRABITZ/HILF-V. WALLENBERG, EU, Art. 92 Rn. 24.

150 CALLIESS/RUFFERT-CREMER, EUV/EGV, Art. 87 Rn. 14; GRABITZ/HILF-V. WALLENBERG, EU, Art. 92 Rn. 24; SJM-MEDERER, Wettbewerbsrecht, Art. 87 Rn. 42.

151 Um Veränderungen der Wettbewerbssituation aufzeigen zu können, ist der Markt zu bestimmen, auf dem die Wettbewerber miteinander konkurrieren. Die Eingrenzung erfolgt zum einen räumlich, zum anderen anhand der auf dem Markt angebotenen Produkte/Dienstleistungen, einschließlich etwaiger Substitutionsmöglichkeiten, vgl. ausführlich KOENIG/KÜHLING/RITTER, EG-Beihilfenrecht, S. 84.

152 Vgl. EuGH, Rs 730/79, Philip Morris Holland BV ./. Kommission, Slg. 1980, 2671, 2688 Rn. 11; SJM-MEDERER, Wettbewerbsrecht, Art. 87 Rn. 45; STREINZ-KOENIG/KÜHLING, EUV/EGV, Art. 87 Rn. 56.

153 SCHWARZE-BÄR-BOUYSSIÈRE, EU, Art. 87 Rn. 38. Zum noch relativ ungeklärten Kriterium der Spürbarkeit vgl. NIGGEMANN, Staatsbürgschaften, S. 65 ff; SJM-MEDERER, Wettbewerbsrecht, Art. 87 Rn. 45.

154 EuGH, Rs 259/85, Frankreich ./. Kommission, Slg. 1987, 4393, 4418 Rn. 23; CALLIESS/RUFFERT-CREMER, EUV/EGV, Art. 87 Rn. 15.

fälschung auch nicht etwa automatisch erfüllt, sofern nur eine staatlich zurechenbare, das Merkmal der Spezifität erfüllende Begünstigung vorliegt. Vielmehr muss die Europäische Kommission entgegen der von ihr und Teilen der Literatur früher vertretenen Auffassung[155] im Rahmen ihrer Entscheidung explizit Gründe dafür anführen, weshalb eine konkrete Maßnahme auch tatsächlich die Wettbewerbssituation beeinträchtigt bzw. potentiell dazu geeignet ist.[156] Die Anforderungen an diese Begründung sind allerdings keineswegs übertrieben hoch.

## IV. Beeinträchtigung des Handelsverkehrs

Weitere Voraussetzung für die Anwendung des Art. 87 Abs. 1 EGV ist, dass die Beihilfe den Handel zwischen den Mitgliedstaaten beeinträchtigt. Im Gegensatz zur Wettbewerbsverfälschung, die sich nur innerhalb eines Mitgliedstaates auswirken kann, müssen für eine Handelsbeeinträchtigung zwischenstaatliche Auswirkungen hinzukommen.[157] Das Kriterium dient ebenso wie das vergleichbare Tatbestandsmerkmal in Artt. 81 und 82 EGV dazu, die Anwendung der Wettbewerbsvorschriften des EG-Vertrages auf rein lokal begrenzte Sachverhalte auszuschließen.[158] Die in Art. 87 Abs. 1 EGV vorausgesetzte Beeinträchtigung des Handels zwischen den Mitgliedstaaten ist gegeben, wenn der Vorteil eine mögliche Auswirkung auf den innergemeinschaftlichen Handel hat. Das ist der Fall, sofern die Beihilfe die Ein- oder Ausfuhr von Gütern zumindest potentiell erleichtert oder erschwert.[159] Entscheidend ist ein hypothetischer Vergleich der Auswirkungen der Beihilfe auf die Handelsströme im Markt, wobei jeweils auf die Umstände des Einzelfalles abzustellen ist.[160] Im Ergebnis besteht

---

[155] Vgl. Kommission, 11. Bericht über die Wettbewerbspolitik, Rn. 176; Argumentation der Kommission in EuGH, Rs 304/85, Acciaierie e Ferriere Lombarde Falck ./. Kommission, Slg. 1987, 871, 872 ff.; RENGELING, ZHR 152 (1988), 464; ROLFES, Wirtschaftsförderung, S. 91.

[156] EuGH, verb. Rs 296 und 318/92, Niederlande und Leeuwarder Papierwarenfabriek ./. Kommission, Slg. 1985, 809, 824 Rn. 24; STREINZ-KOENIG/KÜHLING, EUV/EGV, Art. 87 Rn. 55.

[157] LÜBBIG/MARTIN-EHLERS, Beihilfenrecht, Rn. 127; MODLICH, Infrastrukturmaßnahmen, S. 90 f.

[158] KEPPENNE, Guide des aides d'Etat en droit communautaire, S. 136 f.; STREINZ-KOENIG/KÜHLING, EUV/EGV, Art. 87 Rn. 59; SJM-MEDERER, Wettbewerbsrecht, Art. 87 Rn. 46.

[159] EuGH, Rs 730/79, Philip Morris ./. Kommission, Slg. 1980, 2671, 2688 Rn. 11; SCHWARZE-BÄR-BOUYSSIÈRE, EU, Art. 87 Rn. 39.

[160] Vgl. EuGH, Rs 259/85, Frankreich ./. Kommission, Slg. 1987, 4393, 4418 f. Rn. 24;

Einigkeit dahingehend, dass auch das Kriterium der Beeinträchtigung des zwischenstaatlichen Handels keine hohe Hürde darstellt.[161] Dennoch muss die Europäische Kommission das Vorliegen der Handelsbeeinträchtigung nach Ansicht des EuGH in ihren Entscheidungen jeweils gesondert begründen.[162] In der Praxis wird man dieses grenzüberschreitende Element angesichts der immer dichter werdenden innergemeinschaftlichen Handels-, Dienstleistungs- und Kapitalströme allerdings nur ausnahmsweise verneinen können, etwa bei Beihilfen an lediglich auf einem lokalen Markt agierende Einzelhändler, Kleinhandwerker, Kleinstdienstleister oder Freiberufler.[163]

## E. „Staatliche oder aus staatlichen Mitteln gewährte Beihilfen" – staatliche Zurechnung

Das dritte in Art. 87 Abs. 1 EGV genannte (konstitutive) Beihilfeelement der staatlichen Zurechnung, demzufolge der Vorteil eine staatliche oder aus staatlichen Mitteln gewährte Beihilfe sein muss, stellt das Bindeglied zwischen Begünstigung und Mitgliedstaat dar. Die zwei Tatbestandsalternativen „staatliche Beihilfen" und „aus staatlichen Mitteln gewährte Beihilfen" dienen dazu, den Anwendungsbereich des Art. 87 EGV in verschiedener Hinsicht abzugrenzen. Dennoch hat sich in Praxis und Literatur eine einheitliche Definition des Begriffs „staatliche oder aus staatlichen Mitteln gewährte Beihilfen" durchgesetzt, die sich auf alle Beihilfen gleichermaßen bezieht.[164]

---

EuGH, Rs C-142/86, Belgien ./. Kommission, Slg. 1990, I-959, 1015 Rn. 43; EuG, Rs T-214/95, Vlaams Gewest ./. Kommission, Slg. 1998, II-717, 738 Rn. 48 ff.

[161] LÜBBIG/MARTIN-EHLERS, Beihilfenrecht, Rn. 127; STREINZ-KOENIG/KÜHLING, EUV/EGV, Art. 87 Rn. 58; GRABITZ/HILF-V. WALLENBERG, EU, Art. 92 Rn. 31.

[162] EuGH, verb. Rs 296 und 318/92, Niederlande und Leeuwarder Papierwarenfabriek ./. Kommission, Slg. 1985, 809, 824 Rn. 24; GEISS, Rechtsstaatliche Grundsätze, S. 45.

[163] Vgl. KOENIG/KÜHLING, NJW 2000, 1070. Nach STREINZ-KOENIG/KÜHLING, EUV/EGV, Art. 87 Rn. 44 f. erfüllen geringfügige Beihilfen, die unterhalb bestimmter, von der Kommission festgelegter, Schwellenwerte liegen (so genannte de minimis-Beihilfen) die Zwischenstaatlichkeitsklausel grundsätzlich nicht. Zur Gruppenfreistellungsverordnung der Kommission für de-minimis Beihilfen vom 12.01.2001 vgl. CALLIESS/RUFFERT-CREMER, EUV/EGV, Art. 87 Rn. 15.

[164] EuGH, Rs 248/84, Deutschland ./. Kommission, Slg. 1987, 4013, 4041 Rn. 17; EuGH, Rs 82/77, Niederlande ./. Van Tiggele, Slg. 1978, 25, 40 f. Rn. 22-28; LÜBBIG/MARTIN-EHLERS, Beihilfenrecht, Rn. 98; RYDELSKI, EU Beihilferecht, S. 58 f.; SJM-MEDERER, Wettbewerbsrecht, Art. 87 Rn. 23; GA JACOBS, Schlussanträge, in: EuGH, Rs C-482/99, Frankreich ./. Kommission, Slg. 2002, I-4397, 4413 Rn. 43.

Als Folge der identischen Rechtsfolgen hat dies aber auch dazu geführt, dass heute größtenteils nicht mehr zwischen den beiden Varianten unterschieden wird.[165]

Wenngleich der Abgrenzung der beiden Tatbestandsalternativen offenbar überwiegend keine Bedeutung beigemessen wird, soll diese Unterscheidung im Text des Art. 87 Abs. 1 EGV vorliegend systematisch betrachtet werden. Auch bei der zunächst nur knappen Einführung zum Tatbestandskomplex der staatlichen Zurechnung sollen die beiden Varianten daher getrennt dargestellt werden.

## I. Staatliche Beihilfen

Die erste Alternative des Zurechnungsmerkmals in Form staatlicher Beihilfen ist einschlägig, wenn ein staatlicher Hoheitsträger die Beihilfe unmittelbar selbst gewährt.[166] Darunter sind nicht nur die Mitgliedstaaten zu verstehen, sondern auch alle innerstaatlichen autonomen Hoheitsträger, selbst wenn sie als solche nicht Vertragsparteien des EG-Vertrages sind, wie z.B. Bundesländer, Provinzen, autonome Regionen, Departements, Gemeinden und sonstige Gebietskörperschaften sowie staatliche Zweckverbände usw.[167] Maßgeblich ist somit eine funktionelle Betrachtungsweise, derzufolge auch solche Beihilfen der Prüfung nach Art. 87 Abs. 1 EGV unterliegen, die von regionalen und lokalen Einrichtungen der Mitgliedstaaten gewährt werden. Auf Status und Bezeichnung dieser Institutionen kommt es dabei nicht an.[168] Für die Anwendung der

---

[165] EuGH, Rs 57/86, Griechenland ./. Kommission, Slg. 1988, 2855, 2872 Rn. 12; GRABITZ/HILF-V. WALLENBERG, EU, Art. 92 Rn. 17; LÜBBIG/MARTIN-EHLERS, Beihilfenrecht, Rn. 127.

[166] EuGH, Rs 248/84, Deutschland ./. Kommission, Slg. 1987, 4013, 4041 Rn. 17; NIGGEMANN, Staatsbürgschaften, S. 25; MODLICH, Infrastrukturmaßnahmen, S. 35 ff.

[167] Dem früheren Meinungsstreit in dieser Frage kommt daher aktuell keine Bedeutung mehr zu. Siehe dazu ausführlich SCHERNTHANNER, Beihilfeaufsichtsrecht, S. 56 ff.; GS-MEDERER/TRIANTAFYLLOU, EU/EG, Art. 87 Rn. 23; EuGH, Rs 248/84, Deutschland ./. Kommission, Slg. 1987, 4013, 4041 Rn. 17; GRABITZ/HILF-V. WALLENBERG, EU, Art. 92 Rn. 16; HOPT/MESTMÄCKER, WM 1996, 756; MODLICH, Infrastrukturmaßnahmen, S. 38 f.; ferner MÜLLER-GRAFF, ZHR 152 (1988), 415 m.w.N.

[168] EuGH, Rs 248/84, Deutschland ./. Kommission, Slg. 1987, 4013, 4041 Rn. 17. Dazu auch HAKENBERG/TREMMEL, EWS 1997, 217; LIVONIUS, Öffentlich-rechtliche Kreditinstitute, S. 47. Es bleibt in diesen Fällen somit die Aufgabe der Mitgliedstaaten, ihrer in Art. 10 EGV festgelegten Pflicht zur Gemeinschaftstreue nachzukommen und für die Einhaltung der Bestimmungen des EG-Vertrages gegenüber ihren Hoheitsträgern zu sorgen; EuGH, Rs 248/84, Deutschland ./. Kommission, Slg. 1987, 4013, 4041 Rn. 17; KOENIG/KÜHLING, NJW 2000, 1067.

Verbotsnorm auf solche innerstaatlichen autonomen Hoheitsträger spricht einerseits der Wortlaut des Art. 87 Abs. 1 EGV, der den Begriff „staatliche Beihilfen" anstelle von „Mitgliedstaaten" verwendet.[169] Andererseits gilt es zu beachten, dass die Möglichkeit der wettbewerbsverfälschenden und handelsbeeinträchtigenden Einflussnahme im innerstaatlichen Kompetenzgefüge unabhängig von der Positionierung und der Hierarchiestufe eines Hoheitsträgers oder einer Behörde besteht.[170] Nur eine derart umfassende Zurechnung verhindert, dass Umgehungsversuchen der Mitgliedstaaten Tür und Tor geöffnet wird; denn diese könnten sich sonst durch eine Verlagerung der Beihilfegewährung auf andere staatliche Hoheitsträger der Beihilfekontrolle durch die Europäische Kommission entziehen.[171]

Des Weiteren macht die Formulierung „staatliche Beihilfen" auch deutlich, dass nur Maßnahmen der Mitgliedstaaten, nicht aber etwa eigene Beihilfemaßnahmen der Gemeinschaftsorgane oder anderer internationaler Organisationen unter die Beihilfekontrolle des Art. 87 Abs. 1 EGV fallen.[172] Offensichtlich ist dies in den Fällen gemeinschaftsunmittelbarer Subventionierung, die direkt aus Gemeinschaftsmitteln erfolgt. Ergibt sich ein Vorteil aus einer Maßnahme des Gemeinschaftsgesetzgebers und nicht aus einer solchen eines Mitgliedstaates, so findet keine Übertragung staatlicher Mittel statt.[173] Art. 87 Abs. 1 EGV ist allerdings ebenfalls nicht anwendbar auf mittelbare Gemeinschaftsmaßnahmen, die aus Geldern einzelner Mitgliedstaaten gezahlt, aber durch die Gemeinschaft initiiert oder gesteuert werden. Aus der Rechtsprechung des EuGH geht insofern hervor, dass die Auslegung des Art. 87 Abs. 1 EGV nicht primär auf den formellen Mittelgeber abstellt, sondern vielmehr auf denjenigen, der die Maßnahme initiiert hat.[174] Damit ist in einem solchen Fall die Beihilfeentscheidung,

---

[169] MÜLLER-GRAF, ZHR 152 (1988), 415.

[170] MÜLLER-GRAF, ZHR 152 (1988), 415.

[171] Siehe SCHERNTHANNER, Beihilfeaufsichtsrecht, S. 62 ff., wo auch eine Darstellung des Diskussionsstandes geboten wird.

[172] So die ganz herrschende Meinung, vgl. RENGELING, KSE 32 (1984), S. 28; SJM-MEDERER, Wettbewerbsrecht, Art. 87 Rn. 29; SINNAEVE, Rückforderung, S. 33; GRABITZ/HILF-V. WALLENBERG, EU, vor Art. 92 Rn. 11; HANCHER/OTTERVANGER/SLOT, State Aid, 2-023; a. A. HÖSCH, Art. 30 EWGV, S. 133.

[173] EuGH, Rs C-341/95, Gianni Bettati ./. Safety Hi-Tech Srl., Slg. 1998, I-4335, 4383 Rn. 74.

[174] So verneint der EuGH in seinem Urteil Rs C-341/95, Gianni Bettati ./. Safety Hi-Tech Srl., Slg. 1998, I-4355, 4383 Rn. 74, dass eine Übertragung staatlicher Mittel stattfindet, wenn sich der Vorteil aus einer „Maßnahme des Gemeinschaftsgesetzgebers und nicht aus einer staatlichen Maßnahme" ergibt; vgl. dazu ebenfalls EuGH, Rs 82/77, Niederlande ./. Van Tiggele, Slg. 1978, 25, 40 f. Rn. 23/25.

die beispielsweise in Form eines Ermächtigungs- bzw. Gewährungsbeschlusses auf ein Gemeinschaftsorgan zurückgeht, dem Mitgliedstaat als solchem nicht zurechenbar.[175]

## II. Aus staatlichen Mitteln gewährte Beihilfen

Die zweite Variante des Zurechnungstatbestandes „aus staatlichen Mitteln" soll sicherstellen, dass gleichermaßen alle anderen Organisationen, Institutionen oder Gesellschaften, die über staatliche Finanzmittel verfügen, auch wenn sie selbst nicht Hoheitsträger sind, vom Anwendungsbereich des Art. 87 EGV erfasst werden.[176] Die Unterscheidung zwischen staatlichen Beihilfen und aus staatlichen Mitteln gewährten Beihilfen dient daher zumindest ebenso dem Zweck, in den Beihilfebegriff nicht nur unmittelbar vom Staat gewährte Beihilfen, sondern auch jene Beihilfen einzubeziehen, die durch „vom Staat benannte oder errichtete öffentliche oder private Einrichtungen gewährt werden".[177] Die zweite Variante ist also weiter als der Begriff der staatlichen Beihilfe und lässt insgesamt auf einen weit auszulegenden Zurechnungstatbestand schließen.[178] Damit wird deutlich, dass die zweite Variante „aus staatlichen Mitteln gewährte Beihilfen" nach der Rechtsprechung des EuGH einen Auffangtatbestand darstellt, dessen Aufgabe es ist, eine Umgehung des Verbotstatbestandes zu verhindern.[179] In der Gesamtschau beider Tatbestandsalternativen liegt dem Tatbestandskomplex somit die Intention zugrunde, jegliche staatliche oder mit öffentlichen Mitteln finanzierte Intervention - gleich, ob sie unmittelbar oder nur mit-

---

[175] Vgl. MÜLLER-GRAFF, ZHR 152 (1988), 414; DAUSES-GÖTZ, EU, H. III. Rn. 2 f.; CICHY, Wettbewerbsverfälschungen, S. 155; BONKAMP, Beihilfeverbot, S. 95.

[176] EuGH, Rs 213-81, Norddeutsches Vieh- und Fleischkontor Herbert Will u.a. ./. Bundesanstalt für landwirtschaftliche Marktordnung, Slg. 1982, 3583, 3602 Rn. 22; GS-MEDERER/TRIANTAFYLLOU, EU/EG, Art. 87 Rn. 26; MODLICH, Infrastrukturmaßnahmen, S. 36 ff.; NIGGEMANN, Staatsbürgschaften, S. 26; GA JACOBS, Schlussanträge, in: EuGH, Rs C-482/99, Frankreich ./. Kommission, Slg. 2002, I-4397, 4413 Rn. 43.

[177] EuGH, Rs C-72/91 und C-73/91, Sloman Neptun Schifffahrts AG ./. Seebetriebsrat Bodo Ziesemer der Sloman Neptun Schifffahrts AG, Slg. 1993, I-887, 933 f. Rn. 19; MODLICH, Infrastrukturmaßnahmen, S. 36 f.

[178] EuGH, Rs 213/81, Norddeutsches Vieh- und Fleischkontor Herbert Will u.a. ./. Bundesanstalt für landwirtschaftliche Marktordnung, Slg. 1982, 3583, 3602 Rn. 22.; GEISS, Rechtsstaatliche Grundsätze, S. 42.

[179] Zur Möglichkeit einer entgegengesetzten Interpretation und ihren Folgen vgl. GA JACOBS, Schlussanträge, in: EuGH, Rs C-379/98, Preussen Elektra ./. Schleswag, 2099, 2129 ff. Rn. 114 ff.

telbar durch den Staat erfolgt - zu erfassen.[180]

Die Auffangfunktion der zweiten Tatbestandsalternative liegt insbesondere darin, dass sie grundsätzlich unabhängig von der rechtlichen Ausgestaltung der mittelzuweisenden Einrichtung neben öffentlich-rechtlichen auch privatrechtlich organisierte Institutionen als Beihilfegeber erfasst. Gerade bei Mittelzuweisungen, die von privatrechtlich organisierten Institutionen ausgehen, stellt sich nicht selten die schwierige Abgrenzung von tatsächlich privaten zu letztlich dem Staat zuzurechnenden Maßnahmen unter privatrechtlichem Deckmantel. Ebenso wenig wie Gemeinschaftsbeihilfen[181] fallen nämlich Leistungen aus privat-, verbands- oder kirchenrechtlich organisierten Unterstützungskassen, Spenden, Zuschüsse oder sonstige Leistungen von nichtstaatlicher Seite unter den Verbotstatbestand des Art. 87 Abs. 1 EGV.[182] Nur sofern Wettbewerbseingriffe in Form einer fördernden Maßnahme auf einen Mitgliedstaat zurückführbar sind - die dafür entscheidenden Kriterien gilt es noch zu klären - kann von einer Einflussnahme auf die „privatautonome Selbststeuerung des Marktgeschehens“[183] und damit von einer dem Kontrollregime der Artt. 87 ff. EGV unterworfenen Beihilfengewährung die Rede sein. So eindeutig und plausibel die Abgrenzung jedoch auf den ersten Blick scheint, so schwierig ist es im Einzelfall, wie im Rahmen dieser Untersuchung noch aufzuzeigen sein wird, zwischen staatlicher und privater Zurechenbarkeit der Mittelgewährung zu unterscheiden.[184]

Auffällig ist, dass in der Praxis die Zurechnung im Rahmen des Art. 87 Abs. 1 EGV hauptsächlich an zwei verschiedenen Gesichtspunkten festgemacht wird: Zum einen scheint die Frage eine Rolle zu spielen, ob die dem begünstigten Unternehmen zugewandten Vergünstigungen aus staatlichen Mitteln herrühren. Zum anderen scheint von Bedeutung zu sein, ob im konkreten Fall eine dem Staat zurechenbare Verhaltensweise vorliegt. Dies fällt auch bei der Lektüre der nicht immer einheitlichen Rechtsprechungs- und Kommissionspraxis auf, die in Teil 4 dieser Untersuchung eingehend beleuchtet wird.

---

[180] Vgl. LÜBBIG/MARTIN-EHLERS, Beihilfenrecht, Rn. 99 f.; DAUSES-GÖTZ, EU, H. III. Rn. 22, 25.

[181] Siehe dazu HÄRING, Vereinbarkeit, S. 84.

[182] Vgl. GS-MEDERER/TRIANTAFYLLOU, EU/EG, Art. 87 Rn. 24 ff.; MÜLLER-GRAF, ZHR 152 (1988), 412.

[183] MÜLLER-GRAFF, ZHR 152 (1988), 412.

[184] So auch SJM-MEDERER, Wettbewerbsrecht, Art. 87 Rn. 25.

# Teil 3 - Überblick über die bisherige Handhabung des Zurechnungtatbestandes

Nachfolgend wird die Bestimmung des Tatbestandsmerkmals der staatlichen Zurechnung durch EuGH, EuG sowie durch die Europäische Kommission dargestellt.

## § 1 Das Problem der staatlichen Zurechnung im Lichte der Rechtsprechung von EuGH und EuG

Zur dieser Rechtsprechungsübersicht ist anzumerken, dass sie sich auf eine möglichst wertungsfreie Darstellung von Sachverhalt und Gründen beschränkt. Der Verfasser verzichtet zunächst bewusst darauf, Anmerkungen und Stellungnahmen aus dem Schrifttum einzubeziehen, um ein möglichst objektives Bild der Rechtsprechung zu gewährleisten. In das folgende Spektrum konnten lediglich die für die vorliegende Problematik besonders bedeutsamen und aussagekräftigen Urteile von EuGH und EuG aufgenommen werden. Es ist daher insoweit nicht abschließend und nicht als Aufzählung aller in diesem Bereich ergangenen Entscheidungen zu verstehen. Ferner ist die Beschreibung der Urteile auf die Zurechnungsproblematik zugeschnitten, so dass ausschließlich auf die in diesem Zusammenhang bedeutsamen Sachverhaltsdaten und Ausführungen durch das jeweilige Gericht eingegangen wird.

### A. Italien ./. Kommission („Italien ./. Kommission (1974)")

*Italien ./. Kommission (1974)*[1] ist eines derjenigen Verfahren, in welchen der EuGH zum ersten Mal - wenn auch nur knapp - zum Verständnis des Merkmals „staatliche oder aus staatlichen Mitteln gewährte Beihilfen" Stellung bezieht. Prozessual handelt es sich bei dem Verfahren um eine Nichtigkeitsklage Italiens nach Art. 230 EGV. Verfahrensgegenstand ist eine gesetzliche Bestimmung, welche Teil des Gesetzes zur Umstrukturierung, Reorganisation und Umstellung der italienischen Textilindustrie ist. Dieses Gesetz hat zur Aufgabe, der schwierigen konjunkturellen Lage der italienischen Wirtschaft entgegenzusteuern.[2] Vor diesem Hintergrund gewährt die streitgegenständliche Norm allen Unternehmen

---

[1] EuGH, Rs 173/73, Italien ./. Kommission, Slg. 1974, 709 ff.

[2] EuGH, Rs 173/73, Italien ./. Kommission, Slg. 1974, 709, 711.

der Textil- und Bekleidungsindustrie sowie des Textil- und Bekleidungshandwerks eine Verringerung der Sozialabgaben für Familienzulagen während eines bestimmten Zeitraums. Im Endeffekt besteht die dadurch bewirkte Erleichterung in einer Ermäßigung des von den Unternehmen geschuldeten Beitragssatzes von 15% auf 10%. Aufgrund der Tatsache, dass gewöhnlich die Arbeitgeber des Textilsektors die betreffenden Soziallasten zu tragen haben, sind von dieser Maßnahme letztlich die Träger der sozialen Sicherheit negativ betroffen.[3]

Der EuGH folgert, dass die teilweise Befreiung der Arbeitgeber im Textilsektor von Soziallasten eine Maßnahme zur Freistellung der Unternehmen eines bestimmten Industriezweiges von finanziellen Lasten darstellt. Diese Abgaben würden sich aus der normalen Anwendung des allgemeinen Sozialversicherungssystems ergeben, ohne dass eine Befreiung durch die Natur oder den inneren Aufbau dieses Systems gerechtfertigt sei.[4] Im Rahmen seiner Begründung verwirft der EuGH das Argument, es handele sich schon deshalb nicht um eine staatliche Beihilfe, da der aus der Regelung resultierende Einnahmeverlust durch Mittel aus der Arbeitslosenversicherung ausgeglichen werde.[5] Vielmehr müssten die fraglichen Fonds als staatliche Mittel im Sinne des Art. 87 Abs. 1 EGV betrachtet werden, selbst wenn ihre Verwaltung nichtstaatlichen Organen anvertraut sei. Die Fonds würden schließlich durch Zwangsbeiträge gespeist sowie nach nationalen Rechtsvorschriften verwaltet und verteilt.[6]

## B. Steinike und Weinlig (1977)

Anlässlich des Verfahrens *Steinike und Weinlig*[7], bei welchem ein Ersuchen um Vorabentscheidung durch das Verwaltungsgericht Frankfurt a. M. zugrunde liegt, äußert sich der EuGH in allgemeiner Form zum Merkmal „staatliche oder aus staatlichen Mitteln gewährte Beihilfen". Die Klägerin des Ausgangsverfahrens, die in Hamburg ansässige Firma Steinike und Weinlig, importiert Zitrussaftkonzentrat in die Bundesrepublik Deutschland, wo dieses zu Grundstoffen für die Getränkeindustrie weiterverarbeitet wird. Anlässlich der Weiterverarbeitung des eingeführten Erzeugnisses ist die Firma Steinike und Weinlig von dem zuständigen Bundesamt zu einem Beitrag herangezogen worden, der zur Finan-

---

3 EuGH, Rs 173/73, Italien ./. Kommission, Slg. 1974, 709, 711.

4 EuGH, Rs 173/73, Italien ./. Kommission, Slg. 1974, 709, 719 Rn. 33/35.

5 EuGH, Rs 173/73, Italien ./. Kommission, Slg. 1974, 709, 719 Rn. 33/35.

6 EuGH, Rs 173/73, Italien ./. Kommission, Slg. 1974, 709, 719 f. Rn. 33/35.

7 EuGH, Rs 78/76, Firma Steinike und Weinlig ./. Bundesrepublik Deutschland, Slg. 1977, 595 ff.

zierung eines Fonds zur Absatzförderung der deutschen Land-, Forst- und Ernährungswirtschaft (Absatzfonds) bestimmt ist.[8] Der Zweck des durch Bundesgesetz in Form einer Anstalt des öffentlichen Rechts eingerichteten Absatzfonds ist es, mit Hilfe einer von ihm finanzierten und kontrollierten Einrichtung, der CMA, den Absatz und die Ausfuhr von Erzeugnissen der deutschen Land-, Forst- und Ernährungswirtschaft durch Erschließung und Pflege von Märkten im In- und Ausland zu fördern.[9] Seine Finanzierung erfolgt neben den Beiträgen der profitierenden Wirtschaftszweige ebenso durch andere Mittel, vor allem Bundeszuschüssen. Die Höhe der Beiträge schwankt je nach Art der betroffenen Betriebe.[10] Die Klägerin hat vor dem Verwaltungsgericht die Rechtmäßigkeit der Heranziehung zur Beitragszahlung zum Absatzfonds insbesondere damit bestritten, dass der Beitrag zur Finanzierung einer von Art. 87 EGV verbotenen staatlichen Beihilfe diene. Das Verwaltungsgericht Frankfurt a. M. hat dem EuGH daraufhin unter anderem diese Frage zur Überprüfung vorgelegt.[11]

Der Gerichtshof kommt in dieser Sache zum Ergebnis, dass die aus dem Absatzfonds entstammenden Fördermittel generell als „staatliche Mittel" im Sinne des Art. 87 Abs. 1 EGV einzustufen sind. Zur Begründung führt er aus, dass es entscheidend darauf ankommt, ob die Beihilfe unmittelbar durch den Staat oder durch von ihm zur Durchführung der Beihilfe errichtete oder beauftragte öffentliche oder private Einrichtungen gewährt werden.[12] Bei der Anwendung des Art. 87 EGV seien insofern im Wesentlichen die Auswirkungen der Beihilfe auf die begünstigten Unternehmen oder Erzeuger und nicht die Stellung der für die Verteilung und Verwaltung der Beihilfe zuständigen Einrichtungen zu berücksichtigen.[13]

Ferner stellt der EuGH fest, dass eine staatliche Maßnahme, die bestimmte Unternehmen oder Erzeugnisse begünstigt, die Eigenschaft eines unentgeltlichen Vorteils nicht dadurch verliert, dass sie ganz oder teilweise durch

---

[8] EuGH, Rs 78/76, Firma Steinike und Weinlig ./. Bundesrepublik Deutschland, Slg. 1977, 595, 597 f.

[9] Siehe hierzu § 2 des Bundesgesetzes vom 26.06.1969, BGBl. 1969 I, S. 635.

[10] EuGH, Rs 78/76, Firma Steinike und Weinlig ./. Bundesrepublik Deutschland, Slg. 1977, 595, 598.

[11] EuGH, Rs 78/76, Firma Steinike und Weinlig ./. Bundesrepublik Deutschland, Slg. 1977, 595, 608 Rn. 2.

[12] EuGH, Rs 78/76, Firma Steinike und Weinlig ./. Bundesrepublik Deutschland, Slg. 1977, 595, 612 f. Rn. 21.

[13] EuGH, Rs 78/76, Firma Steinike und Weinlig ./. Bundesrepublik Deutschland, Slg. 1977, 595, 613 Rn. 21.

Beiträge finanziert wird, die von Staats wegen von den betreffenden Unternehmen erhoben werden.[14]

## C. Van Tiggele (1978)

In dem Vorabentscheidungsverfahren *Van Tiggele*[15]nimmt der EuGH auf Vorlage eines holländischen Wirtschaftsgerichts erstmals konkret Stellung zur Frage, inwiefern eine Beihilfe die Belastung öffentlicher Mittel voraussetzt. In dem Verfahren wird der niederländische Wein- und Spirituosenhersteller Jacobus Philippus van Tiggele beschuldigt, unterhalb der durch Königliche Verordnung festgesetzten Mindestpreise für den Einzelhandel Spirituosen verkauft zu haben.[16] Sinn der die Mindestpreise festlegenden Verordnung ist es, den anhaltenden Preisverfall für destillierte Getränke aufzuhalten, um so ein selbst für moderne und effizient geführte Wein- und Spirituosenhandlungen vernichtend niedriges Preisniveau zu verhindern.[17] Dabei stellt das vorlegende niederländische Gericht unter anderem die Frage, ob eine derartige Preisregelung eine Beihilfe darstelle.

Diesbezüglich kommt der EuGH zum Ergebnis, dass eine Maßnahme keine Beihilfe im Sinne von Art. 87 EGV sein kann, die durch die Festsetzung von Mindestpreisen im Einzelhandel sowie dem Ziel gekennzeichnet ist, den Verkäufer eines Erzeugnisses allein zu Lasten der Verbraucher zu begünstigen.[18] Dies gelte unabhängig davon, wie der Begriff der Beihilfe im Sinne dieses Artikels zu bestimmen sein möge, und könne bereits dem Wortlaut der Bestimmung entnommen werden.[19] Die Vorteile, die ein derartiger Eingriff in die Preisbildung den Verkäufern des Erzeugnisses bringe, würden nämlich weder unmittelbar noch mittelbar aus staatlichen Mitteln im Sinne von Art. 87 EGV stammen.[20] Zusammenfassend stellt der EuGH darüber hinaus fest, dass eine staatliche Beihilfe dann nicht vorliegt, wenn die von einer staatlichen Stelle für den Einzelhandelsverkauf festgesetzten Mindestpreise allein zu Lasten der Verbrau-

---

[14] EuGH, Rs 78/76, Firma Steinike und Weinlig ./. Bundesrepublik Deutschland, Slg. 1977, 595, 613 Rn. 22.

[15] EuGH, Rs 82/77, Niederlande ./. Van Tiggele, Slg. 1978, 25 ff.

[16] EuGH, Rs 82/77, Niederlande ./. Van Tiggele, Slg. 1978, 25, 27.

[17] EuGH, Rs 82/77, Niederlande ./. Van Tiggele, Slg. 1978, 25, 28 f.

[18] EuGH, Rs 82/77, Niederlande ./. Van Tiggele, Slg. 1978, 25, 40 f. Rn. 23/25.

[19] EuGH, Rs 82/77, Niederlande ./. Van Tiggele, Slg. 1978, 25, 40 f. Rn. 23/25.

[20] EuGH, Rs 82/77, Niederlande ./. Van Tiggele, Slg. 1978, 25, 40 f. Rn. 23/25.

cher gehen.[21] Bei der Prüfung des Tatbestandes des Art. 87 Abs. 1 EGV und dessen Verneinung konkretisiert der EuGH auch im Rahmen dieses Urteils nicht weiter, welche der zwei Tatbestandsalternativen des Abs. 1 einschlägig ist.[22]

## D. Norddeutsches Vieh- und Fleischkontor (1982)

In der Rechtssache *Norddeutsches Vieh- und Fleischkontor*[23] handelt es sich um ein Vorabentscheidungsersuchen des Hessischen Verwaltungsgerichtshofes. Im Rahmen eines Berufungsverfahrens hatte sich dieser mit einer deutschen Rechtsverordnung[24] auseinanderzusetzen, welche die Grundsätze für die Verteilung der deutschen Quote eines Gemeinschaftszollkontingents für gefrorenes Rindfleisch zwischen deutschen Importeuren regelt.[25] Durch diese Aufteilung fühlten sich einige Einführer, darunter auch die Firmen Will, Trawako und Gedelfi als Kläger des Ausgangsverfahrens, benachteiligt.[26] Die vom Hessischen Verwaltungsgerichtshof vorgelegte Frage besteht nun darin, ob es sich um eine aus staatlichen Mitteln gewährte Beihilfe handelt, wenn deutschen Im- und Exporteuren von Rindfleisch von und in EG-Mitgliedstaaten eine Zuteilung aus dem bestehenden EU-Gemeinschaftszollkontingent aufgrund einer EG-Verordnung gewährt wird.[27] Es gilt insofern zu klären, ob die deutsche Rechtsverordnung und die damit einhergehende Gewährung einer Zuwendung aus Mitteln der EG den Tatbestand des Art. 87 Abs. 1 EGV erfüllen kann.

Bezüglich der Zuteilung aus dem Gemeinschaftskontingent befindet der EuGH, dass der finanzielle Vorteil, den die Marktteilnehmer aus ihrer Beteiligung an dem Kontingent ziehen, nicht aus mitgliedstaatlichen, sondern aus Gemeinschaftsmitteln herrührt.[28] Nach der Ansicht des Gerichtshofes ist der Beg-

---

[21] EuGH, Rs 82/77, Niederlande ./. Van Tiggele, Slg. 1978, 25, 41 Rn. 26.

[22] EuGH, Rs 82/77, Niederlande ./. Van Tiggele, Slg. 1978, 25, 40 f. Rn. 22-26.

[23] EuGH, Rs 213/81, Norddeutsches Vieh- und Fleischkontor Herbert Will u.a. ./. Bundesanstalt für landwirtschaftliche Marktordnung, Slg. 1982, 3583 ff.

[24] Siehe dazu Bundesanzeiger 1980 Nr. 241, S. 2.

[25] EuGH, Rs 213/81, Norddeutsches Vieh- und Fleischkontor Herbert Will u.a. ./. Bundesanstalt für landwirtschaftliche Marktordnung, Slg. 1982, 3583, 3585 f.

[26] EuGH, Rs 213/81, Norddeutsches Vieh- und Fleischkontor Herbert Will u.a. ./. Bundesanstalt für landwirtschaftliche Marktordnung, Slg. 1982, 3583, 3586.

[27] EuGH, Rs 213/81, Norddeutsches Vieh- und Fleischkontor Herbert Will u.a. ./. Bundesanstalt für landwirtschaftliche Marktordnung, Slg. 1982, 3583, 3586 f.

[28] EuGH, Rs 213/81, Norddeutsches Vieh- und Fleischkontor Herbert Will u.a. ./. Bundesanstalt für landwirtschaftliche Marktordnung, Slg. 1982, 3583, 3602 Rn. 22.

riff „aus staatlichen Mitteln gewährte Beihilfen“ weiter als der Terminus „staatliche Beihilfen“; auch die zweite Tatbestandsvariante setze jedoch voraus, dass die Mittel für die Beihilfe aus den Mitgliedstaaten herrühren.[29]

## E. Kommission ./. Frankreich (1985)

Dem Vertragsverletzungsverfahren *Kommission ./. Frankreich*[30] liegt die Fallkonstellation zugrunde, dass die französische Regierung im Rahmen eines von ihr mit initiierten und durchgeführten Programms zugunsten bedürftiger französischer Landwirte in Höhe von 1,5 Mrd. FF Solidaritätsleistungen gewährt hatte.[31] Diese Leistungen wurden aus den im Verlaufe mehrerer Jahre angesammelten Betriebsüberschüssen der *Caisse Nationale de Crédit Agricole* (CNCA) finanziert, einem autorisierten öffentlichen Unternehmen, das diese Mittel aus Bankgeschäften mit privaten Spareinlagen generiert hatte. Öffentliche Mittel waren nicht unmittelbar in diese Solidaritätsleistungen mit eingeflossen.[32] Der Beschluss über die Verwendung der Mittel zur Finanzierung der Leistung ist vom Verwaltungsrat der CNCA gefasst worden, in dem die Vertreter des Staates in der Minderheit sind.[33]

Der Gerichtshof geht in diesem Fall vom Vorliegen einer staatlichen Beihilfe im Sinne des Art. 87 Abs. 1 EGV aus und stellt ausdrücklich fest, dass der Zurechnungstatbestand durch die streitige Solidaritätsleistung erfüllt ist.[34] Dies sei zum einen begründet, als sie von einer öffentlichen Einrichtung beschlossen und finanziert worden sei, deren Durchführung von einer staatlichen Genehmigung abhänge.[35] Zum anderen würden für die Gewährung im konkreten Fall vergleichbare Bedingungen wie für eine normale staatliche Beihilfe gelten. Die umstrittene Solidaritätsleistung sei zudem von der Regierung als Teil eines Bündels von Maßnahmen zugunsten der Landwirte präsentiert worden.[36] Zur weiteren Argumentation führt der EuGH aus, dass sich bereits aus dem Wortlaut des Art. 87 Absatz 1 EGV ergibt, dass staatliche Beihilfen nicht nur solche sind,

---

[29] EuGH, Rs 213/81, Norddeutsches Vieh- und Fleischkontor Herbert Will u.a. ./. Bundesanstalt für landwirtschaftliche Marktordnung, Slg. 1982, 3583, 3602 Rn. 22.

[30] EuGH, Rs 290/83, Kommission ./. Frankreich, Slg. 1985, 439 ff.

[31] EuGH, Rs 290/83, Kommission ./. Frankreich, Slg. 1985, 439, 446 Rn. 2.

[32] EuGH, Rs 290/83, Kommission ./. Frankreich, Slg. 1985, 439, 440, 446 Rn. 2.

[33] EuGH, Rs 290/83, Kommission ./. Frankreich, Slg. 1985, 439, 447 Rn. 7.

[34] EuGH, Rs 290/83, Kommission ./. Frankreich, Slg. 1985, 439, 449 Rn. 15.

[35] EuGH, Rs 290/83, Kommission ./. Frankreich, Slg. 1985, 439, 449 Rn. 15.

[36] EuGH, Rs 290/83, Kommission ./. Frankreich, Slg. 1985, 439, 449 Rn. 15.

die aus staatlichen Mitteln finanziert werden.[37] Diese Formulierung ergänzt der Gerichtshof dahingehend, dass Art. 87 EGV sämtliche staatlichen oder aus staatlichen Mitteln gewährte Beihilfen erfasst, ohne dass danach zu unterscheiden ist, ob die Beihilfe unmittelbar vom Staat oder durch von ihm zur Durchführung der Beihilferegelung errichtete oder damit beauftragte öffentliche oder private Einrichtungen gewährt wird.[38]

## F. Bundesrepublik Deutschland ./. Kommission, („Bundesrepublik Deutschland ./. Kommission (1987)“)

Der EuGH-Entscheidung *Bundesrepublik Deutschland ./. Kommission (1987)*[39] zur Anwendbarkeit von Artt. 87 ff. EGV auf regionale und lokale Einrichtungen der Mitgliedstaaten ist unter anderem auch ein allgemeiner Beitrag zur Beantwortung der Frage abzugewinnen, unter welchen Umständen vergebene Mittel dem Staat zugerechnet werden können. Kurz nach der Aufnahme des Art. 91 a in das Grundgesetz der Bundesrepublik Deutschland im Jahre 1969 mit dem Zweck der Koordinierung der Regionalbeihilfen wurde das Bundesgesetz über die Gemeinschaftsaufgabe „Verbesserung der regionalen Wirtschaftsstruktur“ verabschiedet. Daraufhin beschloss das Land Nordrhein-Westfalen zusätzlich zu diesem Bundesprogramm sein eigenes Investitionsförderungsprogramm zugunsten der in seinem Gebiet ansässigen Unternehmen aufzustellen[40] und dies mit eigenen Mitteln zu finanzieren.[41] Nach Notifizierung des Förderprogramms durch das Land Nordrhein-Westfalen leitete die Europäische Kommission das Verfahren des Art. 88 EGV ein.[42]

Der EuGH stellt im Rahmen seiner Entscheidung fest, dass sich die Vorschrift des Art. 87 Abs. 1 EGV auf „staatliche oder aus staatlichen Mitteln gewährte Beihilfen gleich welcher Art“ bezieht und damit auf alle Beihilfen, die aus öffentlichen Mitteln finanziert werden.[43] Gemeinschaftswidrige Beihilfen gemäß Art. 87 EGV könnten folglich auch durch Unterstützungszahlungen regionaler

---

[37] EuGH, Rs 290/83, Kommission ./. Frankreich, Slg. 1985, 439, 449 Rn. 14.

[38] EuGH, Rs 290/83, Kommission ./. Frankreich, Slg. 1985, 439, 449 Rn. 14.

[39] EuGH, Rs 248/84, Bundesrepublik Deutschland ./. Kommission, Slg. 1987, 4013 ff.

[40] EuGH, Rs 248/84, Bundesrepublik Deutschland ./. Kommission, Slg. 1987, 4013, 4014.

[41] EuGH, Rs 248/84, Bundesrepublik Deutschland ./. Kommission, Slg. 1987, 4013, 4015.

[42] EuGH, Rs 248/84, Bundesrepublik Deutschland ./. Kommission, Slg. 1987, 4013, 4015 f.

[43] EuGH, Rs 248/84, Bundesrepublik Deutschland ./. Kommission, Slg. 1987, 4013, 4041 Rn. 17.

und lokaler Einrichtungen der Mitgliedstaaten so wie der Bundesländer oder von sonstigen Gebietskörperschaften gegeben sein.[44] Status und Bezeichnung dieser Einrichtungen seien in diesem Zusammenhang allerdings nicht von Bedeutung.[45] Folglich sei die Tatsache, dass es sich in diesem Verfahren nicht um eine Fördermaßnahme eines Bundes- oder Zentralstaates handele, für den Tatbestand des Art. 87 Abs. 1 EGV grundsätzlich unschädlich.

## G. Van der Kooy (1988)

Das Anliegen der Kläger der Nichtigkeitsklage *Van der Kooy*[46] ist es, eine Entscheidung der Europäischen Kommission zur Unzulässigkeit von besonders günstigen Erdgasvorzugstarifen für Gartenbaubetriebe mit Warmhauserzeugung für nichtig erklären zu lassen.[47] Diese Tarife sind durch Vereinbarung zwischen der NV Nederlandse Gasunie (Gasunie) mit der Landbouwschap festgesetzt worden, einer Einrichtung des öffentlichen Rechts zur Vertretung der landwirtschaftlichen Unternehmer und bedurften der Genehmigung des niederländischen Wirtschaftsministers.[48] Die Gasunie ist ein privatrechtliches Unternehmen das neben Ein- und Ausfuhr von Erdgas auch dessen Transport innerhalb der Niederlande betreibt. 40% der Gesellschaftsanteile der Gasunie befinden sich im Eigentum der Staatsmijnen, woran der niederländische Staat wiederum 100% hält; weitere 10% befinden sich unmittelbar in der Hand des niederländischen Staates.[49] Der die Gasunie verwaltende, acht Mitglieder umfassende Rat, setzt sich aus vier staatlichen und vier privaten Mitgliedern zusammen.[50]

Auf eine entsprechende Sondertarifabsprache zwischen der Gasunie und der Landbouwschap hin hatte die Europäische Kommission bereits vor diesem Ver-

---

44 EuGH, Rs 248/84, Bundesrepublik Deutschland ./. Kommission, Slg. 1987, 4013, 4041 Rn. 17.

45 EuGH, Rs 248/84, Bundesrepublik Deutschland ./. Kommission, Slg. 1987, 4013, 4041 Rn. 17.

46 EuGH, verb. Rs 67, 68 und 70/85, Kwekerij Gebroeders van der Kooy BV u.a. ./. Kommission, Slg. 1988, 219 ff.

47 EuGH, verb. Rs 67, 68 und 70/85, Kwekerij Gebroeders van der Kooy BV u.a. ./. Kommission, Slg. 1988, 219, 265 Rn. 1f.

48 EuGH, verb. Rs 67, 68 und 70/85, Kwekerij Gebroeders van der Kooy BV u.a. ./. Kommission, Slg. 1988, 219, 221.

49 EuGH, verb. Rs 67, 68 und 70/85, Kwekerij Gebroeders van der Kooy BV u.a. ./. Kommission, Slg. 1988, 219, 221.

50 EuGH, verb. Rs 67, 68 und 70/85, Kwekerij Gebroeders van der Kooy BV u.a. ./. Kommission, Slg. 1988, 219, 221, 272 Rn. 36.

fahren zwei Mal bei der niederländischen Regierung interveniert und die Preishöhen beanstandet. Dies hat die Parteien jeweils dazu bewegt, die Tarife wieder zu ändern.[51]

Der EuGH kommt zum Ergebnis, dass die Voraussetzungen einer staatlichen Beihilfe erfüllt sind.[52] Dies schließt er daraus, dass die Festsetzung des streitigen Tarifs das Ergebnis einer dem niederländischen Staat zuzurechnenden Verhaltensweise ist.[53] Als Begründung führt der EuGH eine Kombination von Argumenten an. Danach ergebe sich die Zurechenbarkeit erstens aus der 50% direkten und indirekten Aktienbeteiligung des niederländischen Staates und zweitens der hälftigen Kontrolle des Rates durch den Staat. Drittens sei der Genehmigungsvorbehalt des Wirtschaftsministers maßgeblich, wobei es nicht auf die Art und Weise ankomme, in der die Genehmigungsbefugnis für Tariffestsetzungen ausgeübt werde. Zuletzt müsse außerdem die rasche Reagibilität des Unternehmens auf zwei frühere Tarifbeanstandungen seitens der Europäischen Kommission bei der niederländischen Regierung beachtet werden.[54] Aus der Gesamtschau dieser Umstände folgert der Gerichtshof, dass die Gasunie bei der Festsetzung von Gastarifen keineswegs völlig selbständig ist, sondern unter der Kontrolle öffentlicher Stellen steht und nach deren Anweisungen auch handelt. Somit sei nachgewiesen, dass die Gasunie diesen Tarif nicht festsetzen konnte, ohne die Anforderungen öffentlicher Stellen zu berücksichtigen.[55]

## H. Griechenland ./. Kommission (1988)

In der dem EuGH vorliegenden Nichtigkeitsklage *Griechenland ./. Kommission*[56] richtet sich Griechenland gegen eine Kommissionsentscheidung, in welcher die Zulässigkeit von Zinsvergütungen für die Ausfuhr griechischer Produkte mit Ausnahme von Erdölerzeugnissen beanstandet worden ist.[57] Durchgeführt

---

[51] EuGH, verb. Rs 67, 68 und 70/85, Kwekerij Gebroeders van der Kooy BV u.a. ./. Kommission, Slg. 1988, 219, 222-223, 272 Rn. 36.

[52] EuGH, verb. Rs 67, 68 und 70/85, Kwekerij Gebroeders van der Kooy BV u.a. ./. Kommission, Slg. 1988, 219, 272 Rn. 35, 38.

[53] EuGH, verb. Rs 67, 68 und 70/85, Kwekerij Gebroeders van der Kooy BV u.a. ./. Kommission, Slg. 1988, 219, 272 Rn. 35.

[54] EuGH, verb. Rs 67, 68 und 70/85, Kwekerij Gebroeders van der Kooy BV u.a. ./. Kommission, Slg. 1988, 219, 272 Rn. 36.

[55] EuGH, verb. Rs 67, 68 und 70/85, Kwekerij Gebroeders van der Kooy BV u.a. ./. Kommission, Slg. 1988, 219, 272 Rn. 37.

[56] EuGH, Rs 57/86, Griechenland ./. Kommission, Slg. 1988, 2855 ff.

[57] EuGH, Rs 57/86, Griechenland ./. Kommission, Slg. 1988, 2855, 2870 Rn. 1.

werden diese Zinserstattungen von der Bank von Griechenland.[58] Der Zweck der Einführung der Zinserstattung für Exporteure besteht unter anderem darin, die vorangegangene Abschaffung der Vorgängerregelung zu kompensieren. Nach dieser wurde die griechische Exportwirtschaft in Form eines ermäßigten Zinssatzes für Vorfinanzierung und Finanzierung von Ausfuhren bereits gefördert.[59]

Der EuGH lässt im Rahmen seiner Entscheidung offen, ob die Zinserstattung, wie seitens der Griechischen Republik behauptet, von der Bank von Griechenland aus eigener Initiative eingeführt worden sei und aus befristeten Anlagen des von den Geschäftsbanken investierten Kapitals finanziert werde.[60] Entscheidend sei ebenso nicht, ob es sich bei den geleisteten Erstattungen um Mittel handele, die von der Bank von Griechenland an die Darlehen gewährenden Geschäftsbanken geleistet würden;[61] denn Art. 87 Abs. 1 EGV erfasse Beihilfen unabhängig davon, ob diese unmittelbar vom Staat oder von ihm zur Durchführung der Beihilferegelung errichtet öffentliche oder private Einrichtungen gewährt würden. Im vorliegenden Fall genüge daher die Feststellung, dass die Zinserstattung von Griechenland unter Einschaltung der Bank von Griechenland eingeführt wurde, da diese unter der unmittelbaren Kontrolle des Staates tätig werde.[62]

## I. Italien ./. Kommission („Italien ./. Kommission (1991-I)“)

Im Rahmen der dem EuGH vorliegenden Nichtigkeitsklage *Italien ./. Kommission (1991-I)*[63] wehrt sich die Klägerin gegen eine Entscheidung der Europäischen Kommission. Diese hat beanstandet, dass die der Unternehmensgruppe ENI/Lanerossi zwischen 1983 und 1987 zugunsten ihrer Tochtergesellschaften der Herrenoberbekleidungsindustrie gewährten Kapitalhilfen gemäß Art. 87 EGV mit dem Gemeinsamen Markt unvereinbar seien.[64] Das Unternehmen Lanerossi war zuvor von der staatlichen Holdinggesellschaft Ente Naziona-

---

[58] EuGH, Rs 57/86, Griechenland ./. Kommission, Slg. 1988, 2855, 2857, 2870 Rn. 3, 2872 Rn. 13.

[59] EuGH, Rs 57/86, Griechenland ./. Kommission, Slg. 1988, 2855, 2856 f.

[60] EuGH, Rs 57/86, Griechenland ./. Kommission, Slg. 1988, 2855, 2872 Rn. 12.

[61] EuGH, Rs 57/86, Griechenland ./. Kommission, Slg. 1988, 2855, 2872 Rn. 12.

[62] EuGH, Rs 57/86, Griechenland ./. Kommission, Slg. 1988, 2855, 2872 Rn. 13.

[63] EuGH, Rs C-303/88, Italien ./. Kommission, Slg. 1991, I-1433 ff.

[64] EuGH, Rs C-303/88, Italien ./. Kommission, Slg. 1991, I-1433, 1471 Rn. 1 f., 1473 Rn. 10.

le Idrocarburi (ENI) zu dem Zweck übernommen worden, eine vertikal voll integrierte Textilgruppe zu schaffen. Gleichzeitig sollten aber auch die wirtschaftlichen und finanziellen Probleme einer Reihe privater Textil- und Bekleidungsunternehmen gelöst werden, die von Lanerossi erworben wurden.[65] Dazu glich die italienische Regierung die anhaltenden Verluste von Lanerossi und drei weiteren verlustreichen Tochterunternehmen durch entsprechende Leistungen an ENI über mehrere Jahre hinweg aus.[66]

Der EuGH beruft sich bei der Frage, ob die gewährten Finanzhilfen dem italienischen Staat zurechenbar sind, zunächst auf seine ständige Rechtsprechung. Nach dieser sei nicht danach zu unterscheiden, ob die Beihilfe unmittelbar durch den Staat oder aber durch von ihm zur Durchführung der Beihilferegelung errichtete oder beauftragte öffentliche oder private Einrichtungen gewährt werde.[67] Im Ergebnis hält der EuGH die Kapitalzuschüsse für das Resultat einer dem italienischen Staat zuzurechnenden Verhaltenweise und stütze sich dabei darauf, dass die ENI schließlich unter der Kontrolle des italienischen Staates handele.[68] Dies folgert der Gerichtshof daraus, dass die ENI nach ihrem Errichtungsgesetz eine vom italienischen Staat kontrollierte öffentliche Stelle ist und darüber hinaus ihre Aufsichtsrats- und Vorstandsmitglieder vom Ministerpräsidenten mit Dekret ernannt werden. Außerdem habe ENI die Richtlinien des Comitato Internministeriale per la Programmazione Economica (interministerieller Ausschuss für die Wirtschaftsplanung CIPE) zu beachten, auch wenn sie nach wirtschaftlichen Kriterien vorgehen müsse.[69] Einen weiteren Hinweis sieht der EuGH darin, dass die ENI im Unterschied zu normalen privaten Unternehmen mit Genehmigung des Ministers für Staatsbeteiligungen Schuldverschreibungen emittieren könne, deren Kapital und Zinsen vom Staat garantiert seien.[70] Die Mittel, die die ENI den Tochtergesellschaften über das Unternehmen Lanerossi zur Verfügung stellte, müssten insofern als staatliche Maßnahmen betrachtet werden. Nicht erforderlich sei in diesem Zusammenhang der Nachweis, dass die Mittel, die die ENI vom italienischen Staat erhielt, besonders und ausdrücklich zum Ausgleich der Verluste der vier Tochtergesellschaften bestimmt waren; denn unabhängig davon ermögliche es der Erhalt der Kapitalzuschüsse der ENI,

---

[65] EuGH, Rs C-303/88, Italien ./. Kommission, Slg. 1991, I-1433, 1436.

[66] EuGH, Rs C-303/88, Italien ./. Kommission, Slg. 1991, I-1433, 1436.

[67] EuGH, Rs C-303/88, Italien ./. Kommission, Slg. 1991, I-1433, 1474 Rn. 11.

[68] EuGH, Rs C-303/88, Italien ./. Kommission, Slg. 1991, I-1433, 1474 Rn. 12.

[69] EuGH, Rs C-303/88, Italien ./. Kommission, Slg. 1991, I-1433, 1474 Rn. 12.

[70] EuGH, Rs C-303/88, Italien ./. Kommission, Slg. 1991, I-1433, 1474 Rn. 13.

andere Mittel zum Ausgleich der Verluste der Tochtergesellschaften freizusetzen.[71]

## J. Italien ./. Kommission („Italien ./. Kommission (1991-II)")

Der Nichtigkeitsklage *Italien ./. Kommission (1991-II)*[72] liegt eine dem soeben geschilderten Verfahren *Italien ./. Kommission (1991-I)* vergleichbare Sachverhaltskonstellation zugrunde. Das finanziell angeschlagene Unternehmen Alfa Romeo gehörte während der Jahre 1985-1986 über die Holding Finmeccanica zu der öffentlichen italienischen Holding IRI (Istituto per la ricostruzione industriale).[73] Finmeccanica und IRI führten Alfa Romeo in diesem Zeitraum insgesamt ca. 615 Mrd. LIT in Form von Kapitaleinlagen zur Verlustdeckung zu.[74] Die Mittel stammten zum Teil aus Haushaltsmitteln, die durch Haushaltsgesetz dem IRI und anderen für die Verwaltung staatlicher Beteiligungen zuständigen Stellen zugewiesen waren und deren Aufteilung Gegenstand einer Entscheidung des Comitato interministeriale per la programmazione economica (interministerieller Ausschuss für die Wirtschaftsplanung, CIPE) war. Teilweise rührten die Mittel auch von Anleihen her, zu deren Emission IRI neben anderen öffentlichen Einrichtungen gesetzlich ermächtigt worden war und deren Zinsen zu Lasten des Staates gingen.[75]

Der EuGH beurteilt die Kapitaleinlagen bei Alfa Romeo als Ergebnis einer dem italienischen Staat zuzurechnenden Verhaltensweise.[76] Damit setzt sich der Gerichtshof über den Einwand Italiens hinweg, die Kapitaleinlagen beruhten auf von IRI oder Finmeccanica getroffenen autonomen Entscheidungen wirtschaftlicher Natur. Ebenso wird der Hinweis Italiens zurückgewiesen, die Europäische Kommission habe nicht dargetan, dass die vom Staat für IRI durch Gesetz bereitgestellten Haushaltsmittel für die Kapitaleinlagen verwandt worden seien.[77] Für den EuGH ist entscheidend, dass das Handeln von IRI und Finmeccanica im Wesentlichen unter der Kontrolle des italienischen Staates stand.[78] Dies schließt der EuGH daraus, dass der italienische Staat dem IRI per Gesetz

---

[71] EuGH, Rs C-303/88, Italien ./. Kommission, Slg. 1991, I-1433, 1474 Rn. 14.

[72] EuGH, Rs C-305/89, Italien ./. Kommission, Slg. 1991, I-1603 ff.

[73] EuGH, Rs C-305/89, Italien ./. Kommission, Slg. 1991, I-1603, 1604-1606.

[74] EuGH, Rs C-305/89, Italien ./. Kommission, Slg. 1991, I-1603, 1604-1606.

[75] EuGH, Rs C-305/89, Italien ./. Kommission, Slg. 1991, I-1603, 1605.

[76] EuGH, Rs C-305/89, Italien ./. Kommission, Slg. 1991, I-1603, 1639 Rn. 13.

[77] EuGH, Rs C-305/89, Italien ./. Kommission, Slg. 1991, I-1603, 1607 f.

[78] EuGH, Rs C-305/89, Italien ./. Kommission, Slg. 1991, I-1603, 1639 Rn. 14.

einen Ausstattungsfonds zugewiesen hat und IRI auch das Kapital von Finmeccanica kontrolliert. Ferner bestelle die italienische Regierung die Mitglieder des Leitungsorgans von IRI, das seinerseits die Mitglieder des Leitungsorgans von Finmeccanica bestelle. Überdies sei IRI zwar gehalten, nach wirtschaftlichen Kriterien vorzugehen, jedoch besitze es keine volle Autonomie, da sein Handeln durch die Richtlinien des CIPE gebunden sei.[79] Zuletzt fügt der EuGH seiner Argumentation hinzu, dass selbst wenn die IRI oder Finmeccanica zugewiesenen Mittel nicht speziell für die fraglichen Kapitaleinlagen Verwendung fanden, die Kapitaleinlagen dennoch mit öffentlichen Mitteln vorgenommen wurden; diese seien zumindest generell für wirtschaftliche Interventionen bestimmt gewesen.[80]

## K. Compagnie Commericale de l'Ouest (1993)

Im Vorabentscheidungsverfahren *Compagnie Commericale de l'Ouest*[81] geht es auf Vorlage eines französischen Gerichts unter anderem um die Problematik parafiskalischer Abgaben. Im Rahmen der Rechtsstreitigkeit wehren sich einige Unternehmen, darunter die Compangnie Commerciale de l'Ouest, gegen zwei parafiskalische Abgaben auf Superkraftstoff, Benzin sowie Heizöl, deren Erhebung an das Inverkehrbringen der betreffenden Erzeugnisse geknüpft ist. Durch diese per gesetzlicher Bestimmung auferlegten Abgaben sollen die Schwankungen der von den zuständigen Behörden festgesetzten Einzelhandelspreise dieser Erzeugnisse konstant gehalten werden.[82] Die Abgaben werden zugunsten der *Agence pour les économies d'énergie* (Agentur für Energieeinsparung) erhoben, die sie zur Finanzierung ihrer Tätigkeit, insbesondere von Maßnahmen zur Förderung der Energieeinsparung und der Erprobung des rationellen Einsatzes von nicht ausreichend genutzten Energiequellen verwenden soll. Bei dieser Institution handelt es sich um einen unter der Aufsicht des französischen Energieministers stehenden Wirtschaftsbetrieb der öffentlichen Hand, deren Direktor und Verwaltungsratsmitglieder durch Ministerialverordnung ernannt werden.[83]

---

[79] EuGH, Rs C-305/89, Italien ./. Kommission, Slg. 1991, I-1603, 1639 Rn. 14.

[80] EuGH, Rs C-305/89, Italien ./. Kommission, Slg. 1991, I-1603, 1639 Rn. 15.

[81] EuGH, Rs C-78/90, C-79/90, C-80/90, C-81/90, C-82/90 und C-83/90, Sociétés Compagnie commerciale de l'Ouest u.a. ./. Receveur principal des douanes de La Pallice-Port, Slg. 1992, I-1847 ff.

[82] EuGH, Rs C-78/90, C-79/90, C-80/90, C-81/90, C-82/90 und C-83/90, Sociétés Compagnie commerciale de l'Ouest u.a. ./. Receveur principal des douanes de La Pallice-Port, Slg. 1992, I-1847, 1849.

[83] EuGH, Rs C-78/90, C-79/90, C-80/90, C-81/90, C-82/90 und C-83/90, Sociétés Com-

Der EuGH geht in diesem Fall ohne weitere Begründung von einer staatlichen Zurechnung der parafiskalischen Abgaben aus.[84] Dabei anerkennt er in genereller Form, dass parafiskalische Einrichtungen der Beihilfenaufsicht unterliegen, sofern deren aus Abgaben resultierende Erträge, in einer Weise verwendet werden, dass sie die Kriterien einer Beihilfe erfüllen.[85]

## L. Sloman Neptun (1993)

In dem Vorabentscheidungsverfahren *Sloman Neptun*[86] geht es um einen Streit zwischen der Reederei Neptun und deren Seebetriebsrat. Gegenstand des Verfahrens ist insbesondere Art. 1 Nr. 2 des deutschen Gesetzes über das Internationale Seeschifffahrtsregister[87], durch welchen in § 21 des Flaggenrechtsgesetzes ein Absatz 4 eingefügt worden ist, der eine Regelung über Arbeitsverträge mit Seeleuten aus Nicht-EU-Staaten enthält.[88] Nach dieser Bestimmung können Arbeitsverträge von Seeleuten aus Nicht-EU-Staaten ohne festen Wohnsitz in Deutschland, sofern das betreffende Schiff in das Internationale Seeschifffahrtsregister eingetragen und in internationalen Gewässern tätig ist, weniger günstigen Arbeits- und Vergütungsbedingungen unterworfen werden als nach deutschem Recht.[89]

---

pagnie commerciale de l'Ouest u.a. ./. Receveur principal des douanes de La Pallice-Port, Slg. 1992, I-1847, 1849.

[84] EuGH, Rs C-78/90, C-79/90, C-80/90, C-81/90, C-82/90 und C-83/90, Sociétés Compagnie commerciale de l'Ouest u.a. ./. Receveur principal des douanes de La Pallice-Port, Slg. 1992, I-1847, 1883 Rn. 35.

[85] EuGH, Rs C-78/90, C-79/90, C-80/90, C-81/90, C-82/90 und C-83/90, Sociétés Compagnie commerciale de l'Ouest u.a. ./. Receveur principal des douanes de La Pallice-Port, Slg. 1992, I-1847, 1883 Rn. 35. Zu parafiskalische Abgaben siehe schon vorher: EuGH, Rs 259/85, Frankreich ./. Kommission, Slg. 1970, 487, 494 Rn. 3/4. Siehe dazu auch EuGH, C-72/92, Herbert Scharbatke GmbH ./. Bundesrepublik Deutschland, Slg. 1993, I-5509, 5531 Rn. 18: „[...] doch kann die Verwendung des Aufkommens dieser [parafiskalischen] Abgabe zugunsten einheimischer Erzeugnisse eine mit dem Gemeinsamen Markt unvereinbare staatliche Beihilfe darstellen, wenn die Voraussetzungen für die Anwendung des Art. 87 EG-Vertrag, wie sie der Gerichtshof in seiner Rechtsprechung ausgelegt hat, erfüllt sind [...]".

[86] EuGH, Rs C-72/91 und C-73/91, Sloman Neptun Schifffahrts AG ./. Seebetriebsrat Bodo Ziesemer der Sloman Neptun Schifffahrts AG, Slg. 1993, I-887 ff.

[87] Gesetz über das Internationale Seeschifffahrtsregister vom 23.03.1989, BGBl. 1989 I, S. 550.

[88] EuGH, Rs C-72/91 und C-73/91, Sloman Neptun Schifffahrts AG ./. Seebetriebsrat Bodo Ziesemer der Sloman Neptun Schifffahrts AG, Slg. 1993, I-887, 889 f.

[89] EuGH, Rs C-72/91 und C-73/91, Sloman Neptun Schifffahrts AG ./. Seebetriebsrat Bo-

Sinn dieser Regelung, welche faktisch eine Senkung der Personalkosten durch unvorteilhaftere Arbeitsbedingungen für Drittstaatler als vergleichbare deutsche Seeleute ermöglicht, ist es, die internationale Wettbewerbsfähigkeit der deutschen Seeschifffahrt zu sichern.[90]

Der Gerichtshof führt aus, dass eine Belastung öffentlicher Mittel unerlässliche Voraussetzung einer Beihilfe ist. Nur solche Vorteile seien als staatliche Beihilfen in diesem Sinne anzusehen, die unmittelbar oder mittelbar aus staatlichen Mitteln gewährt werden.[91] Schon der Wortlaut dieser Bestimmung wie auch die in Art. 88 EGV enthaltenen Verfahrensvorschriften zeigten, dass die aus anderen als staatlichen Mitteln gewährten Vorteile nicht in den Anwendungsbereich der fraglichen Vorschrift fielen.[92] Die Unterscheidung zwischen staatlichen Beihilfen und aus staatlichen Mitteln gewährten Beihilfen diene dem Zweck, in den Beihilfebegriff nicht nur unmittelbar vom Staat vergebene Beihilfen, sondern auch jene Beihilfen einzubeziehen, die durch den Staat benannte oder errichtete öffentliche oder private Einrichtungen gewährt würden.[93] Dass im konkreten Fall keine der beiden Varianten gegeben sei begründet der EuGH damit, dass die fragliche Regelung ihrem Zweck und ihrer allgemeinen Systematik nach nicht auf die Schaffung eines Vorteils abziele, der eine zusätzliche Belastung für den Staat darstellt. Vielmehr solle mit ihr zugunsten der Seeschifffahrtsunternehmen lediglich der Rahmen verändert werden, innerhalb dessen die vertraglichen Beziehungen zwischen diesen Unternehmern und ihren Arbeitnehmern zustande kommen.[94]

Die sich aufgrund der geringeren Höhe der Vergütung und einer entsprechend niedrigeren Berechnungsgrundlage ergebenden Folgen in Form geringerer Sozialversicherungsbeiträge und Steuereinbußen seien einer solchen Regelung im-

---

do Ziesemer der Sloman Neptun Schifffahrts AG, Slg. 1993, I-887, 889 f.

90 EuGH, Rs C-72/91 und C-73/91, Sloman Neptun Schifffahrts AG ./. Seebetriebsrat Bodo Ziesemer der Sloman Neptun Schifffahrts AG, Slg. 1993, I-887, 893.

91 EuGH, Rs C-72/91 und C-73/91, Sloman Neptun Schifffahrts AG ./. Seebetriebsrat Bodo Ziesemer der Sloman Neptun Schifffahrts AG, Slg. 1993, I-887, 933 f. Rn. 19.

92 EuGH, Rs C-72/91 und C-73/91, Sloman Neptun Schifffahrts AG ./. Seebetriebsrat Bodo Ziesemer der Sloman Neptun Schifffahrts AG, Slg. 1993, I-887, 933 f. Rn. 19.

93 EuGH, Rs C-72/91 und C-73/91, Sloman Neptun Schifffahrts AG ./. Seebetriebsrat Bodo Ziesemer der Sloman Neptun Schifffahrts AG, Slg. 1993, I-887, 933 f. Rn. 19.

94 EuGH, Rs C-72/91 und C-73/91, Sloman Neptun Schifffahrts AG ./. Seebetriebsrat Bodo Ziesemer der Sloman Neptun Schifffahrts AG, Slg. 1993, I-887, 933 f. Rn. 21.

manent.[95] Eine Mittelbelastung im Sinne des Art. 87 Abs. 1 EGV komme insofern nicht in Betracht.[96]

## M. Kirsammer-Hack (1993)

In dem Vorabentscheidungsverfahren *Kirsammer-Hack*[97] geht es um die im Rahmen einer Kündigungsschutzklage vor dem Arbeitsgericht Reutlingen entstandene Frage, ob die so genannte Kleinbetriebsklausel, § 23 Abs. 1 des deutschen Kündigungsschutzgesetzes (KSchG), eine unzulässige Beihilfe darstellt.[98]

Der EuGH befindet, dass die Unanwendbarkeit der Kündigungsschutzregeln Kleinbetrieben einen gewissen Wettbewerbsvorteil gegenüber anderen Unternehmen verschafft.[99] So seien Kleinbetriebe z.B. weder verpflichtet, bei sozial ungerechtfertigten Kündigungen Abfindungen zu zahlen, noch hätten sie Prozesskosten zu tragen, die bei Rechtsstreitigkeiten im Zusammenhang mit der Kündigung von Arbeitnehmern entstehen könnten.[100] Darüber hinaus führt der EuGH jedoch aus, dass die Befreiung einer Gruppe von Unternehmen von der Kündigungsschutzregelung keine unmittelbare oder mittelbare Übertragung staatlicher Mittel auf diese Unternehmen darstellt.[101] Nach der Ansicht des EuGH ist die Befreiung vom Kündigungsschutzgesetz lediglich Ausdruck des Willens des Gesetzgebers, für die arbeitsrechtlichen Beziehungen zwischen Arbeitgebern und Arbeitnehmern in Kleinbetrieben einen besonderen rechtlichen Rahmen zu erstellen. Auf diese Weise solle verhindert werden, dass die Entwicklung von Kleinbetrieben als Folge zusätzlicher finanzieller Lasten gehemmt werde.[102] Ferner stellt der EuGH unter Bezugnahme auf die *Sloman Neptun*-Entscheidung klar, die in der Bestimmung des Art. 87 Abs. 1 EGV vor-

---

[95] EuGH, Rs C-72/91 und C-73/91, Sloman Neptun Schifffahrts AG ./. Seebetriebsrat Bodo Ziesemer der Sloman Neptun Schifffahrts AG, Slg. 1993, I-887, 933 f. Rn. 21.

[96] EuGH, Rs C-72/91 und C-73/91, Sloman Neptun Schifffahrts AG ./. Seebetriebsrat Bodo Ziesemer der Sloman Neptun Schifffahrts AG, Slg. 1993, I-887, 934 Rn. 21.

[97] EuGH, Rs C-189/91, Petra Kirsammer-Hack ./. Nurhan Sidal, Slg. 1993, I-6185 ff.

[98] EuGH, Rs C-189/91, Petra Kirsammer-Hack ./. Nurhan Sidal, Slg. 1993, I-6185, 6186 f.

[99] EuGH, Rs C-189/91, Petra Kirsammer-Hack ./. Nurhan Sidal, Slg. 1993, I-6185, 6219 Rn. 15.

[100] EuGH, Rs C-189/91, Petra Kirsammer-Hack ./. Nurhan Sidal, Slg. 1993, I-6185, 6219 Rn. 15.

[101] EuGH, Rs C-189/91, Petra Kirsammer-Hack ./. Nurhan Sidal, Slg. 1993, I-6185, 6219 Rn. 18.

[102] EuGH, Rs C-189/91, Petra Kirsammer-Hack ./. Nurhan Sidal, Slg. 1993, I-6185, 6219 Rn. 17.

genommene Unterscheidung zwischen staatlichen und aus staatlichen Mitteln gewährten Beihilfen sei nicht so zu verstehen, dass alle von einem Staat gewährten Vorteile unabhängig davon Beihilfen darstellten, ob sie aus staatlichen Mitteln finanziert würden.[103] Hingegen diene die Differenzierung allein dem Zweck, in den Beihilfebegriff nicht nur unmittelbar vom Staat gewährte Beihilfen, sondern auch jene Beihilfen einzubeziehen, die durch vom Staat benannte oder errichtete öffentliche oder private Einrichtungen gewährt würden.[104] Mangels Übertragung staatlicher Mittel handele es sich somit bei § 23 Abs. 1 KSchG nicht um eine Beihilfe.[105]

## N. Air France ./. Kommission (1996)

In der Nichtigkeitsklage *Air France ./. Kommission*[106] geht es unter anderem um die Frage, ob die nahezu 100%ige Zeichnung der durch die Air France im April 1993 ausgegebenen Wertpapiere im Wert von 1,5 Mrd. FF durch die *Caisse des dépôts et consignations-participations* (CDC-P) eine Beihilfe darstellt.[107] Bei der CDC-P handelt es sich um eine Aktiengesellschaft französischen Rechts und eine 100%ige Tochtergesellschaft der *Caisse des dépôts et consignations* (Caisse), welche ein durch Gesetz eingerichtetes *Etablissement public spécial* und damit eine öffentliche Einrichtung für Sonderaufgaben ist.[108] Die dem Institut zur Verfügung stehenden Mittel setzen sich aus öffentlichen Geldern einerseits sowie privaten Geldern in Form von freiwilligen Einlagen von Privatpersonen oder Einlagen der Sparkassen andererseits zusammen.[109]

Das EuG bejaht die staatliche Zurechnung der von der CDC-P getätigten Investition in Form einer dem französischen Staat zuzurechnenden Verhaltensweise.[110] Bei der Begründung der staatlichen Zurechenbarkeit stellt das EuG ent-

---

[103] EuGH, Rs C-189/91, Petra Kirsammer-Hack ./. Nurhan Sidal, Slg. 1993, I-6185, 6219 Rn. 16.

[104] EuGH, Rs C-189/91, Petra Kirsammer-Hack ./. Nurhan Sidal, Slg. 1993, I-6185, 6219 Rn. 16.

[105] EuGH, Rs C-189/91, Petra Kirsammer-Hack ./. Nurhan Sidal, Slg. 1993, I-6185, 6219 Rn. 18 f.

[106] EuG, Rs T-358/94, Air France ./. Kommission, Slg. 1996, II-2109 ff.

[107] EuG, Rs T-358/94, Air France ./. Kommission, Slg. 1996, II-2109, 2130 Rn. 55, 2132 Rn. 63.

[108] EuG, Rs T-358/94, Air France ./. Kommission, Slg. 1996, II-2109, 2114 Rn. 4.

[109] EuG, Rs T-358/94, Air France ./. Kommission, Slg. 1996, II-2109, 2114 Rn. 4, 2132 Rn. 63.

[110] EuG, Rs T-358/94, Air France ./. Kommission, Slg. 1996, II-2109, 2130 Rn. 55, 2132

scheidend auf die Rechtsstellung der Caisse ab, da dieser das Handeln der CDC-P klar zuzurechnen sei.[111] Da die CDC-P im Laufe des Verfahrens eingeräumt hatte, die konkrete Investition sei durch die Caisse als ihre Mehrheitsaktionärin entscheidend angeregt und mit den von ihr bereitgestellten Mitteln getätigt worden, rechnet das EuG dieser die Zeichnung der Aktien zu, obwohl die Wertpapiere formal von der CDC-P als (privatrechtlicher) Aktiengesellschaft gezeichnet worden sind.[112]

Auch die Caisse ordnet das Gericht dem öffentlichen Sektor zu. Dabei stützt es sich zum einen darauf, dass die Caisse durch das Haushaltsgesetz von 1816 als Etablissement spécial gegründet worden war. Als solches stehe sie unter der Aufsicht und Garantie der gesetzgebenden Gewalt; ihre Aufgaben - zu denen insbesondere die Verwaltung öffentlicher und privater, aus Zwangseinlagen stammender Gelder gehört - seien durch staatliche Rechtsvorschriften geregelt.[113] Zum anderen sieht es das EuG in diesem Zusammenhang als bedeutsam an, dass die Leitung der Caisse unmittelbar von staatlicher Seite bestimmt wird. So sei der Generaldirektor der Caisse vom Präsidenten der Republik ernannt und die übrigen Direktoren von Seiten der Regierung bestimmt worden.[114]

Als unwesentlich beurteilt das EuG den Umstand, dass die Caisse lediglich der gesetzgebenden Gewalt zuzuordnen ist, denn auch diese gehöre zu den verfassungsmäßigen Gewalten des Staates, was ihr Verhalten dem Staat zwangsläufig zuordenbar mache.[115] Als unbeachtlich stuft das Gericht außerdem die innere Organisation der Caisse ein, insbesondere ihre rechtliche Unabhängigkeit gegenüber den politischen Staatsorganen sowie die Unwiderruflichkeit des Amtes ihres nur der Aufsicht eines unabhängigen Überwachungsausschusses unterstellten Generaldirektors.[116] So werde der bloße öffentliche Charakter einer Stelle nicht grundsätzlich durch die Existenz von Vorschriften in Frage gestellt, die ihre Unabhängigkeit von anderen Stellen gewährleisten würden.[117]

Ferner führt das Gericht aus, dass ebenfalls solche Gelder im Sinne eines direkt oder indirekt aus staatlichen Mitteln gewährten Vorteils dem Mitgliedstaat zuzurechnen sind, die anders als in dem zuvor besprochenen Urteil des EuGH

---

Rn. 61.

[111] EuG, Rs T-358/94, Air France ./. Kommission, Slg. 1996, II-2109, 2130 Rn. 57.

[112] EuG, Rs T-358/94, Air France ./. Kommission, Slg. 1996, II-2109, 2130 f. Rn. 57.

[113] EuG, Rs T-358/94, Air France ./. Kommission, Slg. 1996, II-2109, 2131 Rn. 58.

[114] EuG, Rs T-358/94, Air France ./. Kommission, Slg. 1996, II-2109, 2131 Rn. 58.

[115] EuG, Rs T-358/94, Air France ./. Kommission, Slg. 1996, II-2109, 2131 Rn. 59.

[116] EuG, Rs T-358/94, Air France ./. Kommission, Slg. 1996, II-2109, 2131 Rn. 60.

[117] EuG, Rs T-358/94, Air France ./. Kommission, Slg. 1996, II-2109, 2132 Rn. 62.

*Italien ./. Kommission (1974)*[118] nicht in Form von Zwangsbeiträgen erhoben werden.[119] Anders als in diesem Urteil handele es sich im konkreten Fall gerade nicht um Zwangsbeiträge; denn die bei der Caisse deponierten Einlagen seien nicht als verlorene Zuschüsse gezahlt worden, sondern könnten von den Einlegern gegebenenfalls auch wieder abgehoben werden.[120] Dementsprechend stünden die Gelder dem öffentlichen Sektor nicht dauernd zur Verfügung. Insofern müsse jedoch die wirtschaftliche Realität der Mittel beachtet werden.[121] So ergebe sich durch den Zu- und Abfluss von Geldern ein konstanter Saldo, den die Caisse so verwenden könne, als stünden ihr die diesem Saldo entsprechenden Mittel endgültig zur Verfügung.[122] Dass die von der Caisse eingesetzten Mittel zurückgezahlt werden müssten, sei dabei unerheblich;[123] denn letztlich verfälsche die mit dem verfügbaren Saldo der Caisse finanzierte streitige Investition den Wettbewerb im Sinne des Art. 87 Abs. 1 EGV ebenso, als wäre die Investition mit Einnahmen aus Steuern oder Zwangsbeiträgen finanziert worden. In Bezug auf die staatliche Zurechnung von Mitteln zieht der EuGH den Schluss, dass es keine Rolle spiele, ob Mittel auf Dauer zum Vermögen dieses Sektors gehören. Vielmehr erfasse die Vorschrift alle Geldmittel, auf die der öffentliche Sektor tatsächlich zur Unterstützung von Unternehmen zurückgreifen könne.[124] Auch die fehlende Genehmigung der streitigen Finanzierungsmaßnahmen durch die französische Regierung spiele bei der Ermittlung der Beihilfeeigenschaft keine Rolle, da die Investitionen von einer Einrichtung, die bereits selbst zum öffentlichen Sektor gehöre, beschlossen und finanziert worden sei. Ausreichend für die Qualifizierung der konkreten Investition als staatlich zurechenbare Maßnahme sei letztlich die Tatsache, dass die zum öffentlichen Sektor gehörende Caisse ihr zur Verfügung stehende Mittel eingesetzt habe.[125]

---

118 EuGH, Rs 173/73, Italien ./. Kommission, Slg. 1974, 709 ff. Siehe dazu auch unter Teil 3, § 1 A.

119 EuG, Rs T-358/94, Air France ./. Kommission, Slg. 1996, II-2109, 2133 Rn. 67.

120 EuG, Rs T-358/94, Air France ./. Kommission, Slg. 1996, II-2109, 2133 Rn. 65.

121 EuG, Rs T-358/94, Air France ./. Kommission, Slg. 1996, II-2109, 2133 Rn. 65.

122 EuG, Rs T-358/94, Air France ./. Kommission, Slg. 1996, II-2109, 2133 Rn. 66.

123 EuG, Rs T-358/94, Air France ./. Kommission, Slg. 1996, II-2109, 2133 Rn. 67.

124 EuG, Rs T-358/94, Air France ./. Kommission, Slg. 1996, II-2109, 2132 f. Rn. 68.

125 EuG, Rs T-358/94, Air France ./. Kommission, Slg. 1996, II-2109, 2134 f. Rn. 68.

## O. Viscido (1998)

Eine der Rechtssache *Kirsammer-Hack*[126] vergleichbare Problematik stellt sich in der Rechtssache *Viscido*, einem Vorabentscheidungsverfahren eines italienischen Gerichts. Darin hat der Gerichtshof darüber zu befinden, ob eine Vorschrift des italienischen Arbeitsrechts, nach welcher die italienische Post unter Abweichung von den allgemein gültigen arbeitsvertraglichen Vorschriften befristete Einstellungen vornehmen kann, eine europarechtswidrige Beihilfe darstellt.[127]

Unter Bezugnahme auf die Argumentation in den oben dargestellten Urteilen *Van Tiggele*, *Sloman Neptun* und *Kirsammer-Hack* verneint der EuGH mit knapper Begründung die Annahme einer Beihilfe.[128] Der EuGH stellt insofern lediglich fest, dass die Befreiung eines einzelnen Unternehmens von einer solchen arbeitsrechtlichen Regelung nicht zu einer unmittelbaren oder mittelbaren Übertragung staatlicher Mittel auf dieses Unternehmen führt.[129]

## P. Ecotrade (1998)

Im Vorabentscheidungsverfahren *Ecotrade*[130] wird dem Gerichtshof durch ein italienisches Gericht die Frage vorgelegt, ob die Anwendung der vom allgemeinen italienischen Konkursrecht abweichenden Regelungen über die Sonderverwaltung zahlungsunfähiger Großunternehmen eine verbotene staatliche Beihilfe darstellt.[131] Die Frage ist im Rahmen der Klage der Ecotrade Srl auf Feststellung der Unbegründetheit einer Rückzahlungsforderung gegen die Altifornie e Ferriere di Servola SpA (AFS) aufgekommen, die zu diesem Zeitpunkt der Sonderverwaltung unterstellt ist und aus diesem Umstand ihr Recht zur Rückzah-

---

[126] EuGH, Rs C-52/97, C-53/97 und C-54/97, Epifanio Viscido u.a. ./. Ente Poste Italiane, Slg. 1998, I-2629 ff.

[127] EuGH, Rs C-52/97, C-53/97 und C-54/97, Epifanio Viscido u.a. ./. Ente Poste Italiane, Slg. 1998, I-2629, 2638 f. Rn. 5 f.

[128] EuGH, Rs C-52/97, C-53/97 und C-54/97, Epifanio Viscido u.a. ./. Ente Poste Italiane, Slg. 1998, I-2629, 2641 Rn. 15 f.

[129] EuGH, Rs C-52/97, C-53/97 und C-54/97, Epifanio Viscido u.a. ./. Ente Poste Italiane, Slg. 1998, I-2629, 2641 Rn. 13.

[130] EuGH, Rs C-200/97, Ecotrade ./. Altifornie e Ferriere di Servola (AFS), Slg. 1998, I-7907 ff.

[131] EuGH, Rs C-200/97, Ecotrade ./. Altifornie e Ferriere di Servola (AFS), Slg. 1998, I-7907, 7928 Rn. 2, 7929 Rn. 9 f.

lung herleitet.[132] Der Hauptgläubiger der AFS ist der italienische Staat. Im Unterschied zum allgemeinen Konkursrecht folgt aus der Anordnung der Sonderverwaltung die Ausdehnung des Verbotes und die Aussetzung jeglicher Einzelzwangsvollstreckungsmaßnahmen auch auf Steuerschulden, Zwangsgelder, Zinsen und Zuschläge bei verspäteter Zahlung der Körperschaftssteuer sowie die Befreiung von der Pflicht zur Zahlung der Geldbußen und Zwangsgelder im Falle der Nichtzahlung der Sozialabgaben. Ferner bewirkt sie die Anwendung eines Vorzugssatzes bei Übertragung des Eigentums an dem Unternehmen.[133]

Bei der Beurteilung der Zurechnung geht der EuGH zunächst von seiner Rechtsprechung aus, dass nur eine zusätzliche Belastung der öffentlichen Hand eine Beihilfe darstellen kann. In der Anwendung der Sonderverwaltung sieht der EuGH daher zum einen dann eine staatliche Beihilfe,[134] wenn es dem betreffenden Unternehmen dadurch erlaubt ist, seine wirtschaftliche Tätigkeit fortzusetzen, obwohl dies nach allgemeinen konkursrechtlichen Vorschriften ausgeschlossen ist.[135] Zum anderen sei eine unzulässige staatliche Beihilfe gegeben, wenn dem betreffenden Unternehmen eine oder mehrere Vergünstigungen wie staatliche Bürgschaften, eine Befreiung von der Pflicht zur Zahlung von Geldbußen, ein Verzicht auf öffentliche Forderungen etc. gewährt worden seien, obgleich darauf nach allgemeinem Konkursrecht kein Anspruch bestand.[136]

Der EuGH entscheidet allerdings, dass die mit der Anwendung der Regelung über die Sonderverwaltung verbundene eventuelle Einbuße an Steuererträgen als Folge des absoluten Verbots von Einzelzwangsvollstreckungsmaßnahmen, der Aussetzung der Zinsen auf Schulden usw. die Qualifizierung dieser Regelung als Beihilfe nicht rechtfertigt.[137] Dies begründet der EuGH damit, dass eine

---

[132] EuGH, Rs C-200/97, Ecotrade ./. Altifornie e Ferriere di Servola (AFS), Slg. 1998, I-7907, 7928 Rn. 4.

[133] EuGH, Rs C-200/97, Ecotrade ./. Altifornie e Ferriere di Servola (AFS), Slg. 1998, I-7907, 7930 f. Rn. 11-15.

[134] Dieses Urteil ergeht zwar unter dem Beihilferegime des EGKS-Vertrags, seine Aussagen sind für die Anwendung von Art. 87 Abs. 1 EGV dennoch von Bedeutung. Denn der Begriff „Beihilfe“ im Sinne von Art. 4 lit. c EGKS-Vertrag richtet sich nach dem Vorbild dessen, was der Gerichtshof zu Art. 87 Abs. 1 EGV entschieden hat, vgl. EuGH, Rs C-200/97, Ecotrade ./. Altifornie e Ferriere di Servola (AFS), Slg. 1998, I-7907, 7936 f. Rn. 35.

[135] EuGH, Rs C-200/97, Ecotrade ./. Altifornie e Ferriere di Servola (AFS), Slg. 1998, I-7907, 7938 Rn. 41.

[136] EuGH, Rs C-200/97, Ecotrade ./. Altifornie e Ferriere di Servola (AFS), Slg. 1998, I-7907, 7938 Rn. 42 f.

[137] EuGH, Rs C-200/97, Ecotrade ./. Altifornie e Ferriere di Servola (AFS), Slg. 1998, I-7907, 7937 Rn. 36.

derartige Folge jeder gesetzlichen Regelung immanent ist, die den Rahmen für die Beziehungen zwischen einem zahlungsunfähigen Unternehmen und der Gesamtheit seiner Gläubiger festlegt. Auf eine zusätzliche finanzielle Belastung zu Lasten der öffentlichen Hand sei dabei nicht zwangsläufig zu schließen.[138]

## Q. Italien ./. Kommission („Italien ./. Kommission (1999)")

In dem Nichtigkeitsverfahren *Italien ./. Kommission (1999)*[139] ficht Italien eine Entscheidung der Europäischen Kommission aus dem Jahre 1996 an, durch die eine für die Steuerjahre 1993 und 1994 zugunsten gewerblicher Güterkraftverkehrsunternehmen eingeführte Steueranrechnungsregelung für unvereinbar mit dem Gemeinsamen Markt erklärt worden war.[140]

Unter Berufung auf seine Rechtsprechung, derzufolge der Begriff „Beihilfe" ebenfalls Maßnahmen umfasst, die in verschiedener Form die Belastungen eines Unternehmens verringern, stellt der EuGH zur Frage der staatlichen Zurechnung fest, dass eine Maßnahme mit der staatliche Stellen bestimmten Unternehmen eine Abgabenbefreiung gewähren, als staatliche Beihilfe einzuordnen ist.[141] Ausreichend sei, dass die konkrete Regelung die Begünstigten finanziell besser stelle als die übrigen Abgabepflichtigen. Die im konkreten Fall nicht stattfindende Übertragung staatlicher Mittel sei in dieser Hinsicht ohne Bedeutung.[142]

---

[138] EuGH, Rs C-200/97, Ecotrade ./. Altifornie e Ferriere di Servola (AFS), Slg. 1998, I-7907, 7937 f. Rn. 36 ff.

[139] EuGH, Rs C-6/97, Italien ./. Kommission, Slg. 1999, I-2981 ff.

[140] EuGH, Rs C-6/97, Italien ./. Kommission, Slg. 1999, I-2981, 2999 Rn. 1 f.

[141] EuGH, Rs C-6/97, Italien ./. Kommission, Slg. 1999, I-2981, 3004 Rn. 16. Dieselbe Feststellung, die der EuGH hier generell für mitgliedstaatliche Abgabenbefreiungen trifft, bestätigt er am Beispiel der Steuervergünstigungen (EuGH, Rs C-156/98, Bundesrepublik Deutschland ./. Kommission, Slg. 2000, I-6857, 6893 Rn. 26 f. - vgl. dazu unter Teil 3, § 1 U) und der Befreiung von Soziallasten (EuGH, Rs C-251/97, Frankreich ./. Kommission, Slg. 1999, I-6639, 6667 Rn. 36 f.) erneut. Zur staatlichen Zurechenbarkeit der Befreiung von Sozialabgaben siehe auch EuGH, Rs C-256/97, Déménagements-Manutention Transport SA (DMT), Slg. 1999, I-3913, 3932 Rn. 18: „Unstreitig werden die der DMT im Ausgangsverfahren von ONSS bewilligten Zahlungserleichterungen aus staatlichen Mitteln im Sinne von Artikel 87 Absatz 1 des Vertrages gewährt, da es sich beim ONSS um eine vom belgischen Staat geschaffene und von diesem mit der Einziehung der Pflichtbeiträge der Arbeitgeber und Arbeitnehmer zur Sozialversicherung und der Verwaltung des Sozialversicherungswesens betraute öffentliche Einrichtung handelt".

[142] EuGH, Rs C-6/97, Italien ./. Kommission, Slg. 1999, I-2981, 3004 Rn. 16.

## R. Piaggio (1999)

In dem Vorabentscheidungsverfahren *Piaggio*[143] geht es, vergleichbar der Rechtssache *Ecotrade*, um die Frage, inwieweit Regelungen, die italienische Unternehmen im Falle des Konkurses der Sonderverwaltung unterstellen, die Voraussetzungen an eine verbotene staatliche Beihilfe erfüllen. Diesem Verfahren liegt die Konstellation zugrunde, dass das Unternehmen Industrie Aeronautiche e Meccaniche Rinaldo Piaggio SpA, nachdem es der Sonderverwaltung unterstellt worden ist, zuvor erfolgte Zahlungen an die Dornier Luftfahrt GmbH vor einem italienischen Gericht für unwirksam erklären lassen will, um deren Rückgängigmachung anzuordnen.[144]

Der EuGH entscheidet den Fall unter der Prämisse, dass es in dieser Konstellation höchstwahrscheinlich ist, dass der Staat oder öffentliche Einrichtungen zu den Hauptgläubigern des betroffenen Unternehmens zählen würden. Dabei sei die Entscheidung, das Unternehmen unter Sonderverwaltung zu stellen, offenbar auch von dem Bestreben getragen, die wirtschaftliche Tätigkeit des Unternehmens aus Erwägungen der staatlichen Industriepolitik aufrechtzuerhalten.[145] Zum Begriff der Beihilfe führt der EuGH aus, dass dieser zwangsläufig all diejenigen Vorteile einschließe, die unmittelbar oder mittelbar aus staatlichen Mitteln finanziert werden oder eine *zusätzliche Belastung* für den Staat darstellen.[146] Die weiteren im Einzelnen aufgeführten Voraussetzungen decken sich dabei im Wesentlichen mit den Ausführungen des EuGH in *Ecotrade*.[147] So folgert der EuGH in genereller Weise, dass eine Regelung, die von den allgemeinen konkursrechtlichen Vorschriften abweicht, unter zwei alternativen Bedingungen als eine dem Staat zurechenbare Beihilfe einzustufen ist. Entweder muss es dem betreffenden Unternehmen erlaubt sein, seine wirtschaftliche Tätigkeit

---

[143] EuGH, Rs C-295/97, Industrie Aeronautiche e Meccaniche Rinaldo Piaggio ./. International Factors Italia (Ifitalia) u.a., Slg. 1999, I-3735 ff.

[144] EuGH, Rs C-295/97, Industrie Aeronautiche e Meccaniche Rinaldo Piaggio ./. International Factors Italia (Ifitalia) u.a., Slg. 1999, I-3735, 3753 Rn. 2 f.; 3754 Rn. 4.

[145] EuGH, Rs C-295/97, Industrie Aeronautiche e Meccaniche Rinaldo Piaggio ./. International Factors Italia (Ifitalia) u.a., Slg. 1999, I-3735, 3762 Rn. 37 f.

[146] EuGH, Rs C-295/97, Industrie Aeronautiche e Meccaniche Rinaldo Piaggio ./. International Factors Italia (Ifitalia) u.a., Slg. 1999, I-3735, 3761 Rn. 35. Auch dieses Urteil ergeht unter dem Beihilferegime des EGKS-Vertrages. Seine Aussagen sind aufgrund des Erfordernisses der Einheitlichkeit der Auslegung der Beihilfebegriffe hinsichtlich der Anwendbarkeit von Art. 87 Abs. 1 EGV jedoch zu übertragen; vgl. dazu EuGH, Rs C-200/97, Ecotrade ./. Altifornie e Ferriere di Servola SpA (AFS), Slg. 1998, I-7907, 7936 f. Rn. 35.

[147] EuGH, Rs C-200/97, Ecotrade ./. Altifornie e Ferriere di Servola (AFS), Slg. 1998, I-7907, 7936 f. Rn. 35 f. Siehe dazu unten Teil 3, § 1 P.

fortzusetzen, obgleich dies bei Anwendung der allgemeinen konkursrechtlichen Vorschriften ausgeschlossen wäre.[148] Oder dem betreffenden Unternehmen müssen monetäre Vergünstigungen wie staatliche Bürgschaften, ein verringerter Abgabensatz oder ähnliches gewährt worden sein, auf die ein anderes zahlungsunfähiges Unternehmen bei Anwendung der allgemeinen konkursrechtlichen Vorschriften keinen Anspruch hätte erheben können.[149]

## S. Landbroke Racing (2000)

Die Entscheidung *Landbroke Racing*[150] des EuGH im Rahmen des Rechtsmittelverfahrens gegen das Urteil des Gerichts erster Instanz vom 27. Januar 1998[151] befasst sich mit der durch den französischen Staat erfolgten Förderung der in dem Verband Pari mutuel urbain (PMU) zusammengeschlossenen französischen Pferdewettveranstalter. Aufgabe des PMU ist es, die Rechte der Veranstalter bei der Organisation von Wetten für Pferderennen außerhalb von Rennplätzen wahrzunehmen.[152] Unter anderem besteht die Förderung in einer durch eine Rechtsvorschrift erlaubten Zuweisung der von Wettern nicht beanspruchten Gewinne an den PMU, auf welche der französische Gesetzgeber verzichtet und welche sonst in den Staatshaushalt gelangen würden.[153] Der französische Gesetzgeber beabsichtigt durch diese Regelung die zugelassenen Verwendungsmöglichkeiten von nicht beanspruchten Gewinnen auf andere Tätigkeiten auszuweiten, um den PMU u.a. bei der Finanzierung besonderer Entlassungsentschädigungen für ehemalige Beschäftigte zu unterstützen. Nach der ursprünglichen Regelung durften nicht beanspruchte Gewinne nur für einen kleineren Kreis bestimmter Sozialausgaben verwendet werden; die Gewinne, welche nicht für solche rechtlich zulässigen Zwecke verwendet werden sollten, waren an den Staat abzuführen.[154] Die Neuregelung war von der Europäischen Kommission

---

[148] EuGH, Rs C-295/97, Industrie Aeronautiche e Meccaniche Rinaldo Piaggio ./. International Factors Italia (Ifitalia) u.a., Slg. 1999, I-3735, 3766 Rn. 50.

[149] EuGH, Rs C-295/97, Industrie Aeronautiche e Meccaniche Rinaldo Piaggio ./. International Factors Italia (Ifitalia) u.a., Slg. 1999, I-3735, 3766 f. Rn. 50.

[150] EuGH, 83/98 P, Frankreich ./. Landbroke Racing und Kommission, Slg. 2000, I-3271 ff.

[151] EuG, T 67/94, Landbroke Racing ./. Kommission, Slg. 1998, II-1 ff.

[152] EuGH, 83/98 P, Frankreich ./. Landbroke Racing Ltd. und Kommission, Slg. 2000, I-3271, 3310 Rn. 1f.

[153] EuGH, 83/98 P, Frankreich ./. Landbroke Racing Ltd. und Kommission, Slg. 2000, I-3271, 3311 Rn. 5, 3313 Rn. 16.

[154] EuGH, 83/98 P, Frankreich ./. Landbroke Racing Ltd. und Kommission, Slg. 2000, I-

gebilligt worden, wurde jedoch in der Folge von dem konkurrierenden englischen Wettveranstalter Landbroke Racing Ltd. angegriffen.[155]

Der EuGH gibt - unter Bestätigung des erstinstanzlichen Urteils des EuG - der Landbroke Racing Ltd. Recht und entscheidet, dass es nicht darauf ankommt, ob die vom Staat als Vergünstigung gewährten Geldbeträge diesem auf Dauer auch zustehen. Art. 87 Abs. 1 EGV erfasse alle Geldmittel, auf die der öffentliche Sektor tatsächlich zur Unterstützung von Unternehmen zurückgreifen könne, ohne dass es dafür eine Rolle spiele, ob diese Mittel auf Dauer zum Vermögen dieses Sektors gehörten.[156] Insofern sei für die Frage der Zurechnung nicht schädlich, dass die Beträge, welche aus der Zuweisung der vom französischen Staat nicht beanspruchten Gewinne an den PMU resultierten, dem Staat nicht auf Dauer zustünden. Für eine Qualifizierung als staatliche Mittel genüge vielmehr der Umstand, dass sie ständig unter staatlicher Kontrolle und somit zur Verfügung der zuständigen nationalen Behörden stehen.[157] Dabei beruft sich der EuGH ausdrücklich auf die Entscheidung in der Rechtssache *Air France ./. Kommission* des EuG[158] und sieht die Toleranz des französischen Staates gegenüber dem PMU, mit nicht abzuführenden Gewinnen Sozialabgaben der Rennvereine zu finanzieren, als Beihilfe aus staatlichen Mitteln an.[159]

## T. Kommission ./. Portugal (2000)

Der Entscheidung des EuGH im Vertragsverletzungsverfahren *Kommission ./. Portugal*[160] liegt folgender Sachverhalt zugrunde: Die Empresa Para a Agroalimentacao e Cereais SA (EPAC), der die Sicherstellung der Getreideversorgung in Portugal oblag, befand sich in finanziellen Schwierigkeiten. Daraufhin übernahm der portugiesische Staat für ein der EPAC von dritter Seite zu gewähren-

---

3271, 3311 Rn. 5.

[155] EuG, T 67/94, Landbroke Racing ./. Kommission, Slg. 1998, II-1, 16 Rn. 27, 18 Rn. 32.

[156] EuGH, 83/98 P, Frankreich ./. Landbroke Racing Ltd. und Kommission, Slg. 2000, I-3271, 3332 Rn. 50.

[157] EuGH, 83/98 P, Frankreich ./. Landbroke Racing Ltd. und Kommission, Slg. 2000, I-3271, 3332 Rn. 50.

[158] EuG, Rs T-358/94, Air France ./. Kommission, Slg. 1996, II-2109 ff. Siehe dazu unter Teil 3, § 1 N.

[159] EuGH, 83/98 P, Frankreich ./. Landbroke Racing Ltd. und Kommission, Slg. 2000, I-3271, 3332 Rn. 50.

[160] EuGH, Rs C-404/97, Kommission ./. Portugal, Slg. 2000, I-4897 ff.

des Darlehen eine Bürgschaft[161] und gewährte selbst weitere Darlehen[162]. Die Europäische Kommission sah aufgrund der schlechten wirtschaftlichen Situation der EPAC und einer unter dem Referenzzinssatz liegenden Verzinsung der Darlehen in der Bürgschaft sowie den Darlehen eine rechtswidrige Beihilfe und ordnete den Widerruf der Bürgschaftsübernahmen an.[163]

Im Rahmen des Urteils nimmt der EuGH kurz zu dem Erfordernis der staatlichen Mittelbelastung als Tatbestandsvoraussetzung für eine Beihilfe Stellung. Unbeschadet der Frage der Rechtmäßigkeit einer Beihilfe, die im Rahmen der Nichtigkeitsklage geprüft werde, sei die Feststellung ausreichend, dass die Einstufung einer Maßnahme als Beihilfe nicht voraussetze, dass staatliche Mittel an den Begünstigten transferiert werden müssten.[164] Der EuGH weist ferner darauf hin, dass der Beihilfebegriff im Vergleich zum Begriff der Subvention nicht nur positive Leistungen beinhalte, sondern ebenso Maßnahmen, die in verschiedener Form die Belastungen vermindern, die ein Unternehmen normalerweise zu tragen habe.[165]

## U. Bundesrepublik Deutschland ./. Kommission („Bundesrepublik Deutschland ./. Kommission (2000)“)

In der Nichtigkeitsklage *Bundesrepublik Deutschland ./. Kommission (2000)*[166] geht es um den am 1. Januar 1996 in Kraft getretenen § 52 Abs. 8 des deutschen Einkommensteuergesetzes (EStG)[167]. § 52 Abs. 8 EStG erweitert für die Wirtschaftsjahre 1996 bis 1998 die bereits zuvor durch § 6 b EStG gewährten Möglichkeiten der Übertragung von stillen Reserven in besonderem Maße für Kapitalgesellschaften mit Sitz und Geschäftsleitung in den neuen Bundesländern oder in Berlin. Nach dieser Bestimmung können Gewinne aus der Veräußerung bestimmter Güter bis zur vollen Höhe von den Kosten der Anschaffung von Anteilen an Kapitalgesellschaften abgezogen werden, wenn der Er-

---

[161] EuGH, Rs C-404/97, Kommission ./. Portugal, Slg. 2000, I-4897, 4924 Rn. 2, 4925 Rn. 5 f.

[162] EuGH, Rs C-404/97, Kommission ./. Portugal, Slg. 2000, I-4897, 4924 Rn. 2, 4925 f. Rn. 7.

[163] EuGH, Rs C-404/97, Kommission ./. Portugal, Slg. 2000, I-4897, 4926 Rn. 8, 10.

[164] EuGH, Rs C-404/97, Kommission ./. Portugal, Slg. 2000, I-4897, 4937 Rn. 45.

[165] EuGH, Rs C-404/97, Kommission ./. Portugal, Slg. 2000, I-4897, 4936 Rn. 44.

[166] EuGH, Rs C-156/98, Bundesrepublik Deutschland ./. Kommission, Slg. 2000, I-6857 ff.

[167] BGBl. 1995 I, S. 1250.

werb im Zusammenhang mit einer Kapitalerhöhung oder der Neugründung von Kapitalgesellschaften erfolgt, die ihren Sitz und Geschäftsleitung in den neuen Bundesländern oder in Berlin haben und zum Zeitpunkt des Erwerbs der Beteiligungen jeweils nicht mehr als 250 Arbeitnehmer beschäftigen.[168] Mittels dieser steuerlichen Anreize in Form der erweiterten Abschreibungsmöglichkeit für Investoren soll das Verhalten von Wirtschaftsteilnehmern so gelenkt werden, dass diese mehr in die als förderwürdig angesehenen Unternehmen in den neuen Bundesländern investieren.[169]

Nach den Feststellungen des Gerichtshofes stellt die Steuervergünstigung zwar keine staatliche Beihilfe an die jeweiligen Investoren dar, da sie eine unterschiedslos auf alle Wirtschaftsteilnehmer anwendbare allgemeine Maßnahme ist.[170] Mittelbar führe diese Regelung des Steuerrechts jedoch zu einer staatlich zurechenbaren finanziellen Begünstigung bestimmter in Ostdeutschland ansässiger Unternehmen und stelle im Ganzen eine rechtswidrige Beihilfe nach Art. 87 Abs. 1 EGV dar.[171] Der Vorteil, der den in § 52 Absatz 8 EStG bezeichneten Unternehmen mittelbar gewährt werde, bestehe im Verzicht des Mitgliedstaates auf die Steuereinnahmen, die er normalerweise erziele; denn durch diesen Verzicht erhielten Investoren die Möglichkeit, Beteiligungen an den betreffenden Unternehmen zu steuerlich günstigeren Bedingungen zu erwerben.[172] Das Hinzutreten einer autonomen Entscheidung der Investoren ließe den erforderlichen Zusammenhang zwischen der Steuervergünstigung und dem den betreffenden Unternehmen gewährten Vorteil dabei nicht entfallen. Dies sei dadurch begründet, dass die Änderung der Marktbedingungen, die diesen Vorteil bewirke, nach wirtschaftlicher Betrachtungsweise die Kehrseite der verminderten Steuereinnahmen des Staates sei.[173]

---

[168] Dazu auch EuGH, Rs C-156/98, Bundesrepublik Deutschland ./. Kommission, Slg. 2000, I-6857, 6887 f. Rn. 9.

[169] EuGH, Rs C-156/98, Bundesrepublik Deutschland ./. Kommission, Slg. 2000, I-6857, 6887 f. Rn. 9 f.

[170] EuGH, Rs C-156/98, Bundesrepublik Deutschland ./. Kommission, Slg. 2000, I-6857, 6892 Rn. 22.

[171] EuGH, Rs C-156/98, Bundesrepublik Deutschland ./. Kommission, Slg. 2000, I-6857, 6893 Rn. 26.

[172] EuGH, Rs C-156/98, Bundesrepublik Deutschland ./. Kommission, Slg. 2000, I-6857, 6893 Rn. 26 f.

[173] EuGH, Rs C-156/98, Bundesrepublik Deutschland ./. Kommission, Slg. 2000, I-6857, 6893 Rn. 26 f.

## V. PreussenElektra (2001)

In Antwort auf ein Vorabentscheidungsersuchen des Landgerichts Kiel entscheidet der Gerichtshof im Jahre 2001 anlässlich der Rechtssache *PreussenElektra*[174] über die Anwendung des Beihilfetatbestandes auf einzelne Vorschriften des deutschen Gesetzes über die Einspeisung von Strom aus erneuerbaren Energien in das öffentliche Netz in seiner Fassung von 1998 (Stromeinspeisungsgesetz).[175] Die streitgegenständlichen Regelungen des Stromeinspeisungsgesetzes begründen die Verpflichtung deutscher Elektrizitätsversorgungsunternehmen, die ein Netz für die allgemeine Versorgung betreiben, den in ihrem Versorgungsgebiet erzeugten Strom aus erneuerbaren Energiequellen wie Wind, Wasser und Sonne abzunehmen (§ 2). Darüber hinaus soll der eingespeiste Strom zu festgelegten Mindestpreisen vergütet werden, wobei die nach § 3 Stromeinspeisungsgesetz vorgegebenen Preise erheblich über dem tatsächlichen wirtschaftlichen Wert und den üblichen Marktpreisen dieses Stromes liegen.[176] Nach der in § 4 Abs. 1 Stromeinspeisungsgesetz vorgesehenen Ausgleichsregelung sind ferner bestimmte auf der vorgelagerten Ebene operierende Elektrizitätsversorgungsunternehmen verpflichtet, den größten Teil der durch diese Abnahme- und Einspeisungsverpflichtung entstehenden Mehrkosten zu tragen, um so eine gleichmäßigere Verteilung der finanziellen Belastungen zwischen den Netzbetreibern zu erreichen.[177] Ziel des Stromeinspeisungsgesetzes ist es angesichts der Tatsache, dass erneuerbare Energien höheren Produktionskosten unterliegen als die herkömmlichen, die Gewinnung von Energie aus erneuerbaren Energiequellen anzukurbeln.[178]

---

[174] EuGH, Rs C-379/98, PreussenElektra AG ./. Schleswag, Slg. 2001, I-2099 ff.

[175] BGBl. 1990 I, S. 2633 geändert durch Gesetz zur Neuregelung des Energiewirtschaftsrechts vom 24.04.1998, BGBl. 1998 I, S. 730. Die Regelung findet sich nunmehr im Erneuerbare-Energien-Gesetz (EEG) vom 29.03.2000 (BGBl. 2000 I, S. 305), das das Stromeinspeisungsgesetz abgelöst hat. Das EEG hat die Grundprinzipien der Abnahmepflicht und Mindestvergütung weitgehend unverändert übernommen, enthält jedoch Änderungen im Detail.

[176] Dazu BT-Drs. 11/7816, S. 3.

[177] Dieser in § 4 Abs. 1 Stromeinspeisungsgesetz verankerte Kompensationsmechanismus sieht Folgendes vor: Übersteigt der abzunehmende Öko-Strom 5% der von einem regionalen Versorgungsunternehmen insgesamt abgesetzten Elektrizität, dann ist der vorgelagerte überregionale Netzbetreiber verpflichtet, dem Unternehmen die Mehrkosten zu erstatten, die durch die über 5% hinausgehende Zwangsabnahme entstehen. Das erstattungspflichtige Unternehmen kann sich wiederum an seinen vorgelagerten Netzbetreiber wenden, wenn die von ihm zu erstattende Strommenge 5% seines eigenen Absatzes übersteigt.

[178] Vgl. BT-Drs. 11/7816, S. 3; EuGH, Rs C-379/98, PreussenElektra AG ./. Schleswag, Slg. 2001, I-2099, 2106 Rn. 10 f.

Parteien des Rechtsstreits vor dem vorlegenden Gericht sind als Klägerin die sich zu 100% in Privatbesitz befindliche PreussenElektra AG, ein Unternehmen, das konventionelle Kraftwerke und Kernkraftwerke sowie ein Stromverteilungsnetz betreibt,[179] und in der Stellung der Beklagten die Schleswag AG, ein regionales Elektrizitätsunternehmen, deren Anteile zu 65,3% von der Klägerin und zu 34,7% von schleswig-holsteinischen Landkreisen gehalten werden.[180] Die Klägerin fordert als die der Beklagten vorgelagerten Netzwerkbetreiberin eine Abschlagszahlung für Mehrkosten zurück, die aufgrund der Ausgleichsregelung bei der Abnahme von Strom aus erneuerbaren Energiequellen entstanden sind. Dies begründet sie damit, dass die dafür maßgebliche Rechtsgrundlage in Form von § 4 Stromeinspeisungsgesetz mit dem EG-Beihilferecht unvereinbar sei.[181]

Der EuGH entscheidet, dass die zumindest mittelbare, und wenn auch nur kurzfristige Übertragung staatlicher Mittel auf die begünstigten Unternehmen eine unverzichtbare Tatbestandsvoraussetzung für die Qualifizierung einer Maßnahme als staatliche Beihilfe darstellt.[182] Hieran fehle es jedoch bei der gesetzlichen Abnahmeverpflichtung zu festgelegten Mindestpreisen.[183] Folglich könne auch die Aufteilung der sich für die privaten Elektrizitätsversorgungsunternehmen aus der Abnahmepflicht ergebenden finanziellen Belastungen zwischen diesen und anderen privaten Unternehmen keine unmittelbare oder mittelbare Übertragung staatlicher Mittel darstellen.[184] Der Umstand, dass die Abnahmepflicht auf einem Gesetz beruhe und bestimmten Unternehmen unbestreitbare finanzielle Vorteile gewähre, reiche nicht aus, um die Maßnahme als Beihilfe zu qualifizieren.[185] Daran würden auch die von der Abnahmepflicht zu Mindestpreisen ausgehenden negativen Auswirkungen auf das wirtschaftliche

---

[179] EuGH, Rs C-379/98, PreussenElektra AG ./. Schleswag, Slg. 2001, I-2099, 2169 Rn. 17.

[180] EuGH, Rs C-379/98, PreussenElektra AG ./. Schleswag, Slg. 2001, I-2099, 2169 Rn. 18 f.

[181] EuGH, Rs C-379/98, PreussenElektra AG ./. Schleswag, Slg. 2001, I-2099, 2170 Rn. 23.

[182] EuGH, Rs C-379/98, PreussenElektra AG ./. Schleswag, Slg. 2001, I-2099, 2181 Rn. 58.

[183] EuGH, Rs C-379/98, PreussenElektra AG ./. Schleswag, Slg. 2001, I-2099, 2181 Rn. 59.

[184] EuGH, Rs C-379/98, PreussenElektra AG ./. Schleswag, Slg. 2001, I-2099, 2181 Rn. 60.

[185] EuGH, Rs C-379/98, PreussenElektra AG ./. Schleswag, Slg. 2001, I-2099, 2181 Rn. 61.

Ergebnis der dieser Pflicht unterliegenden Unternehmen und daraus resultierende verringerte Steuereinnahmen des Staates nichts ändern; denn diese Folge sei einer derartigen Regelung immanent und könne nicht als Mittel angesehen werden, den Erzeugern von Strom aus erneuerbaren Energiequellen auf Kosten des Staates einen bestimmten Vorteil zu gewähren.[186]

Den Einwand der Europäischen Kommission, der Begriff der staatlichen Beihilfe müsse mit Blick auf die Rechtsprechung des EuGH zu Art. 81 EGV in Verbindung mit Art. 10 EGV so ausgelegt werden, dass auch Unterstützungsmaßnahmen wie die des Stromeinspeisungsgesetzes erfasst werden, die vom Staat beschlossen, aber durch private Unternehmen finanziert würden,[187] verwirft der EuGH. Dafür beruft er sich auf die Funktion des Art. 87 EGV.[188] Im Gegensatz zu Art. 81 EGV, der nur das Verhalten von Unternehmen betreffe, beziehe sich Art. 87 EGV unmittelbar auf Maßnahmen der Mitgliedstaaten und stelle somit ein in sich vollständiges Verbot der von ihm erfassten staatlichen Handlungen dar. Art. 10 Abs. 2 EGV, demzufolge die Mitgliedstaaten alle Maßnahmen zu unterlassen haben, die die Verwirklichung der Ziele des Vertrages gefährden können, könne daher nicht zur Ausdehnung des Anwendungsbereiches des Art. 87 EGV auf von diesem nicht erfasste staatliche Handlungen herangezogen werden.[189]

## W. Stardust Marine (2002)

Bei der Nichtigkeitsklage *Stardust Marine*[190] geht es hauptsächlich um die beihilferechtliche Beurteilung von Kapitalerhöhungen zugunsten des Unternehmens Stardust Marine (Stardust). Die Haupttätigkeit des im Jahre 1989 gegründeten Unternehmens Stardust bestand im Verkauf von Kreuzfahrten und der Verwaltung von Investorenbeteiligungen an Sportbooten. Finanziert wurde Stardust im Wesentlichen durch die Bank SBT-Batif (SBT), einer Tochtergesellschaft von Altus Finance (Altus), welche wiederum eine Tochtergesellschaft des

---

[186] EuGH, Rs C-379/98, PreussenElektra AG ./. Schleswag, Slg. 2001, I-2099, 2181 Rn. 62.

[187] EuGH, Rs C-379/98, PreussenElektra AG ./. Schleswag, Slg. 2001, I-2099, 2182 Rn. 63; ausführlicher hierzu vgl. unten Teil 3, § 2 B.

[188] EuGH, Rs C-379/98, PreussenElektra AG ./. Schleswag, Slg. 2001, I-2099, 2182 f. Rn. 64 f.

[189] EuGH, Rs C-379/98, PreussenElektra AG ./. Schleswag, Slg. 2001, I-2099, 2183 Rn. 65.

[190] EuGH, Rs C-482/99, Frankreich ./. Kommission, Slg. 2002, I-4397 ff.

damals staatlichen Crédit Lyonnais war.[191] Bis Ende Dezember 1993 hatte der Konzern Crédit Lyonnais bereits Darlehen und Bankbürgschaften an Stardust und potentielle Anleger von über 320 Mio. FF gewährt.[192] Nach anfänglich Erfolg versprechender Geschäftstätigkeit, verzeichnete Stardust 1994 und im ersten Halbjahr 1995 trotz hohen Umsatzes Verluste in Höhe von ca. 361 Mio. FF. Daraufhin wandelte Altus im Zuge einer Kapitalerhöhung bei Stardust im Oktober 1994 seine Forderungen in Höhe von 37 Mio. FF in Kapital um, wodurch Altus die Kontrolle über Stardust erlangte.[193]

Die Turbulenzen, in denen sich der Crédit Lyonnais seit 1992 befand, führten schließlich zur Auslagerung der nicht rentablen Aktiva des Crédit Lyonnais in eine zu diesem Zweck als 100%-ige Tochter des Crédit Lyonnais gegründete Auffanggesellschaft, das *Consortium des Réalisations* (CDR).[194] Dieses hatte die Aufgabe, die unrentablen Aktiva des Crédit Lyonnais zu verwerten und wurde von der Europäischen Kommission neben anderen Maßnahmen unter Auflagen genehmigt.[195] Nach Einbringung von Stardust in das CDR spielte die Geschäftsleitung des Crédit Lyonnais nunmehr keine unmittelbare Rolle in der Verwaltung von Stardust, da nach dieser Entscheidung die Verwaltungen des CDR und des Crédit Lyonnais vollständig getrennt werden mussten.[196] In der Folge nahm das CDR von 1995 bis zum Verkauf des Unternehmens 1997 mehrfach Erhöhungen des Kapitals von Stardust in Höhe von insgesamt ca. 452 Mio. FF vor.[197] Am 5. Juni 1997 genehmigte die Hauptversammlung der Stardust den Verkauf von 99,9% der Anteile - auf diese Höhe war die Beteiligung des CDR durch die Finanzierungen mittlerweile angewachsen - an das Unternehmen FG Marine für ca. zwei Mio. FF.[198]

Am 20. Juni 1997 ging bei der Europäischen Kommission eine gegen Frankreich gerichtete Beschwerde über die Finanzierungsmaßnahmen und verschiedene Unregelmäßigkeiten bei der Veräußerung von Stardust ein. Daraufhin er-

---

[191] EuGH, Rs C-482/99, Frankreich ./. Kommission, Slg. 2002, I-4397, 4401 Rn. 5, 4429 Rn. 2.

[192] EuGH, Rs C-482/99, Frankreich ./. Kommission, Slg. 2002, I-4397, 4403 Rn. 10.

[193] EuGH, Rs C-482/99, Frankreich ./. Kommission, Slg. 2002, I-4397, 4404 Rn. 11, 4429 Rn. 3.

[194] EuGH, Rs C-482/99, Frankreich ./. Kommission, Slg. 2002, I-4397, 4429 Rn. 3.

[195] Kommission, Entscheidung vom 26.07.1995, ABlEG 1995 L 308, S. 92 ff.

[196] EuGH, Rs C-482/99, Frankreich ./. Kommission, Slg. 2002, I-4397, 4430 Rn. 4.

[197] EuGH, Rs C-482/99, Frankreich ./. Kommission, Slg. 2002, I-4397, 4430 Rn. 5.

[198] EuGH, Rs C-482/99, Frankreich ./. Kommission, Slg. 2002, I-4397, 4430 Rn. 6.

öffnete die Europäische Kommission das Verfahren nach Art. 88 Abs. 2 EGV.[199] In der streitigen Entscheidung der Europäischen Kommission vom September 1999 beanstandete diese insbesondere, dass die vom französischen Staat über Altus im Oktober 1994 und das CDR in den Jahren 1995, 1996 und 1997 an Stardust gewährten Unterstützungsmaßnahmen in Form von Neufinanzierungen Beihilfeelemente enthielten.[200]

Einleitend führt der EuGH unter Berufung auf die Urteile *Sloman Neptun, Kirsammer-Hack, Viscido, Ecotrade, Piaggio, PreussenElektra* zum einen aus, dass für die Einstufung einer konkreten Maßnahme als Beihilfe die Herkunft der Vergünstigungen unmittelbar oder mittelbar aus staatlichen Mitteln erforderlich sei. Zum anderen stellt der EuGH unter Hinweis auf die Entscheidungen *Van der Kooy, Italien ./. Kommission (1991-I), sowie Italien ./. Kommission (1991-II)* fest, dass es gleichermaßen der Zurechenbarkeit an den Staat bedürfe.[201]

Demnach ordnet der EuGH die an Stardust gewährten Finanzhilfen als eine Zahlung „aus staatlichen Mitteln" ein. Nach ständiger Rechtsprechung erfasse Art. 87 Abs. 1 EGV alle Geldmittel, auf die staatliche Stellen tatsächlich zur Unterstützung von Unternehmen zurückgreifen könnten, ohne dass es dafür eine Rolle spiele, ob diese Mittel auf Dauer zum Vermögen des Staates gehörten. Es genüge der Umstand, dass sich die Mittel ständig unter staatlicher Kontrolle befänden und den zuständigen nationalen Behörden somit zur Verfügung stünden.[202] Der französische Staat sei unter den gegebenen Umständen durchaus in der Lage gewesen, die Verwendung der Mittel durch Ausübung seines beherrschenden Einflusses auf die Unternehmen zu steuern.[203] Dem Einwand Frankreichs, dass eine solche Sichtweise eine Diskriminierung öffentlicher gegenüber privaten Unternehmen bedeute, widerspricht der Gerichtshof und weist auf die Nichtvergleichbarkeit eines öffentlichen mit einem privaten Unternehmen in diesem Kontext hin. Es gelte vielmehr zu beachten, dass der Staat mit seinen öffentlichen Unternehmen auch andere als kaufmännische Ziele verfolgen könne.[204]

---

199 EuGH, Rs C-482/99, Frankreich ./. Kommission, Slg. 2002, I-4397, 4431 Rn. 9.

200 EuGH, Rs C-482/99, Frankreich ./. Kommission, Slg. 2002, I-4397, 4432 Rn. 13.

201 EuGH, Rs C-482/99, Frankreich ./. Kommission, Slg. 2002, I-4397, 4440 Rn. 24. Diese Grundaussage des EuGH wurde in EuG, verbundene Rs T-228/99 und T-233/99, Westdeutsche Landesbank Girozentrale u. Land NRW ./. Kommission, Slg. 2003, II-435, 499 Rn. 179 bestätigt.

202 EuGH, Rs C-482/99, Frankreich ./. Kommission, Slg. 2002, I-4397, 4440 Rn. 37.

203 EuGH, Rs C-482/99, Frankreich ./. Kommission, Slg. 2002, I-4397, 4440 Rn. 38.

204 EuGH, Rs C-482/99, Frankreich ./. Kommission, Slg. 2002, I-4397, 4440 Rn. 39.

Nach diesen Ausführungen zur Frage der staatlichen Mittelbelastung, wendet sich der EuGH der Problematik zu, ob die Gewährung der Mittel dem französischen Staat auch zuzurechnen sei.[205] Diesbezüglich weist der EuGH ausdrücklich darauf hin, dass auch im Falle der Finanzierung durch ein öffentliches Unternehmen nicht automatisch auf die Zurechenbarkeit der vergebenen Mittel an den Staat geschlossen werden kann.[206] Selbst wenn der Staat in der Lage sei, ein öffentliches Unternehmen zu kontrollieren und einen beherrschenden Einfluss auf dessen Tätigkeiten auszuüben, so könne nicht ohne weiteres vermutet werden, dass diese Kontrolle in einem konkreten Fall tatsächlich ausgeübt worden sei.[207] Es müsse vielmehr im Einzelfall geprüft werden, ob die staatlichen Stellen tatsächlich am Erlass der fraglichen Maßnahmen beteiligt waren und in irgendeiner Weise an den finanzwirksamen Entscheidungen dieses Unternehmens mitwirkten.[208]

Der EuGH räumt ein, dass in bestimmten Fällen der konkrete Nachweis solcher Umstände nicht einfach sei.[209] Ein organisationsrechtliches Kriterium reiche für sich genommen für den Nachweis einer konkreten Kontrollausübung jedenfalls nicht aus.[210] Vielmehr sei die Europäische Kommission aufgerufen, verschiedene Indizien zu untersuchen. Dementsprechend könne die Zurechenbarkeit einer Beihilfemaßnahme eines öffentlichen Unternehmens an den Staat aus einem Komplex von Indizien abgeleitet werden, welche sich aus den Umständen des konkreten Falles sowie aus dem Kontext ergeben, in dem diese Maßnahme ergangen sei.[211] Nach Ansicht des Gerichtshofes ist eine konkrete Anweisung von Seiten einer staatlichen Stelle als Nachweis für die Bejahung der Zurechnung jedenfalls ausreichend.[212] Wie der Gerichtshof weiter ausführt, können aber auch weniger intensive Einflussnahmen staatlicher Stellen ausreichen, um das Kriterium der Zurechenbarkeit zu bejahen. So weist der Gerichtshof, ohne sich im Einzelnen festzulegen, vor allem auf Situationen hin, in denen die Entscheidungen des betreffenden Unternehmens unter dem Vorbehalt der Zustimmung behördlicher Stellen stehen oder nach Maßgabe interministerieller Richtlinien ergehen.[213] Als weitere Indizien bezeichnet der Gerichtshof die Fra-

---

[205] EuGH, Rs C-482/99, Frankreich ./. Kommission, Slg. 2002, I-4397, 4444 ff. Rn. 51 ff.
[206] EuGH, Rs C-482/99, Frankreich ./. Kommission, Slg. 2002, I-4397, 4444 Rn. 51.
[207] EuGH, Rs C-482/99, Frankreich ./. Kommission, Slg. 2002, I-4397, 4444 Rn. 52.
[208] EuGH, Rs C-482/99, Frankreich ./. Kommission, Slg. 2002, I-4397, 4444 Rn. 52.
[209] EuGH, Rs C-482/99, Frankreich ./. Kommission, Slg. 2002, I-4397, 4444 Rn. 53 f.
[210] EuGH, Rs C-482/99, Frankreich ./. Kommission, Slg. 2002, I-4397, 4444 Rn. 52.
[211] EuGH, Rs C-482/99, Frankreich ./. Kommission, Slg. 2002, I-4397, 4444 Rn. 55.
[212] EuGH, Rs C-482/99, Frankreich ./. Kommission, Slg. 2002, I-4397, 4444 Rn. 54.
[213] EuGH, Rs C-482/99, Frankreich ./. Kommission, Slg. 2002, I-4397, 4445 Rn. 55.

ge der Eingliederung des Unternehmens in die Strukturen der öffentlichen Verwaltung, die Art seiner Tätigkeit sowie deren Ausübung auf dem Markt unter normalen Bedingungen des Wettbewerbs mit privaten Wirtschaftsteilnehmern. Als weitere Anzeichen seien die Organisationsform des Unternehmens (öffentlich-rechtlich oder privatrechtlich) und die Intensität der behördlichen Aufsicht über die Unternehmensführung zu beachten. Darüber hinaus sei auch jedes andere Indiz einzubeziehen, das im konkreten Fall auf eine Beteiligung der Behörden oder auf die Unwahrscheinlichkeit einer fehlenden Beteiligung am Erlass der finanzwirksamen Entscheidungen des Unternehmens hinweise.[214] Da die Europäische Kommission im konkreten Fall lediglich das organisationsrechtliche Kriterium beachtet habe, sei die von der Europäischen Kommission vorgenommene Auslegung des Kriteriums der Zurechenbarkeit an den Staat unzutreffend. Der EuGH verneint daher die staatliche Zurechnung im Sinne der Zurechenbarkeit der Gewährung einer Begünstigung.[215]

## § 2 Die Entscheidungspraxis der Europäischen Kommission zum Problem der staatlichen Zurechnung

Die nachfolgend aufgeführten Entscheidungen sollen exemplarisch die Handhabung der Zurechnungsproblematik durch die Europäische Kommission veranschaulichen.

### A. Sloman Neptun (1993)

In der Rechtssache *Sloman Neptun*[216] hält die Europäische Kommission die Regelung des deutschen Flaggenrechtsgesetzes, welche unter bestimmten Umständen die Nichtanwendung des deutschen Arbeits- und Sozialrechts auf Seeleute aus Nicht-EU-Staaten vorsieht, im Gegensatz zum EuGH für eine unerlaubte staatliche Beihilfe zugunsten der deutschen Seeschifffahrtsindustrie.[217] Nach dem Dafürhalten der Europäischen Kommission liegt der Einsatz staatlicher Mittel darin, dass diese Regelung zur Anwendung ausländischen Arbeitsrechts und daher zu niedrigeren Gehältern führt.[218] Da diese Gehälter die

---

[214] EuGH, Rs C-482/99, Frankreich ./. Kommission, Slg. 2002, I-4397, 4445 f. Rn. 56.

[215] EuGH, Rs C-482/99, Frankreich ./. Kommission, Slg. 2002, I-4397, 4446 Rn. 58 f.

[216] Zu Sachverhalt und Urteil siehe oben unter Teil 3, § 1 V.

[217] Wiedergabe der Ansicht der Kommission in EuGH, Slg. 1993, I-887, 900.

[218] Wiedergabe der Ansicht der Kommission in EuGH, Slg. 1993, I-887, 900.

Grundlage zur Berechnung der Sozialversicherungsbeiträge und Steuern darstellten, resultierten daraus Mindereinnahmen und somit eine finanzielle Belastung des deutschen Staates. Das Kriterium der Belastung öffentlicher Mittel sei damit erfüllt.[219]

Darüber hinaus betont die Europäische Kommission, dass das Merkmal des staatlichen Charakters der Beihilfe weit auszulegen sei. Sie ist der Ansicht, die Rechtsprechung des EuGH müsse so gedeutet werden, dass staatliche Beihilfen nicht nur solche seien, die aus staatlichen Mitteln finanziert würden, sondern ebenfalls das Ergebnis einer dem Staat zuzurechnenden Verhaltensweise sein könnten.[220] In Anlehnung an die EuGH-Entscheidung in der Sache *Steinike und Weinlig*[221] führt sie ferner aus, dass eine staatliche Maßnahme die Eigenschaft eines unentgeltlichen Vorteils erst recht auch dann nicht verliert, wenn die Finanzierung nicht durch die betroffenen Unternehmen erfolgt, sondern auf Kosten anderer, etwa der Arbeitnehmer, gehe. In einem solchen Falle genüge es für die Feststellung des staatlichen Charakters einer Beihilfe, dass die Maßnahme auf einem Gesetz beruhe, in dem zugunsten der Unternehmen eine besondere Entlastung von einzelnen Kostenfaktoren vorgesehen sei.[222] Unterstützt wird die Europäische Kommission in diesem Verfahren auch durch Generalanwalt *Darmon*,[223] der die Auffassung vertritt, das Kriterium der Belastung öffentlicher Mittel habe per se keine Berechtigung.

## B. PreussenElektra (2001)

Anlässlich des Verfahrens *PreussenElektra*[224] stellt sich - wie oben bereits ausgeführt[225] - die Frage, ob der durch das Stromeinspeisungsgesetz begründete Ausgleichsmechanismus eine staatliche Beihilfe für die Ökostromerzeuger begründet. Die Europäische Kommission bejaht in diesen Fall die Zurechenbarkeit und argumentiert, dass es unerheblich ist, ob der Staat die Mittel selbst zuführt

---

219 Wiedergabe der Ansicht der Kommission in EuGH, Slg. 1993, I-887, 901.

220 Wiedergabe der Ansicht der Kommission in EuGH, Slg. 1993, I-887, 901.

221 Siehe dazu oben Teil 3, § 1 B.

222 Wiedergabe der Ansicht der Kommission in EuGH, Slg. 1993, I-887, 901.

223 GA DARMON, Schlussanträge, in: EuGH, Rs C-72/91 und C-73/91, Sloman Neptun Schifffahrts AG ./. Seebetriebsrat Bodo Ziesemer der Sloman Neptun Schifffahrts AG, Slg. 1993, I-887, 905-912 Rn. 11-41.

224 Zu Sachverhalt und Urteil siehe oben Teil 3, § 1 V.

225 Siehe oben Teil 3, § 1 V.

oder ob er dies auf einem Umweg über private Kassen veranlasst.[226] Die im Stromeinspeisungsgesetz enthaltene Ausgleichsregelung bedinge eine Umwandlung privater in staatliche Mittel, wodurch die Konstellation mit solchen Fallgestaltungen vergleichbar sei, in denen parafiskalische Abgaben zur Finanzierung von Beihilfemaßnahmen herangezogen würden.[227] Die Vergleichbarkeit dieses Kompensationsmechanismus mit einer Steuer beruhe darauf, dass im Zuge des Ausgleichsverfahrens der privaten Sphäre Mittel entzogen und einem im Allgemeininteresse liegenden Zweck zugeführt würden.[228]

Nach Dafürhalten der Europäischen Kommission sind zumindest Ertragseinbußen von im öffentlichen Eigentum befindlichen Unternehmen als staatliche Mittel anzusehen. So würden sowohl die Abnahmepflicht als auch die Erstattungsregelung des Stromeinspeisungsgesetzes jedenfalls dann eine staatliche Beihilfe darstellen, wenn sie im staatlichen Eigentum befindliche Unternehmen beträfe.[229] Zudem folge aus den Urteilen *Ecotrade* und *Van der Kooy*, dass eine Beihilfemaßnahme, die durch ganz oder teilweise im öffentlichen Eigentum befindliche Unternehmen finanziert werde, als staatliche Beihilfe im Sinne des Art. 87 Abs. 1 EGV anzusehen sei.[230]

Die Europäische Kommission argumentiert ferner, zur Sicherung der praktischen Wirksamkeit der Art. 87 f. EGV in Verbindung mit Art. 10 EGV sei es erforderlich, den Begriff der staatlichen Beihilfen so auszulegen, dass er ebenfalls Unterstützungsmaßnahmen wie die fragliche Regelung des Stromeinspeisungsgesetzes erfasse, die vom Staat beschlossen aber durch private Unternehmen finanziert würden.[231] Davon sei aufgrund einer Analogie zur kartellrechtlichen EuGH-Rechtsprechung auszugehen, nach der es den Mitgliedstaaten durch Art. 81 EGV in Verbindung mit Art. 10 EGV verwehrt sei, Maßnahmen - insbesondere auch in Form von Gesetzen oder Verordnungen - zu treffen, welche die praktische Wirksamkeit der für Unternehmen geltenden Wettbewerbsregeln aufheben könnten.[232]

---

226 Wiedergabe der Ansicht der Kommission in EuGH, Slg. 2001, I-2099, 2140.

227 Wiedergabe der Ansicht der Kommission in EuGH, Slg. 2001, I-2099, 2140.

228 Wiedergabe der Ansicht der Kommission in EuGH, Slg. 2001, I-2099, 2140.

229 Wiedergabe der Ansicht der Kommission in EuGH, Slg. 2001, I-2099, 2142.

230 Wiedergabe der Ansicht der Kommission in EuGH, Slg. 2001, I-2099, 2142.

231 Wiedergabe der Ansicht der Kommission in EuGH, Slg. 2001, I-2099, 2145, 2182 Rn. 63; vgl. insbesondere hierzu auch schon oben, Teil 3, § 1 V.

232 Wiedergabe der Ansicht der Kommission in EuGH, Slg. 2001, I-2099, 2182 Rn. 63 f.

## C. Gröditzer Stahlwerke (2001)

Der Entscheidung der Europäischen Kommission in der Sache *Gröditzer Stahlwerke*[233] liegt folgender Sachverhalt zugrunde: Nach der Privatisierung der Gröditzer Stahlwerke GmbH erließ die Europäische Kommission im Jahre 1997 eine Entscheidung, welche die Vergabe unzulässiger Beihilfen an dieses Unternehmen durch ihre frühere Gesellschafterin, die Bundesanstalt für vereinigungsbedingte Sonderaufgaben, feststellte.[234] Daraufhin hat die Gröditzer Stahlwerke GmbH die Eröffnung des Insolvenzverfahrens beantragt. Bei der anschließenden Durchführung eines Bieterverfahrens zur Veräußerung des Anlage- und Umlaufvermögens durch den Insolvenzverwalter geht die Europäische Kommission dann - ohne dies weiter zu begründen – offenbar davon aus, dass ein Insolvenzverwalter beim Verkauf eines beihilfebegünstigten öffentlichen Unternehmens unter seinem Markwert dem Käufer eine versteckte Beihilfe gewähren kann.[235]

Ohne die Voraussetzungen einer zusätzlichen Belastung für den Staat oder die Zurechenbarkeit des Handelns des Insolvenzverwalters an den Staat in irgendeiner Weise zu thematisieren, geht die Europäische Kommission in diesem Verfahren stillschweigend vom Vorliegen des Merkmals der staatlichen Zurechenbarkeit aus.[236] Sie stellt lediglich fest, dass der Staat (im vorliegenden Fall also der Insolvenzverwalter der Gröditzer) einen Preis verlangen muss, der dem Marktwert der Assets entspricht, um dadurch einen etwaigen Transfer staatlicher Mittel an den Käufer zu vermeiden.[237]

## D. Babcock Wilcox España (2001)

Die Entscheidung der Europäischen Kommission in der Sache *Babcock Wilcox España*[238] aus dem Jahre 2001 beschäftigt sich mit der Frage, ob bei der Umstrukturierung der Babcock Wilcox España SA (BWE) verbotene staatliche Beihilfen von Seiten Spaniens gewährt wurden. Zwischen 1994 und 1999 hatten die Sociedad Estatal de Participaciones Industriales (SEPI) und zuvor die

---

[233] Kommission, Beschluss vom 08.06.2001, ABlEG 2001 C 199, S. 4 ff.

[234] Kommission, Beschluss vom 08.06.2001, ABlEG 2001 C 199, S. 4.

[235] Kommission, Beschluss vom 08.06.2001, ABlEG 2001 C 199, S. 4, 10 Rn. 44.

[236] Zu den Konsequenzen einer Zurechnung der Maßnahmen eines Insolvenzverwalters an den Staat, kritisch BAUER, EuZW, 749.

[237] Kommission, ABlEG 2001 C 199, S. 4, 9 Rn. 26 ff.

[238] Kommission, Entscheidung vom 03.07.2001, ABlEG 2002 L 67, S. 50 ff.

TENEO, die Vorgängergesellschaft von SEPI, mehrere Kapitalerhöhungen an ihrer Tochtergesellschaft BWE vorgenommen.[239] Sowohl bei TENEO als auch ihrer Nachfolgegesellschaft SEPI handelte es sich um 100% staatseigene Holdinggesellschaften.[240]

Die Erwägungen der Europäischen Kommission im Rahmen der Prüfung des Art. 87 Abs. 1 EGV zum Zurechnungstatbestand beschränken sich bei dieser Entscheidung darauf, herauszustellen, dass einerseits TENEO in ihrer Eigenschaft als Eigentümerin der BWE im Jahr 1994 und andererseits auch die SEPI, als die spätere und derzeitige Anteilseignerin, zu 100% vom spanischen Staat kontrollierte Holdinggesellschaften seien. Aus diesem Umstand sei zu schließen, dass es sich bei ihren Finanzmitteln um staatliche Mittel handele und insofern eine Zurechnung der Mittelvergabe an den Staat vorgenommen werden könne.[241]

## E. Stardust Marine (2001)

In Bezug auf die Frage, ob es sich bei den vorgenommenen Neufinanzierungen um staatliche Mittel handele, vertritt die Europäische Kommission in *Stardust Marine*[242], im Wesentlichen wie der EuGH die Auffassung, die verwendeten Mittel müssten nicht notwendigerweise dem Staatshaushalt entstammen; vielmehr genüge es, dass sie zur Verfügung des Staates stünden. Von staatlich kontrollierten Unternehmen - wie Crédit Lyonnais, SBT und Altus - ergriffene Fördermaßnahmen seien daher stets dem Staat zuzurechnen; ihre Mittel seien definitionsgemäß staatliche Mittel.[243] Die Europäische Kommission geht aber nicht ohne weiteres davon aus, dass die mit staatlichen Mitteln finanzierten Maßnahmen auch verbotene Beihilfen sind.[244] Zur Feststellung der Unvereinbarkeit einer Maßnahme mit dem Gemeinsamen Markt bedürfe es zunächst noch des Befundes, dass ein solches Vorgehen nicht dem eines umsichtigen marktwirtschaftlich handelnden Kapitalgebers entspreche.[245]

---

[239] Kommission, Entscheidung vom 03.07.2001, ABlEG 2002 L 67, S. 50 Rn. 1.

[240] Kommission, Entscheidung vom 03.07.2001, ABlEG 2002 L 67, S. 50, 57 Rn. 54.

[241] Kommission, Entscheidung vom 03.07.2001, ABlEG 2002 L 67, S. 50, 57 Rn. 54 f.; vgl. dazu auch die Ausführungen der Kommission, Entscheidung vom 17.10.2001, ABlEG 2002 L 126, S. 14, 21 Rn. 68.

[242] Zu Sachverhalt und Urteil siehe oben Teil 3, § 1 W.

[243] Wiedergabe der Ansicht der Kommission in EuGH, Slg. 2002, I-4397, 4409 Rn. 29.

[244] Wiedergabe der Ansicht der Kommission in EuGH, Slg. 2002, I-4397, 4411 Rn. 36.

[245] Wiedergabe der Ansicht der Kommission in EuGH, Slg. 2002, I-4397, 4411 Rn. 36.

In Bezug auf die staatliche Zurechenbarkeit der Gewährung betont die Europäische Kommission, der Staat habe bei den fraglichen Gesellschaften unmittelbar oder mittelbar das Kapital, die Stimmrechte und die Ernennung der Verwaltungsräte kontrolliert.[246] Unter Berufung auf die Definition der öffentlichen Unternehmen in der Transparenzrichtlinie vertritt die Europäische Kommission im Unterschied zum EuGH, dass aufgrund dieser möglichen Kontrolle die Zurechenbarkeit der von Altus und SBT vorgenommenen Investitionen an den Staat nicht verneint werden kann. Diese gelte selbst für den Fall, dass die Kontrolle des Crédit Lyonnais über seine Tochtergesellschaften nicht ordnungsgemäß funktioniert habe.[247] Auch könne es der französischen Regierung nicht gestattet sein, sich auf ihr eigenes ständiges Versäumnis bei der Kontrolle der Gruppe Crédit Lyonnais zu berufen.[248]

---

246 Wiedergabe der Ansicht der Kommission in EuGH, Slg. 2002, I-4397, 4416 Rn. 52, 4444 Rn. 50, 4446 Rn. 58.

247 Wiedergabe der Ansicht der Kommission in EuGH, Slg. 2002, I-4397, 4416 Rn. 52.

248 Wiedergabe der Ansicht der Kommission in EuGH, Slg. 2002, I-4397, 4416 Rn. 52.

# Teil 4 – Zur Dogmatik des Zurechnungstatbestandes gemäß Art. 87 Abs. 1 EGV

## § 1 Systematisierung des Tatbestandsmerkmals der staatlichen Zurechnung

An den in Teil 3 aufgeführten Urteilen und Kommissionsentscheidungen fällt auf, dass die staatliche Zurechnung einer Förderleistung teilweise maßgeblich von der Frage abhängig gemacht wird, ob die Maßnahmen aus staatlichen Mitteln herrühren. Teilweise wird hingegen schwerpunktmäßig darauf abgestellt, ob eine dem jeweiligen Staat zuzurechnende Verhaltensweise vorliegt. Im *Stardust Marine*-Urteil[1] bedient sich der EuGH ausnahmsweise ausdrücklich sogar beider Kriterien, um über die Problematik der staatlichen Zurechnung zu befinden.[2]

### A. Terminologische und dogmatische Unklarheiten des Zurechnungstatbestandes

In der Rechtsprechungshistorie des EuGH stellen sich die verwendeten Begrifflichkeiten hinsichtlich der Bezeichnung der beiden Zurechnungsaspekte - gemeint sind hier die Zurechnung der Mittel zum einen und die Zurechnung der Gewährungsentscheidung zum anderen - als weitgehend homogen dar. So wird einerseits darauf verwiesen, ob die Begünstigung unmittelbar oder mittelbar aus staatlichen Mitteln gewährt wird, andererseits darauf, ob sie bzw. das auslösende Verhalten dem Staat zuzurechnen ist. Im Schrifttum hingegen ist bislang keine einheitliche Terminologie oder Dogmatik des Zurechnungstatbestandes auszumachen. Teilweise wird ebenso wie in der Rechtsprechung zwischen der Herkunft der Mittel und der Zurechenbarkeit des begünstigenden Verhaltens unterschieden;[3] zum Teil wird jedoch in Bezug auf die Herkunft der Mittel ebenfalls von „staatlicher Zurechenbarkeit" gesprochen.[4] Diese Verwischung der Begriffe

---

[1] Siehe dazu unter Teil 3, § 1 W.

[2] EuGH, Rs C-482/99, Frankreich ./. Kommission, Slg. 2002, I-4397, 4440 Rn. 24.

[3] BAUER, EWS 2002, 375; BARTOSCH, NJW 2002, 3591.

[4] So beispielsweise STREINZ, JuS 2001, 596; RUGE, EuZW 2001, 247 f.; DERS., WuW 2001, 560 ff.; KOENIG/KÜHLING, NVwZ 2001, 769; DIES., ZUM 2001, 540 ff.; SCHERNTHANNER, Beihilfeaufsichtsrecht, S. 57 ff.; anders hingegen DAUSES-GÖTZ, EU, H. III. Rn. 21 ff.; MÜLLER-GRAFF, ZHR 152 (1988), 412 ff, 423 ff.

wird in der Literatur gelegentlich kritisiert und die terminologische und dogmatische Differenzierung des EuGH zwischen der „Herkunft der Mittel“ und der „staatlicher Zurechenbarkeit“ der Gewährung im *Stardust Marine*-Urteil zurecht als erfreuliche begriffliche Klarstellung ausdrücklich begrüßt.[5]

## B. Staatliche Mittel- und Transferzurechnung

Auch die vom EuGH in der Rechtssache *Stardust Marine* verwendeten Begrifflichkeiten überzeugen jedoch nicht vollständig. Den Stimmen in der Literatur, die die Frage der Staatlichkeit der Mittel ebenfalls mit dem Terminus „Zurechnung“ umschreiben,[6] ist nämlich zu Gute zu halten, dass sich auch hinter der häufig schwierigen Untersuchung der Mittelherkunft regelmäßig nichts anderes als eine Zurechnungsfrage verbirgt. So stellt sich beispielsweise häufig das Problem, ob Gelder, die de facto aus selbständigen Einrichtungen bzw. Fonds herrühren, letztlich der privaten Seite oder dennoch dem Staat zuzuordnen bzw. zuzurechnen sind.

Zu beachten gilt es jedoch, dass eine klare terminologische Unterscheidung der beiden Zurechnungsgesichtspunkte neben einer sachlichen Trennung schon allein deshalb unerlässlich ist, um bei der notwendigerweise getrennten Behandlung der eng zusammenhängenden Tatbestände fehlender dogmatischer Präzision sowie systematische Unklarheiten vorzubeugen. Im Rahmen dieser Untersuchung soll daher fortan das Problem der staatlichen Herkunft der Mittel durch die Begrifflichkeit „staatliche Mittelzurechnung“ gekennzeichnet und die Frage, ob die Gewährung der Mittel dem Staat zurechenbar ist, von dem Terminus „staatliche Transferzurechnung“ erfasst werden. Staatliche Mittel- und Transferzurechnung zusammengenommen stellen den Gesamtzurechnungstatbestand dar. Die beiden Zurechnungsaspekte stehen damit nach der hier vertretenen Auffassung nicht in einem Alternativverhältnis, vielmehr müssen in einer Art Zwei-Ebenen-Modell sowohl die Mittel- als auch die Transferzurechnung gegeben sein, dass eine Begünstigung dem Staat letztlich zugerechnet werden kann.

---

[5] Bauer, EWS 2002, 375.

[6] Streinz, JuS 2001, 596; Schernthanner, Beihilfeaufsichtsrecht, S. 57 ff.; Ruge, EuZW 2001, 247 f.; ders., WuW 2001, 560 ff.; Koenig/Kühling, NVwZ 2001, 769; Ders., ZUM 2001, 540 ff.

## § 2 Voraussetzungen des Zurechnungstatbestandes nach der Rechtsprechung von EuGH und EuG

Einige Stimmen des Schrifttums[7] beschreiben die bisherige Rechtsprechung von EuGH und EuG zum Tatbestandsmerkmal der staatlichen Zurechnung als uneinheitlich und ohne große Kontinuität. Als Begründung wird dabei überwiegend auf die verschiedenen bislang verwendeten Zurechnungskriterien und ihre unterschiedlich starke Akzentuierung durch EuGH und EuG verwiesen. So fällt insbesondere die wechselnde Betonung von Mittelzurechnung (durch das Abstellen auf den staatlichen Ursprung der Mittel) und Transferzurechnung (in Form der Zurechnung eines bestimmten Verhaltens) auf.[8] Diese Einschätzung soll nachfolgend einer genaueren Analyse unterzogen werden. Dabei wird zunächst die oben aufgeführte und nicht immer ganz eindeutige Rechtsprechung[9] von EuGH und EuG daraufhin untersucht, in welchen Fällen eine Mittel- oder/und Transferzurechnung vorgenommen wurde. Anschließend sollen die gefundenen Zurechnungsmodi auf ihre Erforderlichkeit im Rahmen zu bildender Fallgruppen untersucht werden, bevor für Mittel- und Transferzurechung jeweils geeigneten Bestimmungskriterien herausgearbeitet werden.

### A. Zurechnung aufgrund Mittelzurechnung

In der Entscheidung *Italien ./. Kommission (1974)*[10], einem der ersten Urteile zu parafiskalischen Abgaben, bejaht der EuGH das Vorliegen staatlicher Mittel angesichts der durch Gesetz gewährten Verringerung von Sozialabgaben, ohne dazu weiter auf diesen Fall bezogene Aussagen zu treffen. In der Rechtssache *Steinike und Weinlig*[11] stellt der EuGH zur Zurechnung - ebenfalls am Beispiel von Zwangsbeiträgen zugunsten eines Fonds - fest, dass es für die Beantwor-

---

[7] RUGE, WuW 2001, 564 ff.; STREINZ, JuS 2001, 596; LÜBBIG/MARTIN-EHLERS, Beihilfenrecht, Rn. 98 ff.

[8] So CALLIESS/RUFFERT-CREMER, EUV/EGV, Art. 87 Rn. 11; RUGE, WuW 2001, 565; SCHWARZE-BÄR-BOUYSSIÈRE, EU, Art. 87 Rn. 31, welche den in der bisherigen Rechtsprechung vorgenommenen Unterschied ebenfalls erkennen. Auch sie interpretieren die Rechtsprechung von EuGH und EuG so, dass zuweilen alternativ zur Mittelzurechnung auch lediglich auf die Zurechenbarkeit der Transferleistung abgestellt wurde.

[9] Siehe oben Teil 3, § 1.

[10] EuGH, Rs 173/73, Italien ./. Kommission, Slg. 1974, 709, 719 Rn. 33/35; dazu auch oben Teil 3, § 1 A.

[11] EuGH, Rs 78/76, Firma Steinike und Weinlig ./. Bundesrepublik Deutschland, Slg. 1977, 595, 612 f. Rn. 21; dazu auch oben Teil 3, § 1 B.

tung der Frage, ob staatliche Mittel vorliegen, letztendlich nicht darauf ankommt, ob die Beihilfe unmittelbar vom Staat oder durch von ihm zur Durchführung der Beihilferegelung errichtete oder damit beauftragte öffentliche oder private Einrichtungen gewährt wird. Diese noch recht unpräzisen Aussagen bestätigt der EuGH unter anderem nochmals in der Rechtssache *Compagnie Commerciale de l'Ouest*,[12] einem späteren Urteil zu parafiskalischen Abgaben, indem er im Falle der von der Agentur für Energieeinsparung erhobenen Abgaben bei entsprechender Verwendung die Voraussetzungen des Art. 87 Abs. 1 EGV als gegeben ansieht.

Auch in den Urteilen *Van Tiggele*[13] und *Norddeutsches Vieh- und Fleischkontor*[14] nimmt der EuGH die Zurechnung der Finanzleistungen an den Staat schwerpunktmäßig unter dem Gesichtspunkt der Mittelzurechnung vor. Als das entscheidende Kriterium dafür knüpft der EuGH jeweils ausdrücklich daran an, ob der erhaltene Vorteil unmittelbar oder mittelbar aus staatlichen Mitteln stammt. In vergleichbarer Weise hebt der EuGH auch in der Rechtssache *Bundesrepublik Deutschland ./. Kommission (1987)*[15] darauf ab, ob die jeweilige Förderleistung aus öffentlichen Mitteln finanziert wird. Dieses Heranziehen des Ursprungs der vergebenen Mittel stellt das erste wesentliche vom EuGH zur Bestimmung der Mittelzurechnung verwendete Kriterium dar. Im Folgenden, insbesondere auch in der unten vorgenommenen Diskussion der geeigneten Primärkriterien zur Mittelzurechnung[16], wird darauf mit dem Terminus *Herkunftskriterium* Bezug genommen.

Mit seinem Urteil *Sloman Neptun*[17] aus dem Jahr 1993 wendet der EuGH, nachdem er zwischenzeitlich einige Male unter dem Aspekt der Transferzurech-

---

[12] EuGH, Rs C-78/90, C-79/90, C-80/90, C-81/90, C-82/90 und C-83/90, Sociétés Compagnie commerciale de l'Ouest u.a. ./. Receveur principal des douanes de La Pallice-Port, Slg. 1992, I-1847, 1883 Rn. 35; siehe auch oben Teil 3, § 1 K.

[13] EuGH, Rs 82/77, Niederlande ./. Van Tiggele, Slg. 1978, 25, 40 f. Rn. 23/25 ff.; dazu auch oben Teil 3, § 1 C.

[14] EuGH, Rs 213/81, Norddeutsches Vieh- und Fleischkontor Herbert Will u.a. ./. Bundesanstalt für landwirtschaftliche Marktordnung, Slg. 1982, 3583, 3602 Rn. 22; siehe auch oben Teil 3, § 1 D.

[15] EuGH, Rs 248/84, Bundesrepublik Deutschland ./. Kommission, Slg. 1987, 4013, 4041 Rn. 17; dazu auch oben Teil 3, § 1 F.

[16] Siehe unten Teil 4, § 2 E I 1.

[17] EuGH, Rs C-72/91 und C-73/91, Sloman Neptun Schifffahrts AG ./. Seebetriebsrat Bodo Ziesemer der Sloman Neptun Schifffahrts AG, Slg. 1993, I-887, 933 f. Rn. 19; dazu auch oben Teil 3, § 1 L.

nung[18] entschieden hat, wieder das ursprünglich in der Rechtssache *Van Tiggele* aufgestellte Herkunftskriterium an, indem er auf die mittelbare oder unmittelbare Herkunft des Vorteils aus staatlichen Mitteln verweist. Anschließend setzt der EuGH diese Rechtsprechung in den Urteilen *Kirsammer-Hack,*[19] *Viscido,*[20] *E-cotrade,*[21] *Italien ./. Kommission (1999)*[22] *Piaggio,*[23] *Bundesrepublik Deutschland ./. Kommission (2000)*[24] und der Rechtssache *PreussenElektra*[25] fort,[26] wenngleich das Ergebnis der Anwendung des Herkunftskriteriums im Schrifttum nicht immer als stimmig eingestuft worden ist.[27]

Die Urteile *Sloman Neptun*, *Ecotrade* und *Piaggio* haben über das Wiederaufgreifen des in der Rechtssache *Van-Tiggele* aufgestellten Herkunftskriteriums hinaus noch eine andere Gemeinsamkeit. Der EuGH ergänzt die Voraussetzung der staatlichen Mittelherkunft um das Merkmal, dass eine zusätzliche Belastung für den Staat existiert, worin wohl eine weitere Konkretisierung des in der Entscheidung *Van-Tiggele* aufgestellten Herkunftskriteriums zu sehen ist.[28] Darüber hinaus verbindet die Entscheidungen *Sloman Neptun* und *Kirsammer-Hack* ein weiteres Merkmal. In beiden Fällen differenziert der EuGH im Zuge der Mittelzurechnung die aus staatlichen Mitteln gewährleistete Beihilfe von einem lediglich geschaffenen und veränderten „Rahmen“, der von der jeweiligen Regelung bezweckt bzw. vom Gesetzgeber angestrebt sei. Auf dieses Argumentationsschema wird im Weiteren unter dem Terminus *Rahmenkriterium*

---

[18] Ausführlich dazu sogleich unten Teil 4, § 2 B.

[19] EuGH, Rs C-189/91, Petra Kirsammer-Hack ./. Nurhan Sidal, Slg. 1993, I-6185, 6219 f. Rn. 15 ff.; dazu auch oben Teil 3, § 1 M.

[20] EuGH, Rs C-52/97, C-53/97 und C-54/97, Epifanio Viscido u.a. ./. Ente Poste Italiane, Slg. 1998, I-2629, 2641 Rn. 13 ff.; dazu auch oben Teil 3, § 1 O.

[21] EuGH, Rs C-200/97, Ecotrade ./. Altifornie e Ferriere di Servola (AFS), Slg. 1998, I-7907, 7937 Rn. 35 f.; dazu auch oben Teil 3, § 1 P.

[22] EuGH, Rs C-6/97, Italien ./. Kommission, Slg. 1999, I-2981, 3004 Rn. 16; dazu auch oben Teil 3, § 1 Q.

[23] EuGH, Rs C-295/97, Industrie Aeronautiche e Meccaniche Rinaldo Piaggio ./. International Factors Italia (Ifitalia) u.a., Slg. 1999, I-3735, 3761 ff. Rn. 35 ff.; siehe auch oben Teil 3, § 1 R.

[24] EuGH, Rs C-156/98, Bundesrepublik Deutschland ./. Kommission, Slg. 2000, I-6857, 6893 Rn. 26 f.; dazu auch oben Teil 3, § 1 V.

[25] EuGH, Rs C-379/98, PreussenElektra AG ./. Schleswag, Slg. 2001, I-2099, 2181 ff. Rn. 59 ff.; dazu auch oben Teil 3, § 1 U.

[26] So auch RUGE, WuW 2001, 566.

[27] Vgl. HAKENBERG/ERLBACHER, EWS 2003, 201 Rn. 10.

[28] Ebenso RUGE, WuW 2001, 565.

Bezug genommen. Obwohl dieses Rahmenkriterium zumindest in ausdrücklicher Form vom EuGH später nicht wieder verwendet wurde,[29] leistet es nach der hier vertretenen Ansicht einen ganz wesentlichen Beitrag zur sachgerechten Vornahme der Mittelzurechnung.[30]

Auch in der Entscheidung *Landbroke Racing* sieht der EuGH für den Fall eine staatliche Beihilfe als gegeben, dass ein mit ausschließlichen Rechten versehenes privates Unternehmen realisierte Gewinne aufgrund gesetzlicher Regelung zu einem bestimmten staatlich definierten Zweck verwenden muss, anstelle sie in den Staatshaushalt zu transferieren.[31] Er beruft sich dabei zum Zwecke der Mittelzurechnung ausdrücklich auf die Feststellungen des EuG im Urteil *Air France ./. Kommission*,[32] in welchem der Zurechnungstatbestand jedoch primär unter dem Gesichtspunkt der Transferzurechnung bejaht worden ist. So wird mittels der Feststellung, dass auch nicht auf Dauer dem Staat gehörende Finanzmittel zuzurechnen seien, sofern sie sich unter ständiger staatlicher Kontrolle befänden bzw. dem Staat zur Verfügung stünden, erstmals keine Transferzurechnung[33], sondern eine Mittelzurechnung vorgenommen.[34] Auf dieses zweite, neben dem Herkunftskriterium in der Praxis verwendete Zurechnungskriterium in Form der Frage nach der staatlichen Kontroll- und Verfügungsmöglichkeit bzw. dem hoheitlichen Einflussnahmevermögen in Bezug auf die zu gewährenden Finanzmittel soll fortan, unabhängig von einer damit vorgenommenen Mittel- oder Transferzurechnung, mit dem Terminus *Kontrollkriterium*[35] rekurriert werden. Die nicht unwesentlichen Vorzüge dieses Kriteriums werden im Rahmen der Diskussion des geeigneten Primärkriteriums zur Bestimmung der Mittelzurechnung vertieft.[36]

---

[29] Zur faktischen Anwendung siehe EuGH, Rs C-379/98, PreussenElektra AG ./. Schleswag, Slg. 2001, I-2099, 2182 Rn. 62.

[30] Siehe hierzu unten Teil 4, § 2 E I 2.

[31] EuGH, 83/98 P, Frankreich ./. Landbroke Racing Ltd. und Kommission, Slg. 2000, I-3271, 3332 Rn. 50.

[32] Siehe dazu unten unter B.

[33] Siehe dazu die Urteile *Kommission ./. Frankreich*, *Van der Kooy*, *Griechenland ./. Kommission* und *Italien ./. Kommission (1991-I)* sowie *Italien ./. Kommission (1991-II)*.

[34] Vgl. den nahezu wortgleichen Ansatz des EuG, Rs T-358/94, Air France ./. Kommission, Slg. 1996, II-2109, 2132 f. Rn. 68.

[35] Hierzu sogleich unten, Teil 4, § 2 B.

[36] Siehe unten Teil 4, § 2 E I 1 c) und II 1 c).

## B. Zurechnung aufgrund Transferzurechnung

Nahezu ohne Bezug auf das Herkunftskriterium sind die sich an *Norddeutsches Vieh- und Fleischkontor* anschließenden Urteile *Kommission ./. Frankreich,*[37] *Van der Kooy,*[38] *Griechenland ./. Kommission*[39] und *Italien ./. Kommission (1991-I),*[40] sowie *Italien ./. Kommission (1991-II)*[41]. In diesen Urteilen betont der EuGH ebenfalls zunächst, dass nicht danach zu unterscheiden ist, ob die Beihilfe unmittelbar vom Staat oder durch von ihm zur Durchführung der Beihilferegelung errichtete oder damit beauftragte öffentliche oder private Einrichtungen gewährt wird.[42] Daran schließen sich jedoch Ausführungen des Gerichtshofes an, wonach es nicht auf die Herkunft der Mittel anzukommen scheint. Vielmehr ist für den EuGH zur Beantwortung der Zurechnungsfrage maßgeblich, ob ein dem Staat zuzurechnendes Verhalten in Form einer staatlichen Einflussnahme auf die Entscheidung der Mittelvergabe und damit die Zurechenbarkeit der Gewährungsentscheidung vorliegt.[43]

In den Entscheidungen *Van der Kooy* sowie *Italien ./. Kommission (1991-I)* und *Italien ./. Kommission (1991-II)* macht der EuGH die Bejahung der Zurechenbarkeit ausdrücklich davon abhängig, ob eine dem Staat „zuzurechnende Verhaltensweise" vorliegt und verweist dafür jeweils im Sinne des bereits erwähnten Kontrollkriteriums[44] auf die Möglichkeiten staatlicher Kontrolle und Einflussnahme hinsichtlich der Gewährung. Der Umfang der Kontrolle scheint sich dabei nach dem EuGH aus den Umständen des Einzelfalles zu ergeben. Durch Bejahung dieses Kontrollkriteriums schließt der EuGH in den genannten Urteilen automatisch auf eine dem jeweiligen Staat zuzurechnende Verhaltensweise und sieht infolgedessen das Tatbestandsmerkmal der staatlichen oder aus

---

[37] EuGH, Rs 290/83, Kommission ./. Frankreich, Slg. 1985, 439, 449 Rn. 14 f.; dazu auch oben Teil 3, § 1 E.

[38] EuGH, verb. Rs 67, 68 und 70/85, Kwekerij Gebroeders van der Kooy BV u.a. ./. Kommission, Slg. 1988, 219, 272 Rn. 35 ff.; siehe auch oben Teil 3, § 1 G.

[39] EuGH, Rs 57/86, Griechenland ./. Kommission, Slg. 1988, 2855, 2872 Rn. 12 f.; vgl. auch oben Teil 3, § 1 H.

[40] EuGH, Rs C-303/88, Italien ./. Kommission, Slg. 1991, I-1433, 1474 Rn. 11 ff.; dazu oben Teil 3, § 1 I.

[41] EuGH, Rs C-305/89, Italien ./. Kommission, Slg. 1991, I-1603, 1639 Rn. 13 ff.; dazu oben Teil 3, § 1 J.

[42] RUGE, WuW 2001, 565.

[43] Vgl. auch CALLIESS/RUFFERT-CREMER, EUV/EGV, Art. 87 Rn. 11; RUGE, WuW 2001, 565; dahingehend wohl auch SCHWARZE-BÄR-BOUYSSIÈRE, EU, Art. 87 Rn. 31.

[44] Siehe hierzu Teil 3, § 2 A.

staatlichen Mitteln gewährten Beihilfe als gegeben an. In den Verfahren *Kommission ./. Frankreich* sowie *Griechenland ./. Kommission* hingegen ist zwar nicht ausdrücklich von einer dem Staat zuzurechnenden Verhaltensweise die Rede; faktisch überprüft der EuGH gleichermaßen in diesen Urteilen - im Wesentlichen ohne auf die Mittelzurechnung einzugehen - ob ein solches zurechenbares Verhalten vorliegt und nimmt damit eine Transferzurechnung vor.[45] Insbesondere in dem Verfahren *Kommission ./. Frankreich* wird dies angesichts der Aussage des EuGH deutlich, dass staatliche Beihilfen nicht *nur* solche sind, die aus staatlichen Mitteln finanziert werden.[46]

Auf die Erfüllung des Kontrollkriteriums schließt der EuGH dabei aufgrund verschiedenster Umstände. So kommt es dem EuGH in der Rechtssache *Kommission ./. Frankreich* für die Bejahung der Kontrolle auf die Vergabe durch eine öffentliche Einrichtung in Abhängigkeit von einer staatlichen Genehmigung einerseits sowie die Präsentation der konkreten Vorgehensweise seitens der Regierung als Teil eines Bündels von Maßnahmen andererseits entscheidend an.[47] Hingegen stellt der EuGH in der Entscheidung *Van der Kooy* neben dem Genehmigungserfordernis des Wirtschaftsministers auch auf die Höhe der staatlichen Beteiligung und den daraus resultierenden entsprechenden staatlichen Einfluss in dem Aufsichtsgremium des finanzierenden Unternehmens ab.[48] In der Rechtssache *Griechenland ./. Kommission* wird schlichtweg auf das Tätigwerden der Bank von Griechenland unter der unmittelbaren Kontrolle des Staates hingewiesen,[49] wohingegen in den Entscheidungen *Italien ./. Kommission (1991-I)*[50] und *Italien ./. Kommission (1991-II)*[51] im Wesentlichen die Verpflichtung zum Handeln nach staatlichen Leitlinien, sowie die Besetzung der Leitungsorgane durch staatliche Stellen als maßgeblich erachtet wird.

In der Rechtssache *Air France ./. Kommission*[52] hebt das EuG ebenfalls hervor, ob die streitige Investition als eine dem französischen Staat *zuzurechnende*

---

[45] Siehe CALLIESS/RUFFERT-CREMER, EUV/EGV, Art. 87 Rn. 11; RUGE, WuW 2001, 565; dahingehend wohl auch SCHWARZE-BÄR-BOUYSSIÈRE, EU, Art. 87 Rn. 31.

[46] EuGH, Rs 290/83, Kommission ./. Frankreich, Slg. 1985, 439, 449 Rn. 14.

[47] EuGH, Rs 290/83, Kommission ./. Frankreich, Slg. 1985, 439, 449 Rn. 15.

[48] EuGH, verb. Rs 67, 68 und 70/85, Kwekerij Gebroeders van der Kooy BV u.a. ./. Kommission, Slg. 1988, 219, 272 Rn. 36.

[49] EuGH, Rs 57/86, Griechenland ./. Kommission, Slg. 1988, 2855, 2872 Rn. 13.

[50] EuGH, Rs C-303/88, Italien ./. Kommission, Slg. 1991, I-1433, 1474 Rn. 12.

[51] EuGH, Rs C-305/89, Italien ./. Kommission, Slg. 1991, I-1603, 1639 Rn. 14.

[52] EuG, Rs T-358/94, Air France ./. Kommission, Slg. 1996, II-2109, 2130 ff. Rn. 57 ff.; dazu oben Teil 3, § 1 N.

*Verhaltensweise* betrachtet werden könne. Im Rahmen seiner Analyse bedient sich das EuG zwar nicht ausdrücklich des Terminus Kontrolle, sondern betont primär die Rechtsstellung der Caisse, welcher die Vergabe durch die CDC-P wegen der erwiesenen Einflussnahme von Seiten der Caisse zuzurechnen war. Ausschlaggebend für die Zuordnung der Caisse zum öffentlich rechtlichen Sektor sind für das EuG aber wiederum solche Indizien, die auf die Kontrollmöglichkeit des französischen Staates hinweisen.[53] So sieht das EuG für die Zurechenbarkeit vor allem die Gründung der Caisse durch Gesetz, ihre Aufgabennormierung durch Rechtsvorschriften und die Ernennung der leitenden Organe durch die Regierung als entscheidende Faktoren an.[54] Auffallend an der Entscheidung *Air France ./. Kommission* ist weiterhin, dass das EuG auf den Einwand, es handele sich bei der von der Caisse bereitgestellten Mittel nicht um Zwangsbeiträge, sondern teilweise auch um private Spareinlagen, erwidert, es sei unbedeutend, ob diese Mittel auf Dauer zum Vermögen dieses Sektors gehören.[55] Vielmehr befindet das EuG es für eine staatliche Maßnahme als ausreichend, wenn Geldmittel involviert sind, auf die der öffentliche Sektor tatsächlich zur Unterstützung von Unternehmen zurückgreifen kann.[56] Insofern vermischt das EuG im Rahmen seiner Argumentation - freilich nicht ausdrücklich - seine Ausgangsfrage, ob eine dem Staat zurechenbare Verhaltensweise (Transferzurechnung) gegeben ist, mit Elementen der Mittelzurechnung.

Die genannten Entscheidungen zur Transferzurechnung stützen sich allesamt auf konkrete Anhaltspunkte, aus denen EuGH und EuG auf das Vorliegen des Kontrollkriteriums schließen. Jedoch fällt die unterschiedliche Intensität und Schwerpunktbildung bei der Prüfung auf, welche wohl im Zusammenhang mit der aus der Sicht von EuGH und EuG jeweils unterschiedlichen Wahrscheinlichkeit einer öffentlichen Beteiligung stehen dürfte.[57] Eine eindeutige Entwicklung der Rechtsprechung kann diesbezüglich unter chronologischer Betrachtung nicht ausgemacht werden.

---

[53] EuG, Rs T-358/94, Air France ./. Kommission, Slg. 1996, II-2109, 2131 Rn. 58.

[54] EuG, Rs T-358/94, Air France ./. Kommission, Slg. 1996, II-2109, 2131 Rn. 58.

[55] EuG, Rs T-358/94, Air France ./. Kommission, Slg. 1996, II-2109, 2132 f. Rn. 68.

[56] EuG, Rs T-358/94, Air France ./. Kommission, Slg. 1996, II-2109, 2132 f. Rn. 68.

[57] Vgl. GA JACOBS, Schlussanträge, in: EuGH, Rs C-482/99, Frankreich ./. Kommission, Slg. 2002, I-4397, 4419 Rn. 63.

## C. Zurechnung aufgrund kumulativer Mittel- und Transferzurechnung

Eine kumulative Mittel- und Transferzurechnung und damit die Ermittlung der Zurechenbarkeit anhand beider Gesichtspunkte erfolgt im *Stardust Marine*-Urteil.[58] Der EuGH stellt in dieser Entscheidung erstmals ausdrücklich klar, dass Beihilfen im Sinne des Art. 87 Abs. 1 EGV zum einen unmittelbar oder mittelbar aus staatlichen Mitteln gewährt werden *und* zum anderen dem Staat auch zurechenbar sein müssen.[59] Unter Bezugnahme auf *Landbroke Racing* präzisiert der EuGH die Voraussetzungen für eine staatliche Mittelzurechnung erneut. Er führt aus, dass es maßgeblich ist, ob sich die betreffenden Mittel unter staatlicher Kontrolle befinden und staatlichen Stellen daher zur Verfügung stehen. Konsequenterweise seien somit auch Mittel einer privatrechtlich organisierten Institution in staatlichem Eigentum als staatliche Mittel anzusehen, selbst wenn sie die Gelder aus ihrem laufenden Geschäftsbetrieb erwirtschaftet habe und diese nicht auf Dauer zum Vermögen des Staates gehörten.[60] Wie bereits in der Entscheidung *Landbroke Racing* bedient sich der EuGH zur Mittelzurechnung insofern erneut des Kontrollkriteriums, indem er auf die abstrakte Kontrollmöglichkeit des Staates in Bezug auf die gewährende Einheit abstellt.[61]

Vor allem aber trifft der EuGH eine deutliche Unterscheidung zwischen den Voraussetzungen, die an die Mittelzurechnung einerseits und die Transferzurechnung andererseits zu stellen sind.[62] Während für das Vorliegen staatlicher Mittel (Mittelzurechnung) die (abstrakte) Kontroll*möglichkeit* erforderlich sei, bedürfe es für eine Zurechnung (Transferzurechnung) der (konkreten) *Ausübung* dieser Kontrolle. Die erforderliche Differenzierung zwischen Mittel- und Transferzurechnung kommt insbesondere in dem Hinweis des EuGH deutlich zum Ausdruck, aufgrund des Vorliegens staatlicher Mittel könne nicht automatisch auf die staatliche Zurechenbarkeit der Zahlungen geschlossen werden.[63] So müsse trotz der Möglichkeit der öffentlichen Hand, auf die Tätigkeit der ge-

---

[58] EuGH, Rs C-482/99, Frankreich ./. Kommission, Slg. 2002, I-4397, 4440 ff. Rn. 24 ff.; dazu auch oben unter Teil 3, § 1 W.

[59] EuGH, Rs C-482/99, Frankreich ./. Kommission, Slg. 2002, I-4397, 4440 Rn. 24.

[60] EuGH, Rs C-482/99, Frankreich ./. Kommission, Slg. 2002, I-4397, 4440 Rn. 37.

[61] Angesichts der offensichtlich vom EuGH in *Landbroke Racing* und *Stardust Marine* sinngleichen Belegung der Termini „unter Kontrolle stehen" und „zur Verfügung stehen" werden im Rahmen dieser Untersuchung auch die Begriffe der Kontroll- und Verfügungsmöglichkeit in diesem Zusammenhang grundsätzlich synonym behandelt.

[62] EuGH, Rs C-482/99, Frankreich ./. Kommission, Slg. 2002, I-4397, 4444 Rn. 51.

[63] EuGH, Rs C-482/99, Frankreich ./. Kommission, Slg. 2002, I-4397, 4444 Rn. 52.

währenden Institution einen beherrschenden Einfluss auszuüben, zusätzlich nachgewiesen werden, dass im jeweiligen Fall auch konkret Einfluss genommen wurde.[64] Erst eine Einzelfallprüfung könne insoweit ergeben, ob die staatlichen Behörden tatsächlich am Erlass der fraglichen Maßnahmen beteiligt waren. Der Europäischen Kommission könne dabei durchaus abverlangt werden, verschiedene Indizien zu untersuchen und gegebenenfalls aus einem Komplex von Indizien eine Zurechnung der Gewährungsentscheidung vorzunehmen.[65] Um der Umgehung des Beihilfeverbots zu begegnen, fasst der EuGH diesen Indizienkatalog sehr weit und ermöglicht durch ein flexibles Wertungsinstrumentarium die Einordnung unterschiedlichster Fallgestaltungen. Als zurechnungsrelevant bezeichnet der EuGH in einer nicht abschließenden Aufzählung eine von staatlichen Stellen ausgehende Anweisung, aber gleichermaßen auch weniger intensive Einflussnahmen staatlicher Stellen. Als solche seien beispielsweise das Bestehen eines Vorbehalts der Zustimmung behördlicher Stellen oder ein Handeln nach Maßgabe interministerieller Richtlinien anzusehen. Ferner seien die Eingliederung des Unternehmens in die Strukturen der öffentlichen Verwaltung, die Art seiner Tätigkeit und deren Ausübung auf dem Markt unter normalen Bedingungen des Wettbewerbs mit privaten Wirtschaftsteilnehmern, sowie die Organisationsform des Unternehmens und die Intensität der behördlichen Aufsicht über die Unternehmensführung als mögliche Indizien zu beachten. Außerdem fügt der EuGH generalklauselartig hinzu, es seien ebenso sämtliche anderen Indizien einzubeziehen, die auf eine Beteiligung bzw. die Unwahrscheinlichkeit einer fehlenden Beteiligung staatlicher Stellen am Erlass der finanzwirksamen Entscheidungen hinweisen.[66]

---

[64] EuGH, Rs C-482/99, Frankreich ./. Kommission, Slg. 2002, I-4397, 4444 Rn. 51.

[65] EuGH, Rs C-482/99, Frankreich ./. Kommission, Slg. 2002, I-4397, 4444 Rn. 55.

[66] EuGH, Rs C-482/99, Frankreich ./. Kommission, Slg. 2002, I-4397, 4445 f. Rn. 56. Die Grundaussagen in Bezug auf die Prüfung des Zurechnungstatbestandes in zwei kumulativen Ebenen hat beispielsweise das EuG unter Berufung auf das *Stardust Marine*-Urteil ausdrücklich wiederholt, verbundene Rs T-228/99 und T-233/99, Westdeutsche Landesbank Girozentrale u. Land NRW ./. Kommission, Slg. 2003, II-435, 499 Rn. 179. Auch die Kommission berücksichtigt in einigen ihrer jüngeren Entscheidungen die Zweiteilung des Zurechnungstatbestandes, vgl. Kommission, Entscheidung vom 11.12.2002, ABlEG 2003 L 108, S. 35, 38 Rn. 19-21; Kommission, Entscheidung vom 05.03.2003, ABlEG 2003 L 199, S. 28, 33 Rn. 27.

## D. Fallabhängige Notwendigkeit von Mittel- und Transferzurechnung

Der in der Entscheidung *Stardust Marine* begründete Zurechnungsmodus unter kumulativer Berücksichtigung der Zurechenbarkeit von Mitteln und Transferleistung beschließt (vorläufig) eine sich über die letzten 30 Jahre äußerst dynamisch wandelnde Rechtsprechung zum Tatbestandsmerkmal der staatlichen Zurechnung. Die erstmals klare Strukturierung des Zurechnungstatbestandes am Beispiel eines öffentlichen Unternehmens in staatliche Mittel- und Transferzurechnung sowie die erhöhten Anforderungen an die Zurechenbarkeit der Transferentscheidung ist nicht zuletzt angesichts der aus der exemplarisch beschriebenen wenig homogenen Entscheidungspraxis der Europäischen Kommission[67] zu diesem Tatbestandsmerkmal uneingeschränkt zu begrüßen.[68]

Neben den an die Transferzurechnung zu stellenden Anforderungen war jedoch bis in jüngster Vergangenheit auch umstritten, ob es einer staatlichen Mittelzurechnung *überhaupt* bedarf und ob nicht eine Transferzurechnung im Sinne des Art. 87 Abs. 1 EGV grundsätzlich ausreichend ist.[69] Wohl vorerst abschließend hat der EuGH dieses Problem im Rahmen seiner Entscheidung in der Rechtssache *PreussenElektra* geklärt[70], in welcher er im Wesentlichen konträr zu einem nicht unerheblichen Teil des Schrifttums das Erfordernis einer staatlichen Mittelbelastung generell bejaht.[71]

Nachfolgend wird zunächst die Voraussetzung der Mittelzurechnung in Form eines finanziellen Opfers des Staates auf ihre Berechtigung hin untersucht. Daran schließt sich die Erörterung der Frage an, inwieweit und in welchen Fallkonstellationen es einer zusätzlichen Zurechnung der Transferentscheidung im Sinne einer konkret nachweisbaren Einflussnahme überhaupt bedarf, sowie welche Auswirkungen das gefundene Ergebnis auf den Tatbestand des Art. 87 Abs. 1 EGV insbesondere in dogmatischer Hinsicht hat.

---

[67] Vgl. hierzu oben Teil 3, § 2.

[68] Das *Stardust Marine*-Urteil ist für seine Feststellungen zur Transferzurechung, insbesondere in Form des Nachweiserfordernisses mittels Indizienbeweises indes stark kritisiert worden; vgl. dazu nur SCHOHE/ARHOLD, EStAL 2002, 37 f.; GAHLEITHNER, ELR 2002, 275; BAUER, EWS 2002, 375; REICH/HELIOS, EuZW 2003, 476; BARTOSCH, NJW 2002, 3592; SOLTÉSZ/MAKOWSKI, EuZW 2003, 78; HAKENBERG/ERLBACHER, ECLR 2003, 433.

[69] So beispielsweise KOPPENSTEINER, Subventionsverbot, S. 109; SEIDEL, KSE 32 (1984), S. 64; SLOTBOOM, ELR 1995, 290 ff.; MODLICH, Infrastrukturmaßnahmen, S. 41; Kommission, 26. Bericht über die Wettbewerbspolitik, Rn. 171; RICHTER, RdE 1999, 25 m.w.N.

[70] EuGH, Rs C-379/98, PreussenElektra AG ./. Schleswag, Slg. 2001, I-2099, 2181 Rn. 58.

[71] Vgl. nur KOENIG/KÜHLING, NVwZ 2001, 768; SPIEGEL, ELR 2001, 126 f.

## I. Zurechnungsrelevante Unterscheidung zwischen unmittelbar und mittelbar staatlicher Finanzierung

Zur besseren Strukturierung und Lösung der Zurechnungsproblematik sowie aufgrund der verschiedenen jeweiligen Anforderungen an den Zurechnungstatbestand bietet es sich an, grundsätzlich zwischen zwei verschiedenen Fallkonstellationen zu unterscheiden. Insofern wird zur weiteren Analyse zwischen unmittelbar staatlicher Finanzierung und mittelbar staatlicher Finanzierung durch hoheitlich benannte Einrichtungen differenziert. Dies beruht vor allem darauf, dass die Frage nach der Erforderlichkeit einer staatlichen Mittelbelastung für beide Konstellationen gleichermaßen maßgeblich ist, jedoch das Problem der Transferzurechnung unter den Voraussetzungen, die der EuGH in der Rechtssache *Stardust Marine* aufstellt, letztlich nur in Fällen mittelbar staatlicher Finanzierung Bedeutung erlangt. Diese Differenzierung liegt neben dem Normtext des Art. 87 Abs. 1 EGV erkennbar auch der Rechtsprechung von EuGH und EuG zugrunde. Zwar geht aus der Rechtsprechungsanalyse hervor, dass die entsprechende Zuordnung der beiden Alternativen des Zurechnungstatbestandes von EuGH und EuG nicht immer ganz klar war und überwiegend offen gelassen wurde. Die Urteile zu Art. 87 EGV sind aber offenbar so aufzufassen, dass die Alternative „staatliche Beihilfe" als unmittelbare Finanzierung der Förderung aus dem Staatshaushalt zu verstehen ist, während die Variante „aus staatlichen Mitteln" als weiter gefasster Begriff die Mittel aus staatlich benannten bzw. eingesetzten Einrichtungen erfasst.[72]

### 1. Unmittelbar staatliche Finanzierung

Unter der Kategorie der unmittelbar staatlichen Finanzierung werden die Fallgestaltungen zusammengefasst, in welchen Fördermaßnahmen direkt durch den Hoheitsträger, (beispielsweise per Legislativakt oder Administrativakt etwa durch ein Ministerium) vorgenommen werden. Charakterisierend für diese Konstellation ist damit, dass der Staat unmittelbar selbst die Mittel gewährt.

---

[72] Darauf deutet zumindest die Standardformulierung des EuGH zur Auslegung des zu den zwei alternativen Varianten des Tatbestandsmerkmals der staatlichen Zurechenbarkeit des Art. 87 Abs. 1 EGV hin: „Die in dieser Bestimmung vorgenommene Unterscheidung zwischen „staatlichen" und „aus staatlichen Mitteln gewährten" Beihilfen bedeutet nämlich nicht, dass alle von einem Staat gewährten Vorteile unabhängig davon Beihilfen darstellen, ob sie aus staatlichen Mitteln finanziert werden, sondern dient nur dazu, in den Beihilfebegriff die unmittelbar vom Staat gewährten Vorteile sowie diejenigen, die über eine vom Staat benannte oder errichtete öffentliche oder private Einrichtung gewährt werden, einzubeziehen". Vgl. u.a. EuGH, Rs C-379/98, PreussenElektra AG ./. Schleswag, Slg. 2001, I-2099, 2181 Rn. 58 f.; dazu KOENIG/KÜHLING, ZUM 2001, 543.

Hoheitsträger und gewährende Stelle sind somit identisch.

Von den in der Rechtsprechungsübersicht dargestellten Entscheidungen sind dieser Fallgruppe die Urteile *Van Tiggele*, *Norddeutsches Vieh- und Fleischkontor*, *Sloman Neptun*, *Kirsammer-Hack*, *Viscido*, *Ecotrade*, *Italien ./. Kommission (1999)*, *Piaggio*, *Bundesrepublik Deutschland ./. Kommission (2000)*, *Landbroke Racing* sowie die Rechtssache *PreussenElektra* zuzuordnen. In all diesen Fällen liegen Legislativakte vor, für die sich unter Einbeziehung ihrer wirtschaftlichen Auswirkungen die Frage der staatlichen Zurechnung stellt. Der Gerichtshof hat dabei die umstrittene staatliche Zuordnung der Maßnahmen jeweils anhand der Mittelzurechnung beurteilt.[73]

## 2. Mittelbar staatliche Finanzierung durch hoheitlich benannte Einrichtungen

Die Fallgruppe der mittelbar staatlichen Finanzierung durch hoheitlich benannte Einrichtungen umfasst hingegen alle Konstellationen, in welchen der Staat Fördermaßnahmen mittels selbständiger zwischengeschalteter Institutionen in Form von öffentlichen Unternehmen, staatlichen Fonds oder Sonderkassen und dergleichen durchführt. Charakteristisch für diese Kategorie ist folglich, dass der Staat indirekt Mittel gewährt und die gewährende Einheit nicht unmittelbarer Bestandteil des Staates ist. Damit fallen Hoheitsträger und gewährende Institution auseinander, letztere ist dem Staat jedoch (gegebenenfalls) zuzurechnen. Den Urteilen *Van der Kooy*, *Griechenland ./. Kommission*, *Italien ./. Kommission (1991-I)*, *Italien ./. Kommission (1991-II)* sowie *Stardust Marine* liegt jeweils eine Fallgestaltung zugrunde, in welcher der Staat die Begünstigungen durch zwischengeschaltete Unternehmen gewährte, an welchen die öffentliche Hand beteiligt war. Die Entscheidungen *Italien ./. Kommission (1974)*, *Steinike und Weinlig*, *Compagnie Commerciale de l'Ouest*, *Kommission ./. Frankreich* sowie *Air France ./. Kommission* fallen ebenfalls unter diese Rubrik, da es sich um Konstellationen handelt, in welchen Mittel aus staatlichen Fonds gewährt wurden und damit gleichermaßen die Leistungsgewährung über eine zwischengeschaltete Einheit erfolgte. Bereits oben wurde ausgeführt, dass sich die Rechtsprechung in diesen Fällen für eine staatliche Zurechnung alternativ sowohl der Mittel- als auch der Transferzurechnung bediente und zuletzt im Verfahren *Stardust Marine* unter kumulativer Anwendung beider Zurechnungsmodi entschied.[74]

---

[73] Siehe dazu Teil 4, § 2 A.

[74] Hierzu Teil 4, § 2 A-C.

## II. Mittelzurechnung

In Ansehung der Vorgehensweise der Rechtsprechung, die sowohl in Konstellationen unmittelbar staatlicher Finanzierung als auch (einigen) Fällen mittelbar staatlicher Finanzierung dem Staat beihilferelevante Maßnahmen unter dem Aspekt der Mittelzurechnung zuweist, wird nachfolgend das grundsätzliche Erfordernis der staatlichen Mittelbelastung für beide Kategorien untersucht. Obwohl sich, wie gezeigt, die Mittelzurechnung als ein von der Rechtsprechung mit einiger Regelmäßigkeit angewandtes Kriterium der Zuordnung von Fördermaßnahmen zum Staat herausgebildet hat, wurde dieses Zurechnungsmerkmal immer wieder in Zweifel gezogen.[75] Zuletzt wurde eine scharfe Debatte um das Erfordernis der staatlichen Mittelbelastung bzw. Mittelzurechnung im Sinne einer weiten, mittleren oder engen Auslegung anlässlich des *PreussenElektra*-Verfahrens geführt. Dem Richterspruch in dieser Sache wurde in Bezug auf die Thematik der Mittelzurechnung insofern auch abschließend klärende Wirkung zunächst prophezeit und später auch beigemessen.[76]

Die Besonderheit des *PreussenElektra*-Urteils hinsichtlich des Erfordernisses der staatlichen Mittelzurechnung liegt darin, dass der EuGH die Grundsätze seiner Zurechnungsrechtsprechung erstmals auf eine Fallkonstellation anwendet, in welcher es nicht um die Beurteilung einer gesetzlichen Norm und darauf beruhender Vorteile geht, die in bestimmten Wirtschaftsteilnehmern gewährten Abweichungen von zwingenden Regeln des Sozialversicherungs- und Konkursrechts oder des Arbeitnehmerschutzes liegen. Vielmehr gilt es in der Rechtssache *PreussenElektra* eine Norm zu beurteilen, die einen staatlich gelenkten Mittelfluss unter Privatpersonen begründet. Ist es in den meisten vor *PreussenElektra* entschiedenen und hier aufgeführten Fällen stets so gewesen, dass der Staat auf die Einhaltung bestimmter Vorschriften verzichtete und somit die Normadressaten durch eine verminderte Abgabenlast oder Verpflichtung zur Lohnzahlung begünstigte, ordnen die Regelungen des deutschen Stromeinspeisungsgesetzes unmittelbar die Übertragung finanzieller Mittel von einem Wirtschaftsteilnehmer auf den anderen an.[77] Gewichtige Bedeutung ist in diesem Verfahren den Ausführungen von Generalanwalt *Jacobs* zugeschrieben wor-

---

[75] Siehe nur SLOTBOOM, ELR 1995, 290 ff., insb. 293; MODLICH, Infrastrukturmaßnahmen, S. 41; Kommission, 26. Bericht über die Wettbewerbspolitik, Rn. 171; KOPPENSTEINER, Subventionsverbot, S. 109; SEIDEL, KSE 32 (1984), S. 64; KOENIG/KÜHLING/RITTER, EG-Beihilfenrecht, S. 75; KOENIG/KÜHLING, NVwZ 2001, 769; RICHTER, RdE 1999, 25 m.w.N.

[76] Vgl. KOENIG/KÜHLING, NVwZ 2001, 769.

[77] GA JACOBS, Schlussanträge, in: EuGH, Rs C-379/98, PreussenElektra AG ./. Schleswag, Slg. 2001, I-2099, 2101 ff. Rn. 12 ff., 2109 ff. Rn. 23 ff.

den,[78] der zunächst die Frage nach einem Überdenken der bisherigen, überwiegend an der Mittelzurechnung festhaltenden Rechtsprechung des EuGH stellt,[79] diesen Gedanken für den Fall *PreussenElektra* jedoch letztlich verwift. Der EuGH ignoriert die Ausführungen des Generalanwalts und äußert sich in der Entscheidung vergleichsweise knapp zum Zurechnungstatbestand. In der Sache behält er schließlich die restriktive Auslegung des Merkmals der staatlichen Zurechenbarkeit bei und konstatiert damit die Notwendigkeit einer staatlichen Mittelbelastung im Rahmen der Prüfung des Art. 87 Abs. 1 EGV in klärender Form.

### 1. Entwicklung des zur Mittelzurechnung vertretenen Meinungsspektrums

In der Literatur zur staatlichen Mittelzurechnung, deren Inhalte sich weitgehend in der Interpretation der Entscheidungen von EuGH und EuG erschöpft, haben sich in Form einer weiten, einer engen sowie einer vermittelnden Auffassung im Wesentlichen drei Sichtweisen zum Erfordernis der staatlichen Herkunft der vergebenen Mittel herauskristallisiert.

#### a) Weite Auffassung

Eine weite Ansicht des Tatbestandsmerkmals „staatliche oder aus staatlichen Mitteln gewährte Beihilfen“ interpretiert die tatbestandliche Unterscheidung zwischen den beiden Alternativen dahingehend, dass jeder durch staatliche Regelung bedingte geldwerte Vorteil für bestimmte Unternehmen oder Produktionszweige unabhängig von einer etwaigen Übertragung von Mitteln eine Beihilfe darstellt. Im Umkehrschluss zur zweiten Alternative, in welcher ausdrücklich die Belastung staatlicher Mittel vorausgesetzt werde, folge für die erste Alternative „staatliche Beihilfen“, dass auch und gerade solche Beihilfen in Betracht kommen, die keinerlei staatliche Mittelbelastung nach sich ziehen und damit beim Staat keinen Vermögensnachteil verursachen. Der Beihilfetatbestand sei demnach gleichermaßen zu bejahen, ohne, dass die konkrete Maßnahme eine Belastung öffentlicher Haushalte mit sich bringen müsse.[80] Folge dieser ausschließlich auf die Transferzurechnung abstellenden Ansicht ist, dass beispielsweise ebenfalls die in der Rechtssache *Kirsammer-Hack* staatlich auferlegte selektive Anwendung von Kündigungsschutzbedingungen als staatliche Beihilfe

---

[78] Vgl. dazu BARTOSCH, NJW 2002, 3591.

[79] Besonderes Augenmerk widmete der Generalanwalt dabei der Entscheidung *Van der Kooy*, in welcher es wie bei *PreussenElektra* ebenfalls um eine staatliche Preisregelung ging.

[80] SLOTBOOM, ELR 1995, 290 ff., 293; MODLICH, Infrastrukturmaßnahmen, S. 41; Kommission, 26. Bericht über die Wettbewerbspolitik, Rn. 171; KOPPENSTEINER, Subventionsverbot, S. 109; SEIDEL, KSE 32 (1984), S. 64; RICHTER, RdE 1999, 25 m.w.N.

zu qualifizieren wäre.

Nachdem die Europäische Kommission bereits in der Entscheidung *Steinike und Weinlig* diesen weiten Interpretationsansatz andeutet,[81] taucht er erstmals noch klarer formuliert in den Schlussanträgen des Generalanwalts *Verloren van Themaat* im Rahmen der Rechtssache *Norddeutsches Vieh- und Fleischkontor* auf. Der Generalanwalt meldet darin ausdrücklich Zweifel an der Richtigkeit der Rechtsauffassung des Gerichtshofes und teilweise auch der Europäischen Kommission in Bezug auf das Erfordernis einer staatlichen Mittelbelastung an und vertritt, dass eine Gewährung finanzieller Vorteile durch Mitgliedstaaten ohne eine Belastung öffentlicher Haushalte ebenso unter das Beihilfeverbot fällt. Als Beispiel führt er Tarifermäßigungen an, die Elektrizitäts- oder Transportunternehmen zugunsten bestimmter Unternehmen oder bestimmter Erzeugnisse ohne Kostenerstattung vorgeschrieben werden.[82] Das Urteil *Kommission ./. Frankreich* gibt den Zweifeln des Generalanwalts neue Nahrung. Angesichts des klaren Widerspruchs zu der Begründung einer staatlichen Beihilfe in den Urteilen *Van Tiggele* und *Norddeutsches Vieh- und Fleischkontor* sowie der Aussage, bereits aus dem Wortlaut des Art. 87 Abs. 1 EGV ergebe sich, dass staatliche Beihilfen nicht nur solche seien, die aus staatlichen Mitteln finanziert werden, macht sich gleichfalls im Schrifttum Unsicherheit über die Folgen dieses Urteils breit. Einige Autoren interpretieren die Entscheidung in der Weise, dass der Gerichtshof das Kriterium der Belastung öffentlicher Mittel aufgegeben habe.[83] Teilweise wird hingegen auch weiterhin an diesem Zurechnungskriterium festgehalten.[84] Schließlich beseitigt der EuGH diese Unklarheiten in der Entscheidung *Sloman Neptun*, indem er wieder, unmissverständlich das Herkunftskriterium betonend, die weite Auslegung ablehnt und auf die Übertragung

---

[81] Nach der in diesem Verfahren geäußerten Ansicht der Kommission kommt es im Hinblick auf Art. 87 Absatz 1 EGV kaum darauf an, dass die verwendeten „staatlichen“ Mittel aus dem allgemeinen Hauhalt oder aus besonderen zweckgebundenen Abgaben oder aus Beiträgen stammen, die durch einen staatlichen Rechtsakt vorgeschrieben sind. Selbst wenn im letztgenannten Fall ausnahmsweise die Belastung genau dem Gewinn entspräche, so bleibe doch die Tatsache bestehen, dass es das staatliche Eingreifen sei, das es den Empfängern ermöglicht habe, sich „selbst zu helfen“. Art. 87 EGV sei daher anwendbar; Wiedergabe der Ansicht der Kommission in EuGH, Slg. 1977, 595, 601.

[82] GA VERLOREN VAN THEMAAT, Schlussanträge, in: EuGH, Rs 213-81, Norddeutsches Vieh- und Fleischkontor Herbert Will u.a. ./. Bundesanstalt für landwirtschaftliche Marktordnung, Slg. 1982, I-3583, 3617.

[83] SLOTBOOM, ELR 1995, 293; MODLICH, Infrastrukturmaßnahmen, S. 41; RODGER, ECLR 1999, 254.

[84] GTE-WENIG, EWGV, Art. 92 Rn. 11.

staatlicher Mittel abstellt.[85] Hingegen vertreten die Europäische Kommission[86] und Generalanwalt *Darmon*[87] auch noch in diesem Verfahren die Auffassung, dass das Kriterium „Belastung öffentlicher Mittel“ keine Berechtigung hat. Der Generalanwalt formuliert dabei als Grundsatz, eine Beihilfe im Sinne des Art. 87 EGV liege ganz unabhängig von der Herkunft der Mittel immer schon dann vor, sobald ein Unternehmen durch eine Ausnahmeregelung begünstigt werde, die sich aus einem konkreten Verhalten des Staates ergebe.[88] Die einzige grundlegende Voraussetzung für die Anwendung der Vorschrift sei danach vielmehr der Ausnahmecharakter, den die Maßnahme ihrem Wesen nach gegenüber der Struktur des allgemeinen Systems habe, zu dem sie gehöre.[89]

Auch nachfolgend lässt die Rechtsprechung von EuGH und EuG letztlich eine klare Linie vermissen. Zwar bedient sich die Rechtsprechung in einer Vielzahl von weiteren Entscheidungen zu regulatorischen Eingriffen ebenso des Herkunftskriteriums.[90] Dennoch wird in einigen anderen Entscheidungen das Zurechnungsmerkmal primär mit Hilfe der Transferzurechnung ermittelt.[91] Das Urteil *Kommission ./. Portugal*,[92] in welchem der EuGH feststellt, dass eine Beihilfe im Sinne des Art. 87 Abs. 1 EGV nicht voraussetzt, dass staatliche Mittel an den Begünstigten transferiert werden, ist jedoch ebenso den Entscheidungen zuzuordnen, in welchen auf die Mittelzurechnung abgehoben wird.[93] Die Aussagen sind so zu verstehen, dass es lediglich keines Mittelflusses im Sinne einer Finanzbewegung bedarf, eine faktische Mittelbelastung des Staatshaushaltes hingegen erforderlich ist. Dies geht aus der vorangehenden Aussage hervor, auch jenseits einer aktiven Mittelgewährung seien solche Maßnahmen als Bei-

---

85 Vgl. KOENIG/KÜHLING, NVwZ 2001, 769.

86 Vgl. dazu Teil 3, § 2 A.

87 GA DARMON, Schlussanträge, in: EuGH, verb. Rs C-72/91 und C-73/91, Sloman Neptun Schifffahrts AG ./. Seebetriebsrat Bodo Ziesemer der Sloman Neptun Schifffahrts AG, Slg. 1993, I-887, 905 ff.

88 GA DARMON, Schlussanträge, in: EuGH, verb. Rs C-72/91 und C-73/91, Sloman Neptun Schifffahrts AG ./. Seebetriebsrat Bodo Ziesemer der Sloman Neptun Schifffahrts AG, Slg. 1993, I-887, 912 Rn. 41.

89 GA DARMON, Schlussanträge, in: EuGH, verb. Rs C-72/91 und C-73/91, Sloman Neptun Schifffahrts AG ./. Seebetriebsrat Bodo Ziesemer der Sloman Neptun Schifffahrts AG, Slg. 1993, I-887, 912 Rn. 50.

90 Siehe beispielsweise die Urteile *Kirsammer-Hack*, *Viscido*, *Ecotrade*, *Piaggio*.

91 Vgl. nur die Entscheidungen *Van der Kooy*, *Griechenland ./. Kommission*, *Italien ./. Kommission (1991-I)*, *Italien ./. Kommission (1991-II)*.

92 Siehe dazu Teil 3, § 1 T.

93 EuGH, Rs C-404/97, Kommission ./. Portugal, Slg. 2000, I-4897, 4937 Rn. 45.

hilfe anzusehen, die in verschiedener Form die gewöhnlich von einem Unternehmen zu tragenden Belastungen verminderten.[94]

### b) Enge Auffassung

Die enge Auffassung, welcher neben der überwiegenden Literatur[95] gleichermaßen der EuGH in seiner Entscheidung *PreussenElektra* gefolgt ist, fordert für das Vorliegen der staatlichen Mittelzurechnung, dass die Mittel zunächst in einen öffentlichen Haushalt fließen, ehe sie an Unternehmen weiter geleitet werden.[96] Die gegenwärtige Ausprägung der engen Ansicht ist so zu verstehen, dass es einer aktuellen oder potentiellen[97] Mittelbelastung öffentlicher Haushalte bedarf, wobei dabei einerseits sämtliche staatliche Haushalte sowie andererseits auch die Haushalte hoheitlich benannter Einrichtungen umfasst sind. [98] Nicht erforderlich ist also, dass der Mitgliedstaat bei der Vergabe der Beihilfe selbst in Erscheinung tritt. Vielmehr fallen nach dieser Ansicht auch solche Fördermaßnahmen unter das Beihilferegime des EG-Vertrages, die auf private oder außerstaatliche öffentliche Stellen zurückgehen, sofern die zum Einsatz gelangenden Mittel nur staatliche sind. Voraussetzung ist mithin, dass die betreffenden Organisationen über öffentliche Finanzmittel[99] verfügen.[100] Zu diesen öffentlichen Finanzmitteln zählen nach dem Dafürhalten der modernen Vertreter dieser An-

---

[94] EuGH, Rs C-404/97, Kommission ./. Portugal, Slg. 2000, I-4897, 4936 Rn. 44.

[95] LÜBBIG, WuW 1999, 251; PÜNDER, NVwZ 1999, 1060; DEDERER, BayVBl. 2001, 367; JENNERT, WRP 2003, 467; HEIDENHAIN, EuZW 2000, 730; MÜLLER-GRAFF, ZHR 152 (1988), 423 f.; HOISCHEN, Beihilferegelung, S. 32 f.; HAUSNER, Subventionen, S. 80; NAGEL, ZNER 2000, 107 ff. m.w.N.

[96] KOENIG/KÜHLING/RITTER, EG-Beihilfenrecht, S. 75; KOENIG/KÜHLING, NVwZ 2001, 769.

[97] Diese potentielle Belastung des Haushalts ist insbesondere auch für staatliche Bürgschaften oder sonstige Garantieleistungen wie Anstaltslast, Gewährträgerhaftung etc. von Bedeutung. In solchen Fällen werden staatliche Haushalte nur dadurch belastet, dass eine Haftung für ein bestimmtes Unternehmen besteht, die sich in der Zukunft realisieren kann. Das Beihilfeelement selbst liegt in der Regel darin, dass eine Garantiezusage ohne entsprechende Gegenleistung des Empfängers gewährt wird, HARINGS, Praxis, S. 12.

[98] GA JACOBS, Schlussanträge, in: EuGH, Rs C-379/98, PreussenElektra AG ./. Schleswag, Slg. 2001, I-2099, 2142 f. Rn. 171; LÜBBIG, WuW 1999, 251; PÜNDER, NVwZ 1999, 1060; DEDERER, BayVBl. 2001, 367; JENNERT, WRP 2003, 467; HEIDENHAIN, EuZW 2000, 730; NAGEL, ZNER 2000, 107 ff.; ZIVIER, Jura 1997, 117. Vgl. auch FALK, ZIP 1999, 739.

[99] Die geeigneten Parameter zur Bestimmung öffentlicher Mittel werden unter Teil 4, § 2 E I 1 und II 1 c) untersucht.

[100] KOENIG/KÜHLING/RITTER, EG-Beihilfenrecht, S. 75; MÜLLER-GRAFF, ZHR 152 (1988), 423; RITGEN, RdE 1999, 183.

sicht neben dem Vermögen von Selbstverwaltungskörperschaften ebenso die Einnahmen öffentlicher Unternehmen sowie parafiskalisch finanzierte Unterstützungskassen.[101]

Unter den Anhängern dieser engen Sichtweise war indes lange Zeit nicht unumstritten, wie der Begriff des öffentlichen Haushalts zu verstehen sei. Teilweise wurde vertreten, dass die Mittel letztlich aus dem (Staats-) Haushalt stammen müssten und damit gerade die Finanzen parafiskalisch finanzierter Fonds und öffentlicher Unternehmen nicht dazu gehören würden.[102] Ein Beihilfenbericht der Europäischen Kommission formulierte bereits vorsichtiger, dass für die öffentliche Hand Ausgaben bzw. Einnahmeverluste feststellbar sein müssten.[103] Die *PreussenElektra*-Entscheidung hätte man insofern auch dahingehend verstehen können, dass die Voraussetzung einer Auswirkung auf den öffentlichen Haushalt nur im Falle einer Belastung des unmittelbaren Staatshaushalts selbst gegeben ist.[104] Durch das *Stardust Marine*-Urteil erteilt der Gerichtshof jedoch gerade einer solchen Interpretation der *PreussenElektra*-Entscheidung eine Absage; denn nach *Stardust Marine* ist geklärt, dass es ausreicht – aber auch stetiges Erfordernis ist - dass zumindest der Haushalt einer zwischengeschalteten Einrichtung belastet wird, die unter staatlicher Kontrolle steht bzw. deren Mittel den nationalen Behörden zur Verfügung stehen. Nahe liegender ist es jedoch, bereits die Ausführungen zur Zurechnung in der Rechtssache *PreussenElektra* ebenfalls in diese Richtung auszulegen. Zwar war der EuGH zumindest in Fällen, in welchen der Staat mittelbar durch zwischengeschaltete Institutionen in Form von Unternehmen handelte, bis dato primär nach den Gesichtspunkten der Transferzurechnung vorgegangen und hatte sich faktisch nicht weiter mit dem Erfordernis der Mittelzurechnung beschäftigt.[105] Einerseits spricht jedoch für eine Einbeziehung der Haushalte zwischengeschalteter Einrichtungen etwa in Form öffentlicher Unternehmen oder (parafiskalisch finanzierter) Unterstützungsfonds bereits der ausdrückliche Wortlaut des Urteils. Danach erstreckt sich der Zweck des Beihilfebegriffs auch darauf, über vom Staat benannte oder errichtete öffentliche oder private Einrichtungen gewährte Vorteile zu erfas-

---

[101] HOISCHEN, Beihilferegelung, S. 43; GS-MEDERER/TRIANTAFYLLOU, EU/EG, Art. 87 Rn. 25; MÜLLER-GRAFF, ZHR 152 (1988), 424. FISCHER, Europarecht, S. 300 fragt, ob der Staat insgesamt betrachtet unmittelbar oder mittelbar belastet wird.

[102] Vgl. z.B. HOISCHEN, Beihilferegelung, S. 43.

[103] Kommission, 3. Bericht über staatliche Beihilfen, Anhang I, S. 3.

[104] Dazu CASTENDYK/BARK, ZUM 2003, 484.

[105] Vgl. die Urteile *Kommission ./. Frankreich, Van der Kooy, Griechenland ./. Kommission, Italien ./. Kommission (1991-I), Italien ./. Kommission (1991-II).*

sen.[106] Andererseits ist nur eine solche Auslegung mit den in der Rechtssache *PreussenElektra* zitierten Entscheidungen wie beispielsweise *Sloman Neptun* vereinbar, wonach staatliche Mittel auch bei der Belastung der Haushalte hoheitlich benannter oder errichteter öffentlicher oder privater Einrichtungen vorliegen.[107] Neben öffentlichen Unternehmen ist daher insbesondere auch das Erfordernis der Mittelzurechnung parafiskalisch finanzierter Fonds an den Staat bereits von den Feststellungen des EuGH in der Entscheidung *PreussenElektra* gedeckt.[108]

### c) Vermittelnde Auffassung

Vertreten wird ferner, dass eine durch den Staat gelenkte, aus Vergütungs- oder Gebührenpflichten gespeiste Mittelbewegung ebenfalls als staatliche Beihilfe einzustufen sei. Nach der insofern zwischen der weiten und engen Auslegung vermittelnden Auffassung werden jegliche durch den Staat gelenkten Mittelzuflüsse erfasst, ohne dass eine unmittelbare oder mittelbare Belastung des Staatshaushaltes erforderlich wäre.[109] Nach dieser Ansicht ist zwar ein staatlich gelenkter Mittelfluss notwendig, jedoch auch hinreichend, um das Tatbestandsmerkmal der staatlichen Mittelzurechnung zu bejahen.[110] Die haushaltsmäßige Erfassung der Mittel ist nach dieser Ansicht nicht erforderlich. Folglich ist auch für den Fall, dass die entsprechenden Gelder nicht zunächst in einen Haushalt des Staates oder einer staatliche Einrichtung gelangen oder - im Falle eines hoheitlichen Verzichts - hätten gelangen müssen, von staatlichen Mitteln auszugehen.[111] Konsequenz dieser Auffassung ist, dass gesetzliche Bestimmungen über die Lenkung des Mittelflusses im Ergebnis dazu führen, dass sie kraft Ausübung regulatorischer Herrschaftsgewalt staatliche Mittel darstellen.[112] Nach der Ent-

---

[106] EuGH, Rs C-379/98, PreussenElektra AG ./. Schleswag, Slg. 2001, I-2099, 2181 Rn. 58.

[107] Siehe EuGH, Rs C-72/91 und C-73/91, Sloman Neptun Schifffahrts AG ./. Seebetriebsrat Bodo Ziesemer der Sloman Neptun Schifffahrts AG, Slg. 1993, I-887, 934 Rn. 19. So auch CASTENDYK/BARK, ZUM 2003, 484.

[108] Vgl. dazu die Rechtsprechung in *Italien ./. Kommission (1974)*, *Steinike und Weinlig* und *Compagnie Commerciale de l'Ouest* m.w.N. Siehe auch unter Teil 4, § 2 E II 2.

[109] KÜHLING, RdE 2001, 97 f.; KOENIG/KÜHLING/RITTER, EG-Beihilfenrecht, S. 75; STREINZ-KOENIG/KÜHLING, EUV/EGV, Art. 87 Rn. 44 f.; wohl auch SALJE, RIW 1998, 187 f. und IRO, RdE 1998, 13 f.

[110] KOENIG/KÜHLING/RITTER, EG-Beihilfenrecht, S. 75; KÜHLING, RdE 2001, 97 f.

[111] STREINZ-KOENIG/KÜHLING, EUV/EGV, Art. 87 Rn. 44; KÜHLING, RdE 2001, 97 f.; SALJE, RIW 1998, 187 f.

[112] KOENIG/KÜHLING, NVwZ 2001, 769.

scheidung des EuGH in der Rechtssache *PreussenElektra* dürfte nun weder die weite noch die vermittelnde Ansicht mehr vertretbar sein.[113]

## 2. Stellungnahme

Auch wenn die Frage der Erforderlichkeit eines finanziellen Opfers des Staates im Sinne der engen Auslegung angesichts bisheriger Entscheidungen der europäischen Gerichte wie beispielsweise in der Rechtssache *Van der Kooy* nicht immer eindeutig war,[114] sprechen doch die stärkeren Argumente für die enge Sichtweise. Für eine Mittelzurechnung ist danach neben der finanziellen Beanspruchung sämtlicher staatlicher Haushalte auch eine Belastung der Kassen hoheitlich benannter Einrichtungen ausreichend.[115] Nur diese Auslegung des Erfordernisses der staatlichen Mittelbelastung ermöglicht eine weitgehende Verhinderung staatlicher Umgehungen. Sie entspricht damit auch Sinn und Zweck der Artt. 87 ff. EGV. Wirtschaftlich gesehen kann es nämlich keinen Unterschied machen, ob die aufgrund staatlicher Maßnahme vergebenen Mittel unmittelbar den Staatshaushalt belasten oder aber die Bilanz eines sich in staatlichem Eigentum befindlichen öffentlichen Unternehmens bzw. eines staatlichen Fonds.

Der Wortlaut der Vorschrift des Art. 87 Abs. 1 EGV „staatliche oder aus staatlichen Mitteln gewährte Beihilfen" ist in Bezug auf die Frage, ob nun der weiten, der engen oder der vermittelnden Auffassung zur Mittelzurechnung zu folgen ist, wenig aussagekräftig. Zum einen spielt die grammatikalische Auslegung im Gemeinschaftsrecht schon wegen der Mehrsprachigkeit der Vertragstexte keine bedeutende Rolle.[116] Zum anderen ist der Wortlaut insoweit ambivalent, als die Vorschrift nichts Ausdrückliches darüber aussagt, aus welcher Quelle die Mittel stammen sollen. Daher ist es nicht verwunderlich, dass die Anhänger sämtlicher Interpretationsrichtungen sich auf den Wortlaut beziehen.[117]

Eines der Hauptargumente, welches gegen die konsequente Anwendung der engen Auffassung vorgebracht wird, ist der Wettbewerbsschutz. Dieser gebiete einen umfassenderen Ansatz, so dass nicht die Herkunft relevant sei, sondern für die Einordnung als Beihilfe ausschließlich die Auswirkungen einer Begüns-

---

[113] KOENIG/KÜHLING/RITTER, EG-Beihilfenrecht, S. 75.

[114] Vgl. dazu GÜNDISCH, NJW 2001, 3687.

[115] FOUQUET/ZENKE, ZNER 1999, 64; EuGH, Rs C-482/99, Frankreich ./. Kommission, Slg. 2002, I-4397, 4440 Rn. 37 ff.

[116] BEUTLER/BIEBER/PIPKORN/STREIL, EU, Rn. 530; BRASELMANN, EuR 1992, 55.

[117] Siehe dazu beispielsweise einerseits SLOTBOOM, ELR 1995, 298, andererseits, KRUSE, ZHR 165 (2001), 584.

tigung beachtet werden müssten.[118] Gerade aus dem Blickwinkel der in Art. 3 Abs. 1 lit. g EGV vorgegebenen Zielsetzung, ein System zu schaffen, das den Wettbewerb innerhalb des Binnenmarktes vor Verfälschungen schützt, sei es durchaus erstrebenswert, den Beihilfebegriff auf alle Maßnahmen auszudehnen, die selektive Wirkung hätten und daher verfälschend auf den Wettbewerb einwirkten.[119] So werde verkannt, dass staatliche Maßnahmen wie beispielsweise Festpreisregelungen und die Möglichkeit untertariflicher Lohnzahlungen genauso geeignet seien, den Handel und den Wettbewerb auf dem Gemeinsamen Markt zu verfälschen, wie es eine staatlich finanzierte Ausgleichszahlung vermöge.[120] Im Wege einer funktionalen Auslegung des Beihilfebegriffs könne es im Hinblick auf die wettbewerbsverfälschende Wirkung als ratio legis der Beihilferegelungen damit keinen Unterschied machen, ob die Begünstigung eines Unternehmens von direkt geleisteten Zahlungen des Staates oder aus einem - durch staatliche Regelung erzwungenen - privaten Mittelfluss herrühre.[121] Da private Mittel die Wettbewerbsverhältnisse ebenso beeinflussen würden als wenn die staatliche Intervention einzelnen Unternehmen Vorteile aus öffentlichen Quellen zuführe, bedürfe es der Bejahung der staatlichen Zurechnung und infolgedessen einer Anwendung der Beihilfevorschriften ebenso auf solche Sachverhalte.[122]

Einer derart funktionalen Auslegung ist jedoch entgegen zu halten, dass auf diese Weise nahezu jede gesetzliche Regelung durch die Beihilfeaufsicht erfasst wird. Staatlichem Handeln kommt schließlich in praktisch allen Fällen eine selektive Allokationswirkung zu. Da Art. 87 Abs. 1 EGV somit auf alle Maßnahmen des mitgliedstaatlichen Wirtschafts-, Arbeits- oder Sozialrechts anwendbar wäre, die wegen ihres selektiven Charakters wettbewerbsrelevante Auswirkungen hätten, würde dies eine Ausweitung der beihilferechtlichen Kontrollkompetenz der Europäischen Kommission zu einer allgemeinen wirtschafts- und industriepolitischen Kontrollbefugnis bedeuten.[123] Ein ausschließliches Abstellen auf die Begünstigungswirkung würde die Kompetenzen der Gemeinschaft daher zu stark zu Lasten der nach den Artt. 98 ff. EGV bei den Mitgliedstaaten verbliebenen Befugnis zu eigenständigen wirtschaftspolitischen Maßnahmen erweitern, die der Brüsseler Kontrolle gerade nicht unterliegen sollen.[124] Dies wä-

---

118 SALJE, RIW 1998, 188; SLOTBOOM, ELR 1995, 296.

119 RITGEN, RdE 1999, 181.

120 KOENIG/SANDER, EuR 2000, 764.

121 KOENIG/SANDER, EuR 2000, 764.

122 SALJE, RIW 1998, 188.

123 POHLMANN, Rechtsprobleme, S. 59 f.; JENNERT, WRP 2003, 467.

124 HEIDENHAIN, EuZW 2000, 730.

re auch rechtssystematisch falsch, weil die EU gerade keine Kompetenz-Kompetenz sondern nur die ihr übertragenen Befugnisse besitzt, die insofern nicht ausufern dürfen.[125]

Jegliche staatliche Intervention in das Wirtschaftsleben, die einzelnen Unternehmen Pflichten zum Vorteil anderer Unternehmen auferlegt, wäre dann als Beihilfe gemäß Art. 87 Abs. 1 EGV zu bezeichnen, auch wenn sie lediglich im verwaltungstechnischen Bereich etwa durch die Einführung von Preiskontrollen oder Normen im Umweltschutzbereich vorgenommen wird.[126] Insofern ist der Versuch, wie ihn die Europäische Kommission in der Entscheidung *PreussenElektra* unternimmt, die konsequente Anwendung der engen Auffassung unter dem Hinweis in Zweifel zu ziehen, die Art. 87 f. EGV müssten unter dem Gesichtspunkt der praktischen Wirksamkeit im Lichte des Art. 10 Abs. 2 EGV im Zuge eines Analogieschlusses zu Art. 81 EGV erweiternd ausgelegt werden, gerade nicht überzeugend.[127] Neben dem anderen Adressatenkreis des Beihilferechts im Vergleich zum Wettbewerbsrecht ist darauf hinzuweisen, dass die Folge einer Zurechnung von staatlichen Förderungen ohne damit einhergehender zumindest mittelbarer Übertragung staatlicher Mittel auf Unternehmen, nicht nur den wirtschaftspolitischen Handlungsspielraum der Mitgliedstaaten erheblich einschränken würde. Darüber hinaus wäre eine solche Rollenverteilung neben der Sprengung des institutionellen und kompetenzrechtlichen Rahmens, den der Vertrag in Art. 87 EGV angelegt hat, schon aus praktischen Gründen nur schwerlich umsetzbar.[128] Ebenso argumentiert Generalanwalt *Jacobs* in seinen Schlussanträgen in der Rechtssache *Viscido* und betont, dass der Grund für die Nicht-Einbeziehung wohl im Wesentlichen praktischer Art sei; denn wollte man alle derartigen Regelungen prüfen, so müsste man das gesamte Sozial- und Wirtschaftssystem eines Mitgliedstaates anhand des EG-Vertrages untersuchen.[129]

Der mit der engen Auffassung verbundene Vorteil, dem andernfalls uferlosen Beihilfetatbestand in einengendem Sinne schärfere Konturen zu verleihen,[130] kann auch durch das teilweise vorgebrachte Argument nicht entkräftet werden,

---

125 DEDERER, BayVBl. 2001, 367.

126 PÜNDER, NVwZ 1999, 1060.

127 Vgl. dazu Wiedergabe der Ansicht der Kommission in EuGH, Slg. 2001, I-2099, 2182 Rn. 63 f.

128 LÜBBIG, WuW 1999, 251.

129 GA JACOBS, Schlussanträge, in: EuGH, Rs C-52/97, C-53/97 und C-54/97, Epifanio Viscido u.a. ./. Ente Poste Italiane, Slg. 1998, I-2629, 2635 Rn. 16; vgl. dazu auch DAVIES, ILJ 1995, 58 ff.

130 KÜHNE, JZ 2001, 759; SOLTÉSZ, EuZW 1998, 751.

dass es angesichts des Tatbestandsmerkmals der Spezifität einer solchen Eingrenzung nicht bedürfe.[131] Dass das Kriterium der Spezifität ohnehin kaum geeignet ist, Beihilfen im Sinne des Art. 87 EGV von anderen staatlichen Eingriffen abzugrenzen und trennscharfe Ergebnisse zu liefern, zeigt die bisherige Fallpraxis deutlich.[132] Insbesondere für bestimmte Formen von Staatseingriffen (z.B. Steuervergünstigungen) oder im Bereich der Sozialversicherung ist es oft äußerst schwierig, die Selektivität einer Maßnahme zu bestimmen und staatliche Beihilfen von allgemeinen Maßnahmen abzugrenzen.[133] Außerdem scheint das formale Kriterium der auf Kosten des Staates gehenden, unmittelbaren oder mittelbaren Übertragung öffentlicher Mittel mit Blick auf die Erfüllung des Beihilfentatbestandes und die damit ausgelöste Beihilfenaufsicht für die Mitgliedstaaten berechenbarer; denn das Erfordernis, dass es sich bei den Mitteln um solche handeln muss, die dem Haushalt des Staates oder einer staatlichen Einrichtung entstammen oder an diese zu leisten wären, ermöglicht eine verhältnismäßig einfache und besonders praktikable Einordnung der relevanten Fördermaßnahmen.

Die auf eine streng formale Betrachtung abstellende enge Auffassung ist daher gleichermaßen im Sinne der Rechtssicherheit begrüßenswert.[134] Durch eine ausufernde Interpretation würde der Beihilfetatbestand letztlich - wenn auch ungewollt - zu einer allgemeinen Diskriminierungskontrolle fortentwickelt. An dieser wären dann sämtliche wirtschaftsrelevanten Handlungen der Mitgliedstaaten zu messen,[135] was vor allem aufgrund der Ausgestaltung des Art. 87 Abs. 1 EGV als präventiven Verbots mit Erlaubnisvorbehalt problematisch wäre. Als Folge eines weit auszulegenden Zurechnungstatbestandes wären außerdem auftretende Verzögerungen in weiten Teilen des reellen Wirtschaftslebens und eine erhöhte Rechtsunsicherheit zu befürchten, da eine Vielzahl teils komplexer mitgliedstaatlicher Maßnahmen erst nach langwierigen Prüfungen durch die Europäische Kommission durchgeführt werden könnte.[136]

Die enge Bestimmung der Mittelzurechnung, die auf der EG-vertraglichen Aufgabenabgrenzung zwischen Mitgliedstaaten und Europäischer Kommission

---

131 So SLOTBOOM, ELR 1995, 297.

132 Hierzu die Beispiele bei GS-MEDERER, EU, Art. 87 Rn. 37 ff.; Kommission, 24. Bericht über die Wettbewerbspolitik, Rn. 347-350.

133 GS-MEDERER, EU/EG, Art. 87 Rn. 37; STREINZ-KOENIG/KÜHLING, EUV/EGV, Art. 87 Rn. 53; siehe dazu auch oben Teil 3, § 2 D II.

134 DEDERER, BayVBl. 2001, 367; GÜNDISCH, NJW 2001, 3687.

135 STREINZ-KOENIG/KÜHLING, EUV/EGV, Art. 87 Rn. 44.

136 KÜHLING, RdE 2001, 98.

beruht, ist allerdings mit einer systemimmanenten Schwäche in Form einer erhöhten Umgehungsgefahr der Beihilfevorschriften behaftet. So haben es schlussendlich die Mitgliedstaaten je nach gewählter Fördermethode durch geschicktes Agieren in der Hand, einen bestimmten Fördersachverhalt der beihilferechtlichen Aufsicht entweder zu unterwerfen oder zu entziehen.[137] Demgemäß wird zu Recht auf die fließende Grenze des dem *PreussenElektra*-Fall zugrunde liegenden Sachverhalts zur beihilferechtlich relevanten Verwendung des Aufkommens parafiskalischer Abgaben hingewiesen.[138] Dem Urteil in der Rechtssache *PreussenElektra* und damit gleichfalls der engen Auffassung könnte man in der Tat sogar vorwerfen, dass es die Mitgliedstaaten gerade dazu einlädt, in das Marktgeschehen einzugreifen und Privaten aus politischen Erwägungen heraus Subventionierungspflichten zugunsten anderer Wirtschaftsteilnehmer aufzuerlegen. Auf diese Art ließe sich nicht nur die Beihilfekontrolle elegant umschiffen. Darüber hinaus würde ebenso der Staatshaushalt geschont, was gerade in Ansehung des Stabilitätspaktes einen zusätzlichen Vorteil darstellen würde.[139]

Das Resultat einer erhöhten Umgehungsmöglichkeit der Beihilfevorschriften durch die Mitgliedstaaten mag zwar wenig überzeugen, ist aber letztlich dem Integrationsstand des Gemeinsamen Marktes geschuldet, wie er im EG-Vertrag bestimmt ist. Es bedarf einer Grenzziehung zwischen der den Mitgliedstaaten verbleibenden Hoheit zu wirtschaftspolitischen Maßnahmen nach Artt. 98 ff. EGV und den beihilfenrechtlichen Aufsichtsbefugnissen der Europäischen Kommission nach Artt. 87 ff. EGV. Als Kehrseite der Umgehungsgefahr wirkt die enge Auffassung damit entsprechend den Grundentscheidungen des EG-Vertrages der Aushöhlung dieser mitgliedstaatlichen Kompetenzen entgegen.[140] Ferner bleibt darauf hinzuweisen, dass auch mittels der anderen EG-vertraglichen Instrumente - insbesondere den Grundfreiheiten aber auch den Regeln über die Rechtsangleichung - etwaige Systemlücken bei mittelbaren Begünstigungsfällen gegebenenfalls geschlossen werden können.[141]

Für eine weite Auslegung des Tatbestandes der Mittelzurechnung wurde auch angeführt, es spreche nichts dagegen, dass eine staatliche Maßnahme gleicher-

---

[137] SPIEGEL, ELR 2001, 127; KÜHLING, RdE 2001, 98; TREMMEL, ecolex 2001, 574.

[138] TREMMEL, ecolex 2001, 574.

[139] SPIEGEL, ELR 2001, 127.

[140] BLECKMANN/KOCH, FS Carl Heymanns, S. 309 f.; KRUSE, ZHR 165 (2001), 586.

[141] GA JACOBS, Schlussanträge, in: EuGH, Rs C-379/98, PreussenElektra AG ./. Schleswag, Slg. 2001, I-2099, 2139 Rn. 158; KOENIG/SANDER, EuR 2000, 764; KRUSE, ZHR 165 (2001), 585; GELLERMANN, DVBl 2000, 514.

maßen von den Vorschriften über die Grundfreiheiten und Art. 87 Abs. 1 EGV erfasst werde.[142] Freilich besteht zwischen den Artt. 28 ff. und 49 ff. EGV zum einen sowie Artt. 87 ff. EGV zum anderen kein Verhältnis der Exklusivität. Die Vorschriftenkomplexe sind daher nebeneinander anwendbar.[143] Eine solche mögliche parallele Anwendung ist jedoch als Maxime nicht zwingend. Vielmehr besteht dort, wo die Grundfreiheiten ausreichenden Schutz gegen Wettbewerbsverzerrungen gewähren, kein Bedürfnis über eine weite Auslegung des Art. 87 Abs. 1 EGV die Anwendbarkeit der Beihilfenkontrolle zu konstruieren. Die beschriebene Gesamtsystematik des Vertrages legt klar eine gegenteilige Annahme nahe; denn eine deutliche Abgrenzung zwischen beiden Normkomplexen erscheint zuletzt auch unter Gesichtspunkten der Zuständigkeit und der Rechtssicherheit wünschenswert. Während nämlich die Grundfreiheiten unmittelbar anwendbar sind, ist - vorbehaltlich der Kontrolle durch den Gerichtshof - die Europäische Kommission für die Feststellung der Unvereinbarkeit einer Beihilfe zuständig.[144] Der Einwand überzeugt somit nicht.

Neben systematischen, teleologischen und praktischen Argumenten sprechen ebenfalls beachtliche rechtstechnische Gründe gegen eine Überdehnung des Anwendungsbereiches der Beihilfevorschriften. Sowohl die weite als auch die vermittelnde Ansicht laufen nämlich im Ergebnis Gefahr, ein komplexes, in sich ausgewogenes System auf Fälle anzuwenden, für die es nicht konzipiert ist und die es daher keiner interessengerechten Lösung zuführen kann.[145] Dies gilt insbesondere für die Regeln über die Rückforderung rechtswidrig gewährter Beihilfen. Nach der ständigen Rechtsprechung des EuGH sind die Mitgliedstaaten verpflichtet, rechtswidrig gewährte Beihilfen auf Anordnung der Europäischen Kommission vom Empfänger zurückzufordern, wobei die Rückforderung nach den Verfahrensregeln des betreffenden Mitgliedstaates zu erfolgen hat.[146] Folglich muss der Staat als Adressat des Beihilfeaufsichtsverfahrens die aus seinem Vermögen bereitgestellte Vergünstigung zurückverlangen.[147] Im Rahmen der Artt. 87 ff. EGV sind finanzielle Schwierigkeiten bis hin zur Insolvenz des Beihilfeempfängers regelmäßig ebenso wenig erheblich wie das Vertrauen des Be-

---

142 SLOTBOOM, ELR 1995, 298 f.

143 GRABITZ/HILF-V. WALLENBERG, EU, Art. 92 Rn. 90.

144 SOLTÉSZ, EuZW 1998, 751.

145 KRUSE, ZHR 165 (2001), 584 f.; SPIEGEL, ELR 2001, 127.

146 KOENIG/KÜHLING, NJW 2000, 1073; LÜBBIG/MARTIN-EHLERS, Beihilfenrecht, Rn. 602; SCHMIDT-RÄNTSCH, EuZW 1990, 378.

147 RYDELSKI, EU Beihilferecht, S. 197; KOENIG/KÜHLING/RITTER, EG-Beihilfenrecht, S. 216; SCHMIDT-RÄNTSCH, EuZW 1990, 378.

günstigten in den Bestand einer rechtswidrigen Beihilfe.[148] Dem sorgfältigen Kaufmann obliegt es daher selbst, sich zu vergewissern, ob die Beihilfegewährung den Regeln des Gemeinschaftsrechts entspricht.[149] Dieser Mechanismus funktioniert jedoch nicht, wenn der Mitgliedstaat die Leistung gar nicht aufgebracht hat und ihm damit auch kein Rückzahlungsanspruch zusteht. Es ist nicht ersichtlich, wie dieses System auf die Situation übertragen werden soll, in der Leistungen zwischen Privaten sich im Nachhinein aufgrund einer Kommissionsentscheidung als rechtswidrige Beihilfen erweisen. Eine Pflicht zur Rückabwicklung dieser privaten Leistungen würde wohl nicht nur den in der Rechtssache *Rheinland-Pfalz ./. Alcan Deutschland GmbH* aufgestellten strengen Sorgfaltsstandard überstrapazieren, sie wäre gleichermaßen rechtstechnisch kaum durchführbar.[150]

### 3. Zwischenergebnis

Sowohl für Fälle unmittelbar staatlicher Finanzierungen als auch für Konstellationen mittelbar staatlicher Finanzierungsmaßnahmen bedarf es einer Mittelzurechnung im Sinne der engen Auffassung. Neben der Belastung unmittelbar staatlicher Haushalte ist in diesem Zusammenhang somit auch die finanzielle Beanspruchung der Kassen hoheitlich benannter Einrichtungen ausreichend.

## III. Transferzurechnung

Neben der Mittelzurechnung als genereller Voraussetzung des Zurechnungstatbestandes nach Art. 87 Abs. 1 EGV stellt sich ebenso die Frage nach der Notwendigkeit einer Transferzurechnung. In der Rechtssache *Stardust Marine* untersucht der EuGH diese erstmals für sich und separiert von dem Aspekt der Mittelzurechnung. Dabei stellt er für die Transferzurechnung im Sinne einer konkreten Kontrollausübung deutlich erhöhte Anforderungen auf.[151] Danach handelt es sich bei dem Tatbestandsmerkmal der Transferzurechnung nicht nur um ein zusätzliches Zurechnungserfordernis, sondern wegen der von der Mittelzurechnung deutlich abweichenden engeren Voraussetzungen um ein echtes weiteres und nicht ersetzbares Zurechnungsmerkmal.

---

148 DECKERT/SCHROEDER, EuR 1998, 312; KOENIG/KÜHLING/RITTER, EG-Beihilfenrecht, S. 226 ff.; LÜBBIG/MARTIN-EHLERS, Beihilfenrecht, Rn. 613 ff.

149 Dazu EuGH, Rs C-24/95, Rheinland-Pfalz ./. Alcan Deutschland GmbH, Slg. 1998, I-1607 ff.

150 KRUSE, ZHR 165 (2001), 585; SPIEGEL, ELR 2001, 127; GA JACOBS, Schlussanträge, in: EuGH, Rs C-379/98, PreussenElektra AG ./. Schleswag, Slg. 2001, I-2099, 2138 Rn. 156.

151 LÜBBIG, WM 2002, 1830; GAHLEITHNER, ELR 2002, 275.

## 1. Partielles Erfordernis einer Transferzurechnung

Die zusätzliche Voraussetzung einer von der Mittelzurechnung unabhängigen, wenngleich darauf aufbauenden Transferzurechnung, ist nicht nur grundsätzlich plausibel für Fälle mittelbar staatlicher Finanzierungsmaßnahmen, sondern im Text des Art. 87 Abs. 1 EGV selbst angelegt. So wird in der zweiten Variante des Zurechnungstatbestandes - aus staatlichen Mitteln *gewährte* Beihilfen -, welche der beihilferechtlichen Einbeziehung gewisser durch den Staat nicht unmittelbar selbst vorgenommener Förderleistungen dient,[152] deutlich auf die Transferzurechung hingewiesen. Ganz offensichtlich fordert also bereits der Normtext, dass neben der Zurechenbarkeit der Mittel auch die konkrete Gewährung bzw. Gewährungsentscheidung dem Staat zuordenbar sein muss.

Die Frage der Transferzurechnung kann indes nur problematisch sein, wenn der Staat mittelbar durch zwischengeschaltete hoheitlich benannte Einrichtungen, sei es durch Unternehmen, Fonds oder ähnliche Institutionen Förderleistungen gewährt; denn ausschließlich in diesem Fall sind der Staat und die die Mittel verteilende Stelle nicht identisch. Nur wenn die für die Vergabe zuständigen Entscheidungsträger nicht unmittelbar dem Staat zuzuordnen sind, ist der Gesichtspunkt der Zurechenbarkeit der Transferleistung sinnvoll. Lediglich diese Konstellation dürfte regelmäßig damit verbunden sein, dass die Mittel nicht unmittelbar aus dem Staatshaushalt, sondern aus einem separaten Haushalt der jeweiligen Institution entstammen. Allein dann stellt sich die Frage, ob die Leistung einer per se unabhängigen Institution dem Staat auch zuzuordnen ist und als Mittelvergabe durch einen Mitgliedstaat angesehen werden kann. Folglich ist diese mittelbare staatliche Finanzierungsweise eine grundsätzliche Bedingung für die Erforderlichkeit einer zur Mittelzurechnung hinzutretenden strengen Prüfung der Transferzurechnung, wie sie im *Stardust Marine*-Urteil vorgenommen wurde. Sofern hingegen ein Sachverhalt der Konstellation der unmittelbar staatlichen Finanzierung vorliegt, ist in der Regel davon auszugehen, dass durch die unmittelbare Maßnahme eines direkt dem Staat zugehörigen Organs oder einer Behörde etwa in Form eines Legislativaktes die Transferzurechnung bereits vorweggenommen wird. Einer getrennten Zurechnung der Gewährungsleistung bedarf es rechtslogisch zwar auch für diese Konstellationen, sie wird jedoch wegen Identität von Staat und gewährender Stelle regelmäßig unproblematisch vorliegen.

---

[152] Siehe dazu auch unten Teil 2, § 2 E II.

## 2. Dogmatische Konsequenzen für die Tatbestandsalternativen des Art. 87 Abs. 1 EGV

Die Erkenntnis des lediglich partiellen Erfordernisses einer separaten Transferzurechnung hat auch Auswirkungen auf die Frage, ob es zumindest unter dogmatischen Gesichtspunkten einer grundsätzlichen Abgrenzung der beiden Tatbestandalternativen im Rahmen des Art. 87 Abs. 1 EGV bedarf. Die nicht immer ganz eindeutige bisherige Rechtsprechung ordnet wie auch das Schrifttum - soweit erkennbar und wie bereits ausgeführt[153] - die erste Variante „staatliche Beihilfe" der unmittelbar staatlichen Finanzierung einer Förderung direkt aus dem Staatshaushalt zu. Von der zweiten Variante „aus staatlichen Mitteln gewährte Beihilfen" sehen sie als weiter gefasstem Begriff die Fallgruppe der mittelbar staatlichen Finanzierung durch hoheitlich benannte Einrichtungen umfasst.[154] Dennoch wird bezüglich der Differenzierung der beiden Varianten bislang sowohl in Rechtsprechung[155] als auch Literatur[156] überwiegend die Auffassung vertreten, dass eine klare Abgrenzung der zwei Tatbestandsvarianten „staatliche Beihilfen" oder „aus staatlichen Mitteln gewährte Beihilfen" innerhalb Art. 87 Abs. 1 EGV dahinstehen könne. Eine eindeutige Subsumtion unter eine der beiden Varianten sei angesichts der im Einzelfall schwierigen Frage, ob es sich um eine „staatliche" Beihilfengewährung handele, zumindest dann nicht notwendig, wenn feststehe, dass jedenfalls das Merkmal „aus staatlichen Mitteln gewährt" erfüllt sei.[157] Die wesentliche Funktion des zusätzlichen Merkmals der „aus staatlichen Mitteln gewährten Beihilfe" bestehe allein in der Absicherung, dass jede denkbare Form staatlicher Subventionierung von der Bei-

---

[153] Siehe hierzu oben Teil 2, § 2 E.

[154] Vgl. zuletzt EuGH, Rs C-379/98, PreussenElektra AG ./. Schleswag, Slg. 2001, I-2099, 2181 Rn. 58 m.w.N.; PAPE, staatliche Kapitalbeteiligungen, S. 100 f.; KOENIG/KÜHLING, ZUM 2001, 543.

[155] EuGH, Rs C-72/91 und C-73/91, Sloman Neptun Schifffahrts AG ./. Seebetriebsrat Bodo Ziesemer der Sloman Neptun Schifffahrts AG, Slg. 1993, I-887, 933 f. Rn. 17 ff.; EuGH, Rs 57/86, Griechenland ./. Kommission, Slg. 1988, 2855, 2872 Rn. 12; EuGH, verb. Rs 67, 68 und 70/85, Kwekerij Gebroeders van der Kooy BV u.a. ./. Kommission, Slg. 1988, 219, 272 Rn. 35.

[156] PAPE, Staatliche Kapitalbeteiligungen, S. 101 f.; GRABITZ/HILF-V. WALLENBERG, EU, Art. 87 Rn. 17; SCHWARZE-BÄR-BOUYSSIÈRE, EU, Art. 87 Rn. 31; RUGE, WuW 2001, 564; KRUSE, ZHR 165 (2001), 580 f.; LÜBBIG/MARTIN-EHLERS, Beihilfenrecht, Rn. 127. Siehe dazu auch oben unter Teil 2, § 2 E.

[157] EuGH, Rs C-72/91 und C-73/91, Sloman Neptun Schifffahrts AG ./. Seebetriebsrat Bodo Ziesemer der Sloman Neptun Schifffahrts AG, Slg. 1993, I-887, 933 f. Rn. 17 ff.; PAPE, Staatliche Kapitalbeteiligungen, S. 101 f.

hilfenkontrolle erfasst werde.[158] Die Rechtsfolgen seien jedoch für beide Varianten ohnehin gleich.[159]

Dieser Ansatz könnte vielleicht noch unter Zugrundelegung einer ergebnisorientierten Argumentation unterstützt werden. Er fordert jedoch aus dogmatischen Gründen nicht erst seit dem Erlass des *Stardust Marine*-Urteils zu Widerspruch heraus. Der zusätzliche Prüfungspunkt der Transferzurechnung, der - wie gesagt - auch im Wortlaut des Art. 87 Abs. 1, 2. Alt. EGV seinen Niederschlag gefunden hat, ist regelmäßig ausschließlich für mittelbar staatliche Finanzierungen sinnvoll. Schon deshalb muss unter Zugrundelegung der allgemeinen Ansicht, dass diese Handlungsform unter die zweite Alternative und die der unmittelbar staatlichen Finanzierung unter die erste Alternative des Art. 87 Abs. 1 EGV zu subsumieren ist, stets präzise zwischen den beiden Varianten abgegrenzt werden. Im Einzelfall ist daher zu Beginn der Prüfung festzulegen, ob der Staat unmittelbar handelt, was zur Folge hat, dass unter die Tatbestandsvariante „staatliche Beihilfen" zu subsumieren ist und folglich grundsätzlich die Feststellung einer Mittelzurechnung zur Bejahung der Tatbestandsmäßigkeit ausreichend ist. Ausschließlich für den Fall, dass diese Variante nicht vorliegt, ist maßgeblich, ob der Staat mittelbar gehandelt hat und sich bei der Finanzierung hoheitlich benannter staatlicher Einrichtungen bedient hat. Im letztgenannten Fall ist die zweite Alternative des Art. 87 Abs. 1 EGV einschlägig, die sowohl eine Mittel- als auch eine Transferzurechnung erfordert.

## IV. Zusammenfassung

Einer Mittelzurechnung bedarf es im Rahmen der beihilferechtlichen Prüfung sowohl für die unmittelbar staatliche Finanzierung gemäß der ersten Alternative des Art. 87 Abs. 1 EGV als auch für mittelbar staatliche Finanzierungsmaßnahmen durch hoheitlich benannte Einrichtungen im Sinne der zweiten Variante des Zurechnungstatbestandes. Hingegen ist neben der Mittelzurechnung eine zusätzliche kumulative Überprüfung der Transferzurechnung nach dem Vorbild *Stardust Marine* nur im Rahmen der mittelbar staatlichen Finanzierung durch hoheitlich benannte Einrichtungen gemäß Art. 87 Abs. 1, 2. Alt. EGV von Bedeutung. Einer Zurechnung der Gewährungsentscheidung bedarf es rechtslogisch zwar auch für Konstellationen unmittelbar staatlicher Finanzierung, sie

---

[158] GS-MEDERER/TRIANTAFYLLOU, EU/EG, Art. 87 Rn. 23; GRABITZ/HILF-V. WALLENBERG, EU, Art. 92 Rn. 17.

[159] Vgl. EuGH, Rs 57/86, Griechenland ./. Kommission, Slg. 1988, 2855, 2872 Rn. 12; EuGH, verb. Rs 67, 68 und 70/85, Kwekerij Gebroeders van der Kooy BV u.a. ./. Kommission, Slg. 1988, 219, 272 Rn. 35; GRABITZ/HILF-V. WALLENBERG, EU, Art. 92 Rn. 17.

wird allerdings wegen der Einheit von Staat und gewährender Stelle grundsätzlich unproblematisch gegeben sein. Dies hat letztlich zur Folge, dass unter dem Aspekt eines systematisch dogmatisch sauberen Vorgehens im Rahmen der Untersuchung des Zurechnungstatbestandes im Einzelfall exakt zwischen den Alternativen des Art. 87 Abs. 1 EGV unterschieden werden muss.

## E. Bewertung der Rechtsprechungskriterien zur Bestimmung von Mittel- und Transferzurechnung

Nachdem nun die Frage der generellen Zurechnungsvoraussetzungen geklärt ist, sollen anschließend die von der Rechtsprechung zur Bestimmung von Mittel- und Transferzurechnung verwendeten Kriterien auf ihre Tauglichkeit untersucht werden.

## I. Unmittelbar staatliche Finanzierung

Im Rahmen der Ausführungen zur staatlichen Zurechnung aufgrund Mittelzurechnung[160] wurde bereits festgestellt, dass die Rechtsprechung für die Fallgruppe der unmittelbar staatlichen Finanzierung verschiedene Kriterien entwickelt hat, um im Einzelfall zu bestimmen, ob staatliche Mittel eingesetzt wurden.

### 1. Primärkriterien zur Mittelzurechnung

Einige Male hat die Rechtsprechung die Mittelzurechnung primär mit Hilfe des Herkunftskriteriums vollzogen.[161] In neuerer Zeit ist aber auch mit Hilfe des Kontrollkriteriums differenziert worden.[162]

#### a) Das Herkunftskriterium

Die Urteile *Van Tiggele, Norddeutsches Vieh- und Fleischkontor, Sloman Neptun, Kirsammer-Hack, Viscido, Ecotrade, Italien ./. Kommission (1999), Piaggio, Bundesrepublik Deutschland ./. Kommission (2000)*[163] sowie die Rechts-

---

[160] Siehe oben Teil 4, § 2 A.

[161] Siehe dazu oben Teil 4, § 2 A.

[162] Siehe dazu oben Teil 4, § 2 B und C.

[163] Jedoch scheint das Resultat, zu welchem die Rechtsprechung auch unter Anwendung derselben Kriterien gelangt, teilweise inkonsequent. Dies fällt beispielsweise bei dem Vergleich der Urteile *Bundesrepublik Deutschland ./. Kommission (2000)* und *PreussenElektra* auf; dazu HAKENBERG/ERLBACHER, EWS 2003, 202 Fn. 10; HEIDENHAIN, EuZW 2000, 729;

sache *PreussenElektra* haben gemein, dass es sich jeweils um die Zurechnung unmittelbar staatlicher Finanzierungsmaßnahmen in Form von gesetzlicher Normgebung und der direkten wirtschaftlichen Auswirkungen dieser Legislativakte handelt. In all diesen Fällen stellt der EuGH zur Bestimmung der staatlichen Mittelzurechnung mehr oder weniger klar auf das Herkunftskriterium und damit darauf ab, ob der jeweils konkret gewährte Vorteil unmittelbar oder mittelbar aus staatlichen Mitteln herrührt.[164]

### b) Das Kontrollkriterium

Im Rahmen unmittelbar staatlicher Finanzierungen bedient sich der EuGH lediglich in dem neueren Urteil *Landbroke Racing*[165] ausdrücklich des Kontrollkriteriums im Sinne einer Verfügungs- und Kontroll*möglichkeit* zur Ermittlung der Mittelzurechnung.[166] Zudem ist beispielsweise in der Rechtssache *PreussenElektra* zumindest für Generalanwalt *Jacobs* die staatliche Einflussmöglichkeit entscheidend, indem er darauf abhebt, dass die bewegten Finanzmittel den deutschen Behörden zu keinem Zeitpunkt zur Verfügung stehen oder zur Verfügung stehen würden.[167] Die für die Mittelzurechnung erforderliche Verfügungsmöglichkeit im Sinne des Kontrollkriteriums ist demnach dann ge-

---

vgl. ferner unten Teil 5, § 1 B II.

[164] Vgl. EuGH, Rs 213/81, Norddeutsches Vieh- und Fleischkontor Herbert Will u.a. ./. Bundesanstalt für landwirtschaftliche Marktordnung, Slg. 1982, 3583, 3602 Rn. 22; EuGH, Rs C-72/91 und C-73/91, Sloman Neptun Schifffahrts AG ./. Seebetriebsrat Bodo Ziesemer der Sloman Neptun Schifffahrts AG, Slg. 1993, I-887, 933 f. Rn. 19; EuGH, Rs C-189/91, Petra Kirsammer-Hack ./. Nurhan Sidal, Slg. 1993, I-6185, 6219 f. Rn. 15 ff.; EuGH, Rs C-52/97, C-53/97 und C-54/97, Epifanio Viscido u.a. ./. Ente Poste Italiane, Slg. 1998, I-2629, 2641 Rn. 13 ff.; EuGH, Rs C-200/97, Ecotrade ./. Altifornie e Ferriere di Servola (AFS), Slg. 1998, I-7907, 7937 Rn. 35 f.; EuGH, Rs C-6/97, Italien ./. Kommission, Slg. 1999, I-2981, 3004 Rn. 16; EuGH, Rs C-295/97, Industrie Aeronautiche e Meccaniche Rinaldo Piaggio ./. International Factors Italia (Ifitalia) u.a., Slg. 1999, I-3735, 3761 ff. Rn. 35 ff.; EuGH, Rs C-156/98, Bundesrepublik Deutschland ./. Kommission, Slg. 2000, I-6857, 6893 Rn. 26 f.; EuGH, Rs C-379/98, PreussenElektra AG ./. Schleswag, Slg. 2001, I-2099, 2181 ff. Rn. 59 ff.

[165] EuGH, 83/98 P, Frankreich ./. Landbroke Racing Ltd. und Kommission, Slg. 2000, I-3271, 3332 Rn. 50.

[166] Die Begriffe werden von der Rechtsprechung synonym verwendet, siehe dazu nur die Ausführungen des EuGH zur staatlichen Zurechung in *Landbroke Racing* und *Stardust Marine* (vgl. hierzu auch oben Teil 4, Fn. 61).

[167] GA Jacobs, Schlussanträge, in: EuGH, Rs C-379/98, PreussenElektra AG ./. Schleswag, Slg. 2001, I-2099, 2141 Rn. 166.

geben, wenn die betreffenden Mittel in einen Haushalt gelangen oder gelangen müssten, der hoheitlich kontrolliert wird.[168]

### c) Stellungnahme zur Eignung der Kriterien

Für die Eignung des Herkunftskriteriums zur Mittelzurechnung in der Fallgruppe unmittelbar staatlicher Finanzierung spricht zumindest scheinbar der mit dem Wortlaut des Art. 87 Abs. 1 EGV vergleichbare Wortsinn.[169] Offenbar nimmt der Gerichtshof mit seiner Formulierung direkten Bezug auf die im Text des Art. 87 Abs. 1 EGV angelegte Unterscheidung zwischen staatlichen oder aus staatlichen Mitteln gewährten Beihilfen. Diese Ähnlichkeit bedeutet jedoch gleichzeitig auch die Schwäche des Ansatzes; denn letztlich ist es nicht weiterführend, das Vorliegen des Tatbestandsmerkmals „staatliche oder aus staatlichen Mittel gewährte Beihilfen“ mittels der Testfrage beurteilen zu wollen, ob der Vorteil unmittelbar oder mittelbar aus staatlichen Mitteln stammt. Wesentlich geeigneter für die Fallgruppe der unmittelbar staatlichen Finanzierung ist es daher, für die Zurechnungsprüfung auf das Kontrollkriterium im Sinne einer staatlichen Verfügungsmöglichkeit abzuheben. Dieses kann letztlich als nähere Bestimmung des Herkunftskriteriums angesehen werden und ist somit auch kein aliud. Die Frage nach der staatlichen Verfügungsmöglichkeit stellt vielmehr lediglich den griffigeren und durchsichtigeren Ansatz zur Analyse dar, ob staatliche oder aus staatlichen Mitteln gewährte Beihilfen vorliegen bzw. ob die Begünstigung unmittelbar oder mittelbar aus staatlichen Mitteln stammt. Insbesondere bei der beihilferechtlichen Erfassung von Fällen wie *Landbroke Racing* oder *Italien ./. Kommission (1999)*[170], in welchen die Begünstigung nicht in einer aktiven Mittelvergabe sondern einer Befreiung von einer bereits bestehenden gesetzlichen Abgabenpflicht liegt - die betreffenden Gelder sich also bei dem zu begünstigenden Unternehmen befinden - wird die größere Praxistauglichkeit des Kontrollkriteriums erkennbar. Die Testfrage, ob mittelbar oder unmittelbar staatliche Mittel vorliegen, ist bei solchen Konstellationen nicht wirklich weiterführend und geradezu zirkulär. Eine eindeutige Einordnung des Falles, dass der staatliche Bezug zu bestimmten Mitteln lediglich aufgrund eines hoheitlichen Anspruches bes teht, gewährleistet sie jedenfalls nicht.[171] Hingegen liefert das Kontrollkriterium auch für solche Konstellationen eindeutige Ergeb-

---

[168] Vgl. dazu EuGH, 83/98 P, Frankreich ./. Landbroke Racing Ltd. und Kommission, Slg. 2000, I-3271, 3332 Rn. 50; GA JACOBS, Schlussanträge, in: EuGH, Rs C-379/98, PreussenElektra AG ./. Schleswag, Slg. 2001, I-2099, 2141 Rn. 166.

[169] Siehe auch GELLERMANN, DVBl 2000, 513.

[170] Dazu auch oben Teil 3, § 1 Q.

[171] Ausführlicher zum Kontrollkriterium siehe Teil 5, § 1 A sowie § 2 A.

nisse, in welchen nur ein hoheitlicher Anspruch in Bezug auf bestimmte Mittel besteht und diese bestimmungsgemäß in den Staatshaushalt gelangen müssten;[172] denn die in diesem Zusammenhang erforderliche (abstrakte) Kontrollmöglichkeit kann grundsätzlich auch hinsichtlich eines bestehenden Anspruchs vorliegen. So hat der Hoheitsträger bis zur Vornahme der staatlichen Maßnahme in Form der Abgabenbefreiung auch in solchen Fällen eine grundsätzliche Kontrollmöglichkeit in Bezug auf diesen Anspruch und die damit verbundenen Mittel. Diese äußert sich etwa in der theoretischen Abtretungs- und Vollstreckungsmöglichkeit oder gerade auch der Befähigung zum Erlass. Somit ist das Kontrollkriterium im Sinne der staatlichen Verfügungsmöglichkeit in Bezug auf die beihilfeverdächtigen Gelder ganz offensichtlich das geeignetere Kriterium, um den Zurechenbarkeitsnachweis im Einzelfall zu erbringen.

## 2. Subsidiäre Heranziehung des Rahmenkriteriums

Die in den Entscheidungen *Sloman Neptun* und *Kirsammer-Hack* vom EuGH zusätzlich zur Anwendung des Herkunftskriteriums vorgenommene Differenzierung der aus staatlichen Mitteln gewährleisteten Beihilfe von einer lediglich vom Gesetzgeber bezweckten Erschaffung eines veränderten Rahmens scheint vordergründig für eine präzise Lösung von Zurechnungsproblemen im Einzelfall weniger geeignet. So sind unterschiedliche Einwände gegen die hilfsweise Anwendung dieses Rahmenkriteriums denkbar. Zum einen könnte vorgebracht werden, dass das Rahmenkriterium noch nichts darüber aussagt, ob der neue Rahmen - wenn auch vom Gesetzgeber unbeabsichtigt - für den Staat zurechenbare Mittelabflüsse finanzieller Art mit sich bringe. Zum anderen könnte eingewendet werden, dass die auf die Intention und Zweckgebung des Gesetzgebers abstellende Betrachtung, den in Lehre und Rechtsprechung für die Bestimmung von Beihilfen herrschenden Grundsatz von der Maßgeblichkeit der Wirkungen verletze.[173] Diesbezüglich ist von Bedeutung, dass der genannte Grundsatz in der Rechtsprechung neben der Untersuchung des Begünstigungscharakters einer Beihilfe teilweise ebenfalls auf die Frage der staatlichen Mittelzurechnung angewendet wird.[174] Diese primär wirkungsorientierte Rechtsprechung des EuGH

---

[172] Die Mittelzurechnung ist auch in solchen Fällen nach ganz herrschender Auffassung zu bejahen, vgl. EuGH, Rs C-6/97, Italien ./. Kommission, Slg. 1999, I-2981, 3004 Rn. 16; EuGH, 83/98 P, Frankreich ./. Landbroke Racing Ltd. und Kommission, Slg. 2000, I-3271, 3332 Rn. 50; EuGH, Rs C-156/98, Bundesrepublik Deutschland ./. Kommission, Slg. 2000, I-6857, 6893 Rn. 26 f.; GA JACOBS, Schlussanträge, in: EuGH, Rs C-256/97, Déménagements-Manutention Transport SA (DMT), Slg. 1999, I-3913, 3922 Rn. 33; BLUMENBERG/LAUSTERER, FS Rädler, S. 15; SOLTÉSZ/MAKOWSKI, EuZW 2003, 77.

[173] Siehe dazu Teil 2, § 3 C II.

[174] EuG, verbundene Rs T-228/99 und T-233/99, Westdeutsche Landesbank Girozentrale

lässt insofern - vom Prinzip des effet utile geleitet - ebenso für die Mittelzurechnung Ziele und Zwecke der jeweiligen Maßnahme konsequent außer Acht.[175]

Der auf der Wirkung einer Förderung basierenden Argumentation ist in Bezug auf die Feststellung des Tatbestandsmerkmals der Begünstigung im Sinne von Art. 87 Abs. 1 EGV im Ausgangspunkt ohne Einwand zuzustimmen.[176] Nicht überzeugend ist hingegen, die Mittelzurechnung ebenfalls anhand einer reinen Wirkungsanalyse zu bestimmen. Vielmehr muss grundsätzlich im Sinne des Rahmenkriteriums primär auf die Intention bzw. Zwecksetzung einer gesetzlichen Regelung zurückgegriffen werden, um vor der eigentlichen Untersuchung der Zurechenbarkeit zunächst die möglicherweise zuzurechnenden Mittel festzulegen.

Dass bei der Mittelzurechnung grundsätzlich nur auf diejenigen Rechtsfolgen abgestellt werden sollte, welche von der betreffenden staatlichen Maßnahme im Sinne einer Primärfolge auch ausdrücklich angeordnet bzw. bezweckt werden,[177] manifestiert sich insbesondere an dem Problem der beihilferechtlichen Erfassung von Steuermindereinnahmen. So muss zwischen staatlichen Mindereinnahmen als Folge von Regelungen, die wie in der Rechtssache *Italien ./. Kommission (1999)* Steuerbefreiungen unmittelbar zum Inhalt haben und einem verringerten Steueraufkommen als Sekundärfolge sonstiger beispielsweise beschäftigungspolitischer Maßnahmen wie etwa im Fall *Sloman Neptun* differenziert werden.[178] Im ersteren Fall dient die Mindereinnahme als ein bewusst eingesetztes Mittel zur unmittelbaren Begünstigung bestimmter Unternehmen und löst unweigerlich die Mittelzurechnung aus. Hingegen liegt im Falle der zweiten Variante der staatlichen Maßnahme keine wie auch immer geartete Zwecksetzung in Bezug auf ein zu verteilendes Steuergeschenk zugrunde; vielmehr sollte lediglich der arbeitsrechtliche Rahmen für eine bestimmte Branche verändert werden. Dieses Differenzierungserfordernis wird vom EuGH zumindest in

---

u. Land NRW ./. Kommission, Slg. 2003, II-435, 499 Rn. 180; EuGH, Rs C-241/94, Frankreich ./. Kommission, Slg. I-4551, 4575 Rn. 20, 4579 Rn. 37; vgl. dazu auch KRUSE, ZHR 165 (2001), 584.

175 So auch CIRESA, Beihilfenkontrolle, S. 33.

176 Siehe dazu auch unter Teil 2, § 2 C II.

177 Vgl. auch SOLTÉSZ, EuZW 1998, 752. Die hier vertretene Ansicht korreliert mit der bei der Frage der generellen Erforderlichkeit einer Mittelzurechnung vertretenen engen Auffassung; denn die abzulehnende weite Auffassung, die für eine Zurechnung den Einsatz staatlicher Mittel nicht als zwingend erachtet, beruft sich ebenso primär auf die Maßgeblichkeit der Wirkungen; vgl oben Teil 4, § 2 D II 2.

178 Vgl. POHLMANN, Rechtsprobleme, S. 62.

der Rechtssache *Sloman Neptun* aber auch den Entscheidungen *Ecotrade* und *PreussenElektra* erkannt. Potentielle Steuerausfälle werden in diesen Fällen zu Recht nicht als zuzurechnende staatliche Mittel angesehen. Vielmehr betrachtet der Gerichtshof diese als eine der gesetzlichen Normierung immanente sekundäre öffentliche Mittelbelastung, die im Sinne eines bloßen Rechtsreflexes nicht zu einer staatlichen Zurechnung führt.[179] Anders hingegen die Europäische Kommission, welche beispielsweise in dem Verfahren *Sloman Neptun*, eine Mittelzurechnung wegen potentiell geringerer Steuereinnahmen als tatsächlicher Folge einer gewollten Senkung von Gehältern für gegeben hält.[180]

Zwar könnte man dem ausschließlich wirkungsorientierten Ansatz, der die Verminderung der Steuereinnahmen in jedem Fall als ausreichend für eine Mittelzurechnung ansieht, zu Gute halten, dass er die Entstehung von Friktionen bzw. den Vorwurf ungerechtfertigter Verschiedenbehandlung vermeidet.[181] Ausschließlich der differenzierte Ansatz, der die Unterscheidung nach dem Rahmen und dem Hintergrund einer Maßnahme trifft, verhindert jedoch die Einschränkung der den Mitgliedstaaten grundsätzlich zustehenden Gestaltung ihrer eigenen Wirtschafts-, Finanz- und Sozialpolitik. Andernfalls würden gleichermaßen allgemeine wirtschaftspolitische Maßnahmen oder soziale Schutzvorschriften, die nur als Sekundärfolge oder Rechtsreflex eine finanzielle Belastung des Staates bewirken, unter die Beihilfevorschriften der Artt. 87 ff. EGV fallen. Die systematischen Grenzen zu den Artt. 98 ff. EGV würden dadurch verwischt und das im EG-Vertrag zwischen Mitgliedstaaten und EU angelegte Gleichgewicht wesentlich gestört;[182] denn schlussendlich sind in den Bereichen der Wirtschafts-, Finanz- und Sozialpolitik nur wenige gesetzliche Regelungen denkbar, die nicht in irgendeiner Art und Weise auch indirekt den staatlichen Haushalt durch finanzielle Zu- oder Abflüsse in Form von Steuern, Abgaben oder dergleichen betreffen.

Zwar gilt auch in Zusammenhang mit der staatlichen Mittelzurechnung das Argument des umfassenden Schutzes des Wettbewerbs vor Verfälschungen. Dennoch darf die Leitungsfunktion der Mitgliedstaaten und die Schaffung eines

---

[179] EuGH, Rs C-72/91 und C-73/91, Sloman Neptun Schifffahrts AG ./. Seebetriebsrat Bodo Ziesemer der Sloman Neptun Schifffahrts AG, Slg. 1993, I-887, 933 f. Rn. 21; EuGH, Rs C-200/97, Ecotrade ./. Altifornie e Ferriere di Servola (AFS), Slg. 1998, I-7907, 7937 Rn. 36; EuGH, Rs C-379/98, PreussenElektra AG ./. Schleswag, Slg. 2001, I-2099, 2181 Rn. 62.

[180] Wiedergabe der Ansicht der Kommission in EuGH, Slg. 1993, I-887, 901; siehe dazu auch oben Teil 3, § 2 A.

[181] POHLMANN, Rechtsprobleme, S. 59.

[182] Siehe dazu auch unter Teil 4, § 2 D II 2.

staatlich-rechtlichen Rahmens nicht über die Maße hinaus eingeschränkt werden. Etwaige Umgehungsmöglichkeiten der Mitgliedstaaten als Folge der Maßgeblichkeit einer mittelrelevanten Zwecksetzung bestimmter Maßnahmen können dadurch begrenzt werden, dass nicht nur der vom Gesetzgeber ausdrücklich angeführte Zweck berücksichtigt wird. Vielmehr muss im Falle eines Umgehungsverdachts für die rechtliche Einordnung ebenso die sich aus dem Regelungszusammenhang und Regelungsmechanismus ergebende objektive Zwecksetzung der jeweiligen Norm als maßgeblich erachtet werden.

### 3. Konsequenzen

Bei der Untersuchung der Mittelzurechnung bei unmittelbar staatlichen Finanzierungen dürfen grundsätzlich nur die intendierten und nicht die lediglich immanenten Folgen einer Maßnahme berücksichtigt werden. Die dafür erforderliche Differenzierung ist objektiv anhand des gesetzlichen Rahmens der jeweiligen Norm vorzunehmen. So gilt es zu analysieren, welche mittelrelevanten Rechtsfolgen der Staat durch die betreffende Maßnahme tatsächlich beabsichtigt und welche lediglich einen Rechtsreflex darstellen. Dabei ist neben dem ausdrücklich angeführten Zweck gegebenenfalls ebenso die sich aus dem Regelungszusammenhang und Regelungsmechanismus ergebende objektive Zielsetzung der Norm entscheidend.

Daher gilt es bei der Untersuchung einer konkreten Maßnahme zunächst den objektiven Regelungsgehalt der umstrittenen Maßnahme zu ermitteln. Zur Beantwortung der Frage, ob eine Maßnahme eine Belastung öffentlicher Mittel bewirkt, ist ausschließlich an die zu bestimmenden mit der Regelung gesetzten Primärrechtsfolgen anzuknüpfen. Andere Rechtswirkungen, die durch die Rechtsordnung mit dem Vorliegen der staatlichen Maßnahme verbunden werden, können in der Regel keine Beachtung finden. Die Beurteilung, ob die in Form dieser Primärrechtsfolge erfolgte Ressourcenvergabe dem Staat im Rahmen der Mittelzurechnung zugeschrieben werden kann, ist dann anhand des Kontrollkriteriums im Sinne einer staatlichen Kontroll- oder Verfügungsmöglichkeit vorzunehmen.

## II. Mittelbar staatliche Finanzierung durch hoheitlich benannte Einrichtungen

Die bisherige Untersuchung zeigt, dass in Konstellationen mittelbar staatlicher Finanzierung durch zwischengeschaltete Einrichtungen[183] außer der Mittelzurechnung auch der Transferzurechung entscheidende Bedeutung zukommen kann. Für die Bestimmung der Transferzurechnung hat die Rechtsprechung ebenso unterschiedliche Zurechnungskriterien herausgearbeitet. Diese gilt es neben den zur Bestimmung der Mittelzurechnung in dieser Rubrik verwendeten Faktoren nachfolgend einer kritischen Würdigung zu unterziehen.

### 1. Mittelbar staatliche Finanzierung durch Unternehmen

In Bezug auf die Konstellation mittelbar staatlicher Finanzierung durch Unternehmen muss zwischen der *Stardust Marine*-Entscheidung und der Rechtsprechung von EuGH und EuG vor diesem Urteil unterschieden werden. Da die in dieser Entscheidung vorgenommenen Feststellungen ausdrücklich nur für (öffentliche) Unternehmen getroffen wurden, beschränkt sich die Untersuchung zunächst auch auf diese Form staatlicher Finanzierung. Erst im Anschluss wird dann die Übertragbarkeit der *Stardust Marine*-Rechtsprechung auf die zweite Kategorie innerhalb der mittelbar staatlichen Finanzierung untersucht, nämlich die der Förderung durch parafiskalisch bzw. privat gespeiste Fonds.[184]

#### a) Ausschließlich Transferzurechnung nach dem Kontrollkriterium vor Stardust Marine

In den Fällen *Van der Kooy*, *Griechenland ./. Kommission*, sowie *Italien ./. Kommission (1991-I)* und *Italien ./. Kommission (1991-II)* genügt dem EuGH zur Begründung des Zurechnungstatbestandes ausschließlich eine Zurechnung nach Transfergesichtspunkten. Hierfür greift der Gerichtshof auf das Kontrollkriterium zurück. Zur Bestimmung der insofern wiederum erforderlichen staatlichen Einflussmöglichkeit auf Transferentscheidung und dadurch bewirkten Mittelzufluss bedient sich der EuGH, die Entscheidung *Griechenland ./. Kommission* ausgenommen, einer Indiziengesamtschau.[185] Zur weiteren Veranschaulichung des Gebrauchs von Indizien durch den EuGH kann ergänzend auch auf

---

[183] Siehe dazu oben Teil 4, § 2 D III.

[184] Siehe hierzu unten Teil 4, § 2 E II 2.

[185] Dazu Müller-Graff, ZHR 152 (1988), 413.

den Fall *Kommission ./. Irland*[186] verwiesen werden. Dort nimmt der EuGH eine solche Indiziengesamtschau für die Zurechnung der „Kauft Irish"-Kampagne vor, mittels welcher die privatrechtliche Gesellschaft Irish Goods Council[187] den Kauf irischer Produkte angepriesen hatte.[188] Der Gerichtshof prüft die eingeleitete Kampagne zwar zuerst anhand von Artt. 87 f. EGV, stützt sein Urteil indes letztlich auf Art. 28 EGV, bei welchem sich die Zurechnungsfrage jedoch ebenfalls stellt. Selbst eine nur mittelbare Kontrollmöglichkeit der öffentlichen Hand war in diesem Fall nicht ohne weiteres zu ermitteln. Dennoch schließt der EuGH im Wesentlichen aus der Berufung der Vorstandsmitglieder durch die Regierung sowie der Zielbestimmung der Kampagne und deren überwiegende Finanzierung durch die irische Regierung auf die staatliche Zurechenbarkeit.[189]

In den Rechtssachen *Van der Kooy*, *Italien ./. Kommission (1991-I)* und *Italien ./. Kommission (1991-II)* folgert der EuGH aus einer mittels solcher Indizien nachgewiesenen Kontroll- bzw. Einflussmöglichkeit über das Unternehmen das Vorliegen einer dem jeweiligen Staat „zuzurechnenden Verhaltensweise" und bejaht infolgedessen den Zurechnungstatbestand. Im Zuge seiner Ausführungen geht der EuGH indes nicht weiter auf die Herkunft der Mittel zur Finanzierung der Beihilfemaßnahme ein.[190] Dies entspricht auch der Interpretation durch Generalanwalt *Jacobs*, der zum Urteil *Van der Kooy* im Rahmen seiner Schlussanträge zu *PreussenElektra* anmerkt, dass der Gerichtshof nicht untersucht habe, ob staatliche Mittel verwendet wurden. Vielmehr habe sich der EuGH nur mit der Frage beschäftigt, „ob die Festlegung des entsprechenden Tarifs dem Staat zuzurechnen war".[191] Teilweise wird die seitens des EuGH in

---

186 EuGH, Rs 249/81, Kommission ./. Irland, Slg. 1982, 4005 ff.

187 Hierbei handelte es sich um eine Gesellschaft mit beschränkter Nachschusspflicht und ohne Kapitaleinlage, dem irischen Pendant zur deutschen GmbH.

188 EuGH, Rs 249/81, Kommission ./. Irland, Slg. 1982, 4005 ff.

189 EuGH, Rs 249/81, Kommission ./. Irland, Slg. 1982, 4005, 4020 Rn. 15 ff. Dass formal für die Regierung nicht die Möglichkeit bestand, auf die konkrete Ausgestaltung der Werbekampagne einzuwirken, scheint für den EuGH in diesem Zusammenhang ohne Bedeutung; vgl. dazu SCHERNTHANNER, Beihilfeaufsichtsrecht, S. 69; MÜLLER-GRAFF, ZHR 152 (1988), 413; MODLICH, Nationale Infrastrukturmaßnahmen, S. 43.

190 So auch das Verständnis, wenn teilweise auch nicht fallbezogen, von RUGE, WuW 2001, 565 f.; PAPE, Staatliche Kapitalbeteiligungen, S. 104 ff.; CALLIESS/RUFFERT-CREMER, EUV/EGV, Art. 87 Rn. 11; SCHWARZE-BÄR-BOUYSSIÈRE, EU, Art. 87 Rn. 31; MODLICH, Infrastrukturmaßnahmen, S. 41 f.; MÜLLER-GRAFF, ZHR 152 (1988), 413 f., 423 f., die das Vorliegen einer staatlich zurechenbaren Maßnahme ebenfalls lediglich unter Transferaspekten bejahen.

191 EuGH, Rs C-379/98, Slg. 2001, I-2099 ff., Schlussanträge, Rn. 171: „Wie dem auch sei, da der Gerichtshof offenbar die Finanzierung aus staatlichen Mitteln nicht als grundlegen-

diesen Urteilen ausschließlich vorgenommene Transferzurechnung in der einschlägigen Literatur indes als Begründung einer Mittelzurechnung gedeutet.[192] Offenbar sollte vor der klärenden *PreussenElektra*-Entscheidung durch diese Interpretation versucht werden, das Erfordernis einer Mittelbelastung im Sinne der engen Auffassung[193] zu begründen.

Davon unabhängig, gilt es jedoch den unterschiedlichen Bezug zu beachten, den EuGH und EuG vor der *Stardust Marine*-Entscheidung dem Kontrollkriterium im Rahmen der Mittel- und Transferzurechnung verleihen. So knüpft die Rechtsprechung zur Mittelzurechnung bei *Landbroke Racing* an die Kontrollmöglichkeit über die vergebenen Mittel an.[194] Hingegen vollzieht die Rechtsprechung die Transferzurechnung bis zum Urteil in der Rechtssache *Stardust Marine* im Wesentlichen dadurch, dass sie die Kontrollmöglichkeit auf das zuzurechnende Verhalten bezieht. Dieser Unterschied zeigt, dass ein im Sinne dieser Rechtsprechung zurechenbares Verhalten nicht auch notwendigerweise den gleichzeitigen Einsatz staatlicher Mittel im Sinne der engen Auslegung bedingt.[195] Letztlich dürfte diese Unterscheidung jedoch überwiegend theoretischer Natur sein, da in der Praxis die Kontrolle über bestimmte Mittel eines Unternehmens auch die Kontrolle über Unternehmensentscheidungen mit sich bringt und umgekehrt.

### b) Modifizierung der Zurechnungskriterien durch Stardust Marine

Zuletzt hatte der EuGH in der *Stardust Marine*-Entscheidung Gelegenheit, die Gruppe der vom Staat benannten oder errichteten öffentlichen oder privaten, ihm zuzurechnenden Einrichtungen zu konkretisieren und die Anforderungen an

---

de Voraussetzung des Beihilfebegriffs angesehen hat, kann das Urteil *Van der Kooy* nicht als Beleg dafür betrachtet werden, dass eine Gewinneinbuße im staatlichen Eigentum befindlicher Betriebe als Finanzierung aus staatlichen Mitteln anzusehen ist."

192 KRUSE beispielsweise interpretiert die in *Van der Kooy* angeführten Argumente auch in Richtung einer Mittelzurechnung: „Allerdings ist dem Generalanwalt *Jacobs* zuzugestehen, dass die Formulierungen des Urteils begrifflich nicht ausreichend zwischen staatlichen Mitteln als Begriffselement der Beihilfen und dem weiter zu verstehenden Begriff der staatlichen Zurechnung unterscheiden. Immerhin lassen sich die angeführten Argumente so verstehen, dass sie nicht nur die Zuordnung der Maßnahmen zum Mitgliedstaat, sondern auch die staatliche Natur der gewährten Leistungen belegen.", vgl. ZHR 165 (2001), 587 f.; vgl. dazu auch POHLMANN, Rechtsprobleme, S. 55.

193 Hierzu oben unter Teil 4, § 2 D II b).

194 EuGH, 83/98 P, Frankreich ./. Landbroke Racing Ltd. und Kommission, Slg. 2000, I-3271, 3332 Rn. 50.

195 Dies wird auch aus der unter Teil 4, § 2 D II dargestellten Diskussion zum Erfordernis einer Mittelzurechnung deutlich.

das Kontrollkriterium zu präzisieren. Letztlich schafft der EuGH jedoch keine abschließende Klarheit, unter welchen Umständen das Kontrollkriterium im Einzelfall zu bejahen ist und lässt insofern offen, welche Einrichtungen dem Staat in Bezug auf Mittel- aber auch Transferzurechnung schließlich grundsätzlich zuzuordnen sind.[196] Das *Stardust Marine*-Urteil stellt jedoch gleich in zweierlei Hinsicht einen entscheidenden Wendepunkt in der Zurechnungspraxis des EuGH dar.

### *aa) Mittelzurechnung mit Hilfe des Kontrollkriteriums*

In der Entscheidung *Stardust Marine* besteht der EuGH bei einer Vorteilsgewährung durch zwischengeschaltete Institutionen neben der Transferzurechnung erstmals ausdrücklich auf eine kumulative Mittelzurechnung. Dennoch bezeichnet der EuGH dieses Vorgehen als ständige Rechtsprechung und gibt vor, auch bereits zuvor kumulativ sowohl auf Mittel- als auch Transferzurechnung Wert gelegt zu haben.[197] Angesichts einer zuvor zumindest nicht ausdrücklich praktizierten kumulativen Zurechnungsmethode sind die insoweit vorgenommenen Ausführungen des EuGH offensichtlich nicht ganz zutreffend. Möglicherweise ist diese Aussage des EuGH aber auch nur missverständlich, da er zu Mittel- sowie Transferzurechnung jeweils getrennt Urteile zitiert, in welchen alternativ nach einem der beiden Merkmale zugerechnet wurde.

Dabei ist für den EuGH - unabhängig davon, ob die Mittel auf Dauer zum Vermögen des Staates gehören - nunmehr allein entscheidend, ob die Mittel unter staatlicher Kontrolle und damit den zuständigen nationalen Stellen zur Verfügung stehen.[198] Anlässlich dieser Feststellung bezieht sich der EuGH ausdrücklich auf die *Landbroke Racing*-Entscheidung (betreffend einer Fallgestaltung unmittelbar staatlicher Finanzierung). Er überträgt damit das Kontrollkriterium im Sinne einer abstrakten Kontrollmöglichkeit, welches neuerdings zu Recht zur Mittelzurechnung bei unmittelbar staatlichen Finanzierungsmaßnahmen eingesetzt wird, auch auf Fälle mittelbar staatlicher Finanzierungen. Tatsächlich wird damit gleichermaßen jenes Kriterium auf die Mittelzurechnung übertragen, welches bislang in der Fallgruppe mittelbar staatlicher Finanzierung durch öffentliche Unternehmen ausschließlich zur Bestimmung der Transferzurechnung diente, wenngleich der Bezug bis dato nicht Mittel, sondern bestimmte zuzurechnende Verhaltensweisen waren.

---

[196] Diese Weiterführung des Ansatzes des EuGH und dessen Übertragung auf Fallgruppen der Praxis ist Thema in Teil 5 dieser Untersuchung.

[197] EuGH, Rs C-482/99, Frankreich ./. Kommission, Slg. 2002, I-4397, 4436 Rn. 24.

[198] EuGH, Rs C-482/99, Frankreich ./. Kommission, Slg. 2002, I-4397, 4440 Rn. 37.

### *bb) Transferzurechnung mittels Indizienbeweises*

Die zweite einschneidende Änderung, die das *Stardust Marine*-Urteil mit sich bringt, ist die Erhöhung der Anforderungen, welche an die Transferzurechnung zu stellen sind. Als Zurechnungsvoraussetzung wird vom EuGH nunmehr die konkrete Kontrollausübung im Sinne eines nachweislichen Gebrauchmachens von der - bislang lediglich geforderten abstrakten - Kontroll*möglichkeit* verlangt.[199] Dies steht, soweit ersichtlich, im Gegensatz zu allen anderen bisherigen Urteilen zu vergleichbaren Fallgestaltungen staatlicher Finanzierungen mittels zwischengeschalteter Institutionen; denn zuvor haben EuGH und EuG die staatliche Zurechenbarkeit primär unter dem Kriterium der Transferzurechnung im Sinne einer Kontrollmöglichkeit über das jeweilige zuzurechnende Verhalten geprüft, ohne auf die konkrete Ausübung der Kontrolle einzugehen.[200] Auch die Vertreter der weiten Auffassung[201] zum Erfordernis einer staatlicher Mittelbelastung, welche eine Mittelzurechnung als nicht zwingend erachten und demnach nur nach Transfergesichtspunkten zurechnen wollen, haben solch strikte Voraussetzungen für eine Zurechnung der staatlichen Gewährungsentscheidung nicht thematisiert.[202]

Die in der Literatur getroffene Aussage, das Kriterium der Transferzurechnung sei noch nie für sich geprüft worden,[203] ist insofern nicht ganz zutreffend; denn der EuGH hat bereits vor *Stardust Marine* die Transferzurechnung geprüft, wenngleich er sie an einem anderen inhaltlichen Anforderungsprofil gemessen hat. In seiner Entscheidung *Stardust Marine* hebt der EuGH lediglich erstmalig auf die konkrete Ausübung des abstrakt bestehenden Einflussvermögens ab, deren Nachweis er jedoch in erleichterter Form durch Indizien zulässt. In diesem Zusammenhang wird im Schrifttum vertreten, der EuGH habe in der Entscheidung *Stardust Marine* erstmals ausdrücklich eine Beweispflicht der Europäischen Kommission für die Zurechnung förderungsrelevanten Verhaltens an den Staat im Rahmen der Prüfung von Art. 87 Abs. 1 EGV normiert.[204] Dem kann so

---

[199] EuGH, Rs C-482/99, Frankreich ./. Kommission, Slg. 2002, I-4397, 4444 Rn. 52.

[200] Vgl. insofern die Urteile *Kommission ./. Frankreich, Van der Kooy, Griechenland ./. Kommission, Italien ./. Kommission (1991-I)* sowie *Italien ./. Kommission (1991-II)*.

[201] Siehe oben Teil 4, § 2 D II 1 a).

[202] MODLICH, Infrastrukturmaßnahmen, S. 41; RODGER, ECLR 1999, 254; GA VERLOREN VAN THEMAAT, Schlussanträge, in: EuGH, Rs 213-81, Norddeutsches Vieh- und Fleischkontor Herbert Will u.a. ./. Bundesanstalt für landwirtschaftliche Marktordnung, Slg. 1982, I-3583, 3617; SLOTBOOM, ELR 1995, 290 ff.

[203] So GAHLEITHNER, ELR 2002, 275.

[204] So GAHLEITHNER, ELR 2002, 275.

jedoch nicht zugestimmt werden; lediglich im Ergebnis geht diese Aussage angesichts der aus dem Urteil resultierenden schwierigeren Beweiserbringung durch die Europäische Kommission in die richtige Richtung. Die Beweislast dafür, dass eine Maßnahme in den Anwendungsbereich des Art. 87 Abs. 1 EGV fällt, lag auch bereits zuvor bei der Kommission.[205] Für die Beweiserbringung selbst ist zu berücksichtigen, dass die Europäische Kommission in jedem Fall eine Entscheidung nur auf der Grundlage der zur Verfügung stehenden Informationen treffen kann.[206] Ist also ein Mitgliedstaat bei der Beschaffung von beweisrelevantem Material nicht zur Kooperation bereit, so kann sie, sofern genügend Indizien vorliegen, auch ohne konkreten Nachweis die Schlussfolgerung einer nach Art. 87 Abs. 1 EGV unzulässigen Beihilfe ziehen.[207] Dies ändert jedoch nichts an der grundsätzlichen Beweislast für den Tatbestand des Art. 87 Abs. 1 EGV, welche sich bereits vor *Stardust-Marine* ebenso auf die Zurechnungsproblematik bezog. Zuzugeben ist allerdings, dass sich für die Kommission aus der Beweislast, die diese für den gesamten Tatbestand des Art. 87 Abs. 1 EGV und auch das Merkmal der Transferzurechnung trägt, in praxi bislang kaum Beweisschwierigkeiten ergeben haben. Die Ursache dafür ist jedoch in den niedrigen Anforderungen in Form der abstrakten Kontrollmöglichkeit zu sehen, welche vor dem *Stardust Marine*-Urteil an die Zurechnung der Transferleistung gestellt wurden. Vermehrte Beweisschwierigkeiten werden sich nunmehr allenfalls durch die verschärften materiellen Voraussetzungen an den Tatbestand der Transferzurechnung ergeben. Diese erhöhen selbstverständlich auch die Anforderungen an die Beweiserbringung. An der grundsätzlichen Beweislastverteilung und dem Beweiserfordernis für den Tatbestand des Art. 87 Abs. 1 EGV, insbesondere auch die Transferzurechnung, ändert sich aber per se nichts. Deutlich wird dies in den Urteilen *Van der Kooy*, *Griechenland ./. Kommission*, sowie *Italien ./. Kommission (1991-I)* und *Italien ./. Kommission (1991-II)*, in welchen die Beweislast für die Transferzurechnung gleichermaßen bereits bei der Europäischen Kommission lag, wenn es auch lediglich galt, eine abstrakte Kontrollmöglichkeit des Staates betreffend der gewährenden Institution nachzuweisen. In der Rechtssache *Stardust Marine* wird also nicht erstmals eine Beweispflicht der Europäischen Kommission für die Zurechnung förderungsrelevanten Verhaltens an den Staat festgestellt.

Der EuGH ist sich im Zuge der Verschärfung der Anforderungen an die

---

[205] Zutreffend insofern die generellen Ausführungen von RYDELSKI, EU Beihilferecht, S. 193.

[206] RYDELSKI, EU Beihilferecht, S. 193.

[207] Siehe EuGH, Rs 234/84, Belgien ./. Kommission, Slg. 1986, 2263, 2286 Rn. 16 f.; EuGH, Rs C-301/87, Frankreich ./. Kommission, Slg. 1990, I-307, 358 Rn. 26 f.

Transferzurechnung der mit seiner Entscheidung verbundenen beweistechnischen Folgeproblematik durchaus bewusst. Dies geht aus den Entscheidungsgründen recht klar hervor, wo zur Vereinfachung der praktischen Handhabung der Nachweis in Form einer konkreten staatlichen Anweisung nicht gefordert wird.[208] Vielmehr erachtet es der EuGH ausdrücklich als ausreichend, die Transferzurechnung einer Beihilfemaßnahme eines öffentlichen Unternehmens aus einem Komplex von Indizien abzuleiten.[209] Dies spiegelt ganz deutlich das Bemühen des EuGH wider, die Europäische Kommission nicht zu überfordern und mit einer *probatio diabolica* zu belasten, sondern die Balance des Zumutbaren zu wahren. Allerdings geht aus den Formulierungen des Gerichtshofes ebenfalls klar hervor, dass die Kommission verpflichtet ist, nach verobjektivierbaren Kriterien zu suchen, die eine staatliche oder behördliche Beteiligung an der Entscheidungsfindung nahe legen oder bestenfalls sogar beweisen. Ein bloßes Forschen nach den Motiven ist ganz offensichtlich nicht ausreichend.

### c) Geeignetheit einer Mittelzurechnung mit Hilfe des Kontrollkriteriums

Die Praxis der Rechtsprechung, die Mittelzurechnung in der Fallgruppe der mittelbar staatlichen Finanzierung ebenfalls anhand des Kontrollkriteriums vorzunehmen, ist schon allein der einheitlichen Bestimmung halber begrüßenswert. Außerdem entfalten die zur unmittelbar staatlichen Finanzierung angeführten Argumente[210] in Bezug auf die Vorteilhaftigkeit des Kontrollkriteriums auch hier Geltung. Gerade bei mittelbar staatlichen Finanzierungen - insbesondere Fördermaßnahmen privatrechtlich organisierter Unternehmen mit staatlicher Beteiligung - scheint das Kontrollkriterium nahezu ideal, eine Belastung öffentlicher Kassen aufzudecken. Trotz möglicherweise komplexer Beteiligungsverflechtungen ermöglicht dieses Instrument, eine bestehende wirtschaftliche Verbindung des Staates zu den verteilten Mitteln aufzudecken und dadurch festzustellen, ob die von einem Unternehmen vergebenen Mittel die öffentliche Hand belasten. Dem Abstellen auf die Verfügungsmöglichkeit des Staates liegt der eingängige und konsequente Zusammenhang zugrunde, dass die finanzielle Belastung einer von der öffentlichen Hand (aufgrund Mehrheitsbeteiligung) kontrollierten Institution grundsätzlich auch für den Hoheitsträger ein monetäres Opfer bedingt.

Eine begrüßenswerte Konsequenz der Mittelzurechnung mit Hilfe des Maßstabes des Kontrollkriteriums ist weiterhin, dass dem Weg, auf welchem die

---

208 EuGH, Rs C-482/99, Frankreich ./. Kommission, Slg. 2002, I-4397, 4445 Rn. 53 f.

209 EuGH, Rs C-482/99, Frankreich ./. Kommission, Slg. 2002, I-4397, 4445 f. Rn. 55 f.

210 Siehe oben Teil 4, § 2 E I 1 c).

Ressourcen beschafft werden, keinerlei Bedeutung beigemessen wird.[211] Entscheidend ist lediglich, ob die fraglichen Mittel zum Zeitpunkt der Leistung unter hoheitlicher Kontrolle stehen.[212] Als Folge davon werden Beweisschwierigkeiten dahingehend vermieden, ob bestimmte Mittel nun durch die wirtschaftliche Betätigung des öffentlichen Unternehmens verdient worden sind, oder dem Unternehmen direkt aus dem staatlichen Haushalt zugeführt wurden. Eine solche Differenzierung ist auch nicht erforderlich, da der Staat in beiden Fällen unter seiner Einflusssphäre stehende Mittel verwendet und infolgedessen die wirtschaftliche Last letztlich beide Male auch von ihm getragen wird.[213] Für die Mittelzurechnung kann es in diesem Zusammenhang nur auf den Zeitpunkt der Vergabeleistung durch den Staat ankommen. Ob die Mittel zuvor private waren und außerhalb des bestimmenden Einflusses des Staates lagen, ist irrelevant.

Die Anwendung des Kontrollkriteriums auf öffentliche Unternehmen stellt auch keinen Verstoß gegen den Grundsatz der Gleichbehandlung öffentlicher und privater Unternehmen dar.[214] In diese Richtung argumentiert die französische Regierung im Rahmen des *Stardust Marine*-Verfahrens. Sie betont, dass durch eine derart weite Auslegung öffentliche Unternehmen diskriminiert würden. Die Ursache dafür liege darin, dass im Sinne der Kontrollmöglichkeit jede von einem öffentlichen Unternehmen zugunsten eines anderen Unternehmens gewährte Förderleistung als Unterstützung aus staatlichen Mitteln anzusehen sei.[215] Eine unzumutbare Schlechterstellung öffentlicher Unternehmen gegenüber ihren privaten Konkurrenten liegt jedoch allein schon deshalb nicht vor, da ihre Transaktionen erst dann der Notifikationspflicht und dem Durchführungs-

---

[211] Siehe nur EuGH, 83/98 P, Frankreich ./. Landbroke Racing Ltd. und Kommission, Slg. 2000, I-3271, 3332 Rn. 50; EuGH, Rs C-482/99, Frankreich ./. Kommission, Slg. 2002, I-4397, 4440 Rn. 37.

[212] EuGH, Rs C-482/99, Frankreich ./. Kommission, Slg. 2002, I-4397, 4440 Rn. 37; EuGH, 83/98 P, Frankreich ./. Landbroke Racing Ltd. und Kommission, Slg. 2000, I-3271, 3332 Rn. 50.

[213] Dies ist vermutlich der Grund dafür, dass in den meisten Fällen der durch öffentliche Unternehmen finanzierten Beihilfen die Herkunft der Mittel nicht von Belang gewesen ist. Siehe dazu beispielsweise die Beurteilung der Maßnahme einer öffentlichen Kapitalanlagegesellschaft EuGH, Rs 234/84, Belgien/ Kommission, Slg. 1986, 2263, 2284 Rn. 9 ff.; EuGH in Bezug auf eine staatliche Finanzgesellschaft Rs C-261/89, Italien/Kommission, Slg. 1991, 4437, 4458 ff. Rn. 7 ff. Vgl. auch EuG, Rs T-123/97, Salomon SA/Kommission, Slg. 1999, 2925, 2944 ff. Rn. 51 ff.; EuG, BFM und EFIM/Kommission, verb. Rs T-126/96, T-127/96, Slg. 1998, 3437, 3453 ff. Rn. 34 ff.

[214] Siehe dazu auch die Ausführungen in Teil 2, § 1 B.

[215] Vgl. GA JACOBS, Schlussanträge, in: EuGH, Rs C-482/99, Frankreich ./. Kommission, Slg. 2002, I-4397, 4411 Rn. 35.

verbot des Art. 88 Abs. 3 EGV unterliegen, wenn sie auch alle anderen Merkmale des Beihilfetatbestandes erfüllen.[216] Regelmäßig werden jedoch insbesondere auch die nunmehr strengeren Voraussetzungen der Transferzurechnung im Sinne einer konkreten Kontrollausübung nicht vorliegen oder der Grundsatz des marktwirtschaftlich handelnden Kapitalgebers nicht erfüllt sein. Gerade in Bezug auf die Gewährleistung des Gebotes der Gleichbehandlung öffentlicher und privater Unternehmen stellt die Entscheidung in der Rechtssache *Stardust Marine* daher durch das zusätzliche Erfordernis einer konkreten Transferzurechnung eine positiv zu wertende Entwicklung der neueren Rechtsprechung dar.[217] Die in Grenzfällen verbleibende Rechtsunsicherheit für den Staat und wie hier das betroffene öffentliche Unternehmen ist als notwendige Konsequenz aus der Einbeziehung von Maßnahmen öffentlicher Unternehmen in die Beihilfekontrolle hinzunehmen[218] und kann durch eine Notifizierung vermieden werden.

### d) Notwendigkeit der Transferzurechnung im Sinne einer konkreten Kontrollausübung

Die Verschärfung der Anforderungen an die Transferzurechnung durch den EuGH in der Rechtssache *Stardust Marine* kam überraschend und war im Vorfeld letztlich nicht abzusehen.[219] Auch die Europäische Kommission selbst hatte im Verfahren noch die Ansicht vertreten, die Kontrollmöglichkeit reiche für die Transferzurechnung aus, selbst wenn der Staat seiner Überwachungsaufgabe nicht hinreichend nachkomme.[220] Die Resonanz auf die Entscheidung im Schrifttum war sehr gemischt. Teile der Literatur äußerten sich insofern auch äußerst kritisch zu dem vermeintlich neuen Erfordernis der Transferzurechnung und bezeichneten es als überflüssig oder gar störend.[221]

#### *aa) Kritik an dem Konzept der Transferzurechnung*

Die im Schrifttum geäußerte Kritik an der Erhöhung der an die Transferzurechnung zu richtenden Anforderungen ist hauptsächlich darauf gerichtet, dass

---

[216] GA JACOBS, Schlussanträge, Rs C-482/99, Frankreich ./. Kommission, Slg. 2002, I-4397, 4415 Rn. 49; BAUER, EWS 2002, 375.

[217] Vgl. STREINZ-KOENIG/KÜHLING, EUV/EGV, Art. 295 Rn. 17.

[218] Vgl. GA JACOBS, Schlussanträge, Rs C-482/99, Frankreich ./. Kommission, Slg. 2002, I-4397, 4415 Rn. 49; BAUER, EWS 2002, 375.

[219] Siehe GAHLEITHNER, ELR 2002, 274 f.; SCHOHE/ARHOLD, EStAL 2002, 36.

[220] Wiedergabe der Ansicht der Kommission in EuGH, Slg. 2002, I-4397, 4416 Rn. 52; siehe dazu auch oben Teil 3, § 2 E.

[221] Siehe beispielsweise SCHOHE/ARHOLD, EStAL 2002, 36; GAHLEITHNER, ELR 2002, 275.

dadurch eine Beweispflicht für die Europäische Kommission in Bezug auf die Zurechnung mitgliedstaatlichen Verhaltens normiert werde. Damit würde die Arbeit der Europäischen Kommission unnötig erschwert.[222] Nicht selten wird darauf hingewiesen, die Bewältigung der Darlegungs- und Beweislast für die im Indizienkatalog des EuGH aufgestellten Kriterien bedeute eine in der Praxis nur schwierig durchführbare Aufgabe.[223] Ferner wird vorgebracht, es sei letztlich zweifelhaft, ob selbst der Beihilfeempfänger von außen erkennen könne, dass der Staat an der betreffenden Maßnahme konkret beteiligt gewesen sei. Erst recht sei es dann für einen Wettbewerber etwa im Rahmen einer Beschwerde äußerst schwierig, eine dem Staat zurechenbare Maßnahme darzulegen.[224] Weitreichende Folge dieses Urteils sei daher - ähnlich wie es auch von den Gegnern der engen Auffassung zur staatlichen Mittelzurechnung vorgebracht wird - dass die Effektivität der Überwachung der Europäischen Kommission durch die Auferlegung einer zu weitgehenden Nachweispflicht beeinträchtigt werde. Die Mitgliedstaaten würden hierdurch verleitet, regelmäßig ungestraft Beihilfen über privatrechtlich organisierte Einrichtungen zu gewähren.[225] Schließlich könne das Beihilferecht nunmehr beispielsweise mittels eines einfachen, nur schwierig nachweisbaren Telefonanrufs oder eines privaten Gefallens umgangen werden.[226]

In diesem Zusammenhang wird auch angeführt, dass die Gemeinschaftsgerichte die Prüfung des Prinzips vom marktwirtschaftlich handelnden Kapitalgeber durch die Kommission in jüngster Zeit deutlich intensiver kontrollierten.[227] Als Konsequenz daraus sei es in der Praxis neuerdings bereits aus diesem Grund seltener zur Bejahung des Beihilfetatbestandes gemäß Art. 87 Abs. 1 EGV gekommen. Eine Erhöhung der Voraussetzungen für eine Transferzurechnung sei folglich nicht erforderlich.[228]

---

222 SCHOHE/ARHOLD, EStAL 2002, 37 f.; GAHLEITHNER, ELR 2002, 275.

223 SCHOHE/ARHOLD, EStAL 2002, 37 f.; SOLTÉSZ/MAKOWSKI, EuZW 2003, 78; GAHLEITHNER, ELR 2002, 275.

224 SOLTÉSZ/MAKOWSKI, EuZW 2003, 78.

225 SCHOHE/ARHOLD, EStAL 2002, 37 f.; GAHLEITHNER, ELR 2002, 275.

226 GAHLEITHNER, ELR 2002, 275; SCHOHE/ARHOLD, EStAL 2002, 37 f.

227 Vgl. in diesem Zusammenhang die neueren Entscheidungen EuG, Rs T-296/97, Alitalia ./. Kommission, Slg. 2000, II-3871, 3895 Rn. 67 ff.; EuG, Rs T-11/95, BP Chemicals Ltd. ./. Kommission, Slg. 1998, II-3235, 3288 f. Rn. 170 f.; EuGH, Rs C-482/99, Frankreich ./. Kommission, Slg. 2002, I-4397, 4449 Rn. 68 ff.

228 BARTOSCH, NJW 2002, 3592.

### *bb) Stellungnahme*

Das *Stardust Marine*-Urteil, welches den Schluss aus einer Vorteilsgewährung durch ein öffentliches und damit grundsätzlich vom Staat kontrolliertes Unternehmen auf die Transferzurechnung nicht länger zulässt, ist als klare Absage an die bisherige, sich als konfus und wenig homogen darstellende Kommissionspraxis zu werten. So hat die Europäische Kommission dazu tendiert, häufig vorschnell und unter starker Pauschalierung das Vorliegen einer staatlich zurechenbaren Beihilfe zu bejahen, ohne wirklich auf die Besonderheiten des Einzelfalles näher einzugehen oder auch nur eingehen zu müssen. Dies spiegelt sich auch in den geschilderten, durchaus repräsentativen Entscheidungen der Europäischen Kommission in den Verfahren *Gröditzer Stahlwerke* sowie *Babcock Wilcox España* oder *Stardust Marine* wider. In jenen Fällen bejaht die Europäische Kommission die Zurechnung, ohne sich ungeachtet der nicht unproblematischen Fallkonstellationen überhaupt oder nur geringfügig mit dieser Tatbestandsvoraussetzung auseinanderzusetzen.[229] In dieser Hinsicht ist durch das Urteil in der Rechtssache *Stardust Marine* von einer disziplinierenden Wirkung auszugehen, so dass der bisherigen Kommissionspraxis Einhalt geboten werden dürfte.[230] Das durch das *Stardust Marine*-Urteil eingeführte Erfordernis der Transferzurechnung ist daher nicht als Schikane für die Europäische Kommission, sondern eher als Anstoß zur Disziplinierung für zukünftige Entscheidungen sehr zu begrüßen. Auch die jüngste Linie der Rechtsprechung in Form der strengeren Kontrolle einer etwaigen Verletzung des Prinzips vom marktwirtschaftlich handelnden Kapitalgeber ist wohl als Reaktion darauf zu deuten, dass die Europäische Kommission in einer Reihe von Fällen nicht nur Rechtsanwendung betrieben hat, sondern darüber hinaus den Versuch unternahm, in bedenklicher Weise europäische Wirtschaftsstrukturpolitik zu betreiben.[231]

---

[229] Kommission, Beschluss vom 08.06.2001, ABlEG 2001 C 199, S. 4, 9 Rn. 26 ff.; Kommission, Entscheidung vom 03.07.2001, ABlEG 2002 L 67, S. 50, 57 Rn. 54 f.; Wiedergabe der Ansicht der Kommission in EuGH, Slg. 2002, I-4397, 4416 Rn. 52, 4444 Rn. 50, 4446 Rn. 58. Vgl. ausführlich unter Teil 3, § 2 C, D, E.

[230] Dafür sprechen beispielsweise die Entscheidungen der Kommission vom 11.12.2002, ABlEG 2003 L 108, S. 35, 38 Rn. 21 und vom 05.03.2003, ABlEG 2003 L 199, S. 28, 33 Rn. 27 in welchen, das *Stardust Marine*-Urteil berücksichtigend, ausdrücklich zwischen dem Vorliegen öffentlicher Mittel und der konkreten staatlichen Zurechenbarkeit der beihilferelevanten Maßnahme unterschieden wird.

[231] Vgl. BARTOSCH, NJW 2002, 3592. Ein die Abwege der teilweisen Kommissionspraxis aufzeigendes Exempel stellt das Verfahren des einstweiligen Rechtsschutzes in dem Fall *Technische Glaswerke Ilmenau GmbH ./. Kommission* dar. Der Beihilfeempfänger hatte nach Erlass einer Rückforderungsentscheidung im Verfahren des vorläufigen Rechtsschutzes erreicht, dass der Vollzug der Entscheidung unter bestimmten, einschränkenden Bedingungen

Die Erhöhung der Voraussetzungen der zumindest durch Indizienbeweis nachzuweisenden Transferzurechnung ist - obgleich der Indizienkatalog des EuGH im Einzelnen, wie später noch zu zeigen sein wird, letztendlich nur teilweise überzeugt - als eine insgesamt ausgewogene, begrüßenswerte Entscheidung zu bewerten. Entgegen der teilweise in der Literatur vertretenen Ansicht[232] werden insofern keine übertriebenen Anforderungen an die Europäische Kommission gestellt.[233] Dies gilt allein schon wegen des Umstandes, dass das Verfahren einer staatlichen Förderung, also der Prozess von der Geburt der Förderungsidee bis zur Vergabe von Mitteln, normalerweise zumindest nicht vollständig unter Ausschluss der Öffentlichkeit erfolgt.[234] Im Regelfall wird insofern von einer Dokumentation der Involvierung der öffentlichen Hand in irgendeiner Form auszugehen sein, so dass der vom Gerichtshof vorgeschlagene Ansatz für die Europäische Kommission grundsätzlich handhabbar sein dürften.

Gerade unter dem Aspekt, dass die Rechtsprechung zur Mittelzurechnung die abstrakt bestehende Kontrolle der öffentlichen Hand über die betreffenden Mittel ausreichen lässt und der damit recht extensiven Auslegung des Merkmals „aus staatlichen Mitteln“, trägt diese Entscheidung dem Grundsatz der Gleichbehandlung von öffentlichen und privaten Unternehmen[235] besonders Rechnung. Der Vorwurf, die Handhabung des Tatbestandsmerkmals der staatlichen Zurechenbarkeit führe im Ergebnis dazu, dass öffentliche - anders als private - Unternehmen hinsichtlich ihrer geschäftlichen Aktivitäten mit anderen Unternehmen grundsätzlich dem EG-Beihilferecht unterlägen, ist damit wohl nicht mehr haltbar.[236] Das *Stardust Marine*-Urteil steuert dem gerade entgegen und bewirkt, dass die Tatsache einer staatlichen Kontrolle über ein öffentliches Unternehmen nicht ausreicht, um Maßnahmen dieses Unternehmens dem Staat

---

ausgesetzt wurde. Obwohl die Kommission klar erkannt hatte, dass im Falle der sofortigen Vollziehung der Rückforderungsentscheidung das Unternehmen nicht überleben würde, bei Gewährung eines Zahlungsaufschubs allerdings die spätere, möglicherweise nach dem Verlust des Rechtsstreits in der Hauptsache eintretende Rückzahlungsverpflichtung dessen weitere Existenz nicht mehr gefährden würde, verweigerte sie jegliche Aussetzung des Vollzugs der negativen Entscheidung. EuG, Rs T-198/01 R, Technische Glaswerke Ilmenau GmbH ./. Kommission, Slg. 2002, 2162 ff. Das EuG hat daraufhin per Beschluss den Vollzug ausgesetzt, EuG, Rs T-198/01 R, Technische Glaswerke Ilmenau GmbH ./. Kommission, Slg. 2002, 2161, 2201.

[232] GAHLEITHNER, ELR 2002, 275 f.; SCHOHE/ARHOLD, EStAL 2002, 37 f.

[233] BAUER, EWS 2002, 375; REICH/HELIOS, EuZW 2003, 476.

[234] Vgl. HAKENBERG/ERLBACHER, EWS 2003, 203; DIES., ECLR 2003, 433.

[235] Dazu unten Teil 2, § 1 B.

[236] Ebenso KOENIG/KÜHLING/RITTER, EG-Beihilfenrecht, S. 74.

pauschal zuzurechnen.[237] Vielmehr bedarf es darüber hinaus noch eines gesonderten Beweises, wenn auch lediglich in Form von Indizien. Somit wird gewährleistet, dass das Tagesgeschäft öffentlicher Unternehmen, welches im Regelfall auf autonomen wirtschaftlichen Entscheidungen beruht, von der Beihilfenkontrolle grundsätzlich unberührt bleibt.

In Bezug auf die Einhaltung des Prinzips der Gleichbehandlung von öffentlichen und privaten Unternehmen muss indes beachtet werden, dass der EuGH bereits einen Nachweis der Transferzurechnung mittels Indizien ausreichen lässt, einen strengeren Beweis indes nicht fordert. Der EuGH beschreitet daher in seinen Anforderungen einen Mittelweg und orientiert sich zum einen an der Praxistauglichkeit, zum anderen aber auch der Europarechtskonformität seines Handelns insbesondere im Lichte des genannten Grundsatzes. Der Gerichtshof gesteht der Europäischen Kommission durch den Indizienbeweis in Bezug auf öffentliche Unternehmen sogar eine Beweiserleichterung zu. Denkbar wäre nämlich ebenso, für den Nachweis der Transferzurechnung den vollen Beweis in Form einer konkret nachzuweisenden staatlichen Anweisung einzufordern.

Ferner ist das Beihilfeverbot gemäß Art. 87 Abs. 1 EGV nach Wortlaut („aus staatlichen Mitteln *gewährte* Beihilfen"), systematischer Stellung sowie Sinn und Zweck eindeutig nur an die Mitgliedstaaten adressiert. Begünstigende Maßnahmen bestimmter Unternehmen können schon deshalb nur dann als staatliche Beihilfen betrachtet werden, wenn die Begünstigung einem Mitgliedstaat auch zumindest mit einer stark erhöhten Wahrscheinlichkeit zuzuordnen ist.[238] Aufgabe der Artt. 87 ff. EGV ist ganz offensichtlich der Schutz des Wettbewerbes lediglich vor mitgliedstaatlichen Eingriffen und nicht vor Manipulationen Privater. Letzteres ist in Artt. 81 ff. EGV geregelt. Zur Bejahung des Tatbestandes des Art. 87 Abs. 1 EGV bedarf es daher stets einer konkreten Verhaltenszurechnung zum betreffenden Mitgliedstaat. Dafür sind zumindest die in der Entscheidung *Stardust Marine* aufgestellten Voraussetzungen einzuhalten. Andernfalls würde der Anwendungsbereich des Art. 87 Abs. 1 EGV, der ausdrücklich nur „staatliche oder aus staatlichen Mitteln gewährte Beihilfen" verbietet, unzulässigerweise zu stark ausgedehnt. Die Folge davon wäre ein auf Art. 87 Abs. 1 EGV gestützter unzulässiger Eingriff der Europäischen Kommission in die in Art. 86 EGV grundsätzlich als zulässig vorausgesetzte wirtschaftliche Betätigung des Staates mittels öffentlicher Unternehmen.

---

[237] REICH/HELIOS, EuZW 2002, 475; GAHLEITHNER, ELR 2002, 276; STREINZ-KOENIG/KÜHLING, EUV/EGV, Art. 295 Rn. 17.

[238] BAUER, EWS 2002, 375; vgl. auch GA JACOBS, Schlussanträge, in: EuGH, Rs C-457/00, Belgien ./. Kommission, Slg. 2003, I-6931, 6950 Rn. 69; GA JACOBS, Schlussanträge, in: EuGH, Rs C-482/99, Frankreich ./. Kommission, Slg. 2002, I-4397, 4419 Rn. 63.

### e) Der Indizienkatalog des EuGH im Einzelnen

Wohl aufgrund der von Seiten der Kommission behaupteten und vom EuGH unterstellten Schwierigkeiten des Nachweises einer staatlichen Weisung und um der Umgehung des Beihilfeverbots zu begegnen, fasst der EuGH den Indizienkatalog sehr weit. Der EuGH intendiert wohl mit diesen weitreichenden und in der Praxis des EuGH seltenen obiter dictum die Schaffung eines flexiblen Instrumentariums, um der Kommission eine Hilfestellung zur Einordnung unterschiedlichster Fallgestaltungen zu ermöglichen.[239] Dies geht freilich mit der Folge einher, dass die Europäische Kommission die konkrete Ausgestaltung der Kontroll- und Beherrschungsbeziehungen zwischen der öffentlichen Hand und ihren Beteiligungsunternehmen in derartigen Fällen sehr viel genauer als vorher untersuchen muss, um das Vorliegen der vom EuGH geforderten verobjektivierten Indizien nachzuweisen.[240]

Im Folgenden wird der vom EuGH in genereller Weise und nicht abschließende Indizienkatalog einer kritischen Analyse dahingehend unterzogen, ob die einzelnen Kriterien sowohl in rechtlicher als auch praktischer Hinsicht geeignet sind, den Schluss auf eine Transferzurechnung zu tragen.

#### *aa) Weisung staatlicher Stelle*

Das vom EuGH erwähnte Kriterium des Handelns aufgrund staatlicher Weisung bzw. das damit eng zusammenhängende Kriterium des Handelns unter dem Vorbehalt der Zustimmung behördlicher Stellen ist nach der hier vertretenen Ansicht der maßgebliche und zugleich konsequenteste Ansatz zur Bestimmung der Transferzurechnung. Zwar weist der EuGH darauf hin, dass es für einen Dritten sehr schwierig sein dürfte, in einem konkreten Fall nachzuweisen, dass Beihilfemaßnahmen eines Unternehmens tatsächlich auf Weisung der Behörden erlassen worden seien.[241] Letztlich ist dies jedoch das einzige Kriterium, das einen klaren Rückschluss erlaubt, ob eine Maßnahme dem Staat wirklich zuzurechnen ist bzw. ob dieser an einer bestimmten Maßnahme in ausreichender Form beteiligt ist.

Der berechtigte Einwand des EuGH, dass der konkrete Beweis einer solchen Weisung regelmäßig nur schwer geführt werden kann, macht es erforderlich, auf andere Instrumente zurückzugreifen. Insoweit wird vorgeschlagen, sich widerlegbarer Vermutungstatbestände in Abhängigkeit von der Weisungsgebunden-

---

239 REICH/HELIOS, EuZW 2002, 476; BAUER, EWS 2002, 375.

240 LÜBBIG/MARTIN-EHLERS, Beihilfenrecht, Rn. 112.

241 Vgl. EuGH, Rs C-482/99, Frankreich ./. Kommission, Slg. 2002, I-4397, 4445 Rn. 54.

heit der die Geschicke eines Unternehmens leitenden Organe zu bedienen.[242] Diesem Ansatz ist zum einen seine Praxistauglichkeit zu Gute zu halten, da er eine einzelfallorientierte Untersuchung nahezu sämtlicher denkbaren Fallkonstellationen erlaubt; dies wird auch aus der unten[243] erfolgenden Anwendung dieses Ansatzes auf konkrete Fallgestaltungen ersichtlich. Für eine solche Lösung spricht ebenfalls, dass das Instrument der Beweisführung mittels Vermutungstatbeständen dem Beihilferecht grundsätzlich nicht fremd ist. Beispielsweise ist es im Zusammenhang mit der beihilferechtlichen Einordnung von Unternehmensbeteiligungen bzw. Kapitalzufuhren durch die öffentliche Hand im Schrifttum sowie in der Praxis der europäischen Organe nicht unüblich, in bestimmten Fällen mittels (widerlegbarer) Vermutungstatbestände den Beihilfetatbestand gemäß Art. 87 Abs. 1 EGV zu bejahen oder abzulehnen.[244] Darüber hinaus bietet ein solcher Ansatz zur Bestimmung der Transferzurechnung ein gewisses Mindestmaß an Rechtssicherheit. Ein aus bestimmten Tatsachen gefolgerter Vermutungstatbestand zeigt zumindest eine gewisse grundsätzliche Richtung an, wie ein Gericht die Frage der Transferzurechnung aller Wahrscheinlichkeit nach beurteilen wird (sofern nicht erfolgreich der Gegenbeweis erbracht wird). Zugleich zeigt sich hierin ein weiterer, besonderer Vorzug des Operierens mit Vermutungstatbeständen, nämlich die flexible Verteilung der Darlegungslast.

*bb) Rechtsstatus des Unternehmens*

Nach dem EuGH ist ein weiteres, für den Nachweis der konkreten Kontrollausübung entscheidendes Kriterium der Rechtsstatus des jeweiligen, die Förderleistung vergebenden Unternehmens. Insofern sei maßgeblich darauf abzustellen, ob das konkrete Unternehmen dem öffentlichen oder allgemeinen Gesellschaftsrecht unterliege.[245] Mit diesem Ansatz stellt sich der EuGH gegen seine eigene Rechtsprechung, in welcher er hervorhebt, dass Beihilfen unabhängig von Status und Bezeichnung der gebenden Einrichtung von Art. 87 EGV erfasst

---

[242] Häufig wird die grundsätzlich bestehende Weisungsbefugnis bzw. Weisungsgebundenheit von Organen im jeweiligen nationalen Gesellschaftsrecht geregelt sein, sonst gilt es auf entsprechende Bestimmungen in der Unternehmenssatzung zurückzugreifen.

[243] Siehe dazu unten Teil 6, § 3 A I 1 a).

[244] Kommission, Entscheidung vom 07.05.2002, ABlEG 2002 L 211, S. 7, 13 Rn. 51; Kommission, Entscheidung vom 26.01.1994, ABlEG 1994 C 390, S. 1, 6; vgl. zur Kommissionspraxis die Analyse von PAPE, Staatliche Kapitalbeteiligungen, S. 85 ff., 95; zur Vermutungspraxis des EuG vgl. z.B. EuG, Rs T-358/94, Air France ./.Kommission, Slg. 1996, II-2109, 2160 f. Rn. 148 f. und EuG, Rs T-296/97, Alitalia ./. Kommission, Slg. 2000, II-3871, 3899 Rn. 80 f.; dazu auch LÜBBIG/MARTIN-EHLERS, Beihilfenrecht, Rn. 149 ff.

[245] EuGH, Rs C-482/99, Frankreich ./. Kommission, Slg. 2002, I-4397, 4445 f. Rn. 56.

würden.[246] Eine solche rechtsformneutrale Sichtweise ergibt sich eigentlich auch schon notwendigerweise aus der Tatsache, dass die Mitgliedstaaten über unterschiedliche Rechtsordnungen verfügen und sich die nationalen Rechtsformen demzufolge auch gar nicht vergleichen lassen.[247]

Darüber hinaus verstößt diese in der Rechtssache *Stardust Marine* vorgenommene Differenzierung offensichtlich gegen die auch als Formenwahlfreiheit bezeichnete Neutralität der europäischen Verträge im Hinblick auf die öffentlich- oder privatrechtliche Organisationsform von Unternehmen.[248] Dieses Prinzip ist in Art. 295 EGV verankert, welchem in diesem Zusammenhang eine zentrale Bedeutung für die europäische Wirtschaftsverfassung beizumessen ist.[249] Die Formenwahlfreiheit des Staates ergibt sich aus der Schutzfunktion des Art. 295 EGV für die wirtschaftspolitisch relevanten Eigentumsregelungen der Mitgliedstaaten der EU, die das Recht besitzen, die Eigentumsordnung ihrer Wirtschaftsbereiche selbst zu bestimmen bzw. zu ändern.[250] Die Formenwahlfreiheit der Mitgliedstaaten findet darüber hinaus auch Rückhalt in der Verpflichtung der Gemeinschaft zur Rücksichtnahme auf die Mitgliedstaaten und zur schonenden Anwendung des Gemeinschaftsrechts.[251] Dieser Grundsatz resultiert aus der Verzahnung und Gesamtschau des zugunsten der Mitgliedstaaten wirkenden Verhältnismäßigkeitsprinzips gemäß Art. 5 Abs. 3 EGV.[252] Zum anderen kann er auf den Art. 10 EGV zugrunde liegenden Rechtsgedanken gestützt werden, welcher im Sinne des Grundsatzes der loyalen Zusammenarbeit auch die Gemeinschaft gegenüber den Mitgliedstaaten bindet.[253]

Als Folge dieser Neutralität der Verträge in Bezug auf die Organisationsform und der fehlenden konkreten europarechtlichen Vorgabe einer zwingenden Or-

---

[246] Siehe dazu beispielsweise auch EuGH, Rs 248/84, Borken-Bocholt ./. Siegen, Slg. 1987, 4013, 4041, Rn. 17.

[247] MODLICH, Infrastrukturmaßnahmen, S. 41.

[248] STERN, FS Rommel, S. 222 ff.; PÖHN, Wirtschaftslenkung, S. 93; SKOURIS, Einfluss, S. 4; Kommission, Mitteilung vom 19.01.2001, ABlEG 2001 C 17, S. 4, 5 Rn. 21; EHLERMANN, ZögU 1992, 380; STREINZ-KOENIG/KÜHLING, EUV/EGV, Art. 295 Rn. 7; EMMERICH, Kartellrecht, S. 386.

[249] STERN, FS Rommel, S. 224 f.

[250] Kommission, Mitteilung vom 19.01.2001, ABlEG 2001 C 17, S. 4, 5 Rn. 21; WEIS, NJW 1982, 1913 f.

[251] Zu diesem Grundsatz SCHROEDER, ZHR 161 (1997), 841 f.

[252] GRABITZ/HILF-V.BOGDANDY, EU, Art. 3 b Rn. 48; SCHROEDER, ZHR 161 (1997), 841 f.

[253] GRABITZ/HILF-V.BOGDANDY, EU, Art. 5 Rn. 22, 79; SCHROEDER, ZHR 161 (1997), 842; EuGH, Rs C-2/88, Zwartfeld u.a., Slg. 1990, I-3365, 3372 Rn. 17.

ganisationsform für die staatliche Beteiligung am Wirtschaftsleben dürfen aus der Wahl der Rechtsform des Staates keine negativen Rückschlüsse auf die wettbewerbsverzerrende Qualität der konkreten Organisationsform gezogen werden.[254] Damit ist es unzulässig, im Falle einer konkreten Mittelvergabe durch ein öffentliches Unternehmen, von dessen öffentlich-rechtlicher Rechtsform auf die Transferzurechnung im Rahmen des Art. 87 Abs. 1 EGV zu schließen. Die Differenzierung nach der öffentlich-rechtlichen oder privatrechtlichen Organisationsform eines Unternehmens als Instrument zur Untersuchung der Transferzurechnung scheidet folglich aus. Es handelt sich daher um ein primärrechtlich unzulässiges Indiz.

*cc) Umfang und Natur der Maßnahme*

Als weiteres Indiz für die Zurechenbarkeit einer Maßnahme eines öffentlichen Unternehmens an den Staat stellt der EuGH auf die Art seiner Tätigkeit und deren Ausübung auf dem Markt unter normalen Bedingungen des Wettbewerbs mit privaten Wirtschaftsteilnehmern ab.[255] Gegen eine grundsätzliche undifferenzierte Anwendung dieses Indizes spricht jedoch, dass Umfang und Natur der Maßnahme anerkanntermaßen Faktoren sind, die im *private-investor-test* eine wesentliche Rolle spielen, welchem sich EuGH und Europäische Kommission zur Bestimmung des Begünstigungscharakters einer Maßnahme bedienen. Nach diesem - bereits oben behandelten[256] - Prinzip vom marktwirtschaftlich handelnden Kapitalgeber dient unter den gegebenen Umständen ebenfalls eine umsichtige Privatperson als Vergleichsmaßstab für staatliches Verhalten und damit der Einschätzung des Begünstigungscharakters einer konkreten Maßnahme. Offenbar vermischt der EuGH daher an dieser Stelle die Voraussetzungen für die Tatbestandsmerkmale der Begünstigung und der staatlichen Transferzurechnung.[257]

Zwar ist die Anwendung des Vergleichsmaßstabes des privaten Marktteilnehmers im Rahmen der Prüfung des Art. 87 Abs. 1 EGV im allgemeinen Sinne grundsätzlich ein zutreffender Ansatz. Das Abstellen auf Umfang und Natur einer Maßnahme im Vergleich zu einem privaten Marktteilnehmer speziell zur Ermittlung der Transferzurechnung ist jedoch insofern nicht weiterführend, als es eine doppelte Prüfung desselben Kriteriums in Bezug auf mehrere Tatbe-

---

[254] Vgl. STERN, FS Rommel, S. 224 f.; PÖHN, Wirtschaftslenkung, S. 93; STREINZ-KOENIG/KÜHLING, EUV/EGV, Art. 295 Rn. 7; EHLERMANN, ZögU 1992, 380.

[255] EuGH, Rs C-482/99, Frankreich ./. Kommission, Slg. 2002, I-4397, 4445 f. Rn. 56.

[256] Dazu Teil 2, § 2 D I 1.

[257] Dazu auch GAHLEITHNER, ELR 2002, 276.

standsmerkmale zur Folge hätte. Anlässlich einer vollständigen Prüfung des Tatbestandes des Art. 87 Abs. 1 EGV würde es im Rahmen der Transferzurechnung gegebenenfalls zur Wiederholung der Ausführungen kommen, welche bereits Gegenstand der Ermittlung des Begünstigungscharakters sind. Der EuGH muss sich folglich vorhalten lassen, bei seinen Ausführungen die vornehmlich durch ihn selbst geprägten dogmatischen Besonderheiten des Art. 87 Abs. 1 EGV nicht ausreichend gewürdigt zu haben. Abgesehen von der Wiederholungsproblematik scheint es jedoch zumindest nicht verfehlt, beispielsweise im Zusammenhang mit der Weisungsbefugnis als entscheidendem Indiz für die Mittelzurechnung argumentativ auf das Prinzip vom marktwirtschaftlich handelnden Kapitalgeber zurückzugreifen.[258] Die Heranziehung von Umfang und Natur der Maßnahme als selbständigem Indiz zur Bestimmung der Transferzurechnung kann indes nicht überzeugen.

#### *dd) Eingliederung in die Strukturen der öffentlichen Verwaltung*

Das ebenfalls vom EuGH genannte Indiz der Eingliederung des öffentlichen Unternehmens in die Strukturen der öffentlichen Verwaltung [259] ist letztlich nichts anderes als ein Bestandteil des Kriteriums der Weisungsgebundenheit für den Fall, dass der Staat nicht in privatrechtlicher Form handelt; denn sofern der Staat in öffentlicher Rechtsform auftritt, steigt mit zunehmendem Grad der Eingliederung in die Staatsorganisation die Möglichkeit, Weisungen zu erteilen und daher ebenfalls die Intensität der Weisungsgebundenheit. Dieser Aspekt der Eingliederung ist jedoch weder für sich noch in der Zusammenschau mit anderen Kriterien hinreichend konkretisiert, um im Einzelfall konkrete Aussagen zur Transferzurechnung zu treffen.

#### *ee) Intensität der behördlichen Aufsicht über die Unternehmensführung*

Das vom EuGH vorgeschlagene Kriterium der Intensität der behördlichen Aufsicht über die Unternehmensführung ist in der Sache ebenfalls mit dem der Weisungsmöglichkeit verwandt. Beide Male geht es um staatliche Einflussnahme auf Unternehmensentscheidungen. Insbesondere in Zusammenhang mit dem Kriterium der Weisung ist es gerade mit Blick auf die in Deutschland bestehenden unterschiedlichen Aufsichtstypen der Rechts- und Fachaufsicht hilfreich, eine staatliche Einflussnahme zu indizieren; denn die verschiedenen Formen der staatlichen Aufsicht lassen unterschiedliche Einflussgrade auf Entscheidungsfindung und ihre Durchführung zu. Dies betrifft gerade auch die im Rahmen der

---

[258] Siehe dazu Teil 6, § 3 1 a).

[259] EuGH, Rs C-482/99, Frankreich ./. Kommission, Slg. 2002, I-4397, 4445 f. Rn. 56.

Beihilfekontrolle bedeutsamen Institutionen öffentlichen Rechts, wie Eigenbetriebe, fiduziarische Stiftungen, teilrechtsfähige Anstalten, rechtsfähige Anstalten, Zweckverbände oder Stiftungen des öffentlichen Rechts, die normalerweise der staatlichen Aufsicht unterstellt sind.[260]

Die Rechtsaufsicht beschränkt sich ausschließlich auf die Rechtmäßigkeitskontrolle und damit die Einhaltung formeller Normen. Ein Einschreiten im Zuge der Rechtsaufsicht kann sich daher auf den Inhalt einer Entscheidung nur insoweit auswirken, als auf die Einhaltung geltenden Rechts hingewirkt wird.[261] Anders ist dies bei der staatlichen Fachaufsicht, welche neben der rechtmäßigen ebenfalls die zweckmäßige Erledigung von Aufgaben überwacht. Diese Art der Aufsicht bringt daher auch die Möglichkeit inhaltlich verbindlicher Direktiven seitens des Staates mit sich, die nicht bereits durch Rechtsvorschriften vorgegeben sind.[262] Dabei kann die inhaltlich gestaltende Weisung einer Fachaufsichtsbehörde neben der Korrektur und Aufhebung bereits erfolgter Maßnahmen ebenso das für die staatliche Zurechenbarkeit von Beihilfeentscheidungen bedeutsame künftige Verhalten betreffen.[263]

Dennoch ist der Begriff der Intensität nicht ausreichend bestimmt und in seiner Belegung zu weit, als dass er für sich genommen zur Transferzurechnung in conreto taugen könnte. Sinnvoller ist es daher, primär auf den klar definierten Begriff der staatlichen Weisung abzustellen. Letzten Endes würde auch der in diesem Bereich ohnehin geringen Rechtssicherheit kein Dienst erwiesen, wenn die staatliche Zurechnung primär von derartig dehnungsfähigen Kriterien wie dem der Intensität abhängig gemacht würde. Die nötige Einzelfallgerechtigkeit ist daher besser anhand des stichhaltigeren Kriteriums der Weisung im Zusammenspiel mit widerlegbaren Vermutungstatbeständen herzustellen.

### *ff) Auf konkrete (Nicht-) Beteiligung hinweisende allgemeine Indizien*

Zuletzt nennt der EuGH im Rahmen des Kataloges ein stark generalklauselartig umschriebenes Kriterium. So diene auch jedes weitere Indiz als Zurech-

---

[260] Vgl. MAURER, Allgemeines Verwaltungsrecht, § 23 Rn. 30 ff.

[261] GROß, DVBl 2002, 796; SCHMIDT-AßMANN, Besonderes Verwaltungsrecht, S. 35; JOHLEN/OERDER-LEHR, Verwaltungsrecht, § 23 Rn. 27; BULL, Verwaltungsrecht, S. 73.

[262] Auf terminologische Schwierigkeiten um den Begriff der Fachaufsicht soll hier nicht weiter eingegangen werden; vgl. dazu aber GROß, DVBl 2002, 793 ff. In diesem Zusammenhang soll der Begriff der Fachaufsicht lediglich den Umstand beschreiben, dass im Unterschied zur Rechtsaufsicht auch die Kontrolle der Zweckmäßigkeit umfasst ist und darüber hinaus ein Weisungsrecht besteht.

[263] BULL, Verwaltungsrecht, S. 73; GROß, DVBl 2002, 796; 793 ff.; MAURER, Allgemeines Verwaltungsrecht, § 23 Rn. 23; SCHMIDT-AßMANN, Besonderes Verwaltungsrecht, S. 38.

nungskriterium, das im konkreten Fall auf eine Beteiligung der Behörden oder auf die Unwahrscheinlichkeit einer fehlenden Beteilung am Erlass der Maßnahme hinweist, wobei deren Umfang, ihr Inhalt oder ihre Bedingungen zu berücksichtigen sei.[264] Auch dieses Indiz ist nicht ausreichend bestimmt bzw. griffig genug, um als Primärkriterium zur Bestimmung der Transferzurechnung herangezogen werden zu können. Geeignet ist es allerdings zur Widerlegung einer gegebenenfalls vorliegenden Vermutung bezüglich des Vorliegens einer staatlichen Weisung; denn als Folge der weiten Beschreibung umfasst es nahezu alle denkbaren Konstellationen, die im Zusammenhang mit einer staatlichen Beteiligung oder Nichtbeteiligung an einer konkreten Fördermaßnahme auftauchen können.[265]

#### *gg) Zusammenfassende Bewertung des Indizienkataloges*

Die Ausführungen des EuGH zur Transferzurechnung lassen eine klare Strukturierung des Kontrollerfordernisses vermissen.[266] Der vom EuGH für den Nachweis der konkreten staatlichen Kontrollausübung per Indizienbeweis aufgestellte Katalog ist des Weiteren im Einzelnen nicht ausgereift und erscheint in hohem Maße unbestimmt;[267] die meisten der nach dem Gerichtshof zu berücksichtigenden Einzelkriterien sind unscharf oder ungeeignet.

Allein das Kriterium der staatlichen Weisung ist ausreichend konkretisiert und daher im Grundsatz praxistauglich. Vorzugswürdig ist es allerdings, auf eine solche staatliche Weisung nicht mittels Indizien zu schließen, sondern an widerlegbare Vermutungstatbestände in Abhängigkeit von der Weisungsgebundenheit der Leitungsorgane gemäß den jeweiligen nationalen gesellschaftsrechtlichen oder vertraglichen Bestimmungen anzuknüpfen. Damit wird auch der Rechtssicherheit in vergleichsweise vertretbarem Maße Rechnung getragen.

### f) Zusammenfassung

Die *Stardust Marine*-Entscheidung bringt für mittelbar staatliche Finanzierungen durch Unternehmen wesentliche Änderungen bezüglich der an den Zurechnungstatbestand des Art. 87 Abs. 1 EGV zu stellenden Anforderungen mit sich. Zum einen wird durch die Übertragung der bislang an die Transferzurech-

---

[264] EuGH, Rs C-482/99, Frankreich ./. Kommission, Slg. 2002, I-4397, 4446 Rn. 56.

[265] Siehe unten die Ausführungen zur Widerlegung der Zurechnungsvermutung bei der GmbH bzw. Widerlegung der Nichtzurechnungsvermutung bei der AG, Teil 6, § 3 A I 1 b), 2 b).

[266] Vgl. SCHOHE/ARHOLD, EStAL 2002, 38.

[267] So auch LÜBBIG, WM 2002, 1831.

nung gestellten Voraussetzungen auf die Mittelzurechnung die Frage der Zurechenbarkeit der Mittel - wie auch bei unmittelbar staatlichen Finanzierungen - vom Vorliegen einer abstrakten staatlichen Kontrollmöglichkeit über die jeweiligen Mittel abhängig gemacht.

Zum anderen begründet der EuGH unter dem Deckmantel der Transferzurechnung eine in ihren Anforderungen neue Zurechnungsvoraussetzung in Form des Erfordernisses der konkreten Ausübung der Kontrollmöglichkeit, zu deren Nachweis das Kriterium der staatlichen Weisung vergleichsweise am Besten geeignet ist. Der Gesamtzurechnungstatbestand ist nur dann erfüllt, sofern kumulativ die Voraussetzungen sowohl der staatlichen Mittel- als auch der Transferzurechnung gegeben sind. Eine alternative Anwendung der Zurechnungskriterien, wie sie teilweise ebenfalls für denkbar gehalten wird,[268] ist nicht ausreichend.

### 2. Mittelbar staatliche Finanzierung durch parafiskalisch/privat gespeiste staatliche Fonds

In der Literatur wird die Zurechnung parafiskalischer Mittel teilweise als Sonderfall behandelt und von der sonstigen Zurechnungsproblematik mittelbarer Staatstätigkeit abgegrenzt.[269] Parafiskalische Abgaben sind gesetzlich vorgeschriebene Zwangsabgaben eines bestimmten Personenkreises, die in einen Sonderfonds außerhalb des Haushaltsplans fließen und in der Regel bestimmten Einrichtungen zu Gute kommen.[270] Charakteristisch für die Finanzierung von Beihilfen durch parafiskalische Zwangsbeiträge ist, dass weder unmittelbar noch mittelbar eine Belastung des Haushalts des jeweiligen Hoheitsträgers entsteht, sondern dass das Beihilfevolumen durch Einzahlungen bestimmter Unternehmen und Bevölkerungsgruppen in Fonds finanziert wird.[271] Aus der oben aufgeführten Rechtsprechung[272] geht nach näherer Analyse hervor, dass diese Fonds regelmäßig einen erheblichen Grad an organisatorischer Verfestigung aufweisen. Um die Zurechnungsvoraussetzungen zu erfüllen, müssen sie jeweils

---

[268] So CASTENDYK/BARK, ZUM 2003, 485.

[269] Vgl. dazu beispielsweise NOLTE, Quersubventionen, S. 174 ff.; SCHERNTHANNER, Beihilfeaufsichtsrecht, S. 96 ff.

[270] Vgl. stellvertretend NOLTE, Quersubventionen, S. 174 f.; KOENIG/KÜHLING, ZUM 2001, 543. Ähnlich auch GA JACOBS, der parafiskalische Abgaben dann annimmt, wenn die Mittel zweckgebunden in einen zum Staatshaushalt gehörenden Sonderfonds fließen und dann an bestimmte Dritte ausgezahlt werden, Schlussanträge, in: EuGH, Rs C-379/98, PreussenElektra AG ./. Schleswag, Slg. 2001, I-2099, 2141 Rn. 165.

[271] CASTENDYK/BARK, ZUM 2003, 483.

[272] Vgl. die oben dargestellte Rechtsprechung in Teil 3, § 1.

über die betreffenden Mittel verfügen können bzw. diese eigenständig zu verwalten haben.[273]

Parafiskalische Mittel stellen theoretisch deshalb einen Sonderfall dar, da sie zwar aufgrund hoheitlich-normativer Anordnung des Staates - in Form von Gesetzen im formellen Sinn bzw. Verordnungen - und damit durch unmittelbar staatliche Finanzierung erhoben werden.[274] Die Umverteilung erfolgt hingegen durch weitgehend selbständig strukturierte Fonds, worin letztlich eine mittelbare staatliche Finanzierungsaktivität zu sehen ist.[275] Die Frage der Mittelzurechnung ist also eher der Fallgruppe unmittelbar staatlicher Finanzierung vergleichbar. Hingegen ist die Konstellation solcher Fonds in Bezug auf die Transferzurechung eher der Gruppe mittelbar staatlicher Finanzierungen zuzuordnen - zumindest sofern die Fonds über eine gewisse Eigenständigkeit verfügen. Dieser Umstand steht indes einer staatlichen Zurechnung grundsätzlich nicht entgegen.

In Bezug auf die Mittelzurechnung kann auf die deutliche Aussage des EuGH in der Rechtssache *Italien ./. Kommission (1974)* verwiesen werden.[276] Nach der in diesem Urteil getroffenen Feststellung sind die Gelder aus solchen Fonds als Folge dessen, dass sie nach innerstaatlichen Rechtsvorschriften durch Zwangsbeiträge gespeist werden und gemäß diesen Rechtsvorschriften verwaltet und verteilt werden, grundsätzlich als staatliche Mittel im Sinne des Art. 87 Abs. 1 EGV zu betrachten. Dies gilt selbst für den Fall, dass ihre Verwaltung nichtstaatlichen Organen anvertraut ist.[277] Die (Mittel-) Zurechnung an den Staat wird dabei ebenso dadurch nicht unterbrochen, dass eine parafiskalische Abgabe von den Begünstigten gegebenenfalls selbst zu finanzieren ist, beruht sie doch auf öffentlichem Rechtssatz.[278]

---

273 KOENIG/KÜHLING, ZUM 2001, 544.

274 SCHERNTHANNER, Beihilfeaufsichtsrecht, S. 66.

275 Für die Lösung der Gesamtzurechnungsproblematik bei parafiskalischen Abgaben dürfte insofern zwischen solchen Fonds, die ohne weitere Kontrollausübung aufgrund gesetzlicher Normierung quasi automatisiert Gelder umverteilen und solchen, die dies erst nach einer einzelfallbezogenen weiteren Gewährungsentscheidung tun, zu unterscheiden sein; vgl. dazu unten Teil 6, § 1.

276 EuGH, Rs 173/73, Italien ./. Kommission, Slg. 1974, 709, 719 Rn. 33/35.

277 EuGH, Rs 173/73, Italien ./. Kommission, Slg. 1974, 709, 719 Rn. 33/35.

278 SCHERNTHANNER, Beihilfeaufsichtsrecht, S. 38.

## a) Mittelzurechnung mit Hilfe des Kontrollkriteriums

In den zuvor beschriebenen Urteilen *Italien ./. Kommission (1974)*, *Steinike und Weinlig* sowie *Compagnie Commerciale de l'Ouest* - aber auch einer Reihe von anderen Fällen, in denen Mitgliedstaaten Fonds bzw. Sonderkassen errichtet hatten, die auf Grundlage staatlicher Regelungen parafiskalische Abgaben erhoben und verteilten - wird jeweils das Vorliegen einer Gewährung aus staatlichen Mitteln angenommen.[279] Aus diesen Urteilen wird ersichtlich, dass die Rechtsprechung das Verteilen von durch Zwangsbeiträgen erhobenen (parafiskalischen) Abgaben als starkes Indiz für das Vorliegen der Voraussetzungen der staatlichen Zurechnung ansieht, ohne dass ihr klare Aussagen darüber zu entnehmen sind, nach welchen Kriterien die staatliche Zurechnung nun vorgenommen wird. Schlussendlich wird zumindest in jüngeren Entscheidungen der Anschein erweckt, dass die bisherige Rechtsprechung im Falle parafiskalischer Abgaben bzw. Zwangsbeiträge dem jeweiligen Mitgliedstaat ebenfalls unter Anwendung des Kontrollkriteriums im Sinne einer Verfügungsmöglichkeit sämtliche Mittel zurechnet, auf die staatliche Einrichtungen zurückgreifen können. Dabei kommt es, wie in der Rechtssache *Stardust Marine* am Beispiel öffentlicher Unternehmen festgestellt, nicht darauf an, ob jene Mittel dem Staat dauerhaft zur Verfügung stehen.[280] Obwohl die Abgaben von Privaten abgeführt wurden, schließen EuGH und EuG wegen der staatlichen Zwangswirkung der Abgabe, der zumindest vorübergehenden Eingliederung in den Staatshaushalt oder der Errichtung der Institution durch staatlichen Rechtsakt auf den öffentlichen Charakter der Mittel.[281] Nachdem diese Umstände von Seiten der Rechtsprechung als ausschlaggebend angesehen werden, scheint in dieser Fallgruppe ebenso das Kontrollkriterium für die Mittelzurechnung maßgeblich zu sein.

---

279 Vgl. auch EuGH, Rs C-72/79, Kommission ./. Italien, Slg. 1980, 1411, 1427 Rn. 20 ff; EuGH, Rs C-17/91, Georges Lornoy en Zonen NV u.a. ./. Belgien, Slg. 1992, I-6523, 6556 Rn. 32; EuGH verb. Rs C-149/91 und C-150/91, Sanders Adour SnC und Guyomarc'h Orthez Nutrition animale SA ./. Directeur des services fiscaux des Pyrénées-Atlantiques, Slg. 1992, I-3899, 3927 Rn. 27.

280 EuGH, Rs 290/83, Kommission ./. Frankreich, Slg. 1985, 439, 449 Rn. 14 f.; EuG, Rs T-358/94, Air France ./. Kommission, Slg. 1996, II-2109, 2134 f. Rn. 68.

281 EuGH, Rs 173/73, Italien ./. Kommission, Slg. 1974, 709, 719 f. Rn. 33/35; EuGH, Rs 78/76, Firma Steinike und Weinlig ./. Bundesrepublik Deutschland, Slg. 1977, 595, 613 Rn. 22; EuGH, Rs C-78/90, C-79/90, C-80/90, C-81/90, C-82/90 und C-83/90, Sociétés Compagnie commerciale de l'Ouest u.a. ./. Receveur principal des douanes de La Pallice-Port, Slg. 1992, I-1847, 1883 Rn. 35. Hierzu ebenso DAUSES-GÖTZ, EU, H. III. Rn. 23. In Bezug auf die Vorteilhaftigkeit und Geeignetheit des Kontrollkriteriums zur Bestimmung der Mittelzurechnung bei staatlichen Fonds haben die unter Teil 4, § 2 E I 1 c), II 1 c) getroffenen Aussagen gleichermaßen Geltung.

Da damit die Rechtsprechung der Herkunft der vergebenen Mittel konsequenterweise auch in dieser Fallgruppe offenbar keinerlei Bedeutung beimisst, müssen ebenso wie parafiskalische Mittel auch freiwillig einbezahlte private Mittel die Voraussetzungen der Mittelzurechnung erfüllen. Bei nicht parafiskalisch erhobenen Beiträgen darf es damit ebenso lediglich auf die zum Leistungszeitpunkt bestehende hoheitliche Kontrollmöglichkeit ankommen.[282]

Diese gegenwärtige Anwendung des Kontrollkriteriums auf mittels parafiskalisch oder freiwillig bezahlter Drittmittel gespeisten Fonds wird vor allem aus einem *obiter dictum* des EuG im Rahmen des Urteils *Air France ./. Kommission* deutlich.[283] Bei der Caisse handelte es sich nicht um einen durch parafiskalische Abgaben, sondern durch private Einlagen gespeisten Fonds.[284] In diesem Urteil weitet das EuG jedoch ausdrücklich die bislang zur Zurechenbarkeit von aus parafiskalischen Abgaben gespeisten Kassen bestehende Rechtsprechung auf privat finanzierte Fonds und Sonderkassen aus. Insofern seien gleich parafiskalischen Fonds auch die Mittel solcher Kassen, deren Einlagen nicht als verlorene Zuschüsse gezahlt werden, sondern von den Anlegern wieder abgehoben werden können und folglich anders als Steuern und Zwangsbeiträge dem Staat nicht dauernd zur Verfügung stehen, als staatliche Mittel einzuordnen.[285] Obwohl das EuG wegen der theoretisch fehlenden dauerhaften Verfügbarkeit der Gelder keine Zwangsbeiträge gegeben sieht, behandelt es diesen Fall aufgrund der „wirtschaftlichen Realität" entsprechend. Das EuG bringt in diesem Zusammenhang somit klar zum Ausdruck, dass dem Staat auch in solchen Konstellationen sämtliche Mittel zuzurechnen sind, auf die staatliche Einrichtungen zurückgreifen können, ohne dass es darauf ankommt, dass die Mittel dem Staat dauerhaft zur Verfügung stehen.[286]

Auch zur Einordnung parafiskalisch finanzierter Ausgleichsfonds ist gegebenenfalls auf das Rahmenkriterium[287] in der Form abzustellen, dass für die Mittelzurechnung grundsätzlich ausschließlich das von einer staatlichen Maßnahme bezweckte primäre Ziel zu beachten ist. Die Mittel dieser Fonds sollten den öffentlichen Haushalten im Sinne des Art. 87 Abs. 1 EGV nämlich konsequenter-

---

282 Vgl. ebenso, CASTENDYK/BARK, ZUM 2003, 484. Für eine Sonderbehandlung dieser Fonds besteht auch kein Anlass, so schon WEIDES, AWD 1963, 297.

283 EuG, Rs T-358/94, Air France ./. Kommission, Slg. 1996, II-2109, 2133 Rn. 65 ff.

284 EuG, Rs T-358/94, Air France ./. Kommission, Slg. 1996, II-2109, 2133 Rn. 65.

285 EuG, Rs T-358/94, Air France ./. Kommission, Slg. 1996, II-2109, 2133 Rn. 66 f.

286 EuG, Rs T-358/94, Air France ./. Kommission, Slg. 1996, II-2109, 2132 f. Rn. 63 ff.; dieselbe Argumentation findet sich in EuGH, 83/98 P, Frankreich ./. Landbroke Racing Ltd. und Kommission, Slg. 2000, I-3271, 3331 Rn. 50.

287 Siehe dazu ausführlich oben Teil 4, § 2 E I 2.

weise nur dann zugerechnet werden, sofern Errichtung und gegebenenfalls Mit telgewinnung sowie Mittelverwendung staatlicherseits final veranlasst worden sind.[288]

### b) Übertragung der Stardust Marine-Grundsätze hinsichtlich der Anforderungen an die Transferzurechnung

Es ist davon auszugehen, dass die Leitentscheidung *Stardust Marine* samt der im Rahmen dieser Untersuchung gefundenen Ergebnisse direkt auch auf mittelbar staatliche Finanzierungsformen durch aus parafiskalischen und privaten Mitteln gespeisten Fonds übertragen werden können. Auch für diese Untereinheit mittelbar staatlicher Finanzierungen muss daher eine Transferzurechnung im Sinne einer konkreten Kontrollausübung vorgenommen werden. Diese ist wie bei der Finanzierung durch Unternehmen grundsätzlich am Kriterium der staatlichen Weisung festzumachen. Daher ist bei staatlichen Fonds unabhängig davon, ob sie aus Zwangsabgaben oder privaten Einlagen gespeist werden, ebenfalls eine kumulative Mittel- und Transferzurechnung zu fordern.

Für die Übertragung der Grundsätze aus *Stardust Marine* spricht, dass es zwischen Fonds und Unternehmen mit staatlicher Beteiligung keine strukturellen Unterschiede in Bezug auf die Transferleistung der Mittel gibt. Sowohl öffentliche Fonds wie auch öffentliche Unternehmen sind durch den Staat zwischengeschaltete Institutionen, deren Mittelvergabe regelmäßig nicht automatisch erfolgt, sondern einer zusätzlichen Gewährungsentscheidung bedarf.[289] Zumindest gilt dies für die Konstellation, dass die Verwaltung eines solchen Fonds nichtstaatlichen, mit Entscheidungsermessen ausgestatteten Organen bzw. Personen anvertraut ist. Dann erfolgt die Transferentscheidung im Einzelnen nicht durch den Staat, sondern muss ihm wie im Fall *Stardust Marine* erst zugerechnet werden.

Eine zusätzliche Transferzurechnung wird hingegen unproblematisch sein, sofern der Verwaltung des Fonds keinerlei Ermessensspielraum bei den einzelnen Finanzierungsmaßnahmen eingeräumt ist. Dies ist beispielsweise denkbar, wenn die Umstände und Voraussetzungen einer Mittelgewährung bereits per Gesetz oder Satzung detailliert geregelt sind. Eine eigenständige Entscheidung, deren staatliche Zurechnung fraglich ist, ist in solchen Fällen regelmäßig ausgeschlossen. Die Transferzurechnung wird dann mangels Handlungsspielraums aufgrund des Legislativaktes vorweggenommen.[290]

---

[288] Vgl. auch POHLMANN, Rechtsprobleme, S. 62.

[289] Dieser Ansicht neigen wohl auch CASTENDYK/BARK, ZUM 2003, 483 f. zu.

[290] Siehe dazu unten Teil 6, § 1.

## III. Zusammenfassung

Ursprünglich bediente sich die Rechtsprechung im Falle unmittelbar staatlicher Finanzierungen primär der Mittelzurechnung unter Anwendung des Herkunftskriteriums. Danach ist das für die Zurechnung entscheidende Kriterium, ob der erhaltene Vorteil unmittelbar oder mittelbar aus staatlichen Mitteln stammt. Erst in der *Landbroke Racing*-Entscheidung wendet der EuGH, ebenfalls auf die Mittelzurechnung abstellend, erstmals das Kontrollkriterium an, welches wegen seiner größeren Praktikabilität und Griffigkeit einen vorteilhafteren Maßstab darstellt. Da die Mittelzurechnung grundsätzlich ausschließlich an die durch eine Regelung ausgelöste Primärrechtsfolge anknüpfen darf, ist es in dieser Fallgruppe hilfreich, vor der eigentlichen Zurechnungsprüfung zunächst unter zusätzlicher Heranziehung des Rahmenkriteriums den beabsichtigten Inhalt der umstrittenen Maßnahme zu ermitteln.

Für die Fallgruppe mittelbar staatlicher Finanzierung durch Unternehmen ist nach den Feststellungen des EuGH in der Entscheidung *Stardust Marine* zu Recht nicht mehr ausschließlich auf die Transferzurechnung, sondern kumulativ ebenso auf die Mittelzurechnung abzustellen. Letztlich überträgt der EuGH in diesem Urteil die bislang an die Transferzurechnung gestellten Voraussetzungen auf die Mittelzurechnung[291] und definiert die Transferzurechnung in ihren Voraussetzungen zugleich neu. Die staatliche Mittelzurechnung ist demnach, ebenso wie für die Fallgruppe unmittelbar staatlicher Finanzierung, mit Hilfe des weichen Kontrollkriteriums zu bestimmen. Die Herkunft der vergebenen Mittel ist unerheblich. Ohne Bedeutung bleibt also, ob die betreffenden Gelder unmittelbar aus dem Staatshaushalt in die Kassen eines Unternehmens transferiert oder durch den wirtschaftlichen Geschäftsbetrieb des Unternehmens erworben werden. Unabhängig davon, ob die Mittel auf Dauer zum Vermögen des Staates gehören, ist allein ausschlaggebend, ob eine abstrakte Kontrollmöglichkeit durch die zuständigen öffentlichen Stellen besteht.

Die Transferzurechnung ist nunmehr davon abhängig, ob eine konkrete Ausübung der (harten) Kontrolle durch den Staat erfolgt ist, welche es anhand des gleichermaßen vom EuGH vorgeschlagenen Kriteriums der staatlichen Weisung zu untersuchen gilt.

Die aus dem *Stardust Marine*-Urteil und der vorangehenden Analyse hervorgehenden Kriterien sind wegen der strukturellen Vergleichbarkeit der Mittelver-

---

[291] Ähnlich KÜHNE, JZ 2001, 759, der bei dem in *Landbroke Racing* angewandten Kontrollkriterium lediglich eine von der erforderlichen „staatlichen Zurechenbarkeit" verschleierte Akzentverschiedenheit sieht.

gabe ebenso auf die Fallgruppe der staatlichen, durch parafiskalische bzw. private Abgaben gespeisten Fonds anwendbar. Folglich ist in dieser Fallkonstellation neben der Mittelzurechnung auch eine Transferzurechnung im Sinne einer konkreten Ausübung der Kontrolle - beweisbar mit Hilfe des Kriteriums der staatlichen Weisung - vorzunehmen.

## F. Zwischenergebnis

Die Untersuchung der Entwicklung der Rechtsprechung von EuGH und EuG zum Tatbestandsmerkmal der staatlichen Zurechnung bestätigt diejenigen Stimmen in der Literatur, die diese als uneinheitlich und unkonstant beschreiben. Allerdings macht die vorhergehende Analyse gleichermaßen eine Dynamik der Rechtsprechung sichtbar, die sich fortwährend weiterentwickelt hat. Dieser Prozess kulminiert in gewisser Form in den beiden bedeutsamen Entscheidungen *PreussenElektra* zur Kategorie der unmittelbar staatlichen Finanzierung und *Stardust Marine* zur Fallgruppe mittelbar staatlicher Finanzierungen, die außer erhöhter Rechtssicherheit auch mehr systematische Klarheit für den Tatbestand der staatlichen Zurechnung mit sich bringen.

Im Ergebnis bestätigen diese Urteile das Resultat der hier vorgenommenen Analyse einerseits hinsichtlich des Erfordernisses der staatlichen Mittelzurechnung, welche es mittels des weichen Kontrollkriteriums im Sinne einer abstrakten Kontroll- bzw. Verfügungsmöglichkeit über die betreffenden Mittel zu bestimmen gilt. Andererseits wird durch das *Stardust Marine*-Urteil neben der Mittelzurechnung das Erfordernis einer kumulativen Transferzurechnung im Sinne einer konkreten harten Ausübung der Kontrollmöglichkeit für Fälle mittelbar staatlicher Finanzierung durch hoheitlich benannte Einrichtungen deutlich. Die Analyse hat ergeben, dass als maßgebliches Kriterium für eine solche staatliche Beteiligung allein ein Anknüpfen an das Vorliegen einer staatlichen Weisung zielführend ist, auf welche gegebenenfalls mittels widerlegbarer Vermutungstatbestände zu schließen ist.

Diese zur Vornahme der staatlichen Mittel- und Transferzurechnung gefundenen Kriterien gilt es in den Teilen 5 und 6 der Untersuchung auf praxisrelevante Fallkonstellationen anzuwenden. Von besonderem Interesse wird dabei zum einen sein, unter welchen Umständen die staatliche Kontrollmöglichkeit im Sinne einer Mittelzurechnung im Einzelfall gegeben ist. Zum anderen soll in nicht eindeutigen Fallgestaltungen mittels widerlegbarer Vermutungstatbestände in Bezug auf das Vorliegen einer staatlichen Weisung ein praxistaugliches, flexibles System zur Handhabung der Transferzurechnung entwickelt werden.

# Teil 5 - Anforderungen an die Mittelzurechnung

In diesem Teil der Untersuchung wird das Kontrollkriterium, welches sich als das für die Mittelzurechnung vorteilhafte Kriterium erwiesen hat, unter Beachtung der Besonderheiten unmittelbar staatlicher Finanzierungen einerseits sowie mittelbar staatlicher Finanzierungsformen andererseits, weiterführend untersucht.

## § 1 Mittelzurechnung bei unmittelbar staatlicher Finanzierung

Nachfolgend werden die Voraussetzungen der abstrakten Kontrollmöglichkeit im Sinne einer Mittelzurechnung nach dem Kontrollkriterium spezifisch für die Fälle unmittelbar staatlicher Finanzierung weiter konkretisiert. Unter Bezugnahme auf die Rechtsprechung des EuGH werden dabei auch einige ausgesuchte Problemkonstellationen aus der Praxis behandelt.

### A. Das Kontrollkriterium im Sinne der abstrakten Kontrollmöglichkeit

Bislang hat der EuGH darauf verzichtet, das Kontrollkriterium, welches sich bei der vorangegangenen Untersuchung als das geeignete Instrument zur Mittelzurechnung erwiesen hat,[1] auf die Konstellation unmittelbar staatlicher Finanzierungen zuzuschneiden und zu präzisieren. Eine weitere Konkretisierung, unter welchen Gegebenheiten eine abstrakte Kontrollmöglichkeit der öffentlichen Hand vorliegt, ist ausgeblieben. Insoweit begnügt sich der EuGH bislang damit, festzustellen, dass für eine Mittelzurechnung (bei Konstellationen unmittelbarer staatlicher Finanzierung) entscheidend darauf abzuheben ist, ob die verteilten Gelder unter staatlicher Kontrolle und somit zur Verfügung der zuständigen nationalen Stellen stehen.[2] Es sind also alle Mittel zuzurechnen, auf die der öffentliche Sektor tatsächlich zur Unterstützung von Unternehmen zurückgreifen kann, ohne dass es dafür eine Rolle spielt, ob diese Mittel auf Dauer zum Vermögen dieses Sektors gehören.[3]

---

1 Siehe Teil 4, § 2 E I 1 c).

2 EuGH, 83/98 P, Frankreich ./. Landbroke Racing Ltd. und Kommission, Slg. 2000, I-3271, 3331 Rn. 50.

3 EuGH, 83/98 P, Frankreich ./. Landbroke Racing Ltd. und Kommission, Slg. 2000, I-

Der EuGH folgt damit zu Recht der engen Auffassung[4] mit der Konsequenz, dass erst dann staatliche Mittel vorliegen, wenn sie in einen hoheitlich kontrollierten Haushalt gelangen oder im Falle eines Einnahmeverzichts beispielsweise in Form einer Steuervergünstigung gelangen müssten. Nur dann kann eine anschließende Weiterleitung der Mittel als Folge eine staatliche Beihilfe darstellen.[5] Für das Vorliegen der Kontrollmöglichkeit ist also entscheidend, ob die staatliche Verfügungsmöglichkeit über bestimmte Mittel bereits in concreto vorliegt und nicht erst noch hergestellt werden muss. Eine bereits bestehende Verfügungsmöglichkeit muss dabei allerdings auch im Falle des Bestehens eines vermögenswerten Anspruchs des Staates angenommen werden, der auf einen geldwerten Vorteil gerichtet ist. Dies gilt beispielsweise für einen hoheitlichen Anspruch auf Zahlung von Steuern oder sonstigen Zahlungsansprüchen.[6] Auch solche Ansprüche stellen bei entsprechender Verwendung ein positives Vermögensgut dar und müssen grundsätzlich gleich behandelt werden. So kann eine Forderung beispielsweise anstelle einer Förderung mittels Bargeldes an einen zu begünstigenden Dritten abgetreten oder auf deren Zahlung schlichtweg auch verzichtet werden.[7]

Zu weit geht allerdings die Ansicht, die für die Frage der Mittelzurechnung darauf abstellt, ob sich der Staat irgendwie Bestimmungsgewalt über bestimmte Mittel verschaffen könne[8] und damit eine zukünftige Verfügungsmöglichkeit zur Mittelzurechnung ausreichen lässt; denn folgt man dem, wären zu Unrecht auch alle diejenigen Mittel staatlicher Natur, deren Verwendung und Zuordnung ein Hoheitsträger auf irgendeine Weise - etwa per (Steuer-) Gesetz - maßgeblich beeinflussen und somit der privaten Disposition entziehen kann. Dieser Ansatz würde die bislang ohnehin nicht besonders scharf definierten Konturen des Begriffs der Beihilfe verwischen. Gleichzeitig würde er wohl zu einer uferlosen Ausdehnung des Beihilfebegriffs führen, da der Staat in weiten Bereichen letztlich die Möglichkeit hat, sich die Bestimmungsgewalt über Finanzressourcen

---

3271, 3331 Rn. 50.

[4] Siehe dazu auch oben Teil 4, § 2 D II.

[5] So. auch TRAFKOWSKI, CR 2001, 777; KOENIG/KÜHLING, ZUM 2001, 544.

[6] Vgl. auch EuGH, Rs C-156/98, Bundesrepublik Deutschland ./. Kommission, Slg. 2000, I-6857, 6893 Rn. 26 f.; EuGH, Rs C-6/97, Italien ./. Kommission, Slg. 1999, I-2981, 3004 Rn. 16; EuGH, 83/98 P, Frankreich ./. Landbroke Racing Ltd. und Kommission, Slg. 2000, I-3271, 3332 Rn. 50; GA JACOBS, Schlussanträge, in: EuGH, Rs C-256/97, Déménagements-Manutention Transport SA (DMT), Slg. 1999, I-3913, 3922 Rn. 33; SOLTÉSZ/MAKOWSKI, EuZW 2003, 77; BLUMENBERG/LAUSTERER, FS Rädler, S. 15; dazu auch unten Teil 5, B I.

[7] Siehe hierzu JANSEN, Europäisches Beihilferecht, S. 127.

[8] So wohl RITGEN, RdE 1999, 182 f.

etwa durch politisch motivierte Gesetzgebung, z.B. im Bereich Steuern oder Umwelt, zu sichern.

Entscheidend ist also, ob im konkreten Fall Geldmittel übertragen oder gegebenenfalls entsprechend werthaltige Ansprüche erlassen werden, die - wenigstens für eine sprichwörtlich logische Sekunde - Bestandteil des Haushalts einer staatlichen Einrichtung gewesen sind.[9] Dementsprechend liegt eine Kontrollmöglichkeit dann nicht vor, wenn z.B. durch ein bestimmtes, die Steuerlast erhöhendes Gesetz die Kontrollmöglichkeit durch den Staat erst noch begründet werden muss.[10] Die Kontrollmöglichkeit besteht in solch einem Falle erst ab dem Moment, in welchem das Gesetz in Kraft getreten ist und sich daraus ein tatsächlicher Anspruch des Staates auf Entrichtung der Abgaben seitens der Betroffenen ableitet; denn gerade dieser Akt der Sicherung im Moment des Inkrafttretens eines Gesetzes stellt den wesentlichen Schritt dar, der aus (privaten) Ressourcen staatliche Mittel macht. Andernfalls wäre es nicht der Staat, der durch die Begünstigung Dritter (mittels auf diesem Wege gewonnener Ressourcen) einen wie auch immer gearteten Mittelabfluss zu verbuchen hätte.

## B. Problematische Fallgestaltungen

Die Frage, ob eine staatliche Kontrollmöglichkeit gegeben ist, kann vor allem im Zusammenhang mit Legislativakten eines Mitgliedstaates Schwierigkeiten bereiten. Mittelabflüsse durch Administrativakte, beispielsweise durch Vergabe von Staatsbürgschaften oder Förderungen unmittelbar durch Ministerien dürften hingegen aufgrund offensichtlicher staatlicher Verfügungsmöglichkeit dem Staat regelmäßig ohne größere Schwierigkeiten zuzurechnen sein. Das hängt damit zusammen, dass dem Administrativakt grundsätzlich ein Gesetz zugrunde liegt oder, sofern dies nicht der Fall ist, die Leistungsverwaltung nur Gelder verteilen kann, die sich bereits unter ihrer Verfügungsgewalt befinden.

Nachfolgend sollen zwei problematische und bislang umstrittene Fallkonstellationen unter Berücksichtigung des Kontrollkriteriums, einer praxisgerechten Lösung zugeführt werden. Zunächst wird am Beispiel des im Verfahren *PreussenElektra* thematisierten Stromeinspeisungsgesetzes überprüft, ob ein allgemeines Gesetz, welches einen Fluss sowohl privater aber auch staatlicher Mittel bedingt, letztlich im Ganzen eine Mittelzurechnung gemäß Art. 87 Abs. 1 EGV auslöst. Außerdem werden die Folgen von Wirtschaftsförderung bzw. staatlicher Investitionslenkung mittels hoheitlicher Abgabenbefreiung in Bezug auf das

---

[9] TRAWKOWSKI, CR 2001, 777; KOENIG/KÜHLING, ZUM 2001, 542 f.

[10] So offenbar RITGEN, RdE 1999, 182 f.

Tatbestandsmerkmal der Mittelzurechnung untersucht; dabei werden auch die in der EuGH-Entscheidung *Bundesrepublik Deutschland ./. Kommission (2000)* zur staatlichen Zurechnung[11] getroffenen Feststellungen einer kritischen Würdigung unterzogen.

## I. Gesetzlich bedingter Zufluss von staatlichen und privaten Mitteln

Fraglich ist, ob eine Mittelzurechnung gegeben ist, sofern ein allgemeines Gesetz, ohne zwischen der öffentlichen oder privaten Zugehörigkeit der Verpflichteten zu differenzieren, den Fluss sowohl privater als auch öffentlicher Gelder bewirkt. Virulent wird dieses Problem beispielsweise bei dem in der Fallkonstellation *PreussenElektra*[12] thematisierten Stromeinspeisungsgesetz. Dieses Gesetz auferlegt neben privaten ebenso öffentlichen Unternehmen die Verpflichtung zur Abnahme von Strom aus erneuerbaren Energiequellen zu Mindestpreisen, so dass die aus dem Gesetz resultierenden Mindereinnahmen ebenso Elektrizitätsversorgungsunternehmen treffen, an deren Kapital die öffentliche Hand mehrheitlich beteiligt ist.[13] Im Verfahren *PreussenElektra* kann dies vom EuGH offen gelassen werden, da die Parteien des Ausgangsverfahrens private Unternehmen sind.[14] Dementsprechend betrifft die Entscheidung expressis verbis lediglich private Unternehmen.[15]

Im Schrifttum wird vertreten, dass die Einnahmen der öffentlichen Hand aus ihrer Kapitalbeteiligung sinken würden, da von den Belastungen des Stromeinspeisungsgesetzes ebenso öffentliche Energieversorgungsunternehmen betroffen seien. Folge dieser staatlichen Einnahmeverringerung sei daher zumindest die mittelbare Übertragung auch staatlicher Mittel, weswegen das Stromeinspeisungsgesetz den Tatbestand der Mittelzurechnung gemäß Art. 87 Abs. 1 EGV erfülle.[16]

---

[11] EuGH, Rs C-156/98, Bundesrepublik Deutschland ./. Kommission, Slg. 2000, I-6857, 6891 ff. Rn. 19 ff.

[12] EuGH, Rs C-379/98, PreussenElektra AG ./. Schleswag, Slg. 2001, I-2099 ff.

[13] Diese Fragen werfen auch auf: POHLMANN, Rechtsprobleme, S. 62 ff.; SCHOHE/ARHOLD, EStAL 2002, 36; KRUSE, ZHR 165 (2001), 591 f.; FOUQUET/ZENKE, ZNER 1999, 64; PÜNDER, NVwZ 1999, 1060; NAGEL, ZNER 2000, 110 ff.; IRO, RdE 1998, 12 f.

[14] EuGH, Rs C-379/98, PreussenElektra AG ./. Schleswag, Slg. 2001, I-2099, 2181 Rn. 59 f.

[15] KRUSE, ZHR 165 (2001), 591 f.; SCHOHE/ARHOLD, EStAL 2002, 36.

[16] POHLMANN, Rechtsprobleme, S. 63; IRO, RdE 1998, 12 f.

Dem kann nicht zugestimmt werden.[17] Die Intention des Stromeinspeisungsgesetzes ist die Begünstigung der Lieferanten von Strom aus regenerativen Energien zu Lasten der Elektrizitätsversorgungsunternehmen.[18] Das Stromeinspeisungsgesetz[19] trifft keinerlei Differenzierung zwischen öffentlichen und privaten Unternehmen. Unter Heranziehung des Rahmenkriteriums ergibt sich bereits hieraus,[20] dass die Belastung insbesondere von öffentlichen Elektrizitätsversorgungsunternehmen kein direktes Ziel des Stromeinspeisungsgesetzes, sondern lediglich ein Nebeneffekt ist.[21] Allein aus diesem Grund kann eine allgemeingültige Maßnahme, die einer Gruppe von Unternehmen auf Kosten einer anderen Gruppe Vorteile gewährt, nicht als staatliche Beihilfe angesehen werden, selbst wenn sich eines oder einige wenige der Unternehmen aus der zweiten Gruppe ganz oder teilweise in staatlichem Eigentum befinden.[22]

Vor allem aber erfüllt die Regelung nicht das eigens vom EuGH aufgestellte Kontrollkriterium.[23] Die Regelung des Stromeinspeisungsgesetzes ist gerade nicht Ausdruck einer staatlichen Kontrollmöglichkeit über die zu verteilenden Ressourcen, da der Staat lediglich die Verfügungsmöglichkeit über die Finanzen der öffentlichen Elektrizitätsversorgungsunternehmen innehat. Eine Verfügungsmöglichkeit des Staates über die Mittel der privaten Energieversorgungsunternehmen besteht indes nicht.[24] Folglich handelt es sich beim Stromeinspeisungsgesetz nicht um einen individuellen hoheitlichen Gewinnverzicht, sondern um eine gesetzliche Verpflichtung, die gleichermaßen alle trifft.[25] Hier gilt es

---

[17] PÜNDER, NVwZ 1999, 1060; NAGEL, ZNER 2000, 111; FOUQUET/ZENKE, ZNER 1999, 64; IRO, RdE 1998, 13.

[18] Vgl. BT-Drs. 11/7816, S. 3; dazu auch POHLMANN, Rechtsprobleme, S. 62.

[19] Vgl. das Stromeinspeisungsgesetz in der Fassung von 1998, BGBl. 1990 I, S. 2633 ff. geändert durch Gesetz zur Neuregelung des Energiewirtschaftsrechts vom 24.04.1998, BGBl. 1998 I, S. 730 ff.

[20] Dazu oben Teil 4, § 2 E I 1 2.

[21] PÜNDER, NVwZ 1999, 1060; so ähnlich auch KRUSE, ZHR 165 (2001), 591 f.; NAGEL, ZNER 2000, 111.

[22] Bemerkenswert ist, dass selbst die Europäische Kommission bislang in einer anderen Beihilfefrage eine Differenzierung zwischen den Anteilseignern strikt abgelehnt hat, vgl. Antwort der Kommission auf schriftliche Anfrage von Patricia Mc Kenna vom 08.04.1999, ABlEG 1999 C 96, S. 4; dazu auch FOUQUET/ZENKE, ZNER 1999, 64.

[23] EuGH, 83/98 P, Frankreich ./. Landbroke Racing Ltd. und Kommission, Slg. 2000, I-3271, 3332 Rn. 50.

[24] KOEHNIG/KÜHLING, EStAL 2002, 16.

[25] KRUSE übergeht das Problem der Mittelzurechnung und verneint das Vorliegen einer rechtswidrigen Beihilfe entgegen der ganz überwiegenden Ansicht (vgl. KOEHNIG/KÜHLING, EStAL 2002, 16; PÜNDER, NVwZ 1999, 1060; FOUQUET/ZENKE, ZNER 1999, 64; IRO,

wiederum zu beachten, dass bis zum Zeitpunkt der Einführung des Stromeinspeisungsgesetzes noch keine staatliche Verfügungsmöglichkeit insbesondere über die bei den privaten Elektrizitätsversorgungsunternehmen befindlichen Gelder bestanden hat, sondern diese erst durch das Inkrafttreten des Stromeinspeisungsgesetzes begründet wird.

Die Auffassung, welche bei einem allgemeinen Gesetz zwischen den betroffenen öffentlichen und privaten Unternehmen differenziert, verkennt darüber hinaus, dass dadurch eine Vielzahl von Rechtsvorschriften zur generellen Regelung der Beziehungen zwischen Unternehmen in den Anwendungsbereich der Bestimmungen über staatliche Beihilfen gebracht würden.[26] Damit würden die Mitgliedstaaten in ihren Befugnissen nach Artt. 98 ff. EGV jedoch über Gebühr eingeschränkt. Absurde Ergebnisse würden insofern zustande kommen, als die Mitgliedstaaten im öffentlichen Eigentum befindliche Unternehmen von Verpflichtungen ausnehmen müssten, die für andere Unternehmen gelten, um dadurch den Bestimmungen über staatliche Beihilfen gerecht zu werden.[27] Ein Mitgliedstaat könnte sonst grundsätzlich nur noch dann unkontrolliert preisregulierend eingreifen, wenn er nicht mehrheitlich an den durch eine Regelung belasteten Unternehmen beteiligt ist. Hingegen wäre er durch das gemeinschaftliche Beihilferecht beschränkt, falls er einen entsprechenden Einfluss auf das Unternehmen ausüben kann.[28] Offensichtliche Folge davon wäre eine Verzerrung des Wettbewerbs zwischen öffentlichen und privaten Unternehmen.[29] Dies kann letztlich dadurch verhindert werden, dass die Zurechnung von Mittelflüssen, die durch eine Normierung wie das Stromeinspeisungsgesetz bedingt sind, hinsichtlich der betroffenen privaten und öffentlichen Unternehmen einheitlich verneint wird.

Die hier vertretene Ansicht widerspricht auch nicht der Rechtsprechung des EuGH in der Rechtssache *Van der Kooy*[30], in welcher auf den Staat als Anteils-

---

RdE 1998, 12 f; NAGEL, ZNER 2000, 111; GA JACOBS, Schlussanträge, in: EuGH, Rs C-379/98, PreussenElektra AG ./. Schleswag, Slg. 2001, I-2099, 2144 Rn. 175) aufgrund der fehlenden Spezifität des Stromeinspeisungsgesetzes, ZHR 165 (2001), 592.

[26] GA JACOBS, Schlussanträge, in: EuGH, Rs C-379/98, PreussenElektra AG ./. Schleswag, Slg. 2001, I-2099, 2144 Rn. 175.

[27] GA JACOBS, Schlussanträge, in: EuGH, Rs C-379/98, PreussenElektra AG ./. Schleswag, Slg. 2001, I-2099, 2144 Rn. 175.

[28] IRO, RdE 1998, 13; PÜNDER, NVwZ 1999, 1060.

[29] GA JACOBS, Schlussanträge, in: EuGH, Rs C-379/98, PreussenElektra AG ./. Schleswag, Slg. 2001, I-2099, 2144 Rn. 175.

[30] EuGH, verb. Rs 67, 68 und 70/85, Kwekerij Gebroeders van der Kooy BV u.a. ./. Kommission, Slg. 1988, 219 ff.

eigner und den üblicherweise erzielbaren Gewinn abgestellt wird. Im Gegensatz dazu sind die Elektrizitätsversorgungsunternehmen in der Konstellation *PreussenElektra* nämlich per Gesetz zur Stromabnahme verpflichtet.[31]

Aus dem Stromeinspeisungsgesetz ergibt sich folglich, dass eine Mittelzurechnung im Falle allgemeiner Gesetze grundsätzlich zumindest dann ausscheidet, wenn diese, ohne zwischen der öffentlichen oder privaten Zugehörigkeit der Verpflichteten zu differenzieren, den Fluss sowohl privater als auch öffentlicher Gelder auslösen.

Speziell für das Stromeinspeisungsgesetz in der Fallkonstellation *PreussenElektra* kommt das eher faktische Argument hinzu, dass es zweifelhaft ist, ob die Gewinne der Elektrizitätsversorgungsunternehmen durch die Abnahme von Strom aus alternativen Energiequellen überhaupt geschmälert werden. Diesen abnahme- und vergütungspflichtigen Unternehmen ist es nämlich jederzeit und ohne Hindernisse möglich, die anfallenden Mehrkosten auf den Verbraucher umzulegen.[32] Außerdem kommen gerade nach der Liberalisierung des Elektrizitätsmarktes durch die Aufhebung der kartellrechtlichen Freistellung der elektrizitätswirtschaftlichen Konzessions- und Demarkationsverträge zunehmend private Unternehmen als Verpflichtungsadressaten des Stromeinspeisungsgesetzes in Betracht, so dass die mögliche Involvierung staatlicher Gelder sukzessive abnimmt.[33]

## II. Mittelfluss aufgrund Wirtschaftsförderung durch gesetzliche Abgabenbefreiung

Problematisch ist, ob private Investitionen als Folge hoheitlicher Wirtschaftsförderung in Form gesetzlicher Abgabenbefreiung eine staatliche Mittelzurechnung auslösen. Diese Frage hat der EuGH in dem Verfahren *Bundesrepublik Deutschland ./. Kommission (2000)*[34] anlässlich der seitens der Bundesrepublik gewährten Steuerbefreiung für den Aufbau Ost fälschlicherweise bejaht und sich dadurch in Widerspruch zur sonstigen EuGH Rechtsprechung gesetzt.[35]

---

[31] So auch PÜNDER, NVwZ 1999, 1061.

[32] FOUQUET/ZENKE, ZNER 1999, 64; PÜNDER, NVwZ 1999, 1060.

[33] GA JACOBS, Schlussanträge, in: EuGH, Rs C-379/98, PreussenElektra AG ./. Schleswag, Slg. 2001, I-2099, 2144 Rn. 176 f.; PÜNDER, NVwZ 1999, 1061.

[34] EuGH, Rs C-156/98, Bundesrepublik Deutschland ./. Kommission, Slg. 2000, I-6857 ff. Zum Sachverhalt siehe oben Teil 3, § 1 U.

[35] Ebenso HAKENBERG/ERLBACHER angesichts des Vergleichs des Urteils *Bundesrepublik Deutschland ./. Kommission (2000)* zu *PreussenElektra*, EWS 2003, 202 Fn. 10; HEIDENHAIN,

Zu Recht differenziert der EuGH jedoch in seiner Beurteilung der investitionslenkenden Maßnahme zwischen dem Steuerausfall der Bundesrepublik als unmittelbarer Folge der staatlichen Lenkungsmaßnahme gemäß § 52 Abs. 8 EStG und dem dadurch (möglicherweise) ausgelösten Mittelfluss von Seiten der Investoren an die zu fördernden Unternehmen.[36] Für das Vorliegen einer Beihilfe bei solchen mittelbaren Begünstigungen ist allerdings zu beachten, dass für eine Beihilfe zumindest entweder in dem Verhältnis Staat - Investoren oder Staat - zu begünstigende Dritte die gesamten Voraussetzungen einer Beihilfe vorliegen müssen.

In dem der Bundesrepublik wegen des erweiterten steuerlichen Vorteils entstehenden Steuerausfall sieht der EuGH zu Recht kein Beihilfeelement.[37] Dies ist unter Berücksichtigung des Kontrollkriteriums eingängig, auch wenn sich der EuGH in der Entscheidung dieses Maßstabes zur Mittelzurechnung nicht bedient. Zwar verzichtet die Bundesrepublik Deutschland durch die Lenkungsmaßnahme des § 52 Abs. 8 EStG partiell auf die Erhebung von Steuern bzw. gibt ihren bestehenden Anspruch auf Steuerzahlung teilweise auf.[38] Die Mittel befinden sich somit nach obiger Definition bis zum Zeitpunkt des Inkrafttretens der Steuererleichterung unter staatlicher Verfügungsgewalt.[39] Die in dieser Konstellation geringeren Steuereinnahmen des Staates sind - anders als beispielsweise in den Rechtssachen *Sloman Neptun* und *Kirsammer-Hack* - (unter Beachtung des Rahmenkriteriums[40]) nicht lediglich ein Rechtsreflex der staatlichen Maßnahme, sondern die beabsichtigte Primärfolge. Dennoch ist zu beachten, dass von dieser Vergünstigung direkt nur die potentiellen Investoren profitieren, von deren Investitionsentscheidung abhängt, ob auch die zu fördernden Unternehmen begünstigt werden. Die Steuerbefreiung kommt den zu fördernden Unternehmen unmittelbar gerade nicht zugute.[41] In Bezug auf die Investoren kann eine Mittelzurechnung daher zwar bejaht werden, allerdings wird insofern die Maßnahme von Seiten der Kommission sowie des EuGH richtigerweise einhellig als allgemeine Maßnahme eingestuft,[42] so dass es zumindest am Merkmal

---

EuZW 2000, 729; STREINZ, JuS 2000, 600; a.A. ERLBACHER, ELR 2000, 345.

[36] EuGH, Rs C-156/98, Bundesrepublik Deutschland ./. Kommission, Slg. 2000, I-6857, 6893 Rn. 26.

[37] EuGH, Rs C-156/98, Bundesrepublik Deutschland ./. Kommission, Slg. 2000, I-6857, 6893 Rn. 26 f.

[38] JANSEN, Europäisches Beihilferecht, S. 127.

[39] Siehe Teil 5, § 1 A.

[40] Vgl. dazu oben Teil 4, § 2 E I 2.

[41] So auch HEIDENHAIN, EuZW 2000, 729; STREINZ, JuS 2000, 600.

der Spezifität fehlt.

Nicht nachvollziehbar ist, dass der EuGH im Verhältnis Staat - Unternehmen in den günstigeren Bedingungen für die Aufstockung der Eigenkapitalquote im Vergleich zur rechtlichen Situation vor der Einführung der staatlichen Lenkungsmaßnahme die Mittelzurechnung als gegeben ansieht.[43] Diese vom EuGH vorgenommene Konstruktion einer Beihilfe in Form einer indirekten Zuwendung staatlicher Mittel unter „Zwischenschaltung" von Investoren widerspricht der bisherigen und ebenfalls der nachfolgenden Rechtsprechung des EuGH.[44] Das Kontrollkriterium ist nicht erfüllt, da sich die durch die begünstigten Investoren weitergegebenen Mittel zum Investitionszeitpunkt unter deren eigener Verfügungsgewalt und nicht unter jener des Staates befinden.[45] Die ursprünglich bestehende staatliche Kontrollmöglichkeit über die betreffenden Mittel wird insofern durch den staatlichen Einnahmeverzicht in Form der Steuervergünstigung für den Fall der Investition hoheitlich aufgegeben.[46] Dies manifestiert sich ebenso darin, dass die für den Mittelfluss entscheidende Weiche letztlich in der Entscheidung der Investoren und nicht beim Staat liegt. Als Folge davon muss bei konsequenter Handhabung die Mittelzurechnung in diesem Verhältnis verneint werden.[47]

Ein konkreter Mittelzufluss ergibt sich auch nicht aus der Überlegung, die den Investoren gewährten Steuervergünstigungen würden an die Unternehmen

---

[42] EuGH, Rs C-156/98, Bundesrepublik Deutschland ./. Kommission, Slg. 2000, I-6857, 6892 Rn. 22; Kommission, Entscheidung vom 21.01.1998, ABlEG 1998 L 212, S. 50, 53 f.

[43] EuGH, Rs C-156/98, Bundesrepublik Deutschland ./. Kommission, Slg. 2000, I-6857, 6893 Rn. 26 f.

[44] EuGH, Rs C-189/91, Petra Kirsammer-Hack ./. Nurhan Sidal, Slg. 1993, I-6185, 6219 Rn. 15; EuGH, 83/98 P, Frankreich ./. Landbroke Racing Ltd. und Kommission, Slg. 2000, I-3271, 3332 Rn. 50; EuGH, Rs C-379/98, PreussenElektra AG ./. Schleswag, Slg. 2001, I-2099, 2181 Rn. 58. Ebenso STREINZ, JuS 2000, 600; HEIDENHAIN, EuZW 2000, 729.

[45] So auch HEIDENHAIN, EuZW 2000, 729.

[46] Der innere Widerspruch des Urteils wird auch in Art. 1 des Tenors der angefochtenen Kommissionsentscheidung deutlich, die vom EuGH in vollem Umfang bestätigt wird: Die den *Investoren* gewährten Steuervergünstigungen seien „zu Gunsten der *Unternehmen*" eine unzulässige Beihilfe, vgl. Kommission, Entscheidung vom 21.01.1998, ABlEG 1998 L 212, S. 50, 56.

[47] Im Ergebnis so die wohl auch herrschende Literaturmeinung: HAKENBERG/ERLBACHER angesichts des Vergleichs des Urteils *Bundesrepublik Deutschland ./. Kommission (2000)* zu *PreussenElektra*, EWS 2003, 202 Fn. 10; ebenso STREINZ, JuS 2000, 600; HEIDENHAIN, EuZW 2000, 729. Teilweise wird die Bejahung einer Beihilfe gem. Art. 87 Abs. 1 EGV auf die kompromisslose Verfahrensführung der Bundesrepublik Deutschland zurückgeführt, vgl. BARTOSCH, ZIP 2000, 2012.

teilweise direkt weitergegeben.[48] Aus rein faktischen Gründen kann nämlich gerade nicht ausgeschlossen werden, dass der steuerliche Anreiz in einigen Fällen zu keiner Verbesserung der Bedingungen beim Beteiligungserwerb führt.[49] Selbst wenn dies zwar vielleicht plausibel erscheinen mag, ist zu beachten, dass konkret investierte Beträge kaum nachweisbar sein dürften.[50]

Nicht zuletzt spricht gegen die Mittelzurechnung in einem Fall staatlicher Investitionslenkung in Form der Errichtung günstigerer Marktbedingungen für die Kapitalbeschaffung, dass dadurch der Staat in seinen ihm gemäß Artt. 98 ff. EGV zustehenden wirtschaftspolitischen Befugnissen über die Maße eingeschränkt würde. Bei Fallkonstellationen, in welchen private Investitionen durch hoheitliche Wirtschaftsförderung in Form gesetzlicher Abgabenbefreiung - wie in der Rechtssache *Bundesrepublik Deutschland ./. Kommission (2000)* - indirekt ausgelöst werden, ist eine staatliche Mittelzurechnung folglich zu verneinen.

Seine weitergehende praktische Bedeutung erhält dieses Ergebnis auch durch die Folgeproblematik, welche die die Zurechenbarkeit bejahende Entscheidung des EuGH mit sich bringt.[51] Völlig ungeklärt ist nämlich, wie unter den gegebenen Umständen eine Rückforderung unrechtmäßig gewährter Beihilfen erfolgen soll.[52] Um die verursachte Wettbewerbsverzerrung zu beseitigen und damit den Zweck des Beihilfeverbotes zu erreichen, müsste die Rückzahlung durch die letztbegünstigten Unternehmen erfolgen. Eine Rückzahlung an die Investoren wäre jedoch widersinnig. Zum einen lässt sich die Höhe nicht konkret beziffern, zum andern dürfen den Investoren zusätzliche Steuervorteile nicht erhalten bleiben.[53] Einer Rückzahlungsforderung des Staates hingegen könnten die Unternehmen entgegnen, die Investoren hätten den Steuervorteil empfangen und diesen nicht an sie weitergegeben.[54] Aus rein faktischen Gründen könnte eine Rückzahlung schon deshalb nicht stattfinden, da die in zahllosen Einzelfällen

---

48 STREINZ, JuS 2000, 600.

49 ERLBACHER, ELR 2000, 345; STREINZ, JuS 2000, 600.

50 STREINZ, JuS 2000, 600.

51 Obwohl bei der Einstufung einer Maßnahme als Beihilfe in materieller Hinsicht nicht entscheidend sein kann, ob (wie auch immer geartete) Schwierigkeiten im Zusammenahng mit der Aufhebung der Beihilfe auftreten, soll hierauf wegen der Bedeutung des Falles kurz eingegangen werden; siehe dazu auch GA JACOBS, Schlussanträge, in: EuGH, Rs C-457/00, Belgien ./. Kommission, Slg. 2003, I-6931, 6951 Rn. 71.

52 Aufgrund der Aussetzung der Maßnahme durch die deutschen Behörden muss der EuGH diese Frage nicht beantworten; dazu ERLBACHER, ELR 2000, 346.

53 HEIDENHAIN, EuZW 2000, 730; STREINZ, JuS 2000, 600.

54 STREINZ, JuS 2000, 600; HEIDENHAIN, EuZW 2000, 730.

den Unternehmen (möglicherweise) entstandenen wirtschaftlichen Vorteile gar nicht feststellbar sind.[55] Abgesehen von rechtsstaatlichen Problemen der Rückwirkung würde die rückwirkende Streichung des § 52 Abs. 8 EStG gegenüber den Investoren selbst außerdem schon deshalb Schwierigkeiten bereiten, weil die Steuervergünstigung ihnen gegenüber weder von Kommission noch von Seiten des EuGH beanstandet worden ist.[56]

## C. Zusammenfassung

Für die Mittelzurechnung bei unmittelbar staatlicher Finanzierung ist entscheidend, ob im konkreten Fall Mittel übertragen werden, die zumindest für eine sprichwörtlich logische Sekunde Bestandteil des Haushalts einer staatlichen Einrichtung waren. Mittel in diesem Sinne können grundsätzlich ebenso Forderungen sein, die in der Aufgabe eines vermögenswerten Anspruchs, beispielsweise in Form einer Steuerermäßigung liegen. Die zukünftige hoheitliche Verfügungsmöglichkeit ist hingegen nicht entscheidend, so dass ohne Bedeutung ist, ob sich der Staat auf irgendeine Art und Weise Verfügungsgewalt über bestimmte Ressouren verschaffen kann.

Die Beurteilung der Mittelzurechnung im Falle eines Gesetzes, welches, wie das Stromeinspeisungsgesetz, eine nicht zwischen privaten und öffentlichen Objekten differenzierende Regelung trifft, muss einheitlich getroffen werden. Insofern ist für die Vornahme einer Mittelzurechnung entscheidend, ob die staatliche Verfügungsmöglichkeit hinsichtlich aller Gelder und damit in Bezug auf die Finanzen der betroffenen öffentlichen sowie privaten Unternehmen besteht.

Bei hoheitlicher Investitionslenkung per gesetzlicher Abgabenbefreiung ist für die Mittelzurechnung maßgeblich zwischen den Verhältnissen Staat - Investor und Staat - förderungswürdiges Unternehmen zu unterscheiden. Entgegen der in dem Verfahren *Bundesrepublik Deutschland ./. Kommission (2000)* von Seiten des EuGH vertretenen Ansicht ist die Mittelzurechnung bei indirekter Förderung im Verhältnis Staat - förderungswürdiges Unternehmen grundsätzlich abzulehnen.

---

[55] HEIDENHAIN, EuZW 2000, 730.

[56] EuGH, Rs C-156/98, Bundesrepublik Deutschland ./. Kommission, Slg. 2000, I-6857, 6892 Rn. 22.

## § 2 Mittelzurechnung bei mittelbar staatlicher Finanzierung durch hoheitlich benannte Einrichtungen

Im Weiteren soll untersucht werden, ob und inwiefern zur Konkretisierung des Kontrollkriteriums in Fällen mittelbar staatlicher Finanzierung nach Art. 87 Abs. 1, 2. Alt. EGV Anleihen im Sinne des Art. 86 EGV möglich sind. Im Anschluss hieran werden einige praktisch bedeutsame Konstellationen anhand der gefundenen Ergebnisse erprobt.

### A. Das Kontrollkriterium im Sinne der Kontrollmöglichkeit

Unter welchen Umständen der EuGH die erforderliche staatliche Kontrollmöglichkeit bei mittelbar staatlicher Finanzierung annimmt, ist bislang noch nicht völlig geklärt.[57] Insoweit besteht derzeit noch keine klare Definition des Kontrollbegriffs.

### I. Zusammenhang von Kontrollmöglichkeit im Sinne von Art. 87 Abs. 1 EGV und öffentlichen Unternehmen

Auch im *Stardust Marine*-Urteil hat der EuGH keine weiterführenden Hinweise dazu gegeben, unter welchen Voraussetzungen die gewährende Institution unter staatlicher Kontrolle steht.[58] Den Ausführungen des EuGH ist - wie bereits in früheren Urteilen[59] - lediglich zu entnehmen, dass das Kontrollkriterium bei Fördermaßnahmen durch öffentliche Unternehmen mit staatlicher Mehrheitsbeteiligung[60] grundsätzlich erfüllt ist.[61] Zumindest bei solchen öffentlichen Unter-

---

[57] CASTENDYK/BARK, ZUM 2003, 484; REICH/HELIOS, EuZW 2002, 475.

[58] Vgl. EuGH, Rs C-482/99, Frankreich ./. Kommission, Slg. 2002, I-4397, 4440 Rn. 37.

[59] Vgl. nur EuGH, Rs 290/83, Kommission ./. Frankreich, Slg. 1985, 439, 449 Rn. 14; EuGH, Rs C-303/88, Italien ./. Kommission, Slg. 1991, I-1433, 1474 Rn. 11 ff.; EuGH, Rs C-305/89, Italien ./. Kommission, Slg. 1991, I-1603, 1639 Rn. 14 f.

[60] Dies muss an dieser Stelle betont werden, da öffentliche Unternehmen i.S.d. Art. 86 EGV unter bestimmten Umständen auch bei staatlicher Minderheitsbeteiligung vorliegen können, vgl. dazu nur SJM-HOCHBAUM, Wettbewerbsrecht, Art. 86 Rn. 8.

[61] EuGH, Rs C-482/99, Frankreich ./. Kommission, Slg. 2002 I-4397, 4440 Rn. 38. Vgl. auch Belgien/Kommission, Slg. 1986, 2263, 2284 Rn. 9 ff.; EuGH, Rs C-261/89, Italien/Kommission, Slg. 1991, 4437, 4458 ff. Rn. 7 ff. Vgl. auch EuG, Rs T-123/97, Salomon SA/Kommission, Slg. 1999, 2925, 2945 ff. Rn. 51 ff.; EuG, BFM und EFIM/Kommission, verb. Rs T-126/96, T-127/96, Slg. 1998, 3437, 3453 ff. Rn. 34 ff.

nehmen werden von der staatlichen Kontrollmöglichkeit nach der Rechtsprechung von EuGH und EuG alle Geldmittel erfasst, auf die der öffentliche Sektor tatsächlich zur Unterstützung von Förderungssubjekten zurückgreifen kann. Keine Rolle spielt dabei, ob diese Mittel auf Dauer zum Vermögen des Unternehmens gehören.[62] Im Falle öffentlicher Unternehmen macht es somit keinen Unterschied, ob ein Mitgliedstaat die für eine Förderung vorgesehenen Mittel vor der Gewährung der Beihilfe aus staatlichen Haushalten an das Unternehmen überträgt oder aber unternehmenseigene Mittel verwendet.[63] Insofern kann angesichts der Rechtsprechung zumindest ein gewisser Zusammenhang zwischen Mittelzurechung und öffentlichen Unternehmen festgehalten werden.

## II. Konkretisierung des Kontrollkriteriums mittels Rückgriffs auf die Bestimmungsfaktoren öffentlicher Unternehmen im Sinne des Art. 86 EGV

Fraglich ist, ob die Bestimmungsfaktoren des öffentlichen Unternehmens im europarechtlichen Sinne bei der Präzisierung der Kontrollmöglichkeit weiterführend sind. Der Begriff des öffentlichen Unternehmens taucht zwar in Art. 86 Abs. 1 EGV auf, ist dort aber ebenso wenig wie die Kontrollmöglichkeit näher bestimmt. Allerdings könnte etwa Art. 2 Abs. 1 lit. b der Transparenzrichtlinie, wo eine Definition öffentlicher Unternehmen enthalten ist, hinsichtlich der Frage weiterführend sein, was unter öffentlichen Unternehmen im Sinne des EG-Vertrags generell zu verstehen ist. Als öffentliches Unternehmen gilt danach jedes Unternehmen, auf das die öffentliche Hand auf Grund Eigentums, finanzieller Beteiligung, Satzung oder sonstiger Bestimmungen, die die Tätigkeit des Unternehmens regeln, unmittelbar oder mittelbar einen beherrschenden Einfluss ausüben kann. Art. 2 Abs. 2 der Transparenzrichtlinie stellt (ergänzend) nicht abschließende Vermutungstatbestände auf, unter welchen Umständen ein beherrschender Einfluss vorliegt. Ein beherrschender staatlicher Einfluss wird danach vermutet, wenn die öffentliche Hand unmittelbar oder mittelbar über die Mehrheit des Kapitals (lit. a) oder über die Mehrheit der mit den Anteilen verbundenen Stimmrechte verfügt (lit. b) oder mehr als die Hälfte der Mitglieder

---

[62] EuGH, Rs C-482/99, Frankreich ./. Kommission, Slg. 2002, I-4397, 4440 Rn. 37; EuG, Rs T-358/94, Air France ./. Kommission, Slg. 1996, II-2109, 2132 f. Rn. 68; so auch EuGH, verb. Rs C-328/99 und C-399/00, Italien und SIM 2 Multimedia SpA ./. Kommission, Slg. 2003, I-4035, 4081 Rn. 33.

[63] GA Jacobs, Schlussanträge, in: EuGH, Rs C-482/99, Frankreich ./. Kommission, Slg. 2002, I-4397, 4413 Rn. 44. Siehe in diesem Zusammenhang oben auch die Ausführungen hinsichtlich der Geeignetheit des Kontrollkriteriums zur Mittelzurechnung Teil 4, § 2 E II c).

des Verwaltungs-, Leitungs- oder Aufsichtsorgans des Unternehmens bestellen kann (lit. c).[64]

Zwar hat der Gerichtshof in seiner Entscheidung zur Rechtmäßigkeit der Transparenzrichtlinie hervorgehoben, dass es sich bei den in Art. 2 der Transparenzrichtlinie enthaltenen Begriffsbestimmungen ausschließlich um solche im Rahmen des Anwendungsbereichs[65] der Transparenzrichtlinie selbst handelt und nicht um eine allgemeine Definition.[66] Im Schrifttum herrscht jedoch Einigkeit, dass für den Begriff des öffentlichen Unternehmens im Sinne des Art. 86 Abs. 1 EGV maßgeblich auf die Transparenzrichtlinie und folglich die Möglichkeit der hoheitlichen Ausübung eines beherrschenden Einflusses auf das Unternehmen bzw. dessen Leitung abzustellen ist;[67] erforderlich ist jedenfalls eine besondere Nähebeziehung von Unternehmen und Mitgliedstaat.[68] Dabei ist von Bedeutung - und dies ist der entscheidende Unterschied zu privaten Unternehmen -, dass die öffentliche Hand auf die Geschäftsführung des Unternehmens einwirken kann, ohne auf hoheitliche Maßnahmen angewiesen zu sein.[69] Es ist also - der Frage der Mittelzurechnung vergleichbar - auf die staatliche Einflussmöglichkeit abzustellen mit der Konsequenz, dass die konkrete Organisationsform der Unternehmen unbedeutend ist. Als öffentliche Unternehmen kommen somit sowohl Unternehmen des Privatrechts als auch des öffentlichen Rechts in Betracht.[70]

In diesem verwandten Bereich stellt sich also ebenfalls die Frage nach den (gesellschafts-) rechtlichen und faktischen Umständen zur Gewährleistung einer (beherrschenden) Beeinflussungs- bzw. Kontrollmöglichkeit. Die zur Bestim-

---

[64] Ausführlicher zur Transparenzrichtlinie oben Teil 2, § 2 C I 2.

[65] Aufgabe der Transparenzrichtlinie ist es, die Kontrolle und Transparenz staatlicher Beteiligungen und Zuschüsse an öffentliche Unternehmen herzustellen, um hierdurch die Finanzströme insbesondere derjenigen Unternehmen besser kontrollieren zu können, die sowohl in durch ausschließliche Rechte geschützten Bereichen, als auch in reinen Wettbewerbsbereichen tätig sind; dazu BRITZ, DVBl 2000, 1645 ff.

[66] EuGH, Transparenzrichtlinie, Rs 188-190/80, Slg. 1982, I-2545, 2578, Rn. 24.

[67] SJM-HOCHBAUM, Wettbewerbsrecht, Art. 86 Rn. 7 f.; DAUSES-EMMERICH, EU, H. II. Rn. 99; GRABITZ/HILF-PERNICE, EU, Art. 90 Rn. 16; STREINZ-KOENIG/KÜHLING, EUV/EGV, Art. 86 Rn. 15; SCHROEDER, ZHR 161 (1997), 816; ERHARDT, Beihilfen, S. 46; SCHWARZE-v.BURCHARD, EU, Art. 86 Rn. 16; PÜTTNER, FS Münch, S. 155 f.

[68] DAUSES-EMMERICH, EU, H. II. Rn. 99.

[69] GS-HOCHBAUM/KLOTZ, EU/EG, Art. 86 Rn. 8; STREINZ-KOENIG/KÜHLING, EUV/EGV, Art. 86 Rn. 17.

[70] STREINZ-KOENIG/KÜHLING, EUV/EGV, Art. 86 Rn. 11; GS-HOCHBAUM/KLOTZ, EU/EG, Art. 86 Rn. 8.

mung öffentlicher Unternehmen entwickelten Grundsätze[71] könnten daher auf die Mittelzurechnung übertragbar sein. Für die Heranziehung dieser Grundsätze spricht die Tatsache, dass die Rechtsprechung gerade im Falle öffentlicher Unternehmen (mit staatlicher Mehrheitsbeteiligung) die Mittelzurechnung grundsätzlich bejaht.[72] Aber auch der der Mittelzurechnung gemäß Art. 87 Abs. 1 EGV vergleichbare Normzweck des Art. 86 Abs. 1 EGV stützt den Rekurs auf den im Zusammenhang mit öffentlichen Unternehmen etablierten Kontrollbegriff.[73] Dem Art. 87 Abs. 1 EGV[74] vergleichbar, liegt die Aufgabe des Art. 86 Abs. 1 EGV unter anderem ebenfalls darin, die Mitgliedstaaten zu hindern, mittels zwischengeschalteter Einheiten als Intermediäre ihre Verpflichtungen aus dem EG-Vertrag zu umgehen.[75]

Für eine Mittelzurechnung genügt unterdessen nach der Rechtsprechung der Umstand, dass sich die zuzurechnenden Mittel unter staatlicher Kontrolle[76] befinden. EuGH und EuG gehen damit nicht so weit, eine beherrschende Einflussmöglichkeit - wie im Zusammenhang mit öffentlichen Unternehmen üblich - zu fordern. Vielmehr reicht offenbar bereits ein substantieller Einfluss auf die Aktivitäten des Unternehmens aus.[77] Folglich ist es nicht unbedingt erforderlich, dass der staatliche Eigentümer seine Vorstellungen immer auch gegen den Widerstand der anderen Anteilseigner durchsetzen kann. Jedoch muss deren

---

[71] Vgl. dazu statt vieler SJM-HOCHBAUM, Wettbewerbsrecht, Art. 86 Rn. 10.

[72] EuGH, Rs C-482/99, Frankreich ./. Kommission, Slg. 2002, I-4397, 4440 Rn. 38; Belgien/Kommission, Slg. 1986, 2263, 2284 Rn. 9 ff.; EuGH, Rs C-261/89, Italien/Kommission, Slg. 1991, 4437, 4458 ff. Rn. 7 ff. Vgl. auch EuG, Rs T-123/97, Salomon SA/Kommission, Slg. 1999, 2925, 2945 ff. Rn. 51 ff.; EuG, BFM und EFIM/Kommission, verb. Rs T-126/96, T-127/96, Slg. 1998, 3437, 3453 ff. Rn. 34 ff.

[73] Vgl. beispielsweise auch die Kontrollbegriffe nach § 29 WpÜG (dazu KK/WPÜG-V.BÜLOW, § 29 Rn. 27 ff., 68 ff.), § 37 Abs 1 Nr. 2 GWB (dazu IMMENGA/MESTMÄCKER, GWB, Art. 37 Rn. 19 ff.), an welche in inhaltlicher Hinsicht andere Anforderungen zu stellen sind.

[74] GA JACOBS, Schlussanträge, in: EuGH, Rs C-482/99, Frankreich ./. Kommission, Slg. 2002, I-4397, 4413 Rn. 43; BAUER, EWS 2002, 374; GAHLEITHNER, ELR 2002, 275.

[75] GRABITZ/HILF-PERNICE, EU, Art. 90 Rn. 19; STREINZ-KOENIG/KÜHLING, EUV/EGV, Art. 86 Rn. 15.

[76] EuGH, Rs C-482/99, Frankreich ./. Kommission, Slg. 2002, I-4397, 4440 Rn. 37; EuGH, 83/98 P, Frankreich ./. Landbroke Racing Ltd. und Kommission, Slg. 2000, I-3271, 3332 Rn. 50; EuG, Rs T-358/94, Air France ./. Kommission, Slg. 1996, II-2109, 2132 f. Rn. 68; EuGH, Rs C-303/88, Italien ./. Kommission, Slg. 1991, I-1433, 1474 Rn. 12; EuGH, Rs C-305/89, Italien ./. Kommission, Slg. 1991, I-1603, 1639 Rn. 14; EuGH, verb. Rs 67, 68 und 70/85, Kwekerij Gebroeders van der Kooy BV u.a. ./. Kommission, Slg. 1988, 219, 272 Rn. 37.

[77] BONKAMP, Beihilfeverbot, S. 95 f.

Entscheidungsfreiheit erheblich eingeschränkt sein.[78] Außerdem ergibt sich aus dem Begriff des öffentlichen Unternehmens gemäß Art. 86 EGV sowie der Transparenzrichtlinie, dass für eine solche Charakterisierung eine dauerhafte, institutionalisierte, wenngleich nicht immer ausgeübte staatliche Einflussmöglichkeit auf das Unternehmen erforderlich ist.[79] Ein Unternehmen kann nicht betreffend einer bestimmten Entscheidung als öffentlich angesehen werden, hinsichtlich einer anderen hingegen nicht. Im Gegensatz dazu genügt es für die Erfüllung des Merkmals der Mittelzurechnung, wenn zum Zeitpunkt und in Bezug auf eine konkrete Maßnahme die staatliche abstrakte Kontrollmöglichkeit gegeben ist.

Letztlich ist somit zumindest nicht von einer umfassenden Deckungsgleichheit der Kontrollmöglichkeit im Zusammenhang mit öffentlichen Unternehmen und dem bei der Zurechnungsproblematik verwendeten Kontrollbegriff auszugehen. Zwar wird in den meisten Fällen, in denen eine Förderung von einem öffentlichen Unternehmen herrührt, die Kontrollmöglichkeit und damit gleichermaßen die Mittelzurechnung bejaht werden können.[80] Umgekehrt kann jedoch nicht davon ausgegangen werden, dass im Falle vorliegender Kontrolle und entsprechender Mittelzurechnung gemäß Art. 87 Abs. 1 EGV notwendigerweise ebenso ein beherrschender Einfluss der öffentlichen Hand und damit ein öffentliches Unternehmen gegeben ist.[81] Daher soll bei der Beurteilung der Mittelzurechung unter den nachfolgend zu bildenden Fallkonstellationen zwar an bestimmten Stellen auf die für das Vorliegen eines öffentlichen Unternehmens geforderte beherrschende Einflussmöglichkeit des Staates und die dazu bestehenden Aussagen in der Literatur zurückgegriffen werden;[82] von einer Bindung

---

78 EuGH, verb. Rs 67, 68 und 70/85, Kwekerij Gebroeders van der Kooy BV u.a. ./. Kommission, Slg. 1988, 219, 272 Rn. 36; GS-MEDERER/TRIANTAFYLLOU, EU/EG, Art. 87 Rn. 28; STREINZ-KOENIG/KÜHLING, EUV/EGV, Art. 87 Rn. 45; BONKAMP, Beihilfeverbot, S. 97 f.; PAPE, Staatliche Kapitalbeteiligungen, S. 107 ff.

79 HÄRING, Vereinbarkeit, S. 81.

80 BONKAMP, Beihilfeverbot, S. 98; HÄRING, Vereinbarkeit, S. 81. Problematisch ist, dass das Vorliegen eines öffentlichen Unternehmens teilweise umstritten und bislang noch nicht abschließend definiert ist. Siehe dazu nur die umstrittene Ansicht von EICHHORN, FS Münch, S. 37, der wohl auch Unternehmen, bei welchen der Einfluss durch eine Sperrminorität ausgeübt wird, als öffentliches Unternehmen in diesem Sinne ansieht, a.A. GS-HOCHBAUM/KLOTZ, EU/EG, Art. 86 Rn. 8 Fn. 13, der auch im Falle von Mehrheitsstimmrechten oder Zustimmungsvorbehalten die Annahme eines öffentlichen Unternehmens für möglich hält.

81 HÄRING, Vereinbarkeit, S. 81; BONKAMP, Beihilfeverbot, S. 97 f.

82 So - freilich ohne Begründung - wohl auch PAPE, Staatliche Kapitalbeteiligungen, S. 103 ff.; BONKAMP, Beihilfeverbot, S. 97 ff.; NOLTE, Quersubventionen, S. 166 ff. So auch CASTENDYK/BARK, ZUM 2002, 483 f.

dieser Vorgaben für die Beurteilung der Mittelzurechnung soll und kann jedoch nicht ausgegangen werden.

## B. Mittelzurechnung in Abhängigkeit von der Intensität staatlicher Kontrollmöglichkeit

Anschließend werden verschiedene Fallgruppen unterschiedlicher Intensität öffentlichen Einwirkungsvermögens auf die zu gewährenden Mittel bzw. die sie verteilende Institution gebildet. Dabei wird jeweils die Frage erörtert, ob und unter welchen Umständen eine ausreichende Kontrollmöglichkeit und daraus folgend die Mittelzurechnung bejaht werden kann. Die vorgenommene Einteilung gilt für alle staatlich benannten Einrichtungen und somit neben Unternehmen öffentlicher oder privater Rechtsform insbesondere ebenso für parafiskalisch oder privat finanzierte Fonds, die grundsätzlich gleich zu behandeln sind.[83] Das abgestufte System ist dabei auf jeglichen beihilferelevanten Bereich anzuwenden, in welchem die Zurechnungsfrage Bedeutung erlangt; insofern stellt beispielsweise die Problematik der Quersubventionierung, welche in der Bundesrepublik Deutschland etwa im Bereich der Post- und Telekommunikationswirtschaft eine Rolle spielt, keine grundsätzliche Ausnahme dar.[84] Wegen der weitreichenden gesellschaftsrechtlichen Gestaltungsbreite können im Folgenden jedoch lediglich einige Grundkonstellationen exemplarisch erörtert werden.[85] Dabei verbietet sich eine starre Kategorisierung nach Zurechnung und Nichtzurechnung, welche die getroffene Unterteilung von einem generellen Anhaltspunkt zu einem rigiden, unverbrüchlichen und damit praxisuntauglichen Regelungskomplex erheben würde. Vielmehr kommt es bei den nachfolgend gebildeten Kategorien stets auf die im Einzelfall gegebenen sonstigen - eventuell auch im tatsächlichen Bereich liegenden - Begleitumstände an. Deren Beachtung ist für die Einordnung der Kontrollmöglichkeit auf einer fließenden Skala stets erforderlich, was im Rahmen der im Weiteren aufgestellten groben Orientierungshilfe allerdings nur beispielhaft aufgezeigt werden kann.

---

[83] Siehe dazu oben Teil 4, § 2 E II 2.

[84] Zur Zurechnungsproblematik i.S.d. Art. 87 Abs. 1 EGV bei Quersubventionen vgl. FÜHRMEYER, Quersubventionen, 155 ff.; SCHNELLE/BARTOSCH, EWS 2001, 412 ff.; NOLTE, Quersubventionen, S. 163 ff.

[85] Zum Zurechnungsproblem bei der Gebührenfinanzierung der öffentlich-rechtlichen Rundfunkanstalten ausführlich RUTTIG, Einfluss, S. 169 ff.; GREISSINGER, Vorgaben, S. 177 ff.

## I. Staatliche Mehrheitsbeteiligung oder entsprechende Einflussmöglichkeiten

Anerkannt ist, dass die für eine Zurechnung erforderliche abstrakte Kontrollmöglichkeit über die Mittel grundsätzlich gegeben ist, wenn der Staat die Mehrheit des Gesellschaftskapitals und damit über 50% der Gesellschaftsanteile an der gewährenden Institution besitzt.[86] Für die Kontrollmöglichkeit im Zusammenhang mit der Mittelzurechnung kommt es dabei auf die öffentlich-rechtliche oder privatrechtliche Rechtsform der die Begünstigung erteilenden Institution nicht an. Eine potentielle Einflussnahme auf die zu vergebenden Mittel äußert sich vielmehr regelmäßig in der Befugnis der öffentlichen Hand, an der Bestellung bzw. der Entscheidungsfindung der Unternehmensführung mitzuwirken.[87] Die Kontrollmöglichkeit kann dabei etwa in der hoheitlichen Weisungsbefähigung, der Ernennungs- bzw. Abberufungsbefugnis von Verwaltungs- oder Aufsichtsräten bzw. der Geschäftsführung oder (mittelbar) des Vorstandes liegen.[88] Zudem kann eine Einflussnahme über ein beratendes Gremium wie einen Beirat genommen werden.[89] Aber auch für den Fall, dass die öffentliche Hand ihrem Vertreter im Aufsichtsrat des Unternehmens weitestgehend Unabhängigkeit eingeräumt hat, dürfte zumindest diese abstrakte Kontrollmög-

---

[86] EuGH, Rs C-482/99, Frankreich ./. Kommission, Slg. 2002, I-4397, 4440 Rn. 38; PAPE, Staatliche Kapitalbeteiligungen, S. 105 f.; BONKAMP, Beihilfeverbot, S. 97 f.; HÄRING, Vereinbarkeit, S. 108 f.; ohne die Mittelzurechnung bei Unternehmen mit staatlicher Mehrheitsbeteiligung überhaupt zu problema-tisieren: EuGH, Belgien/Kommission, Slg. 1986, 2263, 2284 ff. Rn. 9 ff.; EuGH, Rs C-261/89, Italien/ Kommission, Slg. 1991, 4437, 4458 ff. Rn. 7 ff. Vgl. auch EuG, Rs T-123/97, Salomon SA/Kommission, Slg. 1999, 2925, 2945 ff. Rn. 51 ff.; EuG, BFM und EFIM/Kommission, verb. Rs T-126/96, T-127/96, Slg. 1998, 3437, 3453 ff. Rn. 34 ff. Vgl. zum Vorliegen eines öffentlichen Unternehmens i.S.d. Art. 86 EGV: GS-HOCHBAUM/KLOTZ, EU/EG, Art. 86 Rn. 11; EICHHORN, FS Münch, S. 37; ERHARDT, Beihilfen, S. 47 f.

[87] EuGH, Rs C-303/88, Italien ./. Kommission, Slg. 1991, I-1433, 1474 Rn. 12; EuGH, Rs C-305/89, Italien ./. Kommission, Slg. 1991, I-1603, 1639 Rn. 14; vgl. ferner GS-HOCHBAUM/KLOTZ, EU/EG, Art. 86 Rn. 11.

[88] Rechte zur Bestellung und Kontrolle der Mitglieder von Leitungsorganen wurden vom EuGH in der bisherigen Entscheidungspraxis im Rahmen der Zurechnung in mehreren Urteilen berücksichtigt; siehe EuGH, verb. Rs 67, 68 und 70/85, Kwekerij Gebroeders van der Kooy BV u.a. ./. Kommission, Slg. 1988, 219, 272 Rn. 36; EuGH, Rs C-305/89, Italien ./. Kommission, Slg. 1991, I-1603, 1639 Rn. 14; EuGH, Rs C-303/88, Italien ./. Kommission, Slg. 1991, I-1433, 1474 Rn. 12.

[89] Vgl. SCHMIDT, Gesellschaftsrecht, § 36 IV 3; MICHALSKI-HEYDER, GmbHG, § 52 Rn. 418 ff.; GREILING, Öffentliche Trägerschaft, S. 141 ff.

lichkeit zu bejahen sein.[90] Andernfalls würde der Kontrollbegriff sowie ebenfalls der Begriff des öffentlichen Unternehmens durch die Möglichkeit des Verzichts auf die Einflussnahme seitens der öffentlichen Hand relativiert und somit die Verantwortung der Mitgliedstaaten in Bezug auf diese Unternehmen in ihr eigenes Ermessen gestellt.[91]

Einer staatlichen Mehrheitsbeteiligung entsprechend muss unter bestimmten Umständen eine staatliche Minderheitsbeteiligung behandelt werden, sofern sie faktisch die hoheitlichen Einflussmöglichkeiten einer Mehrheitsbeteiligung mit sich bringt. Eine solche Entsprechung in Bezug auf das Kontrollkriterium besteht beispielsweise dann, wenn sich der Staat entsprechenden Einfluss auf die Geschäftsführung durch den Vorbehalt des Rechts auf Bestellung (und Kontrolle) einer bestimmten Anzahl von Vertretern der öffentlichen Hand in der Geschäftsführung oder im Aufsichtsrat des Unternehmens[92] oder durch Mehrfachstimmrecht[93] sichert.[94] Dann bestehen nämlich unabhängig von der Minderheitsbeteiligung im Bezug auf das Kontrollerfordernis dieselben Einflussmöglichkeiten.

Wie bereits ausgeführt[95] gibt es andererseits Konstellationen, in welchen die öffentliche Hand Mehrheitsgesellschafterin der die Förderung vornehmenden Institution ist und bei denen sich die Mittelzurechnung gleichwohl als nicht ganz eindeutig darstellt. So können trotz der mehrheitlich staatlichen Beteiligung konkrete Anhaltspunkte gegeben sein, die gegen das Bestehen einer hoheitlichen Kontrollmöglichkeit sprechen. Für diesen Fall bedarf es einer Gegenüberstellung der einzelnen Aspekte und einer Betrachtung der Gesamtumstände, welche mit Blick auf die Frage des Vorliegens der abstrakten Kontrolle der öffentlichen Hand gegeneinander abgewogen werden müssen.[96]

---

[90] GS-HOCHBAUM/KLOTZ, EU/EG, Art. 86 Rn. 11. Im Falle einer AG ist der Vorstand schon per Gesetz an Weisungen nicht gebunden, § 76 Abs. 1 AktG.

[91] Siehe dazu EuGH, Rs C-340/99, TNT Traco SpA ./. Poste Italiane SpA, Slg. 2001, I-4109, 4158 Rn. 39; GS-HOCHBAUM/KLOTZ, EU/EG, Art. 86 Rn. 11.

[92] Ein Beispiel hierfür sind spanische Sparkassen: Dort entscheidet die autonome Regierung, in deren Provinz die Sparkasse ihren Sitz hat, über die Zusammensetzung der Organe der Sparkasse, vgl. KLEIN, Bankensysteme, S. 115.

[93] Bei deutschen Aktiengesellschaften sind Mehrheitsstimmrechte freilich gem. § 12 Abs. 2 AktG grundsätzlich unzulässig.

[94] GS-HOCHBAUM/KLOTZ, EU/EG, Art. 86 Rn. 11.

[95] Siehe dazu Teil 5, § 2 B, vor I.

[96] Zum Erfordernis der Betrachtung der Gesamtumstände vgl. EuGH, verb. Rs 67, 68 und 70/85, Kwekerij Gebroeders van der Kooy BV u.a. ./. Kommission, Slg. 1988, 219, 272 Rn. 36 f., siehe dazu auch Teil 5, § 2 B 3 a).

Dies gilt beispielsweise für den Fall der Filmförderungsanstalt (FFA), welche Filmförderung auf Bundesebene betreibt und gemäß § 1 Filmförderungsgesetz[97] (FFG) eine bundesunmittelbare rechtsfähige Anstalt des öffentlichen Rechts ist. Soweit die FFA UFI-Sondervermögen[98] des Bundes sowie andere unmittelbar aus Bundes- oder Landeszuschüssen stammende Mittel verwaltet, liegen zweifelsohne öffentliche Mittel vor.[99] Schwieriger scheint hingegen die Mittelzurechnung für den Anteil der Förderung zu beantworten, welcher aus den Abgaben der Film- und Videowirtschaft finanziert wird; denn im Verwaltungsrat der FFA sitzen von 33 Mitgliedern nur sieben, die von staatlichen Stellen bestimmt werden, alle anderen sind von Vertretern der Filmwirtschaft ernannt (§ 6 Abs. 1 FFG). Außerdem sind die Mitglieder gemäß § 6 Abs. 5 Satz 2 FFG an Aufträge und Weisungen nicht gebunden. Dazu kommt, dass sich die über Förderungsanträge entscheidende elfköpfige Vergabekommission lediglich aus einem Mitglied des Bundestages und sonst nur aus Vertretern der Filmwirtschaft zusammensetzt (§ 8 FFG). Diese Aspekte könnten an einer staatlichen Kontrollmöglichkeit zweifeln lassen.

Für eine abstrakte Kontrollmöglichkeit der öffentlichen Hand über die FFA und die von ihr zu vergebenden Mittel spricht jedoch zum einen, dass gemäß § 10 Abs. 1 Satz 2 FFG die Satzung sowie die Geschäftsordnungen der Organe der FFA der Genehmigung des Bundeswirtschaftsministers bedürfen. Zum anderen erfüllt die FFA die Funktion einer Widerspruchsbehörde[100] und unterliegt der Rechtsaufsicht des zuständigen Bundesministeriums (§ 13 Abs. 1 FFG), was ebenso als ein starkes Indiz für das Vorliegen staatlicher Kontrollmöglichkeit einzustufen ist. Dazu kommt, dass die Förderungszielrichtung der FFA ausführlich in § 67 a FFG und § 67 b FFG per Gesetz geregelt ist und in § 68 FFG die Aufteilung der Mittel auf die verschiedenen Förderungsarten detailliert aufgeführt ist. Diese vergleichsweise präzisen gesetzlichen Vorgaben in Bezug auf Ob und Wie der Filmförderung lassen ebenfalls durchblicken, dass der Staat die Kontrolle über die Fördermittel nicht aus der Hand gegeben hat. Vielmehr hat der Staat von seinen Kontrollmöglichkeiten per Gesetz weitreichend Gebrauch

---

[97] Siehe dazu das Vierte Gesetz zur Änderung des Filmförderungsgesetzes vom 22.12.2003, BGBl. I, S. 2771 ff.

[98] Gem. § 74 FFG handelt es sich dabei um den „Ufi-Abwicklungserlös" nach § 26 des Filmförderungsgesetzes in der Fassung der Bekanntmachung vom 06.05.1974 (BGBl. I, S. 1074), geändert durch das Gesetz vom 11.12.1978 (BGBl. I, S. 1957), der auf die FFA übertragen und aufgelöst wird.

[99] So auch CASTENDYK/BARK, ZUM 2002, 484.

[100] Vgl. dazu § 65 FFG, wo im Einzelnen gergegelt ist, welches Gremium der FFA unter welchen Umständen den Widerspruch in Bezug auf welcher Entscheidungen fällt.

gemacht. Unter Betrachtung der gesamten Umstände kann daher wohl - insbesondere auch wegen der staatlichen Rechtsaufsicht[101] - eine staatliche abstrakte Kontrollmöglichkeit und damit eine Mittelzurechnung bejaht werden.

## II. Staatliche Minderheitsbeteiligung

Sofern die Begünstigung durch eine Institution gewährt wird, an welcher der Staat eine schlichte Minderheitsbeteiligung hält, gilt es zu untersuchen, für welche Fallgestaltung das Kontrollkriterium dennoch erfüllt ist und dementsprechend die Mittelzurechnung bejaht werden muss. Nachfolgend werden isoliert die Konstellation eines staatlichen Vetorechts und eines hoheitlichen Zustimmungsvorbehalts sowie das Vorliegen einer staatlichen Sperrminorität untersucht. Ferner soll die Mittelzurechnung aufgrund einer Gesamtbetrachtung näher beleuchtet werden. Es gilt jedoch zu beachten, dass die sich anschließenden Ausführungen angesichts der vielfältigen hoheitlichen Möglichkeiten der Einflussnahme lediglich exemplarisch zu sehen sind; insbesondere die öffentlich-rechtlichen Organisationsformen lassen in dieser Hinsicht weitreichende Gestaltungsmöglichkeiten für hoheitliche Kontrollinstrumente zu.[102] Außer Acht bleiben muss hinsichtlich der Frage der Mittelzurechnung die beispielsweise in der Bundesrepublik und in Frankreich bestehende staatliche Pflicht, bei einer Beteiligung an Unternehmen grundsätzlich die Einflussmöglichkeit durch die öffentliche Hand sicherzustellen.[103] Ungeachtet einer eventuellen Pflichtverletzung geht es bei der Mittelzurechnung nämlich lediglich um das tatsächliche Einflussvermögen der öffentlichen Hand, hingegen nicht um die Pflicht des Staates, sich diese Einflussmöglichkeiten zu verschaffen.[104]

### 1. Staatliches Vetorecht und hoheitlicher Zustimmungsvorbehalt für beihilferelevante Entscheidungen

Fraglich ist, ob eine Mittelzurechung aufgrund ausreichender Kontrollmöglichkeit über bestimmte Mittel ebenfalls bejaht werden muss, wenn der Staat zwar nicht die Mehrheit der Gesellschaftsanteile besitzt, ihm jedoch als

---

[101] Die Mittelzurechnung im Falle staatlicher Rechtsaufsicht grundsätzlich bejahend KOENIG/KÜHLING, NJW 2000, 1068.

[102] Siehe dazu ausführlich GREILING, Öffentliche Trägerschaft, S. 122 ff.; FABRY, in: Fabry/Augsten, Unternehmen der öffentlichen Hand, S. 7 ff.

[103] Dazu SJM-HOCHBAUM, Wettbewerbsrecht, Art. 86 Rn. 9; KROPFF, Öffentliche Unternehmen, S. 79; siehe §§ 65 und 113 BHO.

[104] EuGH, Rs C-482/99, Frankreich ./. Kommission, Slg. 2002, I-4397, 4444 ff. Rn. 51 ff.

Gesellschafter oder im Aufsichtsrat für bestimmte beihilferelevante Entscheidungen ein staatliches Vetorecht oder gar ein Zustimmungsvorbehalt eingeräumt worden ist.[105] Ein staatlicher Zustimmungsvorbehalt in diesem Sinne ist conditio sine qua non für eine wirksame Entscheidung. Zur Verhinderung einer solchen genügt insofern ein schlichtes Untätigbleiben.[106] Hingegen muss nach hiesigem Verständnis ein Vetorecht aktiv ausgeübt werden, um eine bestimmte Entscheidung zu verhindern.[107]

Der öffentlichen Hand ist es in beiden Fällen zwar nicht möglich, ihre eigenen Vorstellungen gegen den Willen der anderen Anteilseigner durchzusetzen und die Investitionsentscheidungen kraft beherrschenden Einflusses zu bestimmen. Allerdings können im Falle eines Vetorechts unerwünschte Vorgänge durch aktives Einschreiten gegebenenfalls verhindert werden. Bei Vorliegen eines staatlichen Zustimmungsvorbehalts genügt sogar die bloße Stimmenthaltung, um vom privaten Mehrheitsgesellschafter bzw. der Geschäftsleitung angestrebte Entscheidungen scheitern zu lassen.[108] Für eine Mittelzurechnung kommt es nicht darauf an, dass im Unterschied zum Zustimmungsvorbehalt bei einem Vetorecht ein schlichtes Nichtstun nicht ausreicht, um eine mögliche Beihilfevergabe zu verhindern. Das Vermögen, eine bestimmte Mittelvergabe zu unterbinden, besteht in beiden Konstellationen gleichermaßen. Wegen dieser hoheitlichen Verhinderungsmöglichkeit von Investitionsvorhaben seitens des privaten Mehrheitsgesellschafters liegt bei beiden staatlichen Mitwirkungsrechten bzw. Teilnahmeerfordernissen somit die abstrakte Kontrollmöglichkeit über die Mittel vor. Eine Mittelzurechnung ist damit grundsätzlich gerechtfertigt.

## 2. Staatliche Sperrminorität

Fraglich ist, ob das Erfordernis einer staatlichen Kontrollmöglichkeit über die Mittel, die in einer Beihilfeentscheidung eine Rolle spielen, ebenso für die Konstellation der staatlichen Sperrminorität gegeben ist. Im Falle einer Sperrminorität der öffentlichen Hand ist es dem Staat zwar - der Situation eines Vetorechts oder Zustimmungsvorbehalts vergleichbar - nicht möglich, seine eigenen Vorstellungen gegen den Willen der anderen Anteilseigner durchzusetzen und so die Investitionsentscheidung kraft beherrschenden Einflusses zu bestimmen. Die Höhe der Beteiligung reicht aber in Abhängigkeit von der jeweiligen Aus-

---

105 Hierzu grundsätzlich GREILING, Öffentliche Trägerschaft, S. 136 ff.

106 Vgl. dazu auch PAPE, Staatliche Kapitalbeteiligungen, S. 108; DIETRICH, DStR 2003, 1578.

107 So auch DIETRICH, DStR 2003, 1578; Siehe auch PAPE, Staatliche Kapitalbeteiligungen, S. 108.

108 BONKAMP, Beihilfeverbot, S. 99; PAPE, Staatliche Kapitalbeteiligungen, S. 107 f.

gestaltung der mit der Sperrminorität verbundenen Rechte aus, missliebige Beschlüsse (der Gesellschafter) möglicherweise zu verhindern. Eine staatliche Sperrminorität, spielt beispielsweise im deutschen Aktienrecht gemäß § 179 Abs. 2 AktG eine Rolle.[109] Danach ist eine Minderheitsbeteiligung von mehr als 25% des Grundkapitals ausreichend, um Satzungsänderungen durch die Hauptsversammlung einer Aktiengesellschaft zu verhindern.

Im Schrifttum wird für das Vorliegen der für eine Zurechnung erforderlichen Kontrollmöglichkeit generell vorgebracht, dass an das Ausmaß der staatlichen Einflussmöglichkeit keine hohen Anforderungen zu stellen seien.[110] Es sei ausreichend, wenn das Einflussvermögen so stark sei, dass die die Vergünstigung gewährende Stelle keine volle Entscheidungsautonomie mehr besitze.[111] Eine konkrete Beeinflussung sei gerade in diesen Fällen einer staatlichen Sperrminorität schwer nachweisbar, weshalb die Vermutung gelten müsse, dass die öffentliche Hand die Beihilfe veranlasst habe, da ein Privater im Zweifel keine unrentablen Investitionen tätigen würde.[112] Nur durch diese Annahme könne man der Bedeutung gerecht werden, welche in Art. 3 lit. g EGV dem unverfälschten Wettbewerb innerhalb des Vertrages verliehen sei. Dieses Ziel gebiete eine möglichst umfassende Anwendung der Beihilfevorschriften, damit jede denkbare Umgehung verhindert werden könne.[113] Außerdem wird versucht, die Mittelzurechnung mit Hilfe einer Parallele zur EuGH-Entscheidung *Van der Kooy* zu begründen, in welcher der EuGH trotz einer hoheitlichen Beteiligung an Gasunie von lediglich 50% wegen sonstiger Umstände eine staatliche Kontrolle bejaht.[114]

Selbst wenn man bei staatlicher Sperrminorität ein gewisses grundsätzliches Einflussvermögen des Staates annehmen möchte, so reicht dies jedenfalls für die Bejahung der abstrakten Kontrollmöglichkeit als Voraussetzung für die Mittelzurechnung nicht aus.[115] Durch eine staatliche Sperrminorität hat der Staat die erforderliche abstrakte Kontrollmöglichkeit über die Mittel zur Vornahme

---

[109] Zu weiteren gesetzlichen Minderheitenrechten bei deutschen Aktiengesellschaften siehe nur LEHMANN, AG 1983, 113 ff.

[110] STREINZ-KOENIG/KÜHLING, EUV/EGV, Art. 87 Rn. 45; GTE-MEDERER, EU/EG, Art. 92 Rn. 15; RITGEN, RdE 1999, 180 ff.

[111] So GTE-MEDERER, EU/EG, Art. 92 Rn. 15; HÄRING, Vereinbarkeit, S. 109.

[112] PAPE, Staatliche Kapitalbeteiligungen, S. 109.

[113] PAPE, Staatliche Kapitalbeteiligungen, S. 111.

[114] PAPE, Staatliche Kapitalbeteiligungen, S. 108. Ausführlich zum Sachverhalt oben Teil 3, § 1 G.

[115] Hierzu BONKAMP, Beihilfeverbot, S. 100; so wohl auch NOLTE, Quersubventionen, S. 187.

einer konkreten beihilferelevanten Maßnahme seitens des privaten Mehrheitsanteilseigners gerade nicht. Insoweit ist zu beachten, dass aufgrund der Sperrminorität im Gegensatz zu Vetorecht und Zustimmungsvorbehalt grundsätzlich nur Gesellschafterbeschlüsse verhindert werden können. Eine Möglichkeit zur Einflussnahme auf Ebene der Geschäftsführung und damit die Verwendung beihilferelvanter Mittel besteht in der Regel gerade nicht. Für eine Mittelzurechnung ist aber die Kontrollmöglichkeit gerade über die Mittel maßgeblich, welche für Förderungsmaßnahmen bestimmt sein könnten. Ein lediglich irgendwie geartetes Beeinflussungspotential irgendwelcher im Unternehmen stattfindender Prozesse reicht insofern nicht aus. Die Bejahung der für die Mittelzurechnung erforderlichen Kontrollmöglichkeit ist demnach allenfalls für solche (Ausnahme-) Fälle denkbar, in welchen sich die Sperrminorität unmittelbar auf beihilferelevante Regelungen oder Entscheidungen und damit ebenso auf die zu verwendenden Mittel auswirkt.[116] Außerdem ist bereits die Grundthese in Form der Vermutung, dass auch bei *staatlicher Minderheitsbeteiligung* und infolgedessen grundsätzlich eingeschränkter Einflussmöglichkeiten auf die Unternehmensführung jede wirtschaftlich unvernünftige Maßnahme von staatlicher Seite ausgehen muss, nicht haltbar. Private Investoren sind nämlich ebenso keineswegs vor falschen bzw. irrationalen wirtschaftlichen Einschätzungen gefeit.[117]

Trotz des grundsätzlichen Nichtvorliegens des Kontrollkriteriums im Falle einer staatlichen Sperrminorität ist allerdings nicht ausgeschlossen, dass weitere Umstände hinzutreten können, die im Zuge einer Gesamtbetrachtung eine Einflussnahmemöglichkeit staatlicher Stellen nahe legen.[118]

### 3. Kontrollmöglichkeit aufgrund einer Gesamtschau der Umstände

Die Kontrollmöglichkeit der öffentlichen Hand kann sich bei staatlicher Minderheitsbeteiligung ebenfalls als Folge einer Betrachtung der Gesamtumstände ergeben, unter welchen eine Begünstigung erteilt wird. Neben der Heranziehung juristischer Kriterien gilt es, insbesondere die wirtschaftliche Realität stets im Auge zu behalten.[119] So ist auch der im Rahmen der Diskussion um

---

116 Vgl. auch HÄRING, Vereinbarkeit, S. 109.

117 Siehe dazu HELLINGMAN, CMLR 1986, 119; SOUKUP, ZÖgU 1995, 32; DECKERT/SCHROEDER, EuR 1998, 308; auch die Kommission erkennt in ihrer Mitteilung über Beteiligungen der öffentlichen Hand am Kapital von Unternehmen an, dass Investitionen mit besonderem Risiko nicht generell als Beihilfen einzustufen sind, EG-Bulletin 9/1984, S. 104 f.

118 EuGH, verb. Rs 67, 68 und 70/85, Kwekerij Gebroeders van der Kooy BV u.a. ./. Kommission, Slg. 1988, 219, 272 Rn. 37; hierzu sogleich unten ausführlicher in Teil 5, § 2 B II 3.

119 HÄRING, Vereinbarkeit, S. 103 f.

die Mittelzurechnung bei staatlicher Sperrminorität angesprochenen EuGH-Entscheidung *Van der Kooy* zu entnehmen, dass die staatliche Kontrollmöglichkeit aufgrund der zugrunde liegenden Gesamtumstände bejaht werden kann, sofern die einzelnen Anhaltspunkte für sich genommen nicht ausreichend sind.[120] Ohne Bedeutung für die Frage nach dem grundsätzlichen Vorliegen der Kontrollmöglichkeit ist in diesem Zusammenhang, dass in der Rechtssache *Van der Kooy* die Kontrollmöglichkeit zur Begründung der Transferzurechnung herangezogen wird.

Auffällig an dieser Entscheidung ist, dass der EuGH für den Nachweis der Kontrollmöglichkeit gerade nicht auf den ministeriellen Genehmigungsvorbehalt allein abstellt, sondern vielmehr dessen Ausübung oder Nichtausübung dahinstehen lässt.[121] Zur Kontrolle kommt er neben dem ministeriellen Genehmigungsvorbehalt zum einen wegen der hoheitlichen knapp unter der Grenze zur Mehrheitsbeteiligung liegenden 50 %-Beteiligung an Gasunie sowie der entsprechenden Bestellung der Hälfte der Verwaltungsratmitglieder. Zum anderen betreibt der EuGH zum Nachweis der Kontrollmöglichkeit eine rückblickende Betrachtung der beihilferelevanten Historie von Gasunie, welche auf Beanstandung der Kommission beim niederländischen Staat hin schon zweimal ihre Tarife geändert hatte.[122]

Der Ansatz des EuGH bei der Beurteilung der Kontrollmöglichkeiten in der Entscheidung *Van der Kooy* überzeugt. Eingängig ist vor allem auch die Betrachtung der beihilferechtlichen Vergangenheit einer Institution, um daraus Hinweise für einen erheblichen Einfluss der öffentlichen Hand herzuleiten. So ergibt sich zumindest bei Zusammenziehung der Umstände eine ganz wesentliche Einflussmöglichkeit des niederländischen Staates auf die Gasunie. Dieser Fall bildet damit ein gutes Beispiel dafür, dass man auch als Folge einer Gesamtbetrachtung mehrerer Einzel-Indizien die Kontrollmöglichkeit bejahen kann.

Das Urteil *Van der Kooy* belegt mithin ebenso nochmals die Relativität der im Rahmen der Arbeit aufgestellten Fallgruppen. Ebenso unterstreicht es, dass die hier vorgenommene Einteilung nur als erste Orientierungshilfe für die Praxis

---

[120] EuGH, verb. Rs 67, 68 und 70/85, Kwekerij Gebroeders van der Kooy BV u.a. ./. Kommission, Slg. 1988, 219, 272 Rn. 37.

[121] EuGH, verb. Rs 67, 68 und 70/85, Kwekerij Gebroeders van der Kooy BV u.a. ./. Kommission, Slg. 1988, 219, 272 Rn. 36.

[122] EuGH, verb. Rs 67, 68 und 70/85, Kwekerij Gebroeders van der Kooy BV u.a. ./. Kommission, Slg. 1988, 219, 272 Rn. 36 f.

dienen kann. Der Einzelfall muss daher stets genau auf mögliche, von den hier behandelten Konstellationen abweichende Eigenarten untersucht werden.[123]

## III. Zwischenschaltung privater Einrichtung ohne staatliche Beteiligung

Fraglich ist, wie Fälle zu handhaben sind, bei denen private Einrichtungen ohne Beteiligung der öffentlichen Hand von staatlicher Seite dazwischengeschaltet werden, um Dritten eine Begünstigung zukommen zu lassen. Ob in solchen Konstellationen die abstrakte Kontrollmöglichkeit bejaht werden kann, soll im Folgenden anhand zweier Beispiele überprüft werden. Insofern sind insbesondere auch die nun behandelten Fälle nicht abschließend und sollen lediglich *pars pro toto* für die variantenreichen Konstellationen stehen, die eine vergleichbare Wertung verlangen.

Bei rein privaten Unternehmen ist die Mittelzurechnung unproblematisch, wenn das Unternehmen lediglich als bloßer Dienstleister für den Staat in dessen Auftrag fungiert und die Entscheidung über die Beihilfenvergabe und deren Modalitäten staatlichen Organen vorbehalten bleibt. Bestes Beispiel für einen solchen Fall ist die Auszahlung und Abwicklung einer von staatlicher Stelle - etwa einem Ministerium - bewilligten Fördermaßnahme unmittelbar aus dem Staatshaushalt durch eine private Einrichtung in Form einer privaten Bank als Finanzintermediär.[124] Die Bank fungiert in diesem Falle ausschließlich als Zahlstelle, um Gelder aus staatlichen Haushalten weiterzuleiten. Die allein mit dem technischen Verfahren der Zuweisung des Geldes betraute private Einrichtung hat in diesem Fall keinerlei Sachentscheidungskompetenz und damit faktisch keine Kontrollmöglichkeit über die zu verteilenden Gelder; denn die Entscheidung des Ob und Wie der Beihilfe trifft ausschließlich die staatliche Stelle. Die private Einrichtung wird damit bei der Ausführung der Zahlung gleichsam als „Verwaltungshelfer" oder als „verlängerter Arm" des Staates tätig.[125] Da die Kontrollmöglichkeit nie auf die private Einrichtung übergeht und stets bei der öffentlichen Hand bleibt, verlieren die Gelder, welche direkt aus dem Staatshaushalt herrühren, ihren Charakter als ursprünglich staatliche Mittel nicht. Dieser Sachverhalt fällt daher wohl nicht unter die Kategorie mittelbar staatlicher Finanzierungen im Sinne von Art. 87 Abs. 1, 2. Alt. EGV, sondern dürfte

[123] Siehe dazu exemplarisch oben auch den Grenzfall der FFA trotz staatlicher Mehrheitsbeteiligung Teil 5, § 2 B I.

[124] Siehe dazu auch HÄRING, Vereinbarkeit, S. 90; NOLTE, Quersubventionen, S. 167.

[125] Vgl. auch NOLTE, Quersubventionen, S. 167; HÄRING, Vereinbarkeit, S. 90.

als unmittelbar staatliche Finanzierung nach der ersten Alternative des Art. 87 Abs. 1 EGV einzustufen sein. Für Varianten der ersten Alternative des Art. 87 Abs. 1 EGV typisch, ist in diesem Fall die Transferzurechnung ebenfalls unproblematisch, da es ausschließlich auf eine Entscheidung originär staatlicher Entscheidungsträger ankommt und eine Zurechnung „staatsfremder" Entscheidungen nicht erforderlich ist.[126]

Ähnliches gilt für den Fall, dass sich eine staatliche Stelle einer privaten Gesellschaft ohne Anteilsbeteiligung der öffentlichen Hand bedient, die als Folge einer rechtlich verbindlichen Vereinbarung mit der öffentlichen Hand Gelder auf mittelbarem Weg an ein förderwürdiges Objekt unverzüglich weiterleitet. Eine solche Konstellation ist beispielsweise gegeben, wenn eine mehrheitlich im Eigentum der öffentlichen Hand befindliche Gesellschaft an ein privates Unternehmen ein Darlehen mit einer in der Zweckbestimmung enthaltenen ausdrücklichen Verpflichtung vergibt, sich in Höhe des Darlehens an einer wirtschaftlich angeschlagenen Drittgesellschaft unverzüglich zu beteiligen.[127] Aufgrund dieser Zweckbestimmung geht trotz des scheinbaren Kontrollverlustes in Form der Darlehensauszahlung an das private Unternehmen das Einflussvermögen der öffentlichen Hand bis zur Auszahlung an die Drittgesellschaft nie verloren; denn die Zweckbestimmungsklausel bewirkt, dass das private Unternehmen die Darlehenssumme zu nichts anderem als zu einer unverzüglichen Beteiligung an der Drittgesellschaft verwenden darf.[128] Da unbeschadet der Zwischenschaltung der privaten Gesellschaft die staatliche Kontrolle wegen der Zweckbestimmungsklausel bis zum Mittelfluss an die Drittgesellschaft (in Form der Kapitalbeteiligung) fortbesteht, entspricht das Ergebnis in Bezug auf die Mittelzurechnung letztlich der Konstellation, dass sich die staatliche Gesellschaft direkt an der Drittgesellschaft beteiligt ohne eine weitere Gesellschaft zwischenzuschalten. Das instrumentalisierte Unternehmen hat insoweit eine reine Mittlerfunktion ohne jeglichen eigenen Entscheidungsspielraum über die Verwendung der ihr als Darlehen gewährten Gelder. Der wahre Empfänger der Darlehenssumme ist nachweislich ausschließlich die Drittgesellschaft.[129] In diesem Fall liegt infolge der Involvierung einer sich mehrheitlich in öffentlicher Hand be-

---

[126] Siehe hierzu auch die obigen Ausführungen zur Dogmatik des Zurechnungstatbestandes, Teil 4, § 2 D III 2.

[127] Vgl. hierzu auch den EuGH, Rs C-457/00, Belgien ./. Kommission, Slg. 2003, I-6931 ff. zugrundeliegenden Fall.

[128] So auch GA JACOBS, Schlussanträge, in: EuGH, Rs C-457/00, Belgien ./. Kommission, Slg. 2003, I-6931, 6950 Rn. 68.

[129] Siehe dazu auch GA JACOBS, Schlussanträge, in: EuGH, Rs C-457/00, Belgien ./. Kommission, Slg. 2003, I-6931, 6950 Rn. 68.

findlichen Gesellschaft als staatlichem Anknüpfungspunkt im Unterschied zum zuvor gebildeten Fall eine mittelbar staatliche Finanzierung nach Art. 87 Abs. 1, 2. Alt. EGV vor. Auch hier spielt die zwischengeschaltete private Gesellschaft für die Mittelzurechnung jedoch keine Rolle. Aufgrund der rechtlichen Gebundenheit des privaten Unternehmens ist neben der Mittelzurechnung konsequenterweise ebenso hinsichtlich der Transferzurechnung auf die Entscheidungsträger der staatlichen Gesellschaft abzustellen, das zweckgebundene Darlehen zu vergeben. Die Transferzurechnung ist insoweit unproblematisch gegeben.

## C. Zusammenfassung

Der Begriff der hoheitlichen Kontrollmöglichkeit spielt zwar gleichermaßen im Zusammenhang mit öffentlichen Unternehmen im Sinne von Art. 86 Abs. 1 EGV eine Rolle. Dennoch kann diese Parallele wegen der fehlenden Deckungsgleichheit der Termini für die Zurechnung der Mittel im Einzelfall nur ansatzweise weiterhelfen.

Die erforderliche abstrakte Kontrollmöglichkeit über bestimmte Finanzressourcen ist jedenfalls grundsätzlich gegeben, wenn der Staat die Kapitalmehrheit innehat und damit über 50% der Gesellschaftsanteile besitzt. Auf die öffentlich-rechtliche oder privatrechtliche Rechtsform der eine Begünstigung erteilenden Institution kommt es dabei nicht an.

Die Mittelzurechnung muss wegen ausreichender hoheitlicher Einflussmöglichkeiten auch für den Fall eines staatlichen Vetorechts oder hoheitlichen Zustimmungsvorbehalts bejaht werden. Nicht ausreichend ist hingegen regelmäßig das bloße Vorliegen einer staatlichen Sperrminorität. Dennoch sind Konstellationen staatlicher Minderheitsbeteiligung denkbar, in welchen Einzel-Indizien bei Gesamtbetrachtung eine Mittelzurechnung rechtfertigen. Auch bei fehlender staatlicher Kapitalbeteiligung an dem die Begünstigung gewährenden Unternehmen erfolgt mittels des Kontrollkriteriums eine Zurechnung zum Staat, sofern die Kontrolle über die Mittel beim Staat verbleibt. So werden sowohl durch die zweite Alternative von Art. 87 Abs. 1 EGV, aber auch dessen erste Alternative atypische Umgehungskonstellationen erfasst, in welchen die gewährende Institution lediglich als Dienstleister oder sonstiger Mittler ohne eigenen Entscheidungsspielraum fungiert.

# Teil 6 - Anforderungen an die Transferzurechnung

In diesem Teil der Arbeit soll, wie oben bei der Untersuchung des vom EuGH in der Rechtssache *Stardust Marine* aufgestellten Indizienkatalogs bereits angedeutet,[1] die vor allem im Rahmen der zweiten Alternative des Art. 87 Abs. 1 EGV eine Rolle spielende Problematik der Transferzurechnung insbesondere anhand des Weisungskriteriums behandelt werden. Der nachfolgend dargestellte Lösungsansatz zur Problematik der Transferzurechnung knüpft insofern an die im Einzelfall grundsätzlich bestehenden oder nicht vorliegenden staatlichen Weisungsmöglichkeiten widerlegbare Vermutungstatbestände. Der Vorteil dieser Vorgehensweise mittels Vermutungstatbeständen besteht darin, dass sie einerseits ein flexibles, die Umstände des Einzelfalls berücksichtigendes System der Transferzurechnung zulässt, andererseits aber auch ein hinreichend solides Maß an Rechtssicherheit birgt. Sofern staatliche Mittel vorliegen, kann die Transferzurechnung unabhängig von der Ausgestaltung der konkreten Organisationsform gleichermaßen für Unternehmen oder parafiskalisch bzw. privat finanzierte staatliche Fonds vorgenommen werden. Mit Hilfe widerlegbarer Vermutungstatbestände wird darüber hinaus das grundsätzliche Beweisdilemma der Europäischen Kommission, nämlich die häufig schwierige Nachweisbarkeit der Ausübung der Einflussnahmemöglichkeit, abgemildert. So gewährleistet der Ansatz auch eine praxistaugliche Bewältigung der Beweisprobleme, welche nicht zuletzt aus den häufig komplexen Verflechtungen der Kapitalverhältnisse von öffentlichen Unternehmen resultieren.

Das Zurechnungssystem mittels widerlegbarer Vermutungstatbestände wird aus nahe liegenden Gründen exemplarisch am Beispiel des deutschen Kapitalgesellschaftsrechts und des deutschen Verwaltungsrechts entwickelt. Die für die Transferzurechnung aufgestellten Grundsätze können allerdings kaum eine flächendeckende Lösung aller denkbarer Fallgestaltungen darstellen, sondern bieten vor allem einen Orientierungsmaßstab zur Erfassung einiger praxisrelevanter Grundkonstellationen. Im Rahmen der folgenden Betrachtung werden daher keine Fälle untersucht, in welchen Unternehmen durch Beherrschungsverträge verbunden sind, sondern es werden grundsätzlich nur Zusammenhänge einzelner Unternehmen betrachtet.

Ferner wird auf eine gesonderte Darstellung der Fallgruppe unmittelbar staatlicher Finanzierungsmaßnahmen nach Art. 87 Abs. 1, 1. Alt. EGV verzichtet, da die Transferzurechnung in solchen Fällen direkter staatlicher Beteiligung und

---

[1] Siehe dazu Teil 4, § 2 E II.

folglich unmittelbarer hoheitlicher Mittelvergabe regelmäßig unproblematisch ist.[2]

## § 1 Vorwegnahme der Gewährungsentscheidung durch Legislativentscheidung

Insbesondere für Unternehmen öffentlich-rechtlicher Rechtsform, aber auch für Unternehmen privater Rechtsform wie AG und GmbH kann für die Transferzurechnung die konkrete Ausgestaltung der Entscheidungsfreiheit der Institution in beihilferechtlichen Angelegenheiten entscheidend sein. So ist es denkbar, dass die Institution, welche die Begünstigung erteilt, bei der Mittelvergabe keinerlei Handlungsspielraum hat. Dies kann beispielsweise aufgrund Satzung, Gesetz oder staatlicher Vergaberichtlinien gegeben sein, die auf ein bestimmtes Investitions- bzw. Förderresultat zugeschnitten sind und daher eine konkrete staatliche Weisung ersetzen können. Insbesondere bei staatlich initiierten Unterstützungskassen ist denkbar, dass deren Leistungsverpflichtung unter bestimmten Voraussetzungen in benannter Form ausführlich vorgeschrieben ist.

Auf die Gewährungsentscheidung kommt es für die Zurechnung der Transferentscheidung im Einzelfall dann nicht mehr an, da den verantwortlichen Stellen der Institution hinsichtlich der Frage, ob Mittel zu gewähren sind bzw. ein Förderungsgesuch abzulehnen ist, ohnehin kein Handlungsspielraum zukommt. In solchen Fallgestaltungen wird die Transferzurechnung bereits durch die entsprechende Normierung im Vorfeld vorweggenommen, die einer konkreten staatlichen Weisung unmittelbar vor der Gewährungsentscheidung gleichkommt. Wegen des unmittelbaren hoheitlichen Einflusses gilt dies freilich unabhängig davon, ob das Vergabegremium mehrheitlich privat oder mit staatlichen Vertretern besetzt ist.

Eine durch eine solche Vorwegnahme der Gewährungsentscheidung ausgelöste Transferzurechnung ist hingegen nicht gegeben, wenn der Institution weitgehende Freiheiten eingeräumt sind, unter welchen Umständen Mittel vergeben werden können bzw. zu gewähren sind. An die die Vorwegnahme der Transferzurechnung begründende Normierung dürften jedenfalls recht hohe Anforderungen zu stellen sein, da nur ein eng geschnürtes, den Handlungsspielraum gleichsam auf Null reduzierendes Korsett einer staatlichen Weisung gleichgesetzt werden kann. Da grundsätzlich auch Mittelzuwendungen kleineren Ausmaßes als Beihilfen einzustufen sind, ist es in diesem Zusammenhang jedoch

---

2 Siehe hierzu Teil 4, § 2 D III 2.

ausreichend, wenn das Ob einer Förderung umfassend bestimmt ist. Auf eine konkrete Ausgestaltung des Umfangs - also des Wie - kommt es dann nicht mehr an.

Sofern die Transferzurechnung nicht bereits durch die Legislativentscheidung vorweggenommen ist, muss überprüft werden, ob eine staatliche Weisung auf Erteilung der Beihilfe konkret ergangen ist oder auf eine solche mittels Vermutungstatbeständen geschlossen werden kann.

## § 2 Konkret nachweisbare staatliche Weisung

Unabhängig von der öffentlich-rechtlichen oder privatrechtlichen Organisationsform der gewährenden Institution ist eine Transferzurechnung unproblematisch jedenfalls dann gegeben, wenn der Mittelfluss infolge einer nachgewiesenen Einzelweisung einer staatlichen Stelle erfolgt.[3] Bei Unternehmen öffentlichrechtlicher Rechtsform ist eine die Transferzurechnung auslösende Weisung ebenso im Rahmen der Fachaufsicht denkbar, welche über die Rechtmäßigkeitskontrolle hinaus gleichermaßen die Zweckmäßigkeit einer Maßnahme erfasst und daher auch in den Ermessensfreiraum des Vergabegremiums einzugreifen vermag.

Eine im Zuge der Wahrnehmung der Rechtsaufsicht ergehende Weisung wird zur Begründung einer Transferzurechnung hingegen nicht ausreichen, da sie lediglich auf die Einhaltung rechtmäßigen Handelns abzielen kann.[4] Zwar ist die Frage der Rechtmäßigkeit bestimmter Handlungen gewöhnlich in einer Satzung oder einem entsprechenden Gesetz festgelegt. Nur im Falle einer ausführlichen Normierung der Bedingungen, die zur Vergabe einer Beihilfe führen, können Weisungen der Rechtsaufsicht jedoch gleichermaßen Fragen der Gewährungsentscheidung betreffen. Sofern allerdings per Satzung oder Gesetz zurechnungsrelevante Aspekte bereits detailliert geregelt sind - und nur auf die Einhaltung solcher Normierungen kann sich die Weisung der Rechtsaufsicht beziehen - ist die Transferzurechnung durch den Legislativakt bereits vorweggenommen.[5] Auf eine die Einhaltung der Bestimmungen verfolgende Weisung im Rahmen der Rechtsaufsicht kommt es dann aber nicht mehr an.

---

[3] So auch EuGH, Rs C-482/99, Frankreich ./. Kommission, Slg. 2002, I-4397, 4401 Rn. 5, 4445 Rn. 43 f.

[4] Ebenso wohl CASTENDYK/BARK, ZUM 2003, 486.

[5] Siehe soeben oben Teil 6, § 2.

## § 3 Fälle nicht konkret nachweisbarer staatlicher Weisung

Sofern die Transferzurechnung nicht vorweggenommen ist oder eine staatliche Weisung festgestellt werden kann, gilt es anhand bestimmter widerlegbarer Vermutungstatbestände auf das Vorliegen einer Einflussnahme von Seiten der öffentlichen Hand zu schließen, um auf diese Weise bestimmte Wahrscheinlichkeiten[6] zu erfassen.

### A. Finanzierung durch Institutionen mit staatlicher Mehrheitsbeteiligung

Im Weiteren wird anhand des deutschen Kapitalgesellschafts- und Verwaltungsrechts veranschaulicht, unter welchen Umständen die Vermutung für eine staatliche Einflussnahme besteht. Darüber hinaus werden zu den einzelnen Vermutungstatbeständen unter Bezugnahme auf die Praxis Indizien angeführt, die ein der Vermutungsfolge widersprechendes Zurechnungsergebnis nahe legen. In Abhängigkeit von den Umständen des Einzelfalles kann dann mittels dieser Indizien der Gegenbeweis erbracht und der jeweilige Vermutungstatbestand widerlegt werden. Im Wesentlichen geht es bei den folgenden Ausführungen letztlich darum, durch das Zusammenspiel von Vermutungstatbeständen und der jeweiligen Vermutungsfolge im Ergebnis widersprechenden Indizien den wahrscheinlicheren Fall[7] im Wege typisierender Betrachtung zu erschließen. Wegen der Beweisschwierigkeiten und der offensichtlichen Gefahr einer Umgehung sollte dabei jedoch hinsichtlich der Art des zu erbringenden Beweises bzw. Gegenbeweises kein restriktiver Ansatz vertreten werden.[8] Die Intensität der Prüfung sollte insofern davon abhängig gemacht werden, inwieweit die öffentliche Hand wahrscheinlich beteiligt ist.[9] Die gebotene einheitliche europarechtliche Auslegung wird exemplarisch am deutschen Recht veranschaulicht.

---

[6] Dazu auch GA Jacobs, Schlussanträge, in: EuGH, Rs C-457/00, Belgien ./. Kommission, Slg. 2003, I-6931, 6950 Rn. 69; GA Jacobs, Schlussanträge, in: EuGH, Rs C-482/99, Frankreich ./. Kommission, Slg. 2002, I-4397, 4419 Rn. 63.

[7] So generell zur Transferzurechnung ebenso: GA Jacobs, Schlussanträge, in: EuGH, Rs C-457/00, Belgien ./. Kommission, Slg. 2003, I-6931, 6950 Rn. 69; GA Jacobs, Schlussanträge, in: EuGH, Rs C-482/99, Frankreich ./. Kommission, Slg. 2002, I-4397, 4419 Rn. 63.

[8] So auch GA Jacobs, Schlussanträge, in: EuGH, Rs C-482/99, Frankreich ./. Kommission, Slg. 2002, I-4397, 4420 Rn. 68.

[9] Ebenso GA Jacobs, Schlussanträge, in: EuGH, Rs C-482/99, Frankreich ./. Kommission, Slg. 2002, I-4397, 4419 Rn. 63.

## I. Unternehmen privatrechtlicher Organisationsform

Die Ausführungen zu Unternehmen privatrechtlicher Organisationsform werden exemplarisch an GmbH und AG vorgenommen.[10] Ausschlaggebendes Kriterium für die Vermutung der (Nicht-) Zurechenbarkeit einer Entscheidung in dieser Hinsicht ist primär die Weisungsbefugnis der Anteilseigner gegenüber der Geschäftsführung der GmbH bzw. dem Vorstand der AG. Der Vermutungstatbestand soll dabei jeweils an den gesetzlichen Normalfall angeknüpft werden, von welchem nach Aktiengesetz und GmbH-Gesetz auszugehen ist. Mögliche Ausnahmefälle durch abweichende Bestimmungen in der Satzung werden bei der Aufstellung des Vermutungstatbestandes insofern grundsätzlich außer Acht gelassen.

### 1. Transferzurechnung am Beispiel der GmbH

Die GmbH unterscheidet sich von der AG maßgeblich dadurch, dass die Geschäftsführer der GmbH gemäß § 37 Abs. 1 GmbHG den Weisungen der Gesellschafterversammlung unterliegen.[11] Der Vorstand der AG handelt demgegenüber gemäß § 76 Abs. 1 AktG eigenverantwortlich und nicht weisungsgebunden.[12]

#### a) Widerlegbare Vermutung pro Transferzurechnung aufgrund staatlicher Weisungsbefugnis

Die bei der GmbH bestehende Weisungsbefugnis der Gesellschafter bzw. Weisungsabhängigkeit der Geschäftsführer[13] begründet die widerlegbare Vermutung, dass der staatliche Mehrheitsgesellschafter von seiner Einwirkungsbefugnis in welcher Form auch immer auch Gebrauch gemacht hat. Das gilt gerade für den Fall, dass dies konkret nicht nachweisbar ist. Die eine Transferzurechnung auslösende Vermutung besteht ebenso für den Fall, dass für die personelle Besetzung der Geschäftsführung nicht die öffentliche Hand, sondern der private Minderheitsgesellschafter verantwortlich war, da es für den Vermutungstatbestand auf die grundsätzliche an dem Mehrheitsgesellschafter anknüpfende

---

[10] Vgl. MAYEN, DÖV 2001, 113 f. zur Rolle von GmbH und AG bei der Privatisierung öffentlicher Aufgaben.

[11] Siehe BGHZ 31, 259, 278; SCHOLZ-SCHNEIDER, GmbHG, § 37 Rn. 30; HACHENBURG-MERTENS, GmbHG, § 37 Rn. 27; ALTMEPPEN/ROTH-ALTMEPPEN, GmbHG, § 37 Rn. 3.

[12] Dazu HÜFFER, AktG, § 76 Rn. 10; KK-MERTENS, AktG, § 76 Rn. 42.

[13] HACHENBURG-MERTENS, GmbHG, § 37 Rn. 27; ALTMEPPEN/ROTH-ALTMEPPEN, GmbHG, § 37 Rn. 3; SCHOLZ-SCHNEIDER, GmbHG, § 37 Rn. 30; BAUMBACH/HUECK-ZÖLLNER, GmbHG, § 37 Rn. 10.

Weisungsbefugnis ankommt. Außerdem gebietet dies schon der Umgehungsschutz. Sonst könnte der Minderheitsgesellschafter gegebenenfalls auf Wunsch des Staates einen bestimmten Kandidaten vorschlagen und dadurch diesen Zurechnungsmechanismus umgehen.

Für den Zusammenhang von Weisungsbefugnis und Transferzurechnung spricht die erhöhte Wahrscheinlichkeit, dass von der Geschäftsführung getroffene Maßnahmen, die (offensichtlich) nicht im Interesse der GmbH sind und den *private-investor-test* nicht bestehen, auf den die GmbH kontrollierenden staatlichen Mehrheitsgesellschafter zurückzuführen sind. Obwohl die Interessen der GmbH und damit auch der *private-investor-test* entgegen der Ansicht des EuGH nicht als selbständiges Indiz im Rahmen der Transferzurechnung dienen können,[14] begründen sie bei der GmbH dennoch ein wesentliches Argument für eine Korrelation von Weisungsbefugnis und Transferzurechnung. Die Weisungsbefugnis erlaubt eine gesetzlich legitimierte präventive Steuerung unternehmerischer Entscheidungen durch den Mehrheitsgesellschafter (in Form der öffentlichen Hand). Ungeachtet der fehlenden Nachweisbarkeit einer staatlichen Weisung ist insoweit grundsätzlich davon auszugehen, dass von dem Weisungsrecht Gebrauch gemacht wurde bzw. den Geschäftsführern konkrete geschäftliche Vorgaben der öffentlichen Hand vorliegen und diese bei der Ausübung der Geschäftsführung auch berücksichtigt werden.[15] Es besteht damit bei der GmbH eine grundsätzliche Vermutung für die Involvierung der öffentlichen Hand und eine dadurch bedingte Zurechenbarkeit der Transferentscheidung.

Allerdings braucht nicht jede wirtschaftlich unvernünftige Maßnahme von staatlicher Seite auszugehen, wenn auch bei einer GmbH mit hoheitlicher Mehrheitsbeteiligung eine erhöhte Wahrscheinlichkeit für eine Involvierung der öffentlichen Hand spricht. Daher besteht grundsätzlich die Möglichkeit, die aus der generellen Weisungsbefugnis abgeleitete Zurechnungsvermutung durch den Nachweis entsprechender Umstände zu widerlegen.

---

[14] Hierzu auch Teil 4, § 2 E II 1 e) cc).

[15] Vgl. KROPFF, Öffentliche Unternehmen, S. 81; GREILING, Öffentliche Trägerschaft, S. 123. Für die Berücksichtigung entsprechender Weisungen durch die Geschäftsführung spricht die jederzeitige Abberufungsbefugnis nach dem Grundsatz der freien Abberufbarkeit gemäß § 38 Abs. 1 GmbHG und die dadurch gegebene Möglichkeit, Druck auf die Geschäftsführung auszuüben. Zwar endet durch den korporativen Akt der Abberufung die Anstellung als das regelmäßig auch die Vergütung des Geschäftsführers regelnde Grundverhältnis zur Bestellung nicht automatisch, vgl. LUTTER/HOMMELHOFF, GmbHG, § 38 Rn. 25. Dennoch dürfte bereits ein drohender Verlust der Stellung als Geschäftsführer disziplinierende Wirkung haben.

### b) Widerlegung der Zurechnungsvermutung

An eine Widerlegung der durch die Rechtsform der GmbH grundsätzlich ausgelösten Vermutung sind im Einzelfall keine überhöhten Anforderungen zu stellen. Die zusammengenommenen Umstände müssen jedenfalls auf die überwiegende Wahrscheinlichkeit schließen lassen, dass die öffentliche Hand in die Vergabe der konkreten Begünstigung nicht weiter involviert ist. Wegen der Vielzahl denkbarer Gegenbeweise, können hier nur einige Beispiele als Orientierungshilfe für die Praxis aufgeführt werden. Zu beachten gilt es insofern, dass die nachfolgend aufgestellten Anhaltspunkte keinesfalls abschließenden Charakter haben können und sollen. Sie dienen lediglich als Leitlinie, wobei die Verdichtung der angeführten Kriterien zu einem Gegenbeweis stets situationsgebunden und in Abhängigkeit von den sonstigen Umständen erfolgen muss. Wann der Gegenbeweis erbracht und damit im Falle der GmbH eine Widerlegung der Zurechnungsvermutung gegeben ist, hängt letztlich davon ab, welche zurechnungsrelevanten Indizien mit welchen sonstigen Begleitumständen zusammentreffen.

Ein eindeutiges Entlastungsindiz ist beispielsweise gegeben, sofern die Geschäftsführung bei der Entscheidung zur Mittelvergabe nachweislich weisungswidrig handelt. Gleiches ist anzunehmen, wenn die Geschäftsführung bei der beihilferelvanten Entscheidung einem nachvollziehbaren Irrtum aufliegt, eine entsprechende staatliche Anordnung habe vorgelegen.

Ein klares Indiz gegen eine Zurechnung ist ebenso darin zu sehen, dass die Geschäftsführung bei der Vergabe der Begünstigung ein nachweisbares Eigeninteresse hat und bei ihrem Handeln staatliche Präferenzen nicht berücksichtigt. Ein solcher Fall liegt beispielsweise vor, wenn der Geschäftsführer einer GmbH ein auffallend niedrig verzinstes Darlehen an eine wirtschaftlich angeschlagene Gesellschaft vergibt, dessen Hauptgesellschafter der Geschäftsführer selbst oder etwa ein enger Verwandter ist.

Gegebenenfalls können gleichermaßen weniger eindeutige Anhaltspunkte (zusammengenommen) die Zurechnungsvermutung widerlegen. In diesem Zusammenhang sind sämtliche Umstände einzubeziehen, wobei deren Gewichtung in Abhängigkeit von den Besonderheiten und Eigenarten des Einzelfalles variiert.

## 2. Transferzurechnung am Beispiel der AG

Wie bereits angedeutet, handelt der Vorstand der AG gemäß § 76 Abs. 1 AktG grundsätzlich unter eigener Verantwortung und ist nicht an Weisungen anderer

Gesellschaftsorgane gebunden, insbesondere auch nicht an Weisungen der Hauptversammlung.[16]

### a) Widerlegbare Vermutung gegen Transferzurechnung aufgrund fehlender staatlicher Weisungsbefugnis

Die fehlende Weisungsbefugnis und die daraus resultierende Eigenverantwortlichkeit des Vorstandes begründen im Falle der AG grundsätzlich die widerlegbare Vermutung gegen eine Transferzurechnung.[17] Dass der Vorstand unter eigener Verantwortung tätig wird, bedeutet neben der Weisungsfreiheit positiv, dass er seine Leitungsentscheidungen nach eigenem Ermessen trifft.[18] Insofern muss sich der Vorstand bei seinem Handeln von der sachgerechten Wahrnehmung der in der Gesellschaft und ihrem Unternehmen zusammentreffenden Interessen leiten lassen.[19] Träger solcher Interessen sind neben den Aktionären die Arbeitnehmer aber ebenso die Öffentlichkeit.[20] Der Vorstand darf sein unternehmerisches Ermessen zwar nicht gegen das Unternehmen selbst kehren;[21] denn gefährdet die Berücksichtigung von Interessen, die nicht auf den Erfolg des Unternehmens gerichtet sind, auf Dauer dessen Rentabilität und damit des-

---

[16] Dazu HÜFFER, AktG, § 76 Rn. 10; HIRTE, Kapitalgesellschaftsrecht, Rn. 3.43; KK-MERTENS, AktG, § 76 Rn. 42; auf Ausnahmen zur Weisungsunabhängigkeit wie § 119 Abs. 2 AktG soll hier nicht weiter eingegangen werden.

[17] Freilich gilt diese Vermutung dann nicht, wenn die öffentliche Hand (in Form einer Gebietskörperschaft) aufgrund eines Beherrschungsvertrages hinsichtlich des die Begünstigung erteilenden Unternehmens weisungsbefugt ist. Dann ist wohl eher eine der GmbH vergleichbare Situation gegeben, die aufgrund der Weisungsbefugnis der öffentlichen Hand ebenso eine widerlegbare Vermutung für eine Transferzurechnung begründet. Nicht zu vernachlässigen ist in diesem Zusammenhang, dass auch rechtswidrige Weisungen grundsätzlich vom Vorstand des beherrschten Unternehmens befolgt werden müssen. Dies gilt nach wohl überwiegender Ansicht auch wenn sie aus welchen Gründen auch immer nicht dem Konzerninteresse dienen, es sei denn dies ist offensichtlich (vgl. § 308 Abs. 2 S. 2 AktG); dazu MK-ALTMEPPEN, AktG, § 308 Rn. 312; GHEK-GEßLER, AktG, § 308 Rn. 67 ff.; HÜFFER, AktG, § 308 Rn. 21 f.; EMMERICH/HABERSACK, Aktienkonzernrecht, § 308 Rn. 54. Dass die öffentliche Hand beispielsweise in Form von Gebietskörperschaften herrschende Unternehmen im Sinne des Aktienrechts sein können und damit den Bindungen des Konzernrechts unterliegen, ist mittlerweile überwiegend anerkannt, vgl. BGHZ 69, 334, 338 ff.; BGHZ 105, 168, 176 f.; BGHZ 135, 107, 113; HÜFFER, AktG, § 15 Rn. 13 m.w.N., § 394 Rn. 2; MK-BAYER, AktG, § 15 Rn. 38; GROßKOMMENTAR-WINDBICHLER, AktG, § 15 Rn. 27.

[18] BECKER, Erfüllung öffentlicher Aufgaben, S. 112.

[19] HIRTE, Kapitalgesellschaftsrecht, Rn. 3.43; HÜFFER, AktG, § 76 Rn. 12.

[20] HÜFFER, AktG, § 76 Rn. 12; KK-MERTENS, AktG, § 76 Rn. 16 ff.

[21] KK-MERTENS, AktG, § 76 Rn. 17.

sen Bestand, so sind sie rechtswidrig.[22]

Der Vorstand ist jedoch weder berechtigt noch verpflichtet, sich bei Erfüllung seiner Leitungsaufgabe allein von Aktionärsinteressen leiten zu lassen. Vielmehr ist es Aufgabe und zugleich Recht des Vorstandes, divergierende Interessen gegeneinander abzuwägen und danach zu einer Entscheidung zu gelangen.[23] Diesbezüglich besteht eine Vermutung, dass einzelne Maßnahmen, selbst wenn sie konträr zu den wirtschaftlichen Interessen des Unternehmens sind und den *private-investor-test* nicht bestehen, vom Vorstand selbst ausgehen und nicht unbedingt auf den staatlichen Mehrheitsgesellschafter zurückzuführen sind. Unterstützend kommt hinzu, dass im Gegensatz zur GmbH bei der AG eine Abberufung des Vorstandes gemäß § 84 Abs. 3 AktG nur aus wichtigem Grund möglich ist.[24] Dem Vorstand einer AG kommt also ebenso in dieser Hinsicht eine wesentlich stärkere Stellung gegenüber dem staatlichen Mehrheitsgesellschafter zu als dem Geschäftsführer der GmbH.[25]

Dass der staatliche Mehrheitsgesellschafter entsprechend seiner Mehrheitsbeteiligung grundsätzlich im Sinne von § 101 AktG einen wesentlichen Einfluss auf die Bestellung der Aufsichtsratsmitglieder und damit mittelbar auch die Besetzung des Vorstandes hat,[26] ändert an dieser Vermutung gegen eine Transferzurechnung grundsätzlich nichts.[27] Die Sicherung einer gewissen Einflussnahme durch die öffentliche Hand wird in einigen Bestimmungen sogar ausdrücklich gefordert. So sind nach dem Haushaltsrecht, insbesondere gemäß § 65 Abs. 1 Nr. 3 BHO bzw. den insoweit gleich lautenden Bestimmungen der Haushaltsordnungen der Länder, Bund und Länder gehalten, sich bei einer Beteiligung an einem privatrechtlichen Unternehmen einen angemessenen Einfluss insbesondere im Aufsichtsrat oder in einem entsprechenden Überwachungsor-

---

22 GROßKOMMENTAR-KORT, AktG, § 76 Rn. 52; KK-MERTENS, AktG, § 76 Rn. 17.

23 HOPT, ZGR 1993, 536; HÜFFER, AktG, § 76 Rn. 12; KK-MERTENS, AktG, § 76 Rn. 16.

24 Der wichtige Grund braucht allerdings nicht in der Person des Vorstandsmitglieds selbst gegeben zu sein. Insbesondere kommt es nicht auf ein Verschulden der Person selbst an; dazu KK-MERTENS, AktG, § 84 Rn. 103; MK-HEFERMEHL/SPINDLER, AktG, § 84 Rn. 96.

25 Dazu HIRTE, Kapitalgesellschaftsrecht, Rn. 3.16; GRUNEWALD, Gesellschaftsrecht, S. 244.

26 Dieser Einfluss wird freilich gegebenenfalls durch Einschlägigkeit von Mitbestimmungsgesetzen eingeschränkt, wonach sich der Aufsichtsrat nicht ausschließlich aus Vertretern der Aktionäre, sondern auch der Arbeitnehmer und zum Teil anderen Personen zusammensetzt (§ 96 Abs. 1 AktG), dazu im Überblick HIRTE, Kapitalgesellschaftsrecht, Rn. 3.159 ff.

27 Dazu unten ausführlicher Teil 6, § 3 A I 2 b).

gan zu sichern.[28] Ähnliches gilt auch für das Gemeinderecht mancher Bundesländer. Beispielsweise begründet § 103 Abs. 3 GO BW neuerdings erstmals ausdrücklich die Pflicht einer Gemeinde, ein Unternehmen in einer Rechtsform des Privatrechts, an dem sie mit mehr als 50 v. H. beteiligt ist, so zu steuern und zu überwachen, dass der öffentliche Zweck nachhaltig erfüllt und das Unternehmen wirtschaftlich geführt wird.[29] Als Folge dieses gesetzlichen Auftrages darf eine entsprechende Wahrnehmung nicht undifferenziert als Gegenbeweis zur Nichtzurechnungsvermutung gewertet werden. Wenn der Bund also für den Fall einer Beteiligung an einem privatrechtlichen Unternehmen die ihm zustehenden Aufsichtsratsstellen an öffentliche Mandatsträger wie Staatssekretäre, (hochrangige) Beamte, aber auch sonstige ihm offensichtlich nahe stehende Personen vergibt, kann dies zunächst nur so eingestuft werden, dass er damit seiner gesetzlichen Pflicht nachkommt. Als zurechnungsrelevantes Indiz für eine staatliche Ausübung der Kontrollmöglichkeit kann dieses Verhalten grundsätzlich nicht eingestuft werden.[30] Dafür spricht ebenso, dass eine Weisung seitens des

---

[28] Aktienrechtlich ist anerkannt, dass auch Beamte Aufsichtsratsmandate innehaben können. Beamte bedürfen zum Eintritt in den Aufsichtsrat einer beamtenrechtlichen Genehmigung (vgl. § 66 Abs. 1 Nr. 1 c) BBG sowie die entsprechenden Bestimmungen der Landesbeamtengesetze) von deren Erteilung die Wirksamkeit der Bestellung zum Aufsichtsratsmitglied aber nicht abhängt. Bestimmte Personen sind kraft Verfassungsrechts von der Bestellung zum Aufsichtsrat und Vorstand ausgeschlossen, so der Bundespräsident (Art. 55 Abs. 2 GG), die Mitglieder der Bundesregierung (Art. 66 GG) und nach einer Reihe von Länderverfassungen auch die Mitglieder der Landesregierungen. Siehe dazu auch KK-MERTENS, AktG, § 100 Rn. 12; GROßKOMMENTAR-MEYER-LANDRUT, AktG, § 100 Rn. 3; GEßLER, AktG, § 100 Rn. 3.

[29] Dazu FABRY, in: Fabry/Augsten, Unternehmen der öffentlichen Hand. Beispielsweise gem. § 113 Abs. 3 GO NRW ist die Gemeinde im Falle einer Unternehmensbeteiligung verpflichtet, bei der Ausgestaltung des Gesellschaftsvertrages einer Kapitalgesellschaft darauf hinzuwirken, dass ihr das Recht eingeräumt wird, Mitglieder in den Aufsichtsrat zu entsenden; dazu auch MEIER, NZG 2002, 459 ff.

[30] Ohnehin beansprucht der Bund in den Aufsichtsräten seiner Industrieunternehmen überraschenderweise eine relativ bescheidene Position. So werden in der Praxis die Mehrzahl der vom Staat zu vergebenden Aufsichtsratsposten an Personen aus der Privatwirtschaft vergeben. Auch nach den Richtlinien für die Besetzung von Aufsichtsräten, die 1974 durch das Bundeskabinett beschlossen wurden, soll das einzelne Bundesressort nur durch einen, höchstens durch zwei Bedienstete vertreten sein. Im Übrigen sollen auch sachverständige Personen, die nicht dem öffentlichen Dienst angehören, namentlich Persönlichkeiten aus der Wirtschaft, Mitglieder der Überwachungsorgane sein. Für die Praxis muss außerdem beachtet werden, dass der Einfluss der öffentlichen Hand auf die Zusammensetzung häufig aufgrund der Einschlägigkeit von Mitbestimmungsgesetzen beschränkt ist. KROPFF, Öffentliche Unternehmen, S. 80. Zum Widerspruch der Selbsteinschränkung der öffentlichen Hand bei der Vergabe von Aufsichtsratsmandaten und der in § 65 Abs. 1 Nr. 3 BHO normierten Aufforderung zur Einflussnahme durch den Bund, vgl. DERS., Öffentliche Unternehmen, S. 80 f.

Hoheitsträgers[31] für das Aufsichtratsmitglied, welches die öffentliche Hand vertritt, nicht bindend ist.[32] Eine solche Weisung stellt allenfalls eine Empfehlung dar, nach der sich das Aufsichtsratsmitglied aber auch nur innerhalb der Grenzen des Unternehmenswohls richten kann.[33]

### b) Widerlegung der Vermutung der Nichtzurechenbarkeit

Da es bei der Vornahme der Transferzurechnung für den Fall der fehlenden Nachweisbarkeit einer konkreten Weisung ganz wesentlich um die rechtliche Erfassung gewisser Wahrscheinlichkeiten[34] geht, sind insbesondere auch bei der AG die Anforderungen an die Widerlegung der Nichtzurechnungsvermutung eher niedrig anzusetzen. Zur Bewertung der möglicherweise einen Gegebenbeweis im Sinne der Zurechnung bewirkenden Indizien gilt im Wesentlichen das bereits zur Widerlegung der Zurechnungsvermutung bei der GmbH Gesagte.[35] Gerade auch bei der AG ist gegebenenfalls denkbar, dass schon das Vorliegen eines der nachfolgend beispielhaft aufgezählten Indizien den Widerlegungstatbestand erfüllt.

Unter anderen Umständen ist jedoch für die Erbringung des Gegenbeweises möglicherweise auch das Vorliegen mehrerer Indizien und deren Gesamtbetrachtung erforderlich. Einzelne Indizien deuten in solch einem Fall zwar auf eine staatliche Einflussnahme hin, wegen der konkreten sonstigen Gegebenheiten reicht das jeweilige Indiz für sich genommen allerdings nicht aus, die Widerlegungsvoraussetzungen zu erfüllen.

---

[31] Beispielsweise nach dem Gemeinderecht mancher Bundesländer sowie nach dem Beamtenrecht können Vertretern der öffentlich-rechtlichen Körperschaft im Aufsichtsrat einer Gesellschaft Weisungen erteilt werden, siehe dazu SÄCKER, FS Rebmann, S. 792.

[32] § 20 Abs. 1 Nr. 5 VwVfG schränkt die Wahl eines Beamten in den Aufsichtsrat nicht ein, sondern untersagt lediglich seine Mitwirkung an einem Verwaltungsverfahren, an dem die AG Beteiligte im Sinne des § 13 VwVfG ist, vgl. KOPP, WiVerw 1983, 248; KK-MERTENS, AktG, § 100 Rn. 12.

[33] So die mittlerweile herrschende Ansicht: SÄCKER, FS Rebmann, S. 793; EMMERICH, Öffentliche Unternehmen, S. 99; KOPP, WiVerw 1983, 248; GRAMS, LKV 1997, 400; MEIER, NZG 2002, 56; HÜFFER, AktG, § 394 Rn. 29; GHEK-KROPFF, AktG, § 394 Rn. 30 ff.; SCHÖN, ZGR 1996, 449; Eine Übersicht zum Streitstand gibt HÜFFER, AktG, § 394 Rn. 28.

[34] Vgl. auch GA JACOBS, Schlussanträge, in: EuGH, Rs C-482/99, Frankreich ./. Kommission, Slg. 2002, I-4397, 4420 Rn. 68; Kommission, Entscheidung vom 11.12.2002, ABlEG 2003 L 108, S. 35, 39 Rn. 34.

[35] Dazu oben Teil 6, § 3 A I 1 b).

### *aa) Mehrheit staatsnaher Vertreter im Vorstand*

Der wohl in der Praxis eher seltener auftretende Fall, dass der Staat mehrheitlich staatsnahe Vertreter wie beispielsweise Beamte, Angestellte des öffentlichen Dienstes und dergleichen nicht lediglich in den Aufsichtsrat befördert, sondern entsprechend seiner Mehrheitsbefugnisse deren Bestellung zum Vorstand bewirkt,[36] ist als ein gegen die Nichtzurechnungsvermutung sprechendes Indiz einzustufen; denn durch eine solche persönliche Verflechtung kommt ganz offensichtlich der Wille des Staates zum Ausdruck, zumindest auf informelle Art und Weise Einfluss nehmen zu wollen.[37] Zwar ist der Vorstand einer AG grundsätzlich nicht an Weisungen des Aufsichtsrates gebunden. Der Staat geht jedoch in solch einem Fall weiter als ihm gesetzlich auferlegt ist, da er der beispielsweise aus § 65 Abs. 1 Nr. 3 BHO herrührenden Pflicht zur Einflusssicherung bereits durch Bestellung entsprechender Aufsichtsräte nachkommen kann. Damit erhöht sich faktisch die Wahrscheinlichkeit, dass Interessen der öffentlichen Hand bei unternehmerischen Entscheidungen stärker berücksichtigt werden. Dies gilt vor allem dann, wenn man bei mehreren Vorstandsmitgliedern von Gesamtvertretungsbefugnis gemäß § 78 Abs. 1 Satz 1 AktG ausgeht. Insofern gilt im öffentlichen Bereich gleichermaßen der Erfahrungssatz, dass kein Unternehmen auf die Dauer gegen die grundsätzlichen Absichten seines Eigentümers geführt werden kann.[38] Eine dergestalt überobligatorische Einflussnahmemöglichkeit ist damit ein Indiz, welches zur Widerlegung der grundsätzlichen Vermutung fehlender Transferzurechnung bei der AG führen kann.

Entlastend für die öffentliche Hand kann jedoch trotz der mehrheitlichen Besetzung des Vorstandes mit staatsnahen Vertretern etwa die Konstellation sein, dass die konkret zu untersuchende Begünstigung nachweislich ein mit Alleinvertretungsbefugnis ausgestatteter Vorstand erteilt, der nicht der staatlichen Sphäre zuzuordnen ist. Dies ist gerechtfertigt, da es im Unterschied zur Mittelzurechnung bei der Transferzurechnung nicht auf das abstrakte Einflussnahmepotential sondern auf eine konkrete Kontrollausübung ankommt. Aufgrund er-

---

[36] Aktienrechtlich ist die Bestellung von Beamten zum Vorstand grundsätzlich möglich. In dieser Hinsicht gilt das zum Aufsichtsrat Ausgeführte (vgl. Teil 6, Fn. 28). Siehe hierzu auch KK-MERTENS, AktG, § 76 Rn. 114; BECKER, Erfüllung öffentlicher Aufgaben, S. 113 f.

[37] Siehe dazu BECKER, Erfüllung öffentlicher Aufgaben, S. 114.

[38] Der Erfahrungssatz gilt naturgemäß vor allem bei den allein der öffentlichen Hand gehörenden Unternehmen, die also auch hinsichtlich ihrer Kapitalbeschaffung auf den Haushalt angewiesen sind, KROPFF, Öffentliche Unternehmen, S. 81.

höhter Umgehungsgefahr gilt diese Entlastungsmöglichkeit jedoch nur für den Fall, dass eine vorstandsinterne Absprache bzw. ein „Vorschieben" des Vertreters des privaten Anteilseigners unwahrscheinlich scheint.

*bb) Durch staatsnahen Vorstand konkret ausgelöster Mittelfluss*

Ein starkes Indiz im Sinne eines Gegenbeweises liegt in dem wohl praktisch bedeutsameren Fall, dass trotz staatlicher Mehrheitsbeteiligung der Vorstand nicht mehrheitlich mit öffentlich-rechtlichen Mandatsträgern besetzt ist, die beihilferelevante Maßnahme allerdings durch einen offensichtlich staatsnahen Vorstand in Alleinvertretungsbefugnis vergeben wird. Zum einen spricht dafür, dass der Staat den Vorständen, obwohl dies der gesetzliche Ausnahmefall nach § 78 Abs. 3 AktG ist, Alleinvertretungsbefugnis erteilt hat. Zum anderen würde eine gegenteilige Beurteilung der öffentlichen Hand eine allzu leichte Umgehungsmöglichkeit eröffnen. Die Widerlegung der Nichtzurechnungsvermutung könnte sonst stets durch die mehrheitliche Bestellung nicht staatsnaher Vorstände mit Einzelvertretungsbefugnis verhindert werden. Zur Vermeidung von Umgehungen sind dem jeweiligen Vorstand in diesem Zusammenhang bei seiner positiven Kenntnis ebenfalls Handlungen anderer Personen seines Geschäftsbereichs zuzurechnen.

*cc) Zustimmungsbedürftigkeit beihilferelevanter Investitionen*

Wenn einem mehrheitlich mit staatsnahen Vertretern besetzten Aufsichtsrat nach § 111 Abs. 4 Satz 2 AktG ein Zustimmungsvorbehalt für bestimmte Geschäfte eingeräumt ist und der Aufsichtsrat durch seine Zustimmung eine bestimmte Maßnahme des Vorstandes im Sinne des Art. 87 Abs. 1 EGV ermöglicht, ist damit ebenfalls ein gewichtiges Indiz für die Widerlegung der Nichtzurechnungsvermutung gegeben. Offenbar hat in solch einem Fall die öffentliche Hand ihre Möglichkeiten bei der Beeinflussung der Zusammensetzung des Aufsichtsrates als Mehrheitsanteilseignerin entsprechend genutzt. Ausschlaggebend für die Transferzurechnung ist insofern, dass gerade diese staatlichen Vertreter im Aufsichtsrat nachweislich aktiv die Vergabe einer Beihilfe betreiben bzw. ermöglichen. Die generelle Weisungsfreiheit von Aufsichtsratsmitgliedern steht einer solchen Wertung dieser Sachverhaltsvariante grundsätzlich nicht entgegen.[39]

---

[39] Vgl. dazu unten a. E. von Teil 6, § 3 A I 2 a).

### *dd) Besonderes öffentliches Interesse an der konkreten Mittelvergabe und außergewöhnlich deutlicher Verstoß gegen den private-investor-test*

Ein Anhaltspunkt für eine Transferzurechnung ist gegebenenfalls auch darin zu sehen, dass das öffentliche Interesse an einer bestimmten Maßnahme besonders groß ist. Dies kann beispielsweise im Falle der finanziellen Unterstützung eines Unternehmens in Form einer Kapitalbeteiligung oder eines Darlehens gegeben sein, von dessen Überleben eine hohe Anzahl von Arbeitsplätzen abhängt oder welches aus anderen Gründen für eine bestimmte Region von besonderer Bedeutung ist.[40] Sofern zu der offenbar im öffentlichen Interesse stehenden Maßnahme ein auffällig deutlicher Verstoß gegen das Prinzip vom marktwirtschaftlich handelnden Kapitalgeber hinzukommt, spricht dies noch mehr für eine aktive Rolle des Staates bei der Vergabe einer Unterstützungsleistung. Zwar gilt hier ebenfalls, dass grundsätzlich niemand vor wirtschaftlichen Fehleinschätzungen gefeit ist.[41] Dennoch ist eine Kumulierung dieser Umstände jedenfalls grundsätzlich als ein weiterer Anhaltspunkt für eine Beteiligung der öffentlichen Hand an der beihilferelevanten Maßnahme einzuordnen. Dafür spricht, dass der Vorstand das Interesse am Unternehmenserfolg keinesfalls in unvertretbarer Weise gegenüber anderen Zielen zurücktreten lassen darf.[42] Ganz im Gegenteil hat der Vorstand neben allen anderen Interessen, welche er bei der Leitung eines Unternehmens berücksichtigen muss, in erster Linie den Bestand der in der Rechtsform der AG verfassten Wirtschaftseinheit und damit auch die Rentabilität im Auge zu erhalten.[43] Bei einem besonders eklatanten Auseinanderfallen der Maßnahme des Vorstandes und dem hypothetischen Verhalten eines privaten Investors ist bei Hinzutreten eines augenscheinlichen öffentlichen Interesses somit ebenso ein Indiz für eine hoheitliche Einmischung gegeben.

### *ee) Weitere Begleitumstände und Rahmenbedingungen*

Anhaltspunkte für eine Transferzurechnung können ferner in Begleitumständen, welche eher dem Tatsachenbereich angehören, sowie in sonstigen Rahmenbedingungen liegen. So können nachgewiesene informelle Einflussnahmen beispielsweise in Vorgesprächen, Arbeitstreffen, inoffiziellen Gesprächsrunden, in welchen Unternehmensentscheidungen vorbereitet werden, ebenso eine Rolle

---

[40] Vgl. auch Kommission, Entscheidung vom 11.12.2002, ABlEG 2003 L 108, S. 35, 39 Rn. 33.

[41] Siehe dazu SOUKUP, ZÖgU 1995, 32; DECKERT/SCHROEDER, EuR 1998, 308; HELLINGMAN, CMLR 1986, 119.

[42] KK-MERTENS, AG, § 76 Rn. 17.

[43] KK-MERTENS, AG, § 76 Rn. 22; GROßKOMMENTAR-KORT, AktG, § 76 Rn. 52.

spielen.[44] Gleichermaßen kann ein nachweislich durch die öffentliche Hand erzeugter Druck auf die Unternehmensführung als Indiz gewertet werden, selbst wenn der Vorstand zumindest aus gesellschaftsrechtlicher Sicht nicht gehalten ist, entsprechende Weisungen zu befolgen. Ein derartiger Fall liegt beispielsweise vor, wenn die öffentliche Hand in den Medien oder in einer (regionalen) Volksvertretung ihrer Vorstellung von den zu treffenden Maßnahmen öffentlich Ausdruck verleiht, wodurch faktisch ein gewisser öffentlicher Druck auf die Entscheidungsträger ausgeübt wird.[45] Wenn die Unternehmensführung im Ergebnis den Wünschen der öffentlichen Hand entsprechende Maßnahmen ergreift, ist darin im Zusammenhang mit einer Verletzung des Prinzips vom marktwirtschaftlich handelnden Kapitalgeber grundsätzlich ein Anhaltspunkt für eine Transferzurechnung zu sehen. Im Einzelfall sollten solche eher „mittelbaren Faktoren" jedoch auch nicht überbewertet werden.

Sofern die zu untersuchende beihilfeverdächtige Maßnahme beispielsweise in der Vergabe eines günstigen Darlehens seitens der AG an ein wirtschaftlich angeschlagenes Unternehmen liegt, kann ein auf Transferzurechnung hinweisendes Indiz ebenso in einem anderweitigen aktiven Engagement der öffentlichen Hand bei der Unterstützung des Unternehmens liegen. Ein Anhaltspunkt für eine Einflussnahme der öffentlichen Hand könnte in solch einem Fall etwa darin zu sehen sein, dass die öffentliche Hand einen Arbeitskreis mit Regierungsvertretern, der Geschäftsleitung, den Beratern der finanzierenden Kreditinstitute etc. zur Beratschlagung zukünftig zu treffender Sanierungsmaßnahmen einberuft.[46] Weitere Anhaltspunkte könnten gegebenenfalls in der stellvertretend für die gefährdete Gesellschaft erfolgenden Kontaktaufnahme zu Unternehmensberatern oder der aktiven Suche nach Investoren durch die öffentliche Hand zu sehen sein.[47] Aber auch die Überzeugungskraft dieser Punkte ist im Einzelfall mangels konkreten unmittelbaren Bezugs zur Beihilfeentscheidung auf einer fließenden Skala zumindest grundsätzlich eher niedrig anzusetzen.

---

[44] Dazu GREILING, Öffentliche Trägerschaft, S. 173.

[45] Vgl. hierzu Kommission, Entscheidung vom 11.12.2002, ABlEG 2003 L 108, S. 35, 38 Rn. 23.

[46] Siehe auch Kommission, Entscheidung vom 11.12.2002, ABlEG 2003 L 108, S. 35, 38 f. Rn. 25 ff.

[47] So etwa auch in Kommission, Entscheidung vom 11.12.2002, ABlEG 2003 L 108, S. 35, 38 f. Rn. 25 ff.

### *ff) Maßnahme als Teil eines Bündels von Beihilfen und Beihilfegewährung in der Vergangenheit*

Ein Anhaltspunkt kann sich gleichermaßen aus der Zusammenschau verschiedener Maßnahmen ergeben. Werden beispielsweise zur Unterstützung eines bestimmten Unternehmens eine Vielzahl von Maßnahmen getroffen, so kann sich aus der Zugehörigkeit einer Maßnahme zu diesem Bündel ein erster (schwacher) Anhaltspunkt für ihre staatliche Zurechenbarkeit ergeben. Wird etwa von der Regierung eines Mitgliedstaates ein ganzes Maßnahmenpaket bekannt gegeben, so spricht zumindest eine gewisse Wahrscheinlichkeit dafür, dass eine Einzelmaßnahme des Pakets ebenfalls zuzurechnen ist, sofern bezüglich der restlichen eine Transferzurechnung ohne weiteres vorliegt.[48] Dennoch ist dies ein eher schwächer einzustufendes Indiz, da es nicht auf konkret mit der zuzurechnenden Maßnahme im Zusammenhang stehenden Tatsachen basiert.

Für die Widerlegung der Nichtzurechnungsvermutung kann außerdem die beihilferechtliche Historie einer AG einzubeziehen sein. Hat eine AG in der jüngeren Vergangenheit schon mehrmals nachweislich eine europarechtswidrige Beihilfe gemäß Art. 87 Abs. 1 EGV gewährt, so ist dies ein erstes - jedoch eher schwaches - Indiz dafür, dass im aktuell zu untersuchenden Fall die Transferzurechnung ebenfalls zu bejahen sein könnte. Angesichts der Entscheidung *Van der Kooy* ist ein solches Vorgehen dem EuGH offenbar nicht grundsätzlich fremd. Dort bejaht der EuGH die Transferzurechnung - wenn auch unter anderen Kontrollanforderungen - nicht zuletzt aufgrund einer rückblickenden Betrachtung der beihilferelevanten Vergangenheit von Gasunie.[49] Unter anderem aus der Tatsache, dass Gasunie auf Beanstandung der Kommission beim niederländischen Staat hin schon zweimal ihre Tarife geändert hatte, schließt der EuGH im aktuellen Verfahren auf einen erheblichen Einfluss der öffentlichen Hand.[50] Auch dieses Indiz ist im Zusammenhang mit der Transferzurechnung jedoch eher schwächerer Natur und sollte in seiner Aussagekraft nicht überbewertet werden. Da diese vergangenheitsbezogene Betrachtung völlig losgelöst von den der aktuellen Mittelvergabe zugrunde liegenden Tatsachen erfolgt, kann sie insofern lediglich für eine gewisse Tendenz stehen.

Die Berücksichtigung der Tatsache, dass eine bestimmte Investition als Teil

---

[48] EuGH, Rs 290/83, Kommission ./. Frankreich, Slg. 1985, 439, 449 Rn. 15; HÄRING, Vereinbarkeit, S. 112 f.

[49] EuGH, verb. Rs 67, 68 und 70/85, Kwekerij Gebroeders van der Kooy BV u.a. ./. Kommission, Slg. 1988, 219, 272 Rn. 36 f.

[50] EuGH, verb. Rs 67, 68 und 70/85, Kwekerij Gebroeders van der Kooy BV u.a. ./. Kommission, Slg. 1988, 219, 272 Rn. 36 f.

eines zuzurechnenden Maßnahmenbündels erfolgt, sowie die Beihilfehistorie eines Unternehmens können für sich genommen die Nichtzurechnungsvermutung wohl nur in Ausnahmefällen widerlegen. Als Kehrseite davon sind für den (seltenen) Fall der Notwendigkeit einer isoliert auf diese Indizien bezogene Entlastungsmöglichkeit die Anforderungen vergleichsweise niedrig anzusiedeln.[51]

## II. Unternehmen öffentlich-rechtlicher Organisationsform

Was am Beispiel von AG und GmbH für Unternehmen privatrechtlicher Organisationsform exemplifiziert wurde, gilt sinngemäß gleichermaßen für Unternehmen öffentlich-rechtlicher Organisationsform. Darunter sind in diesem Zusammenhang alle Institutionen öffentlich-rechtlicher Rechtsform, insbesondere Regiebetriebe, Eigenbetriebe, rechtsfähige Anstalten sowie Stiftungen des öffentlichen Rechts und Zweckverbände zu verstehen.[52]

Mangels einer grundlegenden Normierung dieser Unternehmen, die beispielsweise die Frage der Weisungsbefugnis festlegt, können grundsätzliche, die Transferzurechnung regelnde Aussagen wie bei AG und GmbH nur schwer getroffen werden. Vielmehr muss die widerlegbare Zurechnungs- bzw. Nichtzurechnungsvermutung an im Einzelfall bestehende gesetzliche oder satzungsmäßige Bestimmungen oder die Art der Aufsicht geknüpft werden.

### 1. Primärkriterium der staatlichen Weisungsbefugnis

Sofern das Ergehen einer konkreten hoheitlichen Weisung nicht nachweisbar ist, gilt es bei Unternehmen öffentlich-rechtlicher Organisationsform zu untersuchen, ob eine hoheitliche Weisungsbefugnis der Gesellschafter oder des Verwaltungsrats eventuell per (Errichtungs-) Gesetz[53] oder Unternehmenssatzung ausdrücklich normiert ist.[54] Für den Fall, dass eine Weisungsbefugnis der öffentlichen Hand positiv festgelegt ist, gilt das zur GmbH Ausgeführte entsprechend.[55] Dann ist also von einer grundsätzlichen Zurechnungsvermutung aus-

---

[51] In der Sache kann insofern dennoch auf das zur Widerlegung der Zurechnungsvermutung bei der GmbH Gesagte zurückgegriffen werden, hierzu oben Teil 6, § 3 A I 1 b).

[52] Einen Überblick über die unterschiedlichen öffentlich-rechtlichen Organisationsformen geben FABRY, in: Fabry/Augsten, Unternehmen der öffentlichen Hand, S. 5 ff.; MÜHLENKAMP, Öffentliche Unternehmen, S. 18 ff.

[53] Zum uneingeschränkten Einfluss des Verwaltungsträgers bei Regieunternehmen und der Zurückdrängung des hoheitlichen Einflusses bei Eigenbetrieben durch entsprechende Ausgestaltung der Eigenbetriebsgesetze, EMMERICH, Öffentliche Unternehmen, S. 97.

[54] Dazu GREILING, Öffentliche Trägerschaft, S. 172.

[55] Siehe oben Teil 6, § 3 A I 1.

zugehen, die jedoch durch Erbringung eines entsprechenden Gegenbeweises widerlegt werden kann.

## 2. Sekundärkriterium der Art der staatlichen Aufsicht

Sofern eine Weisungsbefugnis nicht in angegebener Form geregelt ist, muss nach der Art der staatlichen Aufsicht und damit nach Fach- und Rechtsaufsicht differenziert werden.[56]

### a) Fachaufsicht

Im Falle einer Fachaufsicht[57] und der damit verbundenen Weisungsbefugnis über das die Begünstigung gewährende Unternehmen besteht, der Situation der GmbH entsprechend, grundsätzlich die widerlegbare Vermutung der Zurechenbarkeit der Maßnahme.[58] Es gibt keinen Grund, die öffentlich-rechtliche staatliche Fachaufsicht und die damit verbundene Zweckmäßigkeitskontrolle bzw. Weisungsbefugnis anders als die gesellschaftsrechtlich verankerte Weisungsbefugnis zu beurteilen. Vielmehr spricht für den Zusammenhang von fachaufsichtlicher Weisungsbefugnis und Transferzurechnung, der Situation bei der GmbH entsprechend, eine erhöhte Wahrscheinlichkeit, dass von der Geschäftsführung getroffene Maßnahmen, die den *private-investor-test* nicht bestehen, auf die öffentliche Hand zurückzuführen sind. Bei unter Fachaufsicht stehenden öffentlich-rechtlichen Institutionen, ist ungeachtet der fehlenden Nachweisbarkeit einer konkreten Weisung ebenso davon auszugehen, dass die Behörde im Zuge der präventiven Aufsicht[59] von ihren Einflussmöglichkeiten Gebrauch gemacht hat. Auch weil der Aufsichtsbehörde das Recht zur Korrektur und Aufhebung bereits erfolgter Maßnahmen zukommt,[60] ist dem Grundsatze nach nicht davon

---

[56] So wohl auch CASTENDYK/BARK, ZUM 2003, 486. Die terminologischen Schwierigkeiten um den Begriff der Fachaufsicht sollen auch an dieser Stelle außer Acht gelassen werden; für den Begriff der Fachaufsicht ist in hiesigem Zusammenhang lediglich kennzeichnend, dass im Unterschied zur Rechtsaufsicht auch die Kontrolle der Zweckmäßigkeit umfasst ist und darüber hinaus notwendig ein Weisungsrecht besteht, vgl. dazu auch GROß, DVBl 2002, 793 ff.

[57] Dieser Fall dürfte in der Praxis wohl eher selten vorkommen; hierzu BULL, Verwaltungsrecht, S. 73 f.; dazu und generell zur Verwaltung durch unabhängige Einrichtungen MAYEN, DÖV 2004, 45 ff; DERS., DÖV 2001, 114 f.

[58] Vgl. KOENIG/KÜHLING, NJW 2000, 1068, die für ein unter Fachaufsicht stehendes Finanzinstitut jedenfalls die Mittelzurechnung bejahen. Zu den Befugnissen von Sparkassenaufsichtsbehörden vgl. generell GREILING, Öffentliche Trägerschaft, S. 165.

[59] KNEMEYER, JuS 2000, 524; GROß, DVBl 2002, 796, 793 ff.; SCHMIDT-AßMANN, Besonderes Verwaltungsrecht, S. 38; MAURER, Allgemeines Verwaltungsrecht, § 23 Rn. 23.

[60] BULL, Verwaltungsrecht, S. 73; GROß, DVBl 2002, 796, 793 ff.; MAURER, Allgemeines

auszugehen, dass die Geschäftsführung entgegen den unternehmerischen Vorstellungen der öffentlichen Hand bzw. der Fachaufsichtsbehörde die Geschäfte führt.

### b) Rechtsaufsicht

Sofern lediglich eine hoheitliche Kontrolle der Rechtmäßigkeit bestimmter Maßnahmen im Sinne staatlicher Rechtsaufsicht besteht und damit weder allgemeine noch Einzelweisungen[61] ergehen können, gilt, der Situation der AG vergleichbar, eine Vermutung der Nichtzurechenbarkeit.[62] Freilich besteht hier wie im Falle der AG ebenso die Möglichkeit der Widerlegung.[63]

## B. Staatliche Minderheitsbeteiligung

Bei einer Minderheitsbeteiligung der öffentlichen Hand an dem gewährenden Unternehmen wurde im Falle eines staatlichen Vetorechts sowie eines hoheitlichen Zustimmungsvorbehalts die Mittelzurechnung bejaht.[64] Nach einigen grundsätzlichen Aussagen zur praktischen Handhabung der widerlegbaren Zurechnungsvermutung bei staatlicher Minderheitsbeteiligung sollen nachfolgend beide Varianten daraufhin untersucht werden, ob die für eine Transferzurech-

---

Verwaltungsrecht, § 23 Rn. 23; SCHMIDT-AßMANN, Besonderes Verwaltungsrecht, S. 38.

[61] Zum Unterschied GROß, DVBl 2002, 797.

[62] Vgl. dazu auch KOENIG/KÜHLING, NJW 2000, 1068, die im Falle eines unter Fachaufsicht stehenden Finanzinstitutes jedenfalls die Mittelzurechnung bejahen.

[63] Zur Möglichkeit der Widerlegung siehe oben Teil 6, § 3 A I 2 b). Hinsichtlich der Widerlegung der Vermutung bei Institutionen öffentlich-rechtlicher Organisationsform muss beachtet werden, dass im Unterschied zur AG die gesellschaftsrechtlichen Gestaltungs- und Einwirkungsmöglichkeiten weitgehend der freien Disposition überlassen sind. Insofern sind die für die AG getroffenen Aussagen zwar sinngemäß zu übertragen; darüber hinaus bestehen jedoch noch wesentlich mehr Möglichkeiten konkreter staatlicher Einflussnahme, welche im Errichtungsgesetz oder der Satzung bestimmbar sind. So kann beispielsweise im Falle entsprechend festgelegter weitreichender Einflussmöglichkeiten eines mehrheitlich durch staatsnahe Vertreter besetzten Aufsichts- bzw. Verwaltungsrates bereits ein Indiz für die Transferzurechnung gegeben sein. Ferner sind Mitentscheidungsrechte in einem eigens dazu institutionalisierten Gremium möglich, in dem Vertreter des Verwaltungsrates einerseits und der Vorstand andererseits sitzen (vgl. z.B. den in Sparkassengesetzen teilweise vorgesehenen Kreditausschuss). Zu weiteren Möglichkeiten öffentlicher Einflussnahme, wie Alleinentscheidungsrechten, vgl. GREILING, Öffentliche Trägerschaft, S. 141 ff.

[64] Siehe Teil 5, § 2 B II 1, 2.

nung erforderlichen Voraussetzungen auch bei solchen Anteilsverhältnissen vorliegen.[65]

## I. Vermutung gegen Transferzurechnung mit Widerlegungsmöglichkeit unter erschwerten Bedingungen

Im Falle einer Minderheitsbeteiligung der öffentlichen Hand an der die Begünstigung gewährenden Institution besteht wegen der regelmäßig geringeren Einflussnahmemöglichkeiten grundsätzlich eine widerlegbare Vermutung gegen eine staatliche Transferzurechnung. An die Widerlegung der Nichtzurechnungsvermutung sind jedoch bei einer aufgrund schlichter Minderheitsbeteiligung generell geringeren Einflussnahmemöglichkeit grundsätzlich vergleichsweise höhere Anforderungen zu stellen. Die verminderte Möglichkeit zur Einflussnahme spricht insofern für eine kleinere Wahrscheinlichkeit einer hoheitlichen Beteiligung an einem Mittelabfluss. Der an die Erbringung des Gegenbeweises zu stellende Maßstab dürfte dem Grundsatz nach daher insbesondere klar über den Anforderungen liegen, die an die Widerlegung der Nichtzurechnungsvermutung im Falle der AG gestellt werden. Grundsätzlich kann der Gegenbeweis bei diesen Anteilsverhältnissen folglich erst recht nicht allein durch ihrem Charakter nach wenig zwingende Indizien erbracht werden.[66]

Die niedrigere Beteiligungswahrscheinlichkeit der öffentlichen Hand bedingt konsequenterweise wiederum eine höhere Intensität bei der Untersuchung eines möglichen Gegenbeweises.[67] Generell gilt insofern, dass sich auf einer fließenden Skala mit fallender staatlicher Beteiligung die Anforderungen an den Gegenbeweis sowie die Intensität der Untersuchung stetig erhöhen.[68]

---

[65] Die Ausführungen betreffen öffentlich-rechtlich sowie privatrechtlich organisierte Unternehmen. Auch in Deutschland kann die öffentliche Hand nicht nur an Unternehmen in privater Rechtsform beteiligt sein. Gleichermaßen können sich Private ebenso an Unternehmen mit öffentlich-rechtlichen Rechtsformen, wie etwa Zweckverbänden oder Anstalten des öffentlichen Rechts, beteiligen; dazu STORR, Staat, S. 49.

[66] Vgl. z.B. die Indizien des Abstellens auf weitere Begleitumstände und Rahmenbedingungen sowie die Beurteilung der Maßnahme als Teil eines Bündels von Beihilfen neben der Heranziehung vergangener Beihilfegewährungen, vgl. dazu Teil 6, § 3 A I 2 b) ee), ff).

[67] GA JACOBS, Schlussanträge, in: EuGH, Rs C-482/99, Frankreich ./. Kommission, Slg. 2002, I-4397, 4419 Rn. 63.

[68] Ganz offensichtlich kann insofern die Handlung des Insolvenzverwalters beim Verkauf eines beihilfebegünstigten öffentlichen Unternehmens unter seinem Marktwert nicht ohne weiteres und ohne Begründung dem Staat zugerechnet werden; so aber Kommission, Beschluss vom 08.06.2001, ABlEG 2001 C 199, S. 4, 10 Rn. 44 (vgl. zum Sachverhalt ausführlicher Teil 3, § 2 C). Als Inhaberin des insolventen Unternehmens hat die öffentliche Hand ihre

Für Konstellationen staatlicher Minderheitsbeteiligung aber auch für Fälle der Mittelgewährung durch private Einrichtung ohne staatliche Beteiligung ist ferner zu beachten, dass die für den Gesamtzurechnungstatbestand erforderliche Transferzurechnung nur bejaht werden kann, wenn die konkrete Kontrollausübung an die abstrakte Kontrollmöglichkeit anknüpft.[69] Da die Transferzurechnung insofern auf die Mittelzurechnung aufbaut, ist der grundsätzliche Schluss von einer zu bejahenden Transferzurechnung auf das Vorliegen der Mittelzurechnung unzulässig. Dieser Zusammenhang wird an dem Beispiel deutlich, dass eine in staatlichem Eigentum befindliche Gesellschaft ein privates Unternehmen überzeugt, sich entgegen aller ökonomischen Vernunft an einer wirtschaftlich angeschlagenen Drittgesellschaft zu beteiligen. Zwar ist die öffentliche Hand nachweisbar mitursächlich und somit auch irgendwie verantwortlich für die Investition. Zu beachten gilt es jedoch, dass eine abstrakte hoheitliche Kontrollmöglichkeit über das betreffende Kapital nicht vorliegt und als Folge davon die Mittelzurechnung ausscheidet. Staatliche Mittel als Grundlage einer konkreten Kontrollausübung im Sinne einer Transferzurechnung liegen somit nicht vor.

## II. Staatliches Vetorecht

Die die Mittelzurechnung bedingende abstrakte Kontrollmöglichkeit der öffentlichen Hand wurde bei einem dem Staat als Minderheitsgesellschafter eingeräumten Vetorecht in Bezug auf beihilferelevante Entscheidungen bejaht.[70] Ob im Fall eines solchen Vetorechts, von welchem die öffentliche Hand bei der Vergabe einer Begünstigung durch die Geschäftsführung des Unternehmens keinen Gebrauch macht, auch eine Transferzurechnung ausgelöst wird, ist fraglich.[71]

Eine Ansicht im Schrifttum knüpft, sofern die anteilsmäßige Beteiligung der öffentlichen Hand die Anforderung an eine staatliche Sperrminorität erfüllt oder

---

Verfügungsbefugnis an den Insolvenzverwalter gem. § 80 InsO verloren. Der Insolvenzverwalter handelt daher grundsätzlich unabhängig von staatlichen Einflüssen und wird gerade nicht als staatliches Organ tätig. Vielmehr ist er Inhaber eines privaten Amtes. Eine begünstigende Maßnahme des Verwalters ist der öffentlichen Hand allenfalls dann zurechenbar, wenn sie über die Instrumentarien der Insolvenzordnung darauf Einfluss genommen hat; dazu BAUER, EuZW 2001, 749.

[69] Vgl. EuGH, Rs C-482/99, Frankreich ./. Kommission, Slg. 2002, I-4397, 4444 Rn. 52.

[70] Zum Vetorecht allgemein oben Teil 5, § 2 B II 1.

[71] Generell zum praktisch wohl seltenen Fall eines Vetorechts vgl. GREILING, Öffentliche Trägerschaft, S. 136.

ein staatliches Vetorecht gegeben ist, die beihilferechtliche Verantwortung an das Unterlassen von rechtlich zulässigen und möglichen Maßnahmen zur Verhinderung der konkreten Begünstigung.[72] In diesem Fall bestehe insofern eine Verpflichtung des Staates zur aktiven Nutzung der gesellschaftsrechtlichen Blockademöglichkeit, um die beabsichtigte Beihilfe zu verhindern.[73] Argumentativ stützt sich diese Ansicht darauf, dass ohne die Annahme einer Verpflichtung des Staates zu einem Einschreiten gegenüber dem Beteiligungsunternehmen die Gefahr eines praktisch nicht ausreichend kontrollierbaren Freiraumes bestehe. So könne die öffentliche Hand die Funktionsfähigkeit des Wettbewerbs letztlich durch geschickten Einsatz privater Mitgesellschafter und eine Kombination von Begünstigungsmaßnahmen wesentlich gefährden. Eine entsprechende Handlungsverpflichtung sei dieser Ansicht zufolge zum einen Art. 87 Abs. 1 EGV unmittelbar sowie auch dem die herausragende Bedeutung des Wettbewerbsschutzes unterstreichenden Art. 3 Abs. 1 lit. g EGV zu entnehmen. Zum anderen spreche für eine solche Pflicht Art. 10 EGV, der den Mitgliedstaaten nicht die Rolle passiver Objekte europarechtlicher Regelungen, sondern die Funktion aktiver Garanten der fortschreitenden europäischen Integration zuweise.[74]

Eine Transferzurechnung als Folge nachlässiger Kontrolle eines Unternehmens seitens der öffentlichen Hand, selbst wenn ihr gerade zu diesem Zweck ein Vetorecht eingeräumt worden ist, geht jedoch nach dem hier vertretenen Standpunkt zu weit. In diesem Zusammenhang muss beachtet werden, dass im Gegensatz zur Mittelzurechnung, für die eine abstrakt bestehende staatliche Kontrollmöglichkeit hinreichend ist, die Transferzurechnung einer konkreten Wahrnehmung dieser Kontrolle bedarf. Die Voraussetzungen an die Zurechenbarkeit einer Gewährungsentscheidung können insofern lediglich durch eine positive Intervention des Staates im Sinne eines aktiven Tätigwerdens erfüllt werden.[75]

Eine Handlungspflicht, welche im Falle eines Unterlassens die Transferzurechnung auslöst, entspricht der Aufgabe sowie dem Gegenstand der Vorschriften über staatliche Beihilfen nicht.[76] Das Ziel der Artt. 87 ff. EGV ist nicht die Korrektur unvernünftiger Entscheidungen Privater bzw. einer nachlässigen

---

[72] PAPE, Staatliche Kapitalbeteiligungen, S. 108 f.

[73] PAPE, Staatliche Kapitalbeteiligungen, S. 109 ff.

[74] PAPE, Staatliche Kapitalbeteiligungen, S. 111.

[75] So ausdrücklich auch GA JACOBS, Schlussanträge, in: EuGH, Rs C-482/99, Frankreich ./. Kommission, Slg. 2002, I-4397, 4421 Rn. 77; ebenso BAUER, EWS, 2002, 375.

[76] GA JACOBS, Schlussanträge, in: EuGH, Rs C-482/99, Frankreich ./. Kommission, Slg. 2002, I-4397, 4421 Rn. 77.

Wahrnehmung staatlicher Kontrolle.[77] Insofern können auch der hohe Stellenwert, den der Wettbewerbsschutz im EG-Vertrag genießt, sowie die den Mitgliedstaaten in Art. 10 EGV zugewiesene Position nicht darüber hinwegtäuschen, dass bei Vorliegen eines bloßen Vetorechts die unternehmerische Entscheidung allein in den Händen der privaten Mehrheitseigentümer liegt.[78]

Außerdem mag in wirtschaftlich unvernünftigem Handeln der öffentlichen Hand zwar unter bestimmten Umständen ein Verstoß gegen die Sorgfalt eines ordentlichen Kaufmanns oder die Verletzung von Wirtschaftsgrundsätzen[79] sowie der Haushaltsprinzipien der Sparsamkeit und Wirtschaftlichkeit[80] zu sehen sein. Daraus könnten sich gegebenenfalls entsprechende Handlungspflichten ergeben. Keinesfalls kann hieraus jedoch eine europarechtliche Pflicht zum Handeln im Rahmen des Art. 87 Abs. 1 EGV konstruiert werden. Die Begründung einer Pflicht zum Tätigwerden seitens der öffentlichen Hand als Minderheitsgesellschafterin scheint ebenso gerade angesichts des Normcharakters von Art. 87 Abs. 1 EGV als Verbotstatbestand, dem unmittelbar lediglich die Untersagung positiven Handelns zu entnehmen ist, eher problematisch. Auch nach der in der Entscheidung *Stardust Marine* geäußerten Ansicht des EuGH kommt es bei der Transferzurechnung wesentlich darauf an, ob staatliche Stellen in irgendeiner Weise am Erlass einer konkreten Maßnahme beteiligt waren.[81] Der EuGH verlangt für eine Transferzurechnung demnach ebenso eine positive staatliche Einflussnahme auf den Erlass der Maßnahme, wohingegen bloßes Unterlassen nicht ausreicht.[82]

Das in einem Vetorecht begründete hoheitliche Einflussvermögen mag somit zwar für eine Mittelzurechnung ausreichen, die für eine Transferzurechnung erforderliche aktive Einflussnahme ist hingegen bei der Nichtausübung eines Vetorechts nicht gegeben. Soweit auch ein Unternehmen mit staatlicher Minderheitsbeteiligung der Fachaufsicht unterstellt ist, reicht dies wie das Vetorecht für eine Transferzurechnung nicht aus, da eine aktive Beeinflussung gleichermaßen erforderlich ist.

---

77 BONKAMP, Beihilfeverbot, S. 100; BAUER, EWS 2002, 375.

78 Es ist davon auszugehen, dass diese unternehmerischen Entscheidungen durch die Marktkräfte ausgeglichen werden, BONKAMP, Beihilfeverbot, S. 100. Zum Zweck des Beihilfeaufsichtsrechts siehe auch oben Teil 2, § 1 A.

79 Vgl. etwa § 109 GO NW.

80 Siehe dazu beispielsweise § 7 BHO und § 75 GO NW.

81 EuGH, Rs C-482/99, Frankreich ./. Kommission, Slg. 2002, I-4397, 4444 Rn. 52; ebenso GA JACOBS, Schlussanträge, in: EuGH, Rs C-482/99, Frankreich ./. Kommission, Slg. 2002, I-4397, 4421 Rn. 77.

82 Ebenso die Interpretation der Entscheidung durch BAUER, EWS, 2002, 375.

## III. Staatlicher Zustimmungsvorbehalt

Im Gegensatz zum staatlichen Vetorecht ist bei der Ausübung eines Zustimmungsvorbehalts, welcher der öffentlichen Hand - beispielsweise dem staatlichen Minderheitsgesellschafter einer GmbH - eingeräumt wurde, eine die Transferzurechnung begründende konkrete Kontrollausübung gegeben.[83] Für eine Gleichbehandlung mit der Variante eines staatlichen Vetorechts könnte zwar sprechen, dass hier ebenfalls kein staatliches Initiativrecht ausgeübt wird, sondern die öffentliche Hand Maßnahmen des privaten Mehrheitsgesellschafters lediglich verhindern kann. In der Konstellation des staatlichen Zustimmungsvorbehalts können unternehmerische Entscheidungen somit ebenfalls nicht substantiell beeinflusst werden.

Der wesentliche Unterschied zum Vetorecht besteht bei einem staatlichen Zustimmungserfordernis indes darin, dass es für das Zustandekommen einer Entscheidung und dadurch bedingten Mittelfluss aktiv ausgeübt werden muss. Insofern bedarf es im Gegensatz zum Vetorecht keiner Konstruktion einer Handlungspflicht, da seitens der öffentlichen Hand aktiv Einfluss genommen wird. Dass die Initiative für eine Investition gegebenenfalls nicht von Seiten der öffentlichen Hand herrührt, ist in diesem Zusammenhang nicht ausschlaggebend. Entscheidend ist vielmehr die für das Zustandekommen der Maßnahme notwendige hoheitliche Mitwirkung, welche im Sinne einer aktiven Verursachung den Mittelfluss auslöst.

# § 4 Zusammenfassung

Entscheidend ist zunächst, ob die Transferzurechnung durch eine entsprechende Legislativentscheidung vorweggenommen wird. Hierfür kommt es im Einzelfall darauf an, inwieweit der die Begünstigung gewährenden Institution per Gesetz oder Satzung in beihilferelevanten Entscheidungen Unabhängigkeit gewährt ist. Sofern diese bei der Mittelvergabe etwa aufgrund (Errichtungs-) Gesetz, Satzung oder Vergaberichtlinien letztlich keinerlei Handlungsspielraum hat, begründet bereits die abstrakt-generelle Rechtsnorm die Transferzurechnung. Auf die Gewährungsentscheidung der Institution kommt es für die Transferzurechnung dann nicht mehr an.

Unabhängig von der öffentlich- oder privatrechtlichen Organisationsform des

---

[83] Allgemein zu zustimungsbedürftigen Geschäften GREILING, Öffentliche Trägerschaft, S. 137 ff.

gewährenden Unternehmens ist eine Transferzurechnung gleichermaßen dann gegeben, wenn für den Mittelfluss nachweislich eine Weisung einer staatlichen Stelle verantwortlich ist. Gleiches gilt ebenso für eine Weisung, die im Zuge der staatlichen Fachaufsicht erfolgt.

Wenn eine konkrete staatliche Einflussnahme nicht nachgewiesen werden kann, muss mit widerlegbaren Vermutungstatbeständen gearbeitet werden. Für den Fall einer Finanzierung durch privatrechtlich organisierte Unternehmen mit staatlicher Mehrheitsbeteiligung besteht, sofern der Mittelfluss von einer GmbH ausgeht, wegen der Weisungsgebundenheit der Geschäftsführung eine widerlegbare Vermutung für eine Transferzurechnung. Hingegen spricht bei einer AG als Folge der Weisungsfreiheit des Vorstandes eine widerlegbare Vermutung gegen eine Transferzurechnung.

Abhängig von der gesetzlichen und satzungsmäßigen Ausgestaltung von Unternehmen mit öffentlich-rechtlicher Organisationsform gelten in diesem Bereich ebenso widerlegbare Vermutungstatbestände. Neben der primär zu beachtenden möglichen staatlichen (gesellschaftsrechtlichen) Weisungsbefugnis ist bei Unternehmen mit staatlicher Mehrheitsbeteiligung sekundär auch nach der Art der staatlichen Aufsicht zu differenzieren. Der Fall einer staatlichen Fachaufsicht muss - vergleichbar mit der Beurteilung der GmbH - so behandelt werden, dass grundsätzlich eine widerlegbare Vermutung für die Zurechenbarkeit der Maßnahme besteht. Bei staatlicher Rechtsaufsicht demgegenüber besteht - der Situation bei der AG entsprechend - eine widerlegbare Vermutung gegen eine Transferzurechnung.

Im Falle einer staatlichen Minderheitsbeteiligung an der Institution, von welcher die Maßnahme ausgeht, ist wegen der regelmäßig vergleichsweise geringen Einflussnahmemöglichkeiten grundsätzlich von einer widerlegbaren Vermutung gegen eine Transferzurechnung auszugehen. Insofern gilt generell, dass auf einer fließenden Skala mit fallender staatlicher Beteiligung sich die Anforderungen an den Gegenbeweis stetig erhöhen. Wegen der aus der schlichten Minderheitsbeteiligung resultierenden kleineren Einflussnahmemöglichkeit sind an die Erbringung des Gegenbeweises im Vergleich zu einer staatlichen Mehrheitsbeteiligung allerdings grundsätzlich höhere Anforderungen zu stellen. Der Gegenbeweis ist beispielsweise bei der Ausübung eines hoheitlichen Zustimmungsvorbehalts erbracht. Im Unterschied zur Situation eines der öffentlichen Hand eingeräumten Vetorechts ist bei einem solchen Zustimmungsvorbehalt daher die Transferzurechnung zu bejahen.

# Teil 7 - Zusammenfassung

1. Im Schrifttum wird bei der Auseinandersetzung mit der Tatbestandsvoraussetzung der staatlichen Zurechenbarkeit nach Art. 87 Abs. 1 EGV bislang weder eine einheitliche Terminologie noch Struktur angeboten. Zur genaueren dogmatischen Konturierung wird der Zurechnungstatbestand daher im Rahmen dieser Untersuchung begrifflich in die Aspekte der staatlichen Mittel- und Transferzurechnung unterteilt. Das Problem der staatlichen Herkunft der Mittel wird durch die Begrifflichkeit „staatliche Mittelzurechnung“ erfasst und die Frage, ob die Gewährung der Mittel dem Staat zurechenbar ist, durch den Terminus „staatliche Transferzurechnung“ gekennzeichnet. Mittel- und Transferzurechnung zusammengenommen stellen damit den Gesamtzurechnungstatbestand dar. Wichtige Erkenntnis in diesem Zusammenhang ist, dass die beiden Zurechnungsaspekte nicht in einem Alternativverhältnis stehen. Vielmehr bilden sie eine Art Zwei-Ebenen-Modell, nach welchem sowohl die Mittel- als auch die Transferzurechnung gegeben sein müssen, um dem Staat die Vergabe einer Begünstigung zurechnen zu können.

2. Die Untersuchung der Entwicklung der Rechtsprechung von EuGH und EuG zum Zurechnungstatbestand bestätigt diejenigen Stimmen in der Literatur, die diese als in der Sache uneinheitlich und undurchsichtig interpretieren. In der jüngeren Vergangenheit sind jedoch vor allem zwei Urteile des EuGH ergangen - die Entscheidung *PreussenElektra* zur Kategorie der unmittelbar staatlichen Finanzierung sowie *Stardust Marine* zur Fallgruppe mittelbar staatlicher Finanzierungen -, die neben größerer Rechtssicherheit auch mehr systematische Klarheit mit sich bringen. Die Entscheidungen tragen insofern ganz wesentlich zur dogmatischen Präzisierung des Zurechnungstatbestandes bei. Mittelbar bewirken sie damit ebenfalls eine schärfere Konturierung des gesamten Beihilfetatbestandes des Art. 87 Abs. 1 EGV.

3. Einer Mittelzurechnung bedarf es sowohl für Konstellationen unmittelbar staatlicher Finanzierung im Sinne des Art. 87 Abs. 1, 1. Alt. EGV („staatliche Beihilfen“) als auch für mittelbar staatliche Finanzierungsmaßnahmen durch hoheitlich benannte Einrichtungen, in welchen Art. 87 Abs. 1, 2. Alt. EGV („aus staatlichen Mitteln gewährte Beihilfen“) einschlägig ist. Bestätigt wird dies gleichermaßen durch die höchstrichterlichen Entscheidungen in den Rechtssachen *PreussenElektra* und *Stardust Marine*.

4. Eine neben der Mittelzurechnung zusätzliche Überprüfung der Transferzurechnung ist nach dem Vorbild des *Stardust Marine*-Urteils letztlich nur im Rahmen mittelbar staatlicher Finanzierung durch hoheitlich benannte Einrich-

tungen gemäß Art. 87 Abs. 1, 2. Alt. EGV von Bedeutung. Einer getrennten Zurechnung der Gewährungsentscheidung bedarf es rechtslogisch zwar auch für die unter Art. 87 Abs. 1, 1. Alt. EGV fallenden Konstellationen. Wegen Identität von Staat und gewährender Stelle wird sie jedoch regelmäßig unproblematisch vorliegen. Dies hat zur Folge, dass unter dem Aspekt eines systematisch dogmatisch sauberen Vorgehens im Rahmen der Vornahme der Zurechnung - entgegen der bisher herrschenden Literaturmeinung - exakt zwischen den Alternativen des Art. 87 Abs. 1 EGV „staatliche Beihilfen" und „durch staatliche Mittel gewährte Beihilfen" unterschieden werden sollte.

5. Bei unmittelbar staatlichen Finanzierungskonstellationen nimmt die Rechtsprechung zur Zuordnung bestimmter Maßnahmen an den Staat stets eine Mittelzurechnung vor. Dabei bedienten sich EuGH und EuG ursprünglich des Herkunftskriteriums und stellten darauf ab, ob der erhaltene Vorteil unmittelbar oder mittelbar aus staatlichen Mitteln stammt. In seiner Entscheidung in der Rechtssache *Landbroke Racing* wendet der EuGH erstmalig, ebenfalls auf die Mittelzurechnung abstellend, das Kontrollkriterium an und hebt darauf ab, ob die betreffenden Mittel unter staatlicher Kontrolle und somit zur Verfügung der staatlichen Stellen stehen. Wegen seiner größeren Praktikabilität und Griffigkeit ist dieses Kontrollkriterium dem Herkunftskriterium vorzuziehen und stellt das für die Mittelzurechnung entscheidende Bestimmungsmerkmal dar.

Bei der Analyse der Zurechenbarkeit muss insbesondere bei unmittelbar staatlichen Finanzierungen jeweils unter zusätzlicher Anwendung des Rahmenkriteriums der Regelungsgehalt der umstrittenen Maßnahme ermittelt werden, da die staatliche Mittelzurechnung ausschließlich an die mit der Regelung gesetzte Primärrechtsfolge angeknüpft werden darf. Bloße Rechtsreflexe bzw. unbeabsichtigte Belastungen staatlicher Haushalte als immanente Folgen einer Maßnahme dürfen dem Staat hingegen nicht zugerechnet werden. Die Differenzierung ist grundsätzlich objektiv anhand des gesetzlichen Rahmens der jeweiligen Norm vorzunehmen. So gilt es zu analysieren, welche mittelrelevanten Rechtsfolgen der Staat durch die betreffende Maßnahme - wenn auch nicht offensichtlich - tatsächlich beabsichtigt und welche lediglich einen Rechtsreflex darstellen.

6. Bis zur Entscheidung in der Rechtssache *Stardust Marine* ordnete die Rechtsprechung bei mittelbar staatlichen Finanzierungen durch Unternehmen beihilferelevante Maßnahmen dem Staat im Wesentlichen ausschließlich unter dem Gesichtspunkt der Transferzurechnung zu. In der *Stardust Marine*-Entscheidung wird erstmalig für diese Fallgruppe nicht mehr ausschließlich auf die Transferzurechnung, sondern kumulativ ebenso auf die Mittelzurechnung abgestellt. Dabei überträgt der EuGH letztlich die Voraussetzungen der bislang

in dieser Fallgruppe vorgenommenen Transferzurechnung auf die Mittelzurechnung und definiert die Transferzurechnung in ihren Voraussetzungen neu. Die Mittelzurechnung ist demnach wie auch bei unmittelbar staatlicher Finanzierung mit Hilfe des Kontrollkriteriums zu bestimmen, so dass es entscheidend auf das Vorliegen einer abstrakten staatlichen Kontrollmöglichkeit über die betreffenden Mittel ankommt. Die an die Transferzurechnung zu stellenden erhöhten Voraussetzungen erfordern den in diesem Urteil getroffenen Feststellungen zufolge eine konkrete Wahrnehmung der Kontrollmöglichkeit. Der Gesamtzurechnungstatbestand ist also nur dann erfüllt, sofern kumulativ die Voraussetzungen sowohl der Mittel- als auch der Transferzurechnung gegeben sind.

Die aus dem *Stardust Marine*-Urteil und der vorangehenden Analyse hervorgehenden Kriterien sind wegen der strukturellen Vergleichbarkeit der Mittelvergabe ebenso auf die Fallgruppe der mittelbar staatlichen Finanzierung durch mittels parafiskalischer/privater Abgaben gespeisten Fonds übertragbar. Insofern ist in dieser Fallkonstellation neben der Mittelzurechnung anhand des Kontrollkriteriums ebenso eine Transferzurechnung im Sinne einer konkreten Ausübung der Kontrolle vorzunehmen.

7. Eine klare Strukturierung der Kriterien, unter welchen Umständen von einer hoheitlichen Ausübung der abstrakten Kontrollmöglichkeit auszugehen ist, lässt das *Stardust Marine*-Urteil vermissen. Vielmehr scheint der vom EuGH aufgestellte Indizienkatalog im Einzelnen nicht ausgereift und noch zu unbestimmt. Die meisten der nach dem Gerichtshof zu berücksichtigenden Einzelkriterien sind wenig scharf oder ungeeignet. Allein das Kriterium der staatlichen Weisung ist naturgemäß ausreichend bestimmt und fähig, auch in der Praxis brauchbare Ergebnisse zu liefern. Vorzugswürdig ist es dabei, eine solche staatliche Einflussnahme nicht lediglich aus einzelnen Indizien zu schließen. Vielmehr sollte an widerlegbare Vermutungstatbestände angeknüpft werden, die eine generelle Zurechenbarkeit oder Nichtzurechenbarkeit von einer grundsätzlichen Weisungsgebundenheit der Leitungsorgane der gewährenden Institution abhängig machen. Eine solche Weisungsgebundenheit ergibt sich gegebenenfalls aus den nationalen Rechtsvorschriften, insbesondere dem Gesellschafts- oder Verwaltungsrecht. Durch einen solchen Ansatz wird trotz der Gewährleistung hinreichender Flexibilität auch der Rechtssicherheit in genügendem Maße Rechnung getragen.

8. Bei unmittelbar staatlicher Finanzierung ist für die Mittelzurechnung im Sinne des Kontrollkriteriums entscheidend, ob im konkreten Fall Geldmittel übertragen werden, die zumindest für eine sprichwörtlich logische Sekunde Bestandteil des Haushalts einer staatlichen Einrichtung gewesen sind. Auch bestehende (geldwerte) Ansprüche, wie beispielsweise staatliche Steueransprüche

sind davon erfasst. Die zukünftige hoheitliche Verfügungsmöglichkeit ist hingegen nicht entscheidend, so dass ohne Bedeutung ist, ob sich der Staat auf irgendeine Art und Weise Einfluss über bestimmte Mittel verschaffen kann.

Im Falle einer nicht zwischen öffentlichen und privaten Unternehmen differenzierenden allgemeinen Regelung, wie beispielsweise dem Stromeinspeisungsgesetz im Fall *PreussenElektra*, ist von Bedeutung, dass die Mittelzurechnung einheitlich vorgenommen werden muss. Für die Mittelzurechnung ist in diesem Zusammenhang entscheidend, ob die staatliche Verfügungsmöglichkeit hinsichtlich aller Gelder und damit sowohl in Bezug auf die Finanzen der betroffenen öffentlichen als auch privaten Unternehmen besteht.

Bei der Beurteilung der Mittelzurechnung im Falle hoheitlicher Investitionslenkung per gesetzlicher Abgabenbefreiung ist maßgeblich zwischen den betroffenen Zielgruppen (Investor und zu förderndes Unternehmen) zu unterscheiden. Dabei gilt es zu beachten, dass für eine Beihilfe entweder im Verhältnis Staat - Investor oder Staat - förderungswürdiges Unternehmen alle Voraussetzungen einer solchen vorliegen müssen. Daher hat der EuGH im Verfahren *Bundesrepublik Deutschland ./. Kommission (2000)* die Mittelzurechnung bei einer Steuervergünstigung in Bezug auf die Steuerbelastung von Investoren hinsichtlich der zu fördernden Unternehmen zu Unrecht bejaht.

9. Bei mittelbar staatlicher Finanzierung durch hoheitlich benannte Einrichtungen ist die für die Mittelzurechnung erforderliche abstrakte Kontrollmöglichkeit über bestimmte Finanzressourcen grundsätzlich gegeben, wenn der Staat die Anteilsmehrheit an dem die Begünstigung erteilenden Unternehmen hält. Auf die öffentlich-rechtliche oder privatrechtliche Rechtsform des Unternehmens kommt es dabei nicht an.

Die Mittelzurechnung muss wegen ausreichender hoheitlicher Einflussmöglichkeiten bei einer staatlichen Minderheitsbeteiligung ebenfalls bejaht werden, sofern der öffentlichen Hand in beihilferelevanten Fragen ein Vetorecht oder Zustimmungsvorbehalt eingeräumt ist. Ferner sind Konstellationen staatlicher Minderheitsbeteiligung denkbar, in welchen viele Einzel-Indizien zusammengenommen eine staatliche Kontrollmöglichkeit und daraus folgend eine Mittelzurechnung rechtfertigen. Mangels hinreichender Kontrollmöglichkeit auf konkrete beihilferelevante Entscheidungen genügt dem entgegen das bloße Vorliegen einer staatlichen Sperrminorität für eine Mittelzurechnung regelmäßig nicht.

Bei fehlender staatlicher Kapitalbeteiligung an dem die Begünstigung tatsächlich gewährenden Unternehmen sind Mittelzuweisungen gegebenenfalls dann zuzurechnen, wenn die öffentliche Hand die Kontrolle über die Mittel bis zuletzt und damit bis zur Gewährung an die zu fördernde Institution bewahrt.

Unter diese Konstellation fallen insbesondere potentielle Umgehungskonstellationen, in welchen das vordergründig gewährende Unternehmen lediglich als Dienstleister oder sonstiger Mittler ohne eigenen Entscheidungsspielraum fungiert.

10. Bei der Transferzurechnung, welche vorwiegend im Falle der Finanzierung durch hoheitlich benannte Einrichtungen Schwierigkeiten bereiten kann, ist zunächst entscheidend, ob die erforderliche konkrete Kontrollausübung durch eine entsprechende Legislativentscheidung vorweggenommen wird. Ob dem so ist, hängt im Einzelfall von der Entscheidungsfreiheit der die Begünstigung gewährenden Institution in beihilferelevanten Entscheidungen ab. Sofern dieser hinsichtlich der Frage, ob im Einzelfall eine Begünstigung zu vergeben ist, durch Gesetz, Satzung, Vergaberichtlinien und dergleichen keinerlei Handlungsspielraum bleibt, begründen bereits die abstrakt generellen Normen die Transferzurechnung.

Eine Transferzurechnung ist unabhängig von der öffentlich-rechtlichen oder privatrechtlichen Organisationsform des gewährenden Unternehmens gleichermaßen dann gegeben, wenn für den Mittelfluss eine staatliche Weisung einer staatlichen Stelle verantwortlich ist und der Hoheitsträger nachgewiesenermaßen von seiner Einzelweisungsbefugnis (gegebenenfalls auch im Zuge der staatlichen Fachaufsicht) Gebrauch macht.

Sofern eine konkrete staatliche Weisung nicht nachgewiesen werden kann, ist dem Problem der Transferzurechnung anhand widerlegbarer Vermutungstatbestände beizukommen. Bei Finanzierung durch Unternehmen mit staatlicher Mehrheitsbeteiligung besteht für den Fall der Förderung durch eine GmbH als Folge der Weisungsgebundenheit der Geschäftsführung eine widerlegbare Vermutung für eine Transferzurechnung. Hingegen spricht bei einer AG wegen der Weisungsfreiheit des Vorstandes eine widerlegbare Vermutung gegen eine Transferzurechnung. Bei Unternehmen mit öffentlich-rechtlicher Organisationsform gilt in Abhängigkeit von der gesetzlichen und satzungsmäßigen Ausgestaltung im Einzelfall dasselbe System. Neben der primär zu beachtenden möglichen staatlichen (gesellschaftsrechtlichen) Weisungsbefugnis ist jedoch sekundär ebenso nach der Art der staatlichen Aufsicht zu differenzieren. Der Fall einer staatlichen Fachaufsicht bewirkt eine widerlegbare Vermutung für die Zurechenbarkeit einer Maßnahme. Bei staatlicher Rechtsaufsicht hingegen besteht eine widerlegbare Vermutung der Nichtzurechenbarkeit.

Im Falle einer Minderheitsbeteiligung des Staates an der die Begünstigung gewährenden Institution legen die regelmäßig geringeren Einflussnahmemöglichkeiten eine widerlegbare Vermutung gegen eine Transferzurechnung nahe. Wegen der aus der schlichten Minderheitsbeteiligung resultierenden geringeren Möglichkeit zur Einflussnahme sind an die Erbringung des Gegenbeweises vergleichsweise hohe Anforderungen zu stellen. Insofern gilt ganz generell, dass sich auf einer fließenden Skala mit sinkender staatlicher Beteiligung die Anforderungen an den Gegenbeweis grundsätzlich konstant erhöhen. Der Gegenbeweis ist jedoch beispielsweise bei der Ausübung eines hoheitlichen Zustimmungsvorbehalts erbracht, wohingegen er bei der Nichtausübung eines bloßen der öffentlichen Hand eingeräumten Vetorechts nicht gegeben ist.

# Literaturverzeichnis

ALEXIS, ALAIN: Notion d'aide d'Etat. Remarques sur l'arrêt Stardust Marine du 16 mai 2002, EStAL 2002, 149-154.

ALTMEPPEN, HOLGER/ROTH, GÜNTER: GmbHG, 4. Auflage, München 2003 (zit.: ALTMEPPEN/ROTH-BEAREITER, GmbHG).

BACH, ALBRECHT: Wettbewerbsrechtliche Schranken für staatliche Maßnahmen nach europäischem Gemeinschaftsrecht, Tübingen 1992 (zit.: BACH, Schranken).

BADURA, PETER: Das öffentliche Unternehmen im europäischen Binnenmarkt, ZGR 1997, 291-305.

BARTOSCH, ANDREAS: Schranken-Schranken in der EG-Beihilfenkontrolle, NJW 2002, 3588-3592.

BARTOSCH, ANDREAS: Verschärft sich die Spruchpraxis zum Europäischen Beihilfenrecht?, ZIP 2000, 2010-2016.

BAUER, KILIAN: Das Bietverfahren im EG-Beihilfenrecht bei der übertragenden Sanierung rechtswidrig begünstigter Unternehmen, EuZW, 748-756.

BAUER, KILIAN: Kommentar zu EuGH, Urteil vom 16.05.2002 - Rs C-482/99 (Französische Republik/Kommission der EG), EWS 2002, 374-375.

BAUMBACH, ADOLF/HUECK, ALFRED: GmbH-Gesetz, 17. Auflage, München 2000 (zit.: BAUMBACH/HUECK-BEARBEITER, GmbHG).

BECKER, RALPH: Die Erfüllung öffentlicher Aufgaben durch gemischtwirtschaftliche Unternehmen, 1. Auflage, Baden-Baden 1997 (zit.: BECKER, Erfüllung öffentlicher Aufgaben).

BEUTLER, BENGT/BIEBER, ROLAND/PIPKORN, JÖRN/STREIL, JOCHEN: Die Europäische Union, 5. Auflage, Baden-Baden 2001 (zit.: BEUTLER/BIEBER/PIPKORN/STREIL, EU).

BLECKMANN, ALBERT: Das System des Beihilfeverbots im EWG-Vertrag, WiVerw 1989, 75-89.

BLECKMANN, ALBERT: Europarecht, 6. Auflage, Köln 1997 (zit.: BLECKMANN, Europarecht).

BLECKMANN, ALBERT/KOCH, TANJA: Stellen Ausnahmen von gesetzlichen Umweltbestimmungen nach Art. 92 Abs. 1 EG-Vertrag verbotene Beihilfen dar?, in: Verfassungsrecht im Wandel, Festschrift zum 180jährigen Bestehen des Carl Heymann Verlages, Köln 1995, S. 305-329 (zit.: BLECKMANN/KOCH, FS Carl Heymanns).

BLUMENBERG, JENS/LAUSTERER, MARTIN: Staatliche Beihilfen im Bereich der direkten Unternehmensbesteuerung, in: Steuerrecht und europäische Integration, Festschrift für Albert J. Rädler zum 65. Geburtstag, München 1999, S. 1-32 (zit.: BLUMENBERG/LAUSTERER, FS Rädler).

BÖCK, RUDOLF: Aufbruch in den ÖPNV-Märkten? - Handlungsbedarf für Aufgabenträger und Verkehrsunternehmen, EWS 2003, 409-415.

BONKAMP, JOSEF: Die Bedeutung des gemeinschaftsrechtlichen Beihilfeverbotes für die Beteiligung der öffentlichen Hand an einer Kapitalgesellschaft, Berlin 2000 (zit.: BONKAMP, Beihilfeverbot).

BRASELMANN, PETRA: Übernationales Recht und Mehrsprachigkeit - Linguistische Überlegungen zu Sprachproblemen in EuGH-Urteilen, EuR 1992, 55-74.

BRITZ, GABRIELE: Staatliche Förderung gemeinwirtschaftlicher Dienstleistungen in liberalisierten Märkten und Europäisches Wettbewerbsrecht, DVBl 2000, 1641-1650.

BULL, HANS PETER: Allgemeines Verwaltungsrecht, 6. Auflage, Heidelberg 2000 (zit.: BULL, Verwaltungsrecht).

CALLIESS, CHRISTIAN/RUFFERT, MATTHIAS: Kommentar des Vertrages über die Europäische Union und des Vertrages zur Gründung der Europäischen Gemeinschaft, 2. Auflage, Neuwied 2002 (zit.: CALLIESS/RUFFERT-BEARBEITER, EUV/EGV).

CASPARI, MANFRED: Die Beihilferegeln des EWG-Vertrags und ihre Anwendung, in: Eine Ordnungspolitik für Europa, Festschrift für Hans von der Groeben, Baden-Baden 1987, S. 69-91 (zit.: CASPARI, FS v.d. Groeben).

CASTENDYK, OLIVER/BARK, FELIX: Unterliegt das Filmförderungsgesetz der Beihilfekontrolle der Art. 87 ff. EGV? Ein Beitrag zu den EG-rechtlichen Grenzen der Filmförderung in Deutschland, ZUM 2003, 480-489.

CICHY, PATRICK: Wettbewerbsverfälschungen durch Gemeinschaftsbeihilfen, Baden-Baden 2001 (zit.: CICHY, Wettbewerbsverfälschungen).

CIRESA, MEINHARD: Beihilfenkontrolle und Wettbewerbspolitik in der EG, Köln 1992 (zit.: CIRESA, Beihilfenkontrolle).

COMMUNIER, JEAN-MICHEL: Le droit communautaire des aides d'Etat, Paris 2000 (zit.: COMMUNIER, Le droit communautaire des aides d'Etat).

DAUSES, MANFRED: Handbuch des EU-Wirtschaftsrechts, Band 2, München 2002, Loseblattsammlung, München, Stand März 2002 (zit.: DAUSES-BEARBEITER, EU).

DAVIES, PAUL: Market Integration and Social Policy in the Court of Justice, Industrial Law Journal 1995, 49-77.

DECKERT, MARTINA R./SCHROEDER, WERNER: Öffentliche Unternehmen und EG-Beihilferecht - Gemeinschaftsrechtliche und zivilrechtliche Implikationen, EuR 1998, 291-323.

DEDERER, HANS-GEORG: Anmerkung zu EuGH, Urteil vom 13.03.2001 - C-379/98 PreussenElektra AG/Schleswag AG, BayVBl. 2001, 366-369.

DIETRICH, CHRISTIAN: Der neue § 111 Abs. 4 Satz 2 AktG. Zustimmungsvorbehaltspflicht auch für unternehmerisches Unterlassen?, DStR 2003, 1577-1579.

DREHER, MEINHARD: Die staatliche Eigenkapitalzufuhr an Gesellschaften als Beihilfe im Sinne des EG-Vertrages, in: Gedächtnisschrift für Brigitte Knobbe-Keuk, Köln 1997, S. 583-606 (zit.: DREHER, Gedächtnisschrift Knobbe-Keuk).

EHLERMANN, CLAUS-DIETER: Die Wettbewerbspolitik der Europäischen Gemeinschaften und die öffentlichen und gemeinwirtschaftlichen Unternehmen, ZögU 1992, 377-391.

EHLERMANN, CLAUS-DIETER: Wettbewerbspolitik im Binnenmarkt, RIW 1993, 793-797.

EHRICKE, ULRICH: Grundprobleme staatlicher Beihilfen an ein Unternehmen in der Krise im EG-Recht, WM Sonderbeilage Nr. 3/2001.

EICHHORN, PETER: Probleme der Eigenfinanzierung bei öffentlichen und gemeinwirtschaftlichen Unternehmen, in: Eichhorn, Peter/Thiemeyer, Theo, Finanzierung öffentlicher Unternehmen, Festschrift für Paul Münch, 1. Auflage, Baden-Baden 1979, S. 37-59 (zit.: EICHHORN, FS Münch).

EMMERICH, VOLKER: Entziehen sich öffentliche Unternehmen der Kontrolle?, in: Eichhorn, Peter, Auftrag und Führung öffentlicher Unternehmen, Berlin 1977, S. 89-105 (zit.: EMMERICH, Öffentliche Unternehmen).

EMMERICH, VOLKER: Kartellrecht, 9. Auflage, München 2001 (zit.: EMMERICH, Kartellrecht).

EMMERICH, VOLKER/HABERSACK, MATHIAS: Aktienkonzernrecht, München 1998 (zit.: EMMERICH/HABERSACK, Aktienkonzernrecht).

ERHARDT, KAI: Beihilfen für öffentliche Dienstleistungen, 1. Auflage, Baden-Baden 2003 (zit.: ERHARDT, Beihilfen).

ERLBACHER, FRIEDRICH: Steuerliche Lenkung zur Förderung von Investitionen und die Teilung Deutschlands, ELR 2000, 343-346.

FABER, ANGELA: Europarechtliche Grenzen der kommunalen Wirtschaftsförderung, Berlin 1992 (zit.: FABER, Europarechtliche Grenzen).

FABRY, BEATRICE: Organisationsformen öffentlicher Unternehmen, in: Fabry, Beatrice/ Augsten, Ursula, Handbuch Unternehmen der öffentlichen Hand, 1. Auflage, Baden-Baden, 2002, S. 1-56 (zit.: FABRY, in: Fabry/Augsten, Unternehmen der öffentlichen Hand).

FALK, HERRMANN: Die materielle Beurteilung des deutschen Stromeinspeisungsgesetzes nach europäischem Beihilferecht, ZIP 1999, 738-743.

FISCHER, HANS GEORG: Europarecht in der öffentlichen Verwaltung, München 1994 (zit.: FISCHER, Europarecht).

FOUQUET, DÖRTE/ZENKE, INES: Das Stromeinspeisungsgesetz auf dem europarechtlichen Prüfstand, ZNER 1999, 61-66.

FÜHRMEYER, BURKHARD: Quersubventionen als Problem des europäischen Wettbewerbsrechts, 1. Auflage, Baden-Baden 2003 (zit.: FÜHRMEYER, Quersubventionen).

GAHLEITHNER, DANIEL: Zurechenbarkeit von Handlungen öffentlicher Unternehmen an den Staat, European Law Reporter 2002, 271-276.

GEIGER, RUDOLF: EUV/EGV, 3. Auflage, München 2000 (zit.: GEIGER, EUV/EGV).

GEISS, MARCUS: Rechtsstaatliche Grundsätze im Beihilferecht der Europäischen Gemeinschaft, Baden-Baden 2001 (zit.: GEISS, Rechtsstaatliche Grundsätze).

GELLERMANN, MARTIN: Das Stromeinspeisungsgesetz auf dem Prüfstand des Europäischen Gemeinschaftsrechts, DVBl 2000, 509-519.

GEßLER, ERNST/HEFERMEHL, WOLFGANG/ECKARDT, ULRICH/KROPFF, BRUNO: Aktiengesetz, Band VI, §§ 291-410, 6. Lieferung, München 1976 (zit.: GHEK-BEARBEITER, AktG).

GEßLER, JÖRG H.: Aktiengesetz, München, 40. Aktualisierungslieferung, Juni 2003 (zit.: GEß-LER, AktG).

GLESKE, CHRISTOPH L.: Wettbewerb öffentlicher und privater Kreditinstitute in Deutschland, Baden-Baden 1996 (zit.: GLESKE, Wettbewerb).

GÖTZ, VOLKMAR: Recht der Wirtschaftssubventionen, München 1966 (zit.: GÖTZ, Wirtschaftssubventionen).

GRABITZ, EBERHARD/HILF, MEINHARD: Das Recht der Europäischen Union, Altband I, EUV, Art. 1-136a EGV, München, Stand Oktober 1999 (zit.: GRABITZ/HILF-BEARBEITER, EU).

GRAMS, HARTMUT A.: Pflichten von Mandatsträgern in Aufsichtsgremien kommunaler Privatunternehmen, LKV 1997, 397-402.

GREILING, DOROTHEA: Öffentliche Trägerschaft oder öffentliche Bindung von Unternehmen, 1. Auflage, Baden-Baden 1996 (zit.: GREILING, Öffentliche Trägerschaft).

GREISSINGER, CHRISTIAN: Vorgaben des EG-Vertrages für nationales Rundfunk- und Multimediarecht, Baden-Baden 2000 (zit.: GREISSINGER, Vorgaben).

GROEBEN, HANS VON DER/BOECKH, HANS VON/ THIESING, JOCHEN/EHLERMANN, CLAUS-DIETER: Kommentar zum EU-/EG-Vertrag, Band 1, Art. 1-136, 3. Auflage, Baden-Baden 1983 (zit.: GBTE-BEARBEITER, EWGV).

GROEBEN, HANS VON DER/SCHWARZE, JÜRGEN: Kommentar zum Vertrag über die Europäische Union und zur Gründung der Europäischen Gemeinschaft, Band 1, Art. 1-53 EUV, Art. 1-80 EGV, 6. Auflage, Baden-Baden 2003 (zit.: GS-BEARBEITER, EU/EG).

GROEBEN, HANS VON DER/SCHWARZE, JÜRGEN: Kommentar zum Vertrag über die Europäische Union und zur Gründung der Europäischen Gemeinschaft, Band 2, Art. 81-97, 6. Auflage, Baden-Baden 2003 (zit.: GS-BEARBEITER, EU/EG).

GROEBEN, HANS VON DER /THIESING, JOCHEN/EHLERMANN, CLAUS-DIETER: Kommentar zum EU-/EG-Vertrag, Band 2/II, Art. 88-102, 5. Auflage, Baden-Baden 1999 (zit.: GTE-BEARBEITER, EU/EG).

GROEBEN, HANS VON DER /THIESING, JOCHEN/EHLERMANN, CLAUS-DIETER: Kommentar zum EWG-Vertrag, Band 2, Art. 85-109, 4. Auflage, Baden-Baden 1991 (zit.: GTE-BEARBEITER, EWGV).

GROß, THOMAS: Was bedeutet „Fachaufsicht"?, DVBl 2002, 793-856.

GRUNEWALD, BARBARA: Gesellschaftsrecht, 5. Auflage, Tübingen 2002 (zit.: GRUNEWALD, Gesellschaftsrecht).

GÜNDISCH, JÜRGEN: Preisgarantie für Strom aus Windkraftanlagen keine Beihilfe, NJW 2001, 3686-3688.

HACHENBURG, MAX: GmbHG, Großkommentar, 1. Band, 8. Auflage, Berlin 1992 (zit.: HACHENBURG-BEARBEITER, GmbHG).

HÄRING, JÖRG: Die Vereinbarkeit von Sanierungsengagements der öffentlichen Hand mit dem EG-Beihilfeverbot, Tübingen 1998 (zit.: HÄRING, Vereinbarkeit).

HAILBRONNER, KAY/KLEIN, ECKART/MAGIERA, SIEGFRIED/MÜLLER-GRAFF, PETER-CHRISTIAN: Handkommentar zum EU-Vertrag, Loseblattsammlung, 7. Aktualisierung, Köln 1998 (zit.: HKMM-BEARBEITER, EU).

HAKENBERG, WALTRAUD/ERLBACHER, FRIEDRICH: Die Rechtsprechung des EuGH und EuGeI auf dem Gebiet der staatlichen Beihilfen in den Jahren 2001 und 2002, EWS 2003, 201-216.

HAKENBERG, WALTRAUD/TREMMEL, ERNST: Die Rechtsprechung des EuGH auf dem Gebiet der staatlichen Beihilfen im Jahre 1996, EWS 1997, 217-225.

HANCHER, LEIGH/OTTERVANGER, TOM/SLOT, PIET JAN: E.C. State Aids, London 1999 (zit.: HANCHER/OTTERVANGER/SLOT, State Aid).

HARINGS, LOTHAR: Praxis des Europäischen Beihilfenrechts, Köln 2001 (zit.: HARINGS, Praxis).

HASSELMANN, ANJA: Die Ausschlusstatbestände für den Beihilfebegriff des Art. 87 EGV am Beispiel von Anstaltslast und Gewährträgerhaftung im öffentlich-rechtlichen Bankensystem der Bundesrepublik Deutschland, Frankfurt 2000 (zit.: HASSELMANN, Ausschlusstatbestände).

HAUSNER, ANDREAS: Die Zulässigkeit von Subventionen nach Art. 4c EGKS-Vertrag, Köln 1987 (zit.: HAUSNER, Subventionen).

HEIDENHAIN, MARTIN: Anmerkung zu EuGH, Urteil vom 19.09.2000 - Rs C-156/98 (BRD/Kommission der EG), EuZW 2000, 729-730.

HELLINGMANN, KEES: State Participation As State Aid Under Article 92 Of The EEC Treaty: The Commission's Guidelines, CMLR 1986, 111-133.

HIRTE, HERIBERT: Kapitalgesellschaftsrecht, 4. Auflage, Köln 2003 (zit.: HIRTE, Kapitalgesellschaftsrecht).

HOCHBAUM, MONIKA: Das Diskriminierungs- und Subventionsverbot in der EGKS und EWG, Baden-Baden 1962 (zit.: HOCHBAUM, Subventionsverbot).

HÖSCH, ULRICH: Der Einfluss der Freiheit des Warenverkehrs (Art. 30 EWGV) auf das Recht des unlauteren Wettbewerbs, Frankfurt 1994 (zit.: HÖSCH, Art. 30 EWGV).

HOISCHEN, STEFAN: Die Beihilferegelung in Artikel 92 EWGV, Köln 1988 (zit.: HOISCHEN, Beihilferegelung).

HOPT, KLAUS J.: Aktionärskreis und Vorstandsneutralität, ZGR 1993, 534-566.

HOPT, KLAUS J./MESTMÄCKER, ERNST-JOACHIM: Die Rückforderung staatlicher Beihilfen nach europäischem und deutschem Recht, Teil I, WM 1996, 753-800.

HOPT, KLAUS J./WIEDEMANN, HERBERT: Aktiengesetz - Großkommentar, 10. Lieferung: §§°15-22, 4. Auflage, Berlin 1999 (zit.: GROßKOMMENTAR-BEARBEITER, AktG).

HOPT, KLAUS J./WIEDEMANN, HERBERT: Aktiengesetz - Großkommentar, 19. Lieferung: §§°76-83, 4. Auflage, Berlin 2003 (zit.: GROßKOMMENTAR-BEARBEITER, AktG).

HÜFFER, UWE: Aktiengesetz, 5. Auflage, München 2002 (zit.: HÜFFER, AktG).

IMMENGA, ULRICH/MESTMÄCKER, ERNST-JOACHIM: Gesetz gegen Wettbewerbsbeschränkungen, Kommentar, 3. Auflage, München 2001 (zit.: IMMENGA/MESTMÄCKER, GWB).

IRO, STEPHAN PHILLIPP: Die Vereinbarkeit des Stromeinspeisungsgesetzes mit dem EG-Vertrag, RdE 1998, 11-19.

JANSEN, BELA: Vorgaben des europäischen Beihilferechts für das nationale Steuerrecht, Baden-Baden 2003 (zit.: JANSEN, Europäisches Beihilferecht).

JENNERT, CARSTEN: Staatliche Daseinsvorsorge zwischen Beihilferecht und Vergaberecht, WRP 2003, 459-468.

JOHLEN, HERIBERT/OERDER, MICHAEL: Münchener Anwaltshandbuch Verwaltungsrecht, 2. Auflage, München 2003 (zit.: JOHLEN/OERDER-BEARBEITER, Verwaltungsrecht).

KEPPENNE, JEAN-PAUL: Guide des aides d'Etat en droit communautaire, Brüssel 1999 (zit.: KEPPENNE, Guide des aides d'Etat en droit communautaire).

KLEIN, DIETMAR K. R.: Die Bankensysteme der EG-Länder, 2. Auflage, Frankfurt 1992 (zit.: KLEIN, Bankensysteme).

KNEMEYER, FRANZ-LUDWIG: Staatsaufsicht über Kommunen, JuS 2000, 521-525.

KÖLNER KOMMENTAR ZUM AKTIENGESETZ: herausgegeben von Wolfgang Zöllner, Band 2, 2. Auflage, Köln 1988 (zit.: KK- BEARBEITER, AktG).

KÖLNER KOMMENTAR ZUM WPÜG: herausgegeben von Heribert Hirte, Christoph Bülow, Köln 2003 (zit.: KK/WPÜG-BEARBEITER).

KOENIG, CHRISTIAN: Die neuen EG-beihilfenrechtlichen Kompensationsmaßstäbe in der Daseinsvorsorge - das Altmark Trans-Urteil in der Praxis, BB 2003, 2185-2188.

KOENIG, CHRISTIAN: Fremd- und Eigenkapitalzufuhr an Unternehmen durch die öffentliche Hand auf dem Prüfstand des EG-Beihilfenrechts, ZIP 2000, 53-59.

KOENIG, CHRISTIAN/HARATSCH, ANDREAS: Europarecht, 4. Auflage, Tübingen 2003.

KOENIG, CHRISTIAN/KÜHLING, JÜRGEN: Das PreussenElektra-Urteil des EuGH: Freibrief für Abnahme- und Vergütungspflichten in der Energiewirtschaft, NVwZ 2001, 768-770.

KOENIG, CHRISTIAN/KÜHLING, JÜRGEN: EC control of aid granted through State resources, European State Aid Law Quarterly 2002, 7-18.

KOENIG, CHRISTIAN/KÜHLING, JÜRGEN: Grundfragen des EG-Beihilfenrechts, NJW 2000, 1065-1074.

KOENIG, CHRISTIAN/KÜHLING, JÜRGEN: How to cut a long story short: Das Preussen Elektra-Urteil des EuGH und die EG-Beihilfenkontrolle über das deutsche Rundfunkgebührensystem, ZUM 2001, 537-546.

KOENIG, CHRISTIAN/KÜHLING, JÜRGEN/RITTER, NICOLAI: EG-Beihilfenrecht, Heidelberg 2002 (zit.: KOENIG/KÜHLING/RITTER, EG-Beihilfenrecht).

KOENIG, CHRISTIAN/SANDER, CLAUDE: Die verbrauchervermittelte Unternehmensbegünstigung auf dem Prüfstand des EG-Beihilfenrechts, EuR 2000, 743-767.

KOPP, FERDINAND: Befangenheit öffentlicher Amtsträger gemäß § 20 Abs. 1 Nr. 5 VwVfG bei gleichzeitiger Wahrnehmung eines Aufsichtsratsmandats, WiVerw 1983, 226-250.

KOPPENSTEINER, HANS-GEORG: Das Subventionsverbot im Vertrag über die Europäische Gemeinschaft für Kohle und Stahl, Baden-Baden 1965 (zit.: KOPPENSTEINER, Subventionsverbot).

KROPFF, BRUNO: Politische und administrative Einflussnahme auf Unternehmen des industriellen Bundesvermögens, in: Eichhorn, Peter, Auftrag und Führung öffentlicher Unternehmen, Berlin 1977, S. 79-87 (zit.: KROPFF, Öffentliche Unternehmen).

KRUSE, EBERHARD: Das Merkmal der „Staatlichkeit" der Beihilfe nach Art. 87 Abs. 1 EG, ZHR 165 (2001), 577-592.

KÜHLING, JÜRGEN: Von den Vergütungspflichten des Energieeinspeisungsgesetzes bis zur Deckungsvorsorge des Atomgesetzes: Die deutsche Energierechtsordnung im Koordinatensystem des Europäischen Beihilfenrechts, RdE 2001, S. 93-102.

KÜHNE, GUNTHER: Anmerkung zu EuGH, Urteil vom 13.03.2001 - C-379/98 Preussen Elektra AG/Schleswag AG, JZ 2001, 759-761.

LASOK, PAUL: State Aids and Remedies under the EEC Treaty, ECLR 1986, 53-82.

LEFÈVRE, DIETER: Staatliche Ausfuhrförderung und das Verbot wettbewerbsverfälschender Beihilfen im EWG-Vertrag, Baden-Baden 1977 (zit.: LEFÈVRE, Staatliche Ausfuhrförderung).

LEHMANN, JÜRGEN: Die gesetzlichen Minderheitenrechte in Aktiengesellschaften, AG 1983, 113-119.

LENZ, CARL OTTO: EG-Vertrag, 2. Auflage, Köln 1999 (zit.: LENZ-BEARBEITER, EGV).

LIVONIUS, HILGER VON: Öffentlich-rechtliche Kreditinstitute und EU-Beihilferegime, Frankfurt 2001 (zit.: LIVONIUS, Öffentlich-rechtliche Kreditinstitute).

LÜBBIG, THOMAS: Das „Stardust-Marine"-Urteil des EuGH zur Anwendung des EG-Beihilfenrechts auf das Aktivgeschäft der öffentlichen Banken, WM 2002, 1828-1831.

LÜBBIG, THOMAS: Neue Entwicklungen im Beihilfenrecht der Europäischen Gemeinschaften, WuW 1999, 249-256.

LÜBBIG, THOMAS/EHLERS, MARTIN: Beihilfenrecht der EU, München 2003 (zit.: LÜBBIG/MARTIN-EHLERS, Beihilfenrecht).

LUTTER, MARCUS/HOMMELHOFF, PETER: GmbH-Gesetz, 15. Auflage, Köln 2000 (zit.: LUTTER/HOMMELHOFF, GmbHG).

MAURER, HARTMUT: Allgemeines Verwaltungsrecht, 14. Auflage, München 2002 (zit.: MAURER, Allgemeines Verwaltungsrecht).

MAYEN, THOMAS: Privatisierung öffentlicher Aufgaben: Rechtliche Grenzen und rechtliche Möglichkeiten, DÖV 2001, 110-119.

MAYEN, THOMAS: Verwaltung durch unabhängige Einrichtungen, DÖV 2004, S. 45-55.

MEIER, NORBERT: Inkompatibilität und Interessenwiderstreit von Verwaltungsangehörigen in Aufsichtsräten, NZG 2003, 54-57.

MEIER, NORBERT: Wahrnehmung von Gremientätigkeiten in kommunalen Beteiligungsgesellschaften, NZG 2002, 459-463.

MICHALSKI, LUTZ: Kommentar zum Gesetz betreffend die Gesellschaften mit beschränkter Haftung (GmbH-Gesetz), Band II, §§ 35-86 GmbHG, München 2002 (zit.: MICHALSKI-BEARBEITER, GmbHG).

MODLICH, JOACHIM JOHANNES: Nationale Infrastrukturmaßnahmen und Artikel 92 Abs. 1 EGV, Köln 1996 (zit.: MODLICH, Infrastrukturmaßnahmen).

MONTAG, FRANK/LEIBENATH, CHRISTOPH: Finanzierung öffentlicher Unternehmen und EG-Beihilfenrecht, EWS 2003, 402-409.

MÜHLENKAMP, HOLGER: Öffentliche Unternehmen, München 1994 (zit.: MÜHLENKAMP, Öffentliche Unternehmen).

MÜLLER-GRAFF, PETER-CHRISTIAN: Die Erscheinungsformen der Leistungssubventionstatbestände aus wirtschaftsrechtlicher Sicht, ZHR 152 (1988), 403-438.

MÜLLER-IBOLD, TILL: The AEA Proposal for a Regulation on State Aid Procedure, EuZW 1996, 677-682.

MÜNCHENER KOMMENTAR ZUM AKTIENGESETZ: Band 1, §§ 1-53 AktG, 2. Auflage, München 2000 (zit.: MK-BEARBEITER, AktG).

MÜNCHENER KOMMENTAR ZUM AKTIENGESETZ: Band 3, §§ 76-117 AktG, MitbestG, § 76 BetrVG 1952, 2. Auflage, München 2004 (zit.: MK-BEARBEITER, AktG).

MÜNCHENER KOMMENTAR ZUM AKTIENGESETZ: Band 8, §§ 278-328 AktG, 2. Auflage, München 2000 (zit.: MK-BEARBEITER, AktG).

NAGEL, BERNHARD: Die Vereinbarkeit des Gesetzes für den Vorrang Erneuerbarer Energien (EEG) mit dem Beihilfenrecht der EG, ZNER 2000, 100-112.

NICOLAYSEN, GERT: Subventionen für öffentliche Unternehmen und Wettbewerb im Gemeinsamen Markt, in: Börner, Bodo/Neundörfer, Konrad, Recht und Praxis der Beihilfen im Gemeinsamen Markt, KSE Band 32, Köln 1984, S. 111-135 (zit.: NICOLAYSEN, KSE 32 (1984)).

NIGGEMANN, PETER: Staatsbürgschaften und Europäisches Beihilferecht, München 2001 (zit.: NIGGEMANN, Staatsbürgschaften).

NOLTE, STEFAN: Quersubventionen in der deutschen Elektrizitätswirtschaft und deren Vereinbarkeit mit Europäischem Wettbewerbsrecht, Münster 1998 (zit.: NOLTE, Quersubventionen).

OBERNOLTE, WOLFGANG: Das EWG-Beihilfeverbot in der Praxis, EW 1961, 388-393.

OLDIGES, MARTIN: Die Entwicklung des Subventionsrechts seit 1996, NVwZ 2001, 280-287.

OPPERMANN, THOMAS: Europarecht, 2. Auflage, München 1999 (zit.: OPPERMANN, Europarecht).

PAPE, CHRISTOPH: Staatliche Kapitalbeteiligungen an Unternehmen und das Beihilfenverbot gem. Art. 92 EG-V, Frankfurt 1995 (zit.: PAPE, Staatliche Kapitalbeteiligungen).

PETERSEN, ASGER: Kontrolle nationaler Beihilfen durch die Kommission der Europäischen Gemeinschaften, in: Bundesverband der Deutschen Industrie, EG-Beihilfenpolitik im Prozess der europäischen Integration - Dokumentation eines BDI-Kolloquiums am 27.04.1993, Köln 1993 (zit.: PETERSEN, in: BDI, EG-Beihilfenpolitik).

PÖHN, CHRISTOPH C.: Wirtschaftslenkung in den Formen des Öffentlichen Rechts und des Zivilrechts - verfassungsrechtliche und europarechtliche Vorgaben, Frankfurt 2002 (zit.: PÖHN, Wirtschaftslenkung).

POHLMANN, MARIO: Rechtsprobleme der Stromeinspeisung nach dem Stromeinspeisungsgesetz, Köln 1996 (zit.: POHLMANN, Rechtsprobleme).

PÜNDER, HERMANN: Die Förderung alternativer Energiequellen durch das Stromeinspeisungsgesetz auf dem Prüfstand des europäischen Gemeinschaftsrechts, NVwZ 1999, 1059-1062.

PÜTTNER, GÜNTER: Die Finanzierungsentscheidungen und deren Überwachung, in: Eichhorn, Peter/Thiemeyer, Theo, Finanzierung öffentlicher Unternehmen, Festschrift für Paul Münch, 1. Auflage, Baden-Baden 1979, S. 153-163 (zit.: PÜTTNER, FS Münch).

PÜTTNER, GÜNTER/SPANNOWSKY, WILLY: Das Verhältnis der europäischen Regionalpolitik zur deutschen Regionalpolitik, Bonn 1986 (zit.: PÜTTNER/SPANNOWSKY, Regionalpolitik).

REICH, DIETMAR O./HELIOS, MARCUS: Anmerkung zu EuGH, Urteil vom 16.05.2002 - Rs C-482/99 (Französische Republik/Kommission der EG), EuZW 2002, 474-476.

RENGELING, HANS WERNER: Das Beihilfenrecht der Europäischen Gemeinschaften, in: Börner, Bodo/Neundörfer, Konrad, Recht und Praxis der Beihilfen im Gemeinsamen Markt, KSE Band 32, Köln 1984, S. 23-54 (zit.: RENGELING, KSE 32 (1984)).

RENGELING, HANS-WERNER: Europäisches Gemeinschaftsrecht als Ordnungsrahmen für staatliche Subventionen, JZ 1984, 795-801.

RENGELING, HANS-WERNER: Grundlagen des Subventionsrechts und Kompetenzen aus der Sicht von Bund und Ländern, ZHR 152 (1988), 455-471.

RESS, GEORG: Wirtschaftslenkung in den Europäischen Gemeinschaften, in: Rill, Heinz-Peter/Griller, Stefan, Europäischer Binnenmarkt und österreichisches Wirtschaftsverwaltungsrecht, Wien 1991, S. 81-135 (zit.: RESS, Binnenmarkt).

RICHTER, STEFAN KLAUS: Die Unvereinbarkeit des Stromeinspeisungsgesetzes mit europäischem Beihilferecht (Art. 92 EGV a.F. / Art. 87 EGV n.F.), RdE 1999, 23-31.

RITGEN, KLAUS: Stromeinspeisungsgesetz und europäisches Beihilfenaufsichtsrecht, RdE 1999, 176-184.

RODGER, BARRY J.: State Aid - A Fully Level Playing Field?, ECLR 1999, 251-255.

RODI, MICHAEL: Die Subventionsrechtsordnung - Die Subvention als Instrument öffentlicher Zweckverwirklichung nach Völkerrecht, Europarecht und deutschem innerstaatlichen Recht, Tübingen 2000 (zit.: RODI, Subventionsrechtsordnung).

ROLFES, KARL-HEINRICH: Regionale Wirtschaftsförderung und EWG-Vertrag, Köln 1991 (zit.: ROLFES, Wirtschaftsförderung).

RUGE, REINHARD: Anmerkung zu EuGH, Urteil vom 13.03.2001, Rs C-379/98 (PreussenElektra AG/Schleswag AG), EuZW 2001, 247-248.

RUGE, REINHARD: Das Beihilfe-Merkmal der staatlichen Zurechenbarkeit in der Rechtsprechung des EuGH am Beispiel des Stromeinspeisungsgesetzes, WuW 2001, 560-569.

RUTTIG, MARKUS: Der Einfluss des EG-Beihilferechts auf die Gebührenfinanzierung der öffentlich-rechtlichen Rundfunkanstalten, Frankfurt 2001 (zit.: RUTTIG, Einfluss).

RYDELSKI, MICHAEL SÁNCHEZ: Handbuch EU Beihilferecht, Baden-Baden 2002 (zit.: RYDELSKI, EU Beihilferecht).

SÄCKER, FRANZ JÜRGEN: Behördenvertreter im Aufsichtsrat, in: Festschrift für Kurt Rebmann, München 1989, 781-805.

SALJE, PETER: Die Vereinbarkeit des Stromeinspeisungsgesetzes mit dem EG-Vertrag, RIW 1998, 186-192.

SCHERNTHANNER, MARTINA: Das materielle Beihilfeaufsichtsrecht nach dem EWG-Vertrag, Wien 1993 (zit.: SCHERNTHANNER, Beihilfeaufsichtsrecht).

SCHMIDT, KARSTEN: Gesellschaftsrecht, 4. Auflage, Köln 2002 (zit.: SCHMIDT, Gesellschaftsrecht).

SCHMIDT-AßMANN, EBERHARD: Besonderes Verwaltungsrecht, 12. Auflage, Berlin 2003 (zit.: SCHMIDT-AßMANN, Besonderes Verwaltungsrecht).

SCHMIDT-RÄNTSCH, JÜRGEN: Zur Behandlung EG-widriger Beihilfen, EuZW 1990, 376-379.

SCHNELLE, ULRICH/BARTOSCH, ANDREAS: Umfang und Grenzen des EG-wettbewerbsrechtlichen Verbots der Quersubventionierung, EWS 2001, 411-418.

SCHÖN, WOLFGANG: Der Einfluss öffentlich-rechtlicher Zielsetzungen auf das Statut privatrechtlicher Eigengesellschaften der öffentlichen Hand: - Gesellschafts-rechtliche Analyse -, ZGR 1996, 429-457.

SCHOHE, GERRIT/ARHOLD, CHRISTOPH: Die Rechtsprechung von EuGH und EuG zu staatlichen Beihilfen in den Jahren 1998-2002, European State Aid Law Quarterly 2002, 33-76.

SCHOLZ KOMMENTAR ZUM GMBH-GESETZ: 1. Band, 9. Auflage, Köln 2000 (zit.: SCHOLZ-BEARBEITER, GmbHG).

SCHROEDER, WERNER: Vernünftige Investition oder Beihilfe? Gemeinschaftsrechtliche Optionen zur Finanzierung öffentlicher Unternehmen, ZHR 161 (1997), 805-845.

SCHRÖTER, HELMUTH/THINAM, JAKOB/MEDERER: WOLFGANG, Kommentar zum Europäischen Wettbewerbsrecht, 1. Auflage, Baden-Baden 2003 (zit.: SJM-BEARBEITER, Wettbewerbsrecht).

SCHÜMANN, ANJA: Wirtschaftsförderung für die neuen Bundesländer im Lichte des EWGV, Bayreuth 1993 (zit.: SCHÜMANN, Wirtschaftsförderung).

SCHWARZE, JÜRGEN: Der Staat als Adressat des europäischen Wettbewerbsrechts, EuZW 2000, 613-627.

SCHWARZE, JÜRGEN: EU-Kommentar, 1. Auflage, Baden-Baden 2000 (zit.: SCHWARZE-BEARBEITER, EU).

SCHWARZE, JÜRGEN: Europäisches Verwaltungsrecht I, Baden-Baden 1988 (zit.: SCHWARZE, Europäisches Verwaltungsrecht I).

SCHWARZE, JÜRGEN: Subventionen im Gemeinsamen Markt und der Rechtsschutz des Konkurrenten. Grundzüge und neuere Entwicklungen, in: Selmer, Peter/von Münch, Ingo, Gedächtnisschrift für Wolfgang Martens, Berlin 1987, S. 819-848 (zit.: SCHWARZE, Gedächtnisschrift Martens).

SEIDEL, MARTIN: Das Beihilfenrecht der Europäischen Gemeinschaft, Saarbrücken 1984 (zit.: SEIDEL, Beihilferecht).

SEIDEL, MARTIN: Das Verwaltungsverfahren in Beihilfesachen, EuR 1985, 25-42.

SEIDEL, MARTIN: Grundfragen des Beihilfenaufsichtsrechts der Europäischen Gemeinschaften, in: Börner, Bodo/Neundörfer, Konrad, Recht und Praxis der Beihilfen im Gemeinsamen Markt, KSE Band 32, Köln 1984, S. 55-83 (zit.: SEIDEL, KSE 32 (1984)).

SINNAEVE, ADINDA: Die Rückforderung gemeinschaftsrechtswidriger nationaler Beihilfen, Berlin 1997 (zit.: SINNAEVE, Rückforderung).

SINZ, GERHARD BENEDIKT: Die staatliche Wirtschaftsförderung im Gebiet der neuen Bundesländer, München 1993 (zit.: SINZ, Wirtschaftsförderung).

SKOURIS, WASSILIOS: Der Einfluss des Europäischen Gemeinschaftsrechts auf die Unterscheidung zwischen Privatrecht und Öffentlichem Recht - dargestellt für das Öffentliche Auftragswesen und die Privatisierung, Bonn 1997 (zit.: SKOURIS, Einfluss).

SLOTBOOM, MARCO M.: State Aid in Community Law: A Broad or Narrow Definition?, ELR 1995, 289-301.

SOLTÉSZ, ULRICH: Die „Belastung des Staatshaushalts“ als Tatbestandsmerkmal einer Beihilfe i.S. des Art. 92 I EGV, EuZW 1998, 747-753.

SOLTÉSZ, ULRICH/MAKOWSKI, GÖSTA CHRISTIAN: Die Nichtdurchsetzung von Forderungen der öffentlichen Hand als staatliche Beihilfe i.S. von Art. 87 I EG, EuZW 2003, 73-78.

SOUKUP, KARL: Die Mittelzuführungen an öffentliche Unternehmen im Rahmen der Beihilfeaufsicht der EU-Kommission, ZögU 1995, 16-41.

SPAAK, PAUL-HENRI: Bericht der Delegationsleiter an die Außenminister (Regierungsausschuss eingesetzt von der Konferenz von Messina), Brüssel 1956 (zit.: SPAAK, Bericht).

SPIEGEL, NICO: Grünes Licht für „grünen Strom“, ELR 2001, 123-129.

STEINDORFF, ERNST: Markt und hoheitliche Verantwortung in der EG, ZHR 164 (2000), 223-273.

STERN, KLAUS: Die kommunalen Sparkassen im Visier der Europäischen Kommission, in: Gelebte Demokratie, Festschrift für Manfred Rommel, Köln 1997, S. 211-231 (zit.: STERN, FS Rommel).

STORR, STEFAN: Der Staat als Unternehmer, Tübingen 2001 (zit.: STORR, Staat).

STREINZ, RUDOLF: Deutsches Stromeinspeisungsgesetz keine Beihilfenregelung, JuS 2001, 596-597.

STREINZ, RUDOLF: EUV/EGV, München 2003 (zit.: STREINZ-BEARBEITER, EUV/EGV).

STREINZ, RUDOLF: Steuervergünstigung als rechtswidrige Beihilfe, JuS 2000, 599-600.

TRAFKOWSKI, ARMIN: Anmerkung zu EuGH, Urteil vom 13.03.2001 - C-379/98 PreussenElektra AG/Schleswag AG, CR 2001, 776-777.

TREMMEL, ERNST: Beihilferecht, Warenverkehrsfreiheit und Ökostromförderung, ecolex 2001, 573-578.

VOGT, KATHARINA: Rechtsprobleme der europäischen Beihilfenaufsicht, Köln 2000 (zit.: VOGT, Rechtsprobleme).

WASSERMEYER, FRANZ: Gedanken zum sogenannten Ruding-Bericht aus der Sicht des deutschen Steuerrechts, EuZW 1992, 321.

WEIDES, PETER: Europäisches Subventionsverbot und staatliche Selbsthilfefonds, AWD 1963, 295-298.

WEIS, HUBERT: Verstaatlichungen aus gemeinschaftsrechtlicher Sicht, NJW 1982, 1910-1914.

WERNER, MICHAEL JÜRGEN/KÖSTER, THOMAS: Anmerkung zu EuGH, Urteil vom 24.07.2003 - Rs C-280/00, EuZW 2003, 503-504.

WILMS, GÜNTER: Das Europäische Gemeinschaftsrecht und die öffentlichen Unternehmen, Berlin 1996 (zit.: WILMS, Öffentliche Unternehmen).

ZIVIER, EZRA CONSTANTIN: Grundzüge und aktuelle Probleme des EU-Beihilferechts unter Berücksichtigung der Bezüge zum deutschen Verwaltungsrecht, Jura 1997, 116-122.

# Sachregister

**Kölner Schriften zu Recht und Staat**

Herausgegeben von
Hartmut Schiedermair und Bernhard Kempen

Band 1 Bernhard Kempen: Die deutsch-polnische Grenze nach der Friedensregelung des Zwei-plus-Vier-Vertrages. 1997.

Band 2 Hans-Georg Maaßen: Die Rechtsstellung des Asylbewerbers im Völkerrecht. Überlegungen zu den völkerrechtlichen Rahmenbedingungen einer europäischen Asylrechtsharmonisierung. 1997.

Band 3 Udo Fink: Kollektive Friedenssicherung. Kapitel VII UN-Charta in der Praxis des Sicherheitsrats der Vereinten Nationen. 1999.

Band 4 Stephan Grigolli: Sprachliche Minderheiten in Italien, insbesondere Südtirol, und in Europa. Der Gebrauch der Sprache vor Behörden und Gerichten und die Vergabe öffentlicher Stellen. 1997.

Band 5 Uta Stoy-Schnell: Das Bundesverfassungsgericht und die Corte costituzionale. Ein Vergleich der Verfassungsgerichtsbarkeiten in Deutschland und Italien. 1998.

Band 6 Christian Hillgruber: Die Aufnahme neuer Staaten in die Völkerrechtsgemeinschaft. Das völkerrechtliche Institut der Anerkennung von Neustaaten in der Praxis des 19. und 20. Jahrhunderts. 1998.

Band 7 Jochen Seitz: Planungshoheit und Grundeigentum. Die verfassungsrechtlichen Schranken der städtebaulichen Entwicklungsmaßnahmen. 1999.

Band 8 Jochen Herbst: Rechtskontrolle des UN-Sicherheitsrates. 1999.

Band 9 Kristin Möller: Die Beschaffung naturschutzrechtlicher Ausgleichsflächen im Baurecht. 1999.

Band 10 Klaus Löffelbein: Genehmigungsfreies Bauen und Nachbarrechtsschutz. Die baurechtlichen Anzeige- und Freistellungsverfahren der Länder aus nachbarlicher Sicht. 2000.

Band 11 Patrick Mittmann: Die Rechtsfortbildung durch den Gerichtshof der Europäischen Gemeinschaften und die Rechtsstellung der Mitgliedstaaten der Europäischen Union. 2000.

Band 12 Martin R. Albus: Zur Notwendigkeit eines Internationalen Umweltgerichtshofs. Zugleich eine Analyse der Staatenpraxis zum Internationalen Umwelthaftungsrecht und der Rechtsschutzmöglichkeiten bei grenzüberschreitenden Umweltbeeinträchtigungen. 2000.

Band 13 Irene Baur: Die Haftung der Europäischen Zentralbank. 2001.

Band 14 Tobias R. Ehlen: Zentralisierungsmöglichkeiten der deutschen Börsenaufsicht. 2003.

Band 15 Ulrich Steiner: Wertsicherungsklauseln. Zur Europarechtskonformität des neuen § 2 PaPkG. 2003.

Band 16 Stephanie Vogel: Der Prüfungsumfang des Bundesverfassungsgerichts bei Verfassungsbeschwerden am Beispiel der Kunstfreiheitsrechtsprechung. 2004.

Band 17 Thomas Schmidt: Deutsche Hochschulräte. Begriff, Darstellung und rechtliche Analyse. 2004.

Band 18 Kirsten Schmalenbach: Die Haftung Internationaler Organisationen im Rahmen von Militäreinsätzen und Territorialverwaltungen. 2004.

Band 19 Gunter Warg: Von Verteidigung zu kollektiver Sicherheit. Der Nato-Vertrag *auf Rädern*. 2004.

Band 20 Bernhard Kempen / Yvonne Dorf: Bodenreform 1945–1949. Eine verfassungsrechtliche Neubewertung. 2004.

Band 21 Jeanette Nolte: Die völkerrechtliche Vertragspraxis der EG und die Haftung der Mitgliedstaaten am Beispiel der Fischereipolitik. 2004.

Band 22 Rüdiger Schmid-Kühnhöfer: Die Staatlichkeit von Beihilfen. Mittel- und Transferzurechnung nach Art. 87 Abs. 1 EG-Vertrag. 2004.

www.peterlang.de

FSC
www.fsc.org
MIX
Papier | Fördert
gute Waldnutzung
FSC® C083411

Kolibri 360 GmbH
Ferdinand-Jühlke-Straße 7
99095 Erfurt, Deutschland
produktsicherheit@kolibri360.de

Druck:
CPI Druckdienstleistungen GmbH
im Auftrag der
Kolibri 360 GmbH
Ferdinand-Jühlke-Str. 7
99095 Erfurt